研究活用の政策学

社会研究とエビデンス

サンドラ・M. ナトリー／イザベル・ウォルター／ヒュー・T.O. デイヴィス［著］
惣脇 宏／豊 浩子／籾井圭子／岩崎久美子／大槻達也［訳］

USING EVIDENCE:
How research can inform public services
Sandra M. Nutley, Isabel Walter and Huw T.O. Davies

明石書店

USING EVIDENCE: How research can inform public services
by Sandra M. Nutley, Isabel Walter and Huw T.O. Davies
© Sandra M. Nutley, Isabel Walter and Huw T.O. Davies 2007
Japanese translation rights arranged with The Policy Press, Bristol, UK
through Tuttle-Mori Agency, Inc., Tokyo

日本語版序文

　公共政策やサービスの提供に対し、研究がどのように知見をもたらすかについての研究調査は、大変注目されるべき時代を迎えている。研究エビデンスを活用するということはどういうことで、また、どのようにすれば活用されるのかということに対する関心が、2000年を境に急速に広がってきている。各国政府の多くは、確固としたエビデンスに基づいた政策とサービスの必要性を重要視するようになり、社会政策の様々な分野で、エビデンス情報に照らした実践がますます求められるようになってきている。そのような要求によって、犯罪学、教育、保健医療、社会福祉などの政策分野内において、また、時にはそのような分野を超えて、さらなる研究や実践が行われるようになっている。

　これまで、公共サービスのためのエビデンス基盤を構築するための研究や評価活動に対し、多くの投資が行われてきた。しかしながら、政策立案者や実践者は、これらの投資によって生み出されたエビデンスを十分に活用していないことを憂慮し続けており、その対応のため、より良い研究活用を検討し、可能になるよう補完的投資もなされている。本書は、このような投資と、それに関連した研究や実践からこれまで得られた知見のエッセンスをまとめたものである。

　筆者らは、公共サービスの性格、配分、効果、効率、質に、研究エビデンスのより良い活用が重要なインパクトを与える、という信念によって研究を行ってきたが、その過程で、とりわけ、様々な形態と活用方法をとる社会研究の活用に関心を持つようになった。例えば、1) 基礎的社会研究は、社会のニーズの本質を明らかにし、公共サービスがそのニーズを充足し得るように研究設計を行い、2) 評価研究は、どの介入が便益を（どれくらいの負担をかけて）もたらすかについてのアドバイスを提供し、3) 組織・経営研究は、組織目標が達成されるには、公共サービスをどのように再設計し管理するべきか、についての解明に役立つ。

これらの潜在的便益を達成するのは必ずしも容易ではない。社会研究は必要とされる知識の幾ばくかを提供できるが、その活用方法は、単純とはいいがたい。研究に基づいた知見は、多様な方法論による研究からもたらされ、その知見は文脈に影響されることが多く、しばしば論争の的となる。さらに、これらの知見は、他の情報源からの知識や、活用される過程で知識を得る方法などと統合されなくてはならない。従って、ほとんどの研究活用は反復的・相互作用的で、しかも非常に文脈に左右される過程を伴う。こういった、時に混乱しており、常に不確定な過程を理解することで、研究活用支援のための、より効果的な方法を得ることができるであろう。

　最後に、本書の日本語版の出版にご尽力下さった翻訳チームと明石書店に謝意を表したい。日本語版によって、本書が日本の研究者、政策立案者、実践者に広く手にされ、その過程を通じて、研究・政策・実践間における、より強固な関係を築くための新たなコミュニケーションや新たな方針、そして新たな投資へと貢献できることを願っている。

2014年8月

サンドラ・M. ナトリー (Sandra M. Nutley)
イザベル・ウォルター (Isabel Walter)
ヒュー・T.O. デイヴィス (Huw T.O. Davies)

訳者はしがき

　本書『研究活用の政策学：社会研究とエビデンス』は、Sandra M. Nutley, Isabel Walter and Huw T.O. Davies, *USING EVIDENCE: How research can inform public services*, The Policy Press, Bristol, 2007の日本語訳である。翻訳書のタイトルを決めるにあたり、主に政策と研究を論ずる原著の趣旨を咀嚼し、その内容を凝縮した言葉を模索した。副題にある「社会研究」(social research) と「エビデンス」(evidence) の二つのキーワードは、本書の中で頻繁に出てくる言葉で、ここでは、保健医療、ソーシャルケア、教育、刑事司法の四つの領域における社会科学的手法を用いた研究の代名詞として、また実証的な裏付けとなる現実社会の理解を目的とする研究の意味で掲げてある。

　著者のサンドラ・ナトリーは、英国セントアンドルーズ大学経営学部公共政策・経営学教授兼同大学に置かれた「研究活用に関する研究ユニット」(RURU) の代表者であり、共著者のイザベル・ウォルターは、同研究ユニットの上席研究員、また、ヒュー・デイヴィスは、同大学経営学部の保健医療政策・経営学の教授で共同学部長である。

　三人の著者のうち、ナトリーとデイヴィスは、2000年に出版された『何が有効か？公共サービスにおけるエビデンスに基づく政策と実践』（*What Works? evidence-based policy and practice in public services*, 2000）の共編著者でもある。同書は、保健医療、教育、刑事司法、ソーシャルケア、公的扶助、住宅、交通、都市再開発の各政策領域の分析と、量的研究や質的研究といった方法論を取り上げ、公共サービスにおけるエビデンスをめぐる課題に応える書として、幾度も版を重ねている好著である。本書は、この『何が有効か』の続編とも言える書である。

　著者のナトリーとウォルターが名前を連ねる「研究活用に関する研究ユニット」は、英国のブレア政権による「エビデンスに基づく政策立案」を基本に据えた改革や政策の影響を受けて設立された。1999年の白書『政府の現代化』

で述べられているように、ブレア政権（1997～2007年）は、質の高い効率的な公共サービスの実現のために、エビデンスに基づき政策形成することを志向した。

エビデンスに基づく政策立案への流れは、1990年代初頭に提唱された「エビデンスに基づく医療」に始まり、医療から医療政策へ、また医療から領域を超えて、ソーシャルケアや刑事司法、教育など幅広い公共サービスの各領域へと導入され、当時すでに政策関係者や実践家に広く認識されるようになっていた。しかし、そのような認識を加速させたのは、ブレア政権の改革志向と予算の裏付けである。ブレア政権の後押しにより、エビデンスに基づく政策や実践に関するさまざまな取り組みが積極的に行われるようになった。

その取り組みの拠点となったのは、英国政府の研究資金提供機関である経済社会研究会議（ESRC）により全国に創設された七つのセンターである。「研究活用に関する研究ユニット」は、全国規模のプロジェクトへ資金提供を行う拠点として、研究によるエビデンスの産出、統合、活用の強化を図るために設けられたこれらのセンターのうちの一つである。本書は、「研究活用に関する研究ユニット」が設立された2001年以降の研究成果を、包括的テーマの下に関係者がまとめたものと言うこともできる。

このような背景から、本書は、ブレア政権時のエビデンス重視の状況を受けて、書名を *USING EVIDENCE*（エビデンスを活用する）として「エビデンス」を前面に掲げている。しかし、副題の *How research can inform public services*（どうすれば研究は公共サービスに情報を提供できるか）からもわかるように、エビデンスを必要とする公共サービスでの「政策」および「実践」で、「研究」がどのように活用され得るかという問いが主たるテーマであると思われる。

そのテーマに基づき、本書は、序論（第1章）、研究活用に対する理論的理解（第2章から第6章）、政策と実践での研究活用の改善の方向性（第7章、第8章）、そして、研究活用の評価の在り方（第9章）という3段階を経て、結論（第10章）に至る構成となっている。

最初の研究活用に対する理論的理解は、研究活用の定義とともに**研究活用の形態**（第2章）、研究が政策や実践に入るプロセスや研究活用の影響要因など

訳者はしがき

の**研究活用を方向づける要素**（第3章）、「合理的・線形モデル」「相互作用モデル」といった研究と政策／研究と実践の関係を示す**研究活用のモデル**（第4章）、研究と政策、研究と実践の関係強化のため、普及、相互作用、社会的影響、研究活用促進、インセンティブと強化などの戦略を取り上げる**研究活用改善のメカニズム**（第5章）、そして、学習理論、ナレッジマネジメント、イノベーション普及理論などの広範な社会科学の文献に基づく**主要な理論と概念**（第6章）から構成される。

　研究活用の理論的理解の目的のため、第2章から第6章にかけては、政治学、行政学、心理学、経営学、社会学など広範囲の学問分野での理論やモデルが厚くレビューされ、研究活用が学際的かつ多面的に考察される。

　次に、研究活用の改善の方向性として、「研究に基づく実践者モデル」「埋め込まれた研究モデル」「卓越した組織モデル」の三つのモデルに基づく**実践における研究活用の改善**（第7章）、研究供給側と研究需要側の課題と相互作用に対する支援の必要性を扱った**政策における研究活用の改善**（第8章）と、実践と政策がそれぞれ分けて論じられている。実践と政策における研究活用には共通性も多く認められるが、ここでは相違点を明確にする形での議論も志向されている。

　続いて、研究活用の評価の問題が取り上げられる。そこでは、**研究インパクト評価**（第9章）の方法として、研究結果の追跡、研究利用者における研究活用の理解、研究インパクトのための取り組みの評価などが検討される。

　以上を受けて、第10章では、**結論**として、利用者の研究への参画の重要性など、研究活用を促進する方策を紹介するとともに、研究活用が公共政策の改善や民主的議論のために重要であり、研究活用のための研究がさらに深められることが必要であると主張されている。このような著者の主張は、我が国の行政における政策と研究との関係を考える上で、訳者らの問題関心に強く合致するものがあった。

　なお、本書の事例は英国のものが中心であるが、米国やカナダ、ニュージーランドはもとより、OECDやEUにおいても、エビデンスや研究に基づく政策と実践に関する取り組みが行われている。このような状況下にあって、本書を

訳出することは、各領域の公共政策に共通する議論や課題、取り組みの理解に、多少とも寄与するのではないかと考えている。

本書の訳出は、国立教育政策研究所内の教育政策エビデンス研究会において、次のように各章を分担して行った。

　　第1章・第9章　　惣脇　宏（京都大学大学院総合生存学館教授）
　　第2章・第6章　　豊　浩子（国立教育政策研究所フェロー・明治学院大学講師）
　　第3章・第7章　　籾井 圭子（文部科学省国際統括官付国際戦略企画官）
　　第4章・第5章　　岩崎 久美子（国立教育政策研究所総括研究官）
　　第8章・第10章　 大槻 達也（国立教育政策研究所所長）

教育政策エビデンス研究会においては、これまでにいくつかのプロジェクトを実施するとともに、OECD教育研究革新センター（編著）、岩崎久美子ほか（訳）（2009）『教育とエビデンス：研究と政策の協働に向けて』、および国立教育政策研究所（編）、大槻達也ほか（著）（2012）『教育研究とエビデンス：国際的動向と日本の現状と課題』を明石書店から刊行している。本書と併せてお読みいただければ幸いである。

最後に筆を置くにあたり、校閲の労を取ってくださった永盛真紀子氏、また、出版事情の厳しい中、このような訳書の出版の機会を与えてくださった明石書店の安田伸氏に心から感謝申し上げたい。

　　2015年睦月

　　　　　　　　　　　　　　　　　　　　　　翻訳者を代表して
　　　　　　　　　　　　　　　　　　　　　　　　惣　脇　　宏

研究活用の政策学
社会研究とエビデンス

目　次

日本語版序文 3
訳者はしがき 5
謝　辞 21

第1章　はじめに：エビデンスの活用 25
第1節　研究はおそらく重要である 26
第2節　本書のテーマ 27
第3節　問題の所在 29
第4節　研究活用とエビデンスに基づく政策と実践 34
　4.1　歴史的文脈：社会科学の好景気と不景気の循環 34
　4.2　エビデンスに基づく政策と実践の定義 37
　4.3　エビデンスに基づく政策に対する批判 38
　4.4　エビデンスに基づく実践に対する批判 41
　4.5　エビデンスに基づく政策と実践：公約は再び問われるか 43
第5節　研究のエビデンスへの適合 46
　5.1　研究と社会研究 46
　5.2　社会研究が寄与できる領域 48
　5.3　エビデンスや知識からの研究の分離 49
第6節　本書の構成 52
第7節　本書で用いられる認識方法 56
第8節　結語 57

第2章　研究活用の形態 59
はじめに 60
第1節　研究が活用され得る方法 61
第2節　研究活用の類型論 64
第3節　固定的類型論から研究活用の流動性と曖昧さへ 73
第4節　一連の段階としての研究活用 75
第5節　研究の誤用 81
第6節　再現またはイノベーションとしての研究活用 83

第7節　結語……………………………………………………………………89

第3章　研究活用を方向づける要素……………………………………91
　はじめに……………………………………………………………………92
　第1節　研究が政策や実践に入っていく経路………………………………92
　　1.1　政策立案者や実践者の研究へのアクセス方法………………………93
　　1.2　研究活用の間接的な道筋………………………………………………97
　第2節　研究活用を方向づける要因…………………………………………98
　　2.1　適用される研究の性質………………………………………………100
　　2.2　研究者と研究利用者の個人的特徴…………………………………105
　　2.3　研究と利用者とのつながり…………………………………………106
　　2.4　研究活用の文脈………………………………………………………108
　第3節　研究活用の実態………………………………………………………115
　第4節　結語……………………………………………………………………123

第4章　研究活用のモデル………………………………………………127
　はじめに………………………………………………………………………128
　第1節　研究と政策の関係のモデル…………………………………………129
　　1.1　伝統モデル……………………………………………………………129
　　1.2　二つのコミュニティ論と関連モデル………………………………137
　　1.3　政策ネットワーク理論………………………………………………144
　　1.4　文脈・エビデンス・相互関係：研究と政策の関係の統合モデル…149
　第2節　研究と実践の関係のモデル…………………………………………151
　　2.1　合理的・線形モデル…………………………………………………151
　　2.2　文脈焦点化モデル……………………………………………………154
　　2.3　相互作用モデル………………………………………………………157
　第3節　研究活用の理解：相互作用の重要性………………………………159
　第4節　研究活用のポストモダン的解釈……………………………………161
　第5節　結語……………………………………………………………………164

第5章　研究活用改善のメカニズム　167

はじめに　168
第1節　研究活用改善の戦略に関する分類法　168
第2節　何が有効か：研究活用改善の戦略とメカニズムに関する有効な
　　　　エビデンス　174
　　2.1　有効な研究活用改善の戦略とメカニズム　175
　　2.2　普及　176
　　2.3　相互作用　181
　　2.4　社会的影響　186
　　2.5　研究活用促進　189
　　2.6　インセンティブと強化　193
第3節　結語　197

第6章　主要な理論と概念：学習理論、ナレッジマネジメント、イノベーション普及理論　201

はじめに　202
第1節　学習理論：個人と組織　203
　　1.1　個人の学習　203
　　1.2　学習する組織論　210
第2節　ナレッジマネジメント　217
　　2.1　知識プッシュと知識プル　218
　　2.2　暗黙知と形式知　222
　　2.3　阻害要因と促進要因　224
第3節　イノベーション普及理論　226
　　3.1　普及プロセスのモデル　227
　　3.2　イノベーションの性質　230
　　3.3　イノベーションの採用　231
　　3.4　コミュニケーションと実施プロセス　233
　　3.5　文脈　234
　　3.6　仲介者の役割　236

| | 3.7 | 組織間の学習ネットワーク……………………………………………237 |
| 第4節 | | 結語……………………………………………………………………243 |

第7章　実践における研究活用の改善……………………………………247
　　はじめに…………………………………………………………………………248
　　第1節　多面的介入：研究活用改善のための組み合わせ……………………249
　　第2節　研究情報に基づく実践とその開発に関する考え方…………………253
　　第3節　研究に基づく実践者モデル……………………………………………260
　　第4節　埋め込まれた研究モデル………………………………………………266
　　第5節　卓越した組織モデル……………………………………………………270
　　第6節　複合と典型………………………………………………………………275
　　第7節　実践の文脈における研究活用改善のための政府の役割……………278
　　第8節　結語………………………………………………………………………284

第8章　政策における研究活用の改善……………………………………289
　　はじめに…………………………………………………………………………290
　　第1節　研究供給側の取り組み…………………………………………………293
　　第2節　研究需要側の取り組み…………………………………………………300
　　第3節　供給と需要に埋め込まれた前提………………………………………306
　　第4節　供給と需要の間…………………………………………………………307
　　　　4.1　政策プロセスへの研究者の統合………………………………………308
　　　　4.2　仲介者組織の開発………………………………………………………312
　　第5節　供給と需要の管理、研究の政治問題化………………………………314
　　第6節　政策の影響の広範なモデルを参考にした研究活用の改善…………316
　　　　6.1　研究唱道者としての監視組織…………………………………………317
　　　　6.2　政策ネットワーク、知識提供者、唱道連携…………………………319
　　第7節　国レベルの政策の文脈…………………………………………………326
　　第8節　結語………………………………………………………………………332

第9章　研究インパクト評価 ... 335
- はじめに ... 336
- 第1節　研究インパクト評価が必要な理由 ... 337
- 第2節　研究インパクト評価の目的と焦点 ... 339
- 第3節　研究インパクト評価の方法 ... 341
  - 3.1　研究から結果への追跡調査 ... 342
  - 3.2　研究利用者コミュニティにおける研究活用の理解 ... 347
  - 3.3　研究インパクトの増大に向けた取り組みの評価 ... 348
- 第4節　研究インパクトの探究にあたっての研究活用の概念化の重要性 ... 349
  - 4.1　研究の取り上げに関する段階モデル ... 350
  - 4.2　複雑なタイプの研究活用のモデル化 ... 350
  - 4.3　実践の環境におけるエビデンス活用のモデル化 ... 353
  - 4.4　相互作用モデルへの移行 ... 354
- 第5節　研究インパクト評価についての方法論上の考察 ... 355
  - 5.1　一般的な方法論上の関心事項 ... 355
  - 5.2　追跡調査における方法論上の難問 ... 356
  - 5.3　研究利用者コミュニティに焦点を合わせるときの方法論上の難問 ... 357
- 第6節　研究インパクト評価の設計における課題 ... 358
- 第7節　結語 ... 362

第10章　結論 ... 367
- はじめに ... 368
- 第1節　研究はやはり重要である——しかし、研究とその活用は多様である ... 369
- 第2節　研究活用は複雑で偶発的である ... 372
  - 2.1　研究活用は、複雑かつ多面的でダイナミックな社会的プロセスである ... 372
  - 2.2　個人による研究活用に焦点をあてるだけでは、研究活用プロセスの潜在的な範囲について十分に理解できない ... 374
  - 2.3　研究活用は、高度で偶発的、かつ文脈依存的である ... 374
  - 2.4　研究は、単純に取り入れられるよりも改変されがちである ... 375

	2.5	研究活用プロセスの相互作用的で社会的なモデルは、見通しのきいた理解を提供する ··· 376
第3節		研究活用改善戦略を開発するための見通し ·· 377
	3.1	相互作用的で社会的な手法は、最も有望であるように思われる ············ 377
	3.2	研究活用改善戦略は、個人的な研究活用よりも幅広く目標を設定する方が有益である ··· 378
	3.3	研究からの手段的インパクトを超えて焦点をあてるとき、強化された研究活用改善戦略が明らかになる ··· 380
	3.4	効果的な研究活用改善戦略を開発することは、それらが実行される文脈に良く注目することを意味する ··· 381
	3.5	研究活用における知識、政治、権力の相互作用を認識することによって、適切でうまくいく研究活用改善戦略の開発が可能となる ········ 383
第4節		研究活用を増加させる実際的示唆 ··· 384
第5節		研究の包括的な見方：広範なエビデンスの持つ意味 ································· 388
第6節		研究活用のために求められるさらなる研究 ··· 390
第7節		結語 ··· 393

参考文献 ·· 395
索　引 ·· 431

コラムの一覧

コラム 1.1	公共政策と研究者の立場	36
コラム 1.2	エビデンス基盤の結合と共有	42
コラム 1.3	効果的な社会政策のための知識要件	49
コラム 2.1	研究活用の七つの異なる「意味」	66
コラム 2.2	教員の研究活用	70
コラム 2.3	研究活用の意味：政策と実践における研究活用の検証へのウェイスのモデルの適用	72
コラム 2.4	政策立案者の研究活用の「基準」：ノットとウィルダフスキーのモデル	76
コラム 2.5	実践者の研究活用の異なる段階：グラシューとヘインズの「パイプライン・モデル」	77
コラム 2.6	カナダの社会科学研究の活用	78
コラム 2.7	研究に基づいたプログラムで忠実性を確保する	83
コラム 2.8	暴力防止のためのブループリント・イニシアチブ	85
コラム 2.9	気づかうコミュニティ：研究実施の際のコミュニティ志向の取り組み	87
コラム 3.1	知識仲介者	95
コラム 3.2	組織の文脈がどのように研究の政策的活用に影響するか	112
コラム 3.3	研究活用についての促進要因と阻害要因	115
コラム 3.4	オーストラリアの教育政策における研究活用	120
コラム 4.1	キングドンの「政策の流れモデル」	134
コラム 4.2	政策ネットワーク理論	145
コラム 4.3	ヒューバーマンの「普及活動モデル」	158
コラム 4.4	効果的実践のための取り組み：保護観察の実践における研究活用の際の権力の課題	162
コラム 5.1	実践の変化を促す介入：「ケアのための効果的実践と組織グループ」（EPOC）の分類法	169
コラム 5.2	英国のソーシャルケア領域における研究活用改善の戦略類型	171
コラム 5.3	研究の効果的普及における課題	177
コラム 5.4	政策立案者に知見を普及するためのセミナー活用	179
コラム 5.5	研究者と政策立案者間で機能するパートナーシップへの段階的方法	183

目 次

コラム 5.6	研究に基づく「キーワーカー・サービス」：障害児のいる家庭への支援	191
コラム 5.7	犯罪減少プログラム：研究に基づく事業の開発と実施の促進	194
コラム 6.1	学習に対する認知理論の主な特徴：スキーマ理論	204
コラム 6.2	成人学習のプロセスを理解・設計するための枠組み	205
コラム 6.3	教員にとっての協調学習	207
コラム 6.4	職業的実践の場で知識はどのようにして意味を持つようになるか	208
コラム 6.5	学習ルーティン（日常業務）：医療における例	212
コラム 6.6	学習する組織の五つの主要な領域	214
コラム 6.7	組織による学習を促進する文化的価値観	215
コラム 6.8	専門家と決定サポートシステムの応用	219
コラム 6.9	ナレッジマネジメントでの成功した実践	220
コラム 6.10	「知ること」と「行うこと」の不一致	225
コラム 6.11	イノベーション決定プロセス	227
コラム 6.12	普及システムの「集中型」対「分散型」	229
コラム 6.13	迅速な普及に関係するイノベーションの性質	231
コラム 6.14	再発明のきっかけ	234
コラム 6.15	組織でのイノベーション採用の条件整備に関連する文脈的要因	235
コラム 6.16	知識共有の取り組みの例	239
コラム 6.17	公衆衛生における学習ネットワーク	242
コラム 7.1	保健医療分野における研究に基づく実践のための多面的介入に関するケーススタディ	250
コラム 7.2	研究に基づく薬物治療プログラムの運用に関するケーススタディ	251
コラム 7.3	プリシード・プロシードモデル	252
コラム 7.4	研究活用促進を目的とする三つの異なる取り組み	254
コラム 7.5	研究活用の三つのモデル	258
コラム 7.6	研究エビデンスを実践に統合するための五つの手順	262
コラム 7.7	50歳代以上へのサービスの改善	265
コラム 7.8	「要保護の子供たち」に関する研究に基づくチェックリスト	269
コラム 7.9	「保護観察サービス」におけるプログラム開発への研究の統合	272

コラム 7.10　介護者の評価とレビュー ……………………………………………… 277
コラム 7.11　英国における社会プログラムへの資金提供 ………………………… 283
コラム 7.12　エビデンスに基づく問題志向型警察活動の枠組み ………………… 286
コラム 8.1　応用研究委託戦略（改定版）…………………………………………… 294
コラム 8.2　系統的レビューの主な特徴 …………………………………………… 297
コラム 8.3　普及の改善：重要な勧告 ……………………………………………… 299
コラム 8.4　政策プロセスにおいてエビデンスの需要を増加させる取り組み …… 301
コラム 8.5　食品基準庁 ……………………………………………………………… 301
コラム 8.6　コネクションズカード ………………………………………………… 303
コラム 8.7　政策プロセスへの政府分析官の関与 ………………………………… 309
コラム 8.8　薬物・アルコール研究部門：英国内務省の分析サービス・チーム …… 310
コラム 8.9　政策行動チーム ………………………………………………………… 311
コラム 8.10　国立薬物乱用治療局 ………………………………………………… 313
コラム 8.11　地方当局の政策評価委員会 ………………………………………… 318
コラム 8.12　シンクタンク：経済政策研究センター …………………………… 320
コラム 8.13　広範な唱道役割の一部としてのエビデンス ……………………… 322
コラム 8.14　熟議プロセスの核となり得る特徴 ………………………………… 324
コラム 9.1　研究インパクト評価の事例 …………………………………………… 345
コラム 9.2　研究活用に関する典型的な政策モデル ……………………………… 352
コラム 9.3　研究インパクト評価にあたっての重要な枠組み …………………… 359
コラム 9.4　研究インパクト評価の全体的な設計の論点 ………………………… 360
コラム 9.5　研究活用に関するより複雑な考え方から生じる課題 ……………… 361
コラム 10.1　実践において研究活用を支援する指針 …………………………… 385
コラム 10.2　研究活用の増加に役立つメカニズム ……………………………… 386

表の一覧

表 1.1　エビデンスの創出と実践者による活用の方法論の比較：
　　　　英国の四分野の事例 ……………………………………………………… 31
表 2.1　二次元連続体としての研究活用 ……………………………………………… 74
表 6.1　プッシュとプルに関するいくつかの違い ………………………………… 219

表 6.2　学習ネットワークの分類 238
表 6.3　核となるネットワークプロセス 238

図の一覧

図 1.1　本書における研究活用の理解、改善、評価の枠組み 53
図 2.1　研究活用の連続体 80
図 4.1　エビデンスに基づく意思決定：これで十分か 140
図 4.2　エビデンスに基づく意思決定：研究資金提供者の役割 141
図 4.3　エビデンスに基づく意思決定：知識提供者の影響 142
図 4.4　エビデンスに基づく意思決定：改善のために焦点を置く場所 143
図 4.5　実践の文脈における研究活用の伝統モデル 152
図 4.6　研究活用の「合理的・線形モデル」 153
図 7.1　公共サービス改革への英国政府の取り組み 281
図 9.1　研究インパクト評価の出発点 342

謝　辞

　本書は、当初セントアンドルーズ大学に置かれた**研究活用に関する研究ユニット**（Research Unit for Research Utilisation, RURU）(*www.ruru.ac.uk*) で、過去5年にわたってわれわれが取り組んできた仕事をまとめたものである。この間、数多くの資金の提供や激励、あるいは思考の形成に欠かせなかった多くの協力をいただいた。ここに至る過程を完全に再現することは望めないが、少なくとも仕事を続けるのを助けてくれた同行者や支援者に感謝し、その上で一部の方の名前のみを挙げることをお許し願いたい。

　経済社会研究会議（ESRC）は、同会議の研究資金委員会を通して、英国におけるエビデンスに基づく政策と実践のための能力構築に多額の資金援助を行った。われわれは幸いなことに、2001年のRURUの創設の基盤となる二度にわたる資金をここから得ることができ、また、ありがたいことに四年間の支援を受けることができた。RURUは、経済社会研究会議が資金提供するいくつかのセンターの一つであり、これらのセンターの内部およびセンター同士の交流、そして、ロンドン大学クイーンメリーに当初置かれたエビデンスネットワークの**拠点**（*www.evidencenetwork.org*）との交流が特に、われわれのアイデアを形作るのに大変有益だった。

　RURUの初期において、二つの研究委託によるレビューを行ったことで、作業の焦点は実践的応用のための統合に向かった。われわれは、学習・技能開発機構（LSDA、当時）およびソーシャルケア研究所（SCIE）からの重要な創設にかかわる資金提供と、この二つの成功したプロジェクトを中心とする生産的な対話（Nutley *et al.*, 2003a, Walter *et al.*, 2003a, 2004b）に感謝したい。このうち後者のソーシャルケア研究所とのプロジェクトの一部において、ジャニー・パーシー＝スミス、ディ・マクネーシュ、サラ・フロストらは、第7章で詳細に論じる、実践における研究活用のモデルの明確化に寄与してくれた。

　RURUの発展に合わせて、われわれは研究支援活動プログラムを企画し、そ

の中で2002～04年には研究セミナーのシリーズを開催した（詳しくはRURUのウェブサイトを参照）。そこでは幅広いセミナー参加者からの、多種多様な実践的および理論的ノウハウを得ることができた。これらのイベントでわれわれは多くを学び、社会研究とその活用に関する問題の理解を広げた。すべてのセミナー参加者が経験と専門知識を快く分かち合ってくれたことに感謝している。参加者のアイデアがわれわれ自身の理解に浸透し、本書に再現されているのだが、そのことに対し明確な謝辞ができないことをここでおわび申し上げたい。ここでは、ただ本書の重要なテーマの一つである、知識の本質的に不確実な浸透のためであると、弁明するのみである。

　RURUへの支援に限らず、経済社会研究会議からは広範囲にわたり恩恵を受けた。2005年5月に、同会議は社会研究のノンアカデミックなインパクト評価を探究するセミナーを開き、われわれは依頼を受けてディスカッションペーパーを寄せた（Davies et al., 2005）。このペーパーにより、セミナーに参加した専門家の寄稿とともに本書第9章で論じられるアイデアが、早い段階で明確になった。われわれの思考が誘発され、セミナーでの交流によって洞察を得ることができたことに対し、同会議とセミナー参加者に大変感謝している。加えて、同会議の教授・学習研究プログラム（TLRP）に、本書の著者の一人であるサンドラ・ナトリーが積極的に参加したことは、鍵となるアイデアを探究するのにさらなる機会を与えてくれた。これらのアイデアのいくつかは、さまざまな機関で再度実際に試行された。例を挙げると、国立教育研究フォーラム、国民保健サービス（NHS）のサービス提供・組織R&Dプログラム、スコットランド政府、NHSスコットランド、スコットランド研究助成会議、がん治療研究センター、NHS保健技術評価プログラム、内務省の犯罪減少プログラム、その他の多くの英国の機関である。また、米国、カナダ、オーストラリア、ニュージーランド、スカンジナビア諸国に赴き、海外の政策立案者、研究資金提供者、幅広い多様な研究利用者と面談し、論議を行った。知識移転、エビデンスの採用、研究インパクトに関する議論を交したすべての機関に、深く感謝しており、時間と知識を分かち合ってくれたエビデンス推進に寄与している人々のすべてに心からお礼を申し上げる。

　われわれの所属組織であるセントアンドルーズ大学（執筆時）の、経営学部

をはじめ、多くの同僚に感謝を表したい。草稿の整理などで大きな助けとなってくれたリズ・ブロディー（2001～06年に研究ユニットの職員）、情報技術者のジェニファー・モートン、また、われわれを励まし、刺激し、支えてくれた研究活用分野の博士課程の院生すべて、とりわけゲイル・グレイグ、トビアス・ユング、ジョアン・マクリーン、アリソン・パウウェル、カレン・トシュ、ジョイス・ウィルキンソンに感謝する。また、ここでピーター・スミス（ヨーク大学）の名を特に挙げたい。彼は比較的短い間であったが、1990年代半ばに、セントアンドルーズ大学で、この魅力的な分野へのわれわれの興味を喚起するきっかけとなり、われわれとともに初期の探究をし（Davies *et al.*, 2000a）、それ以来、常に変わらず協力し励ましてくれた。

最後に、本書を書き上げるにあたって、仕事や著作を参考にさせていただいた、研究者、政策立案者、実践者、変革推進者、研究仲介者をはじめ、多くの人々に感謝を申し上げたい。可能な限りアイデアの出典を求めたが、謝辞を十分表記できなかったところについてはお許しいただきたく、引用を明記しない活用の方が活用しないよりは良いというおわびにより、御礼に代えたい。

2007年1月

サンドラ・M. ナトリー（Sandra M. Nutley）
イザベル・ウォルター（Isabel Walter）
ヒュー・T.O. デイヴィス（Huw T.O. Davies）

第1章

はじめに：エビデンスの活用

第1節 研究はおそらく重要である

　幼児期に関する研究によれば、人生の機会は幼年早期の経験に大きく左右されることがわかっている（Schweinhart and Weikart, 1993、Ramey et al., 2000）。このような認識の高まりが、研究者の世界をはるかに超えて、行政機関、サービス供給者、そして、最も重要なのは、英国財務省を含む政策立案者のような、広い範囲の関係者を巻き込む重要な議論をもたらした。この議論の背景にある考え方の変化は、例えば、幼児教育、保育、保健医療、家族支援を組み合わせた英国政府の重要なプログラム、**シュアスタート**の開始と進展など、1990年代後半以降の公共サービスの供給と資金調達への急激な変化に、情報を提供してきたと考えられる（Eisenstadt, 2000）。このような取り組みやインパクトは、逆に調査や評価の対象となり、その新たな研究の結果は、議論や政策選択、実践計画をさらに促進している（例えば、NESS, 2005）。このように、研究が、政策議論や、そこから出てくる政策選択および選択された政策の実際の運用に、明らかに影響を与えていると考えられる場合がある。また、政策と実践の変化は、逆に大学や政府、第三セクターを含む公共サービスの場などのさまざまな環境において、計画され、資金提供され、実行される研究を刺激し、方向づける。

　しかし常にそうとは限らない。研究者は、他の関係者と同様、公共サービスの方向と供給に関して決定がなされるときに、確たる知見に注意が**払われない**場合があることに失望している。確かに、政策や実践の決定は、**何が有効か**（Davies et al., 2000a）に関する最良の利用可能なエビデンスと考えられるものに、公然と反しているように見えることがある。例えば保健医療において、医療実践が最良のエビデンスの集成から遅れることや（Antman et al., 1992）、エビデンスがマネジメントの意思決定を支持すると考えられることはめったにないこと（Walshe and Rundall, 2001、Pfeffer and Sutton, 2006）、また、病院の合併のような組織の再編がエビデンスベースでは決して支持されないにもかかわらず、組織上の問題を解決するために追求されていること（Fulop et al.,

2002, 2005）を、研究者は以前から知っている。他の分野においてもまた、政策と実践が、研究に基づく頑健性を持つ知識から、著しく外れていることがある。例えば、薬物乱用抵抗教育（DARE）プログラムが、薬物乱用を減少させるのに効果がないことを見いだした研究や評価が増加していた時でも、米国の多くの地方学区はこれを提供し続けたのである（Weiss *et al.*, 2005）。

第2節　本書のテーマ

　冒頭の事例のように、研究の影響を推定できることもあるが、そのような影響が**どのように**起こるかを理解することは決して容易なことではない。また多くの場合、影響がどのように伝達され、遮断され、増幅されるか、あるいはより手段的に言えば、どのように研究の影響が強められるかは明らかではない。このようなことが、本書の基本的なテーマである。重要なことだが、われわれの関心は、研究を意思決定のために直接活用することのみならず、研究が間接活用される多くの方法にもある。例えば、間接活用は、政策課題をめぐる考え方を作り変えるような概念的応用を通じて、あるいは、研究が議論を裏打ちしたり、行動を導いたり、不作為を正当化するような政治的応用を通じてなされる。このことは、われわれの関心が研究知見**それ自体**の活用だけでなく、研究の着想、理論、概念を論説や論争に幅広く適合させることにもあるという意味である。

　本書では、全国的および地方的な政策アクターと第一線の実践者に対する研究の影響に関して、何がわかっているかを論じている。それは、研究が他の形態のエビデンスや知識と結び付く方法は、公共サービスの性格、配分、効果、効率、質に、重要なインパクトを持つと信じるからである。実際、質の高い研究に、より熟慮した賢明な関与をすることは、公共サービス改革の重要な目標の強みであると考えるのは当然である。

　もちろん皮肉なことであるが、公共政策やサービス供給に対して、エビデンスに基づく[1]アプローチをする便益（またはさらに言えば逆機能）を確証するエビデンス基盤は、実際のところかなり脆弱である。このことは、もしそのよ

うなエビデンスを探すことが、研究活用をより良いサービスの成果と結び付けるという狭義の目的のためとすれば、確かに事実であるが、研究活用のプロセスに関してはそれ以上のことが知られている（第2章から第4章を参照）。本書の主要課題は、a）研究活用プロセスの解明、b）そのプロセスが改善される方法の探究、であるが、研究活用をサービスの成果の改善に結び付ける強いエビデンスが現在欠如しているからといって、必ずしも本書の関心がこの主要課題からそれるわけではない。本書では第9章において、研究活用のサービスへの幅広いインパクトを例証するという非常に重要な課題を探究し、サービスの直接的変化についての頑健なエビデンスを集めることよりも、プロセスに関して学習することの方が達成可能なゴールであることを示す。そのような分析が示唆しているのは、政策と実践の成果に対する研究インパクトに関する現在のエビデンスの不足は、欠陥を伴うエビデンスの問題ではなく、単純にエビデンスの欠如を反映しているということである。

　それゆえ本書は、研究がどのように政策や実践と相互作用があるかを解明することには価値があり、また、どうすればそのような相互作用はより頻繁に、より深く、より建設的になり得るかを考察することにも価値があるという作業仮説で進める。これは、新たな知識を開発する方法には、他の方法よりも優れた方法があり、研究に基づく認識の方法は、特に注目に値することを示すことは、妥当であると信じるからである。このかなり複雑で論争的な仮説については、本書の最終章でもう一度より批判的に扱う。

　研究活用に関する探究は、われわれにとって、未開の地というわけではない。その端緒は広い範囲の公共サービスにおける、エビデンスに基づく政策と実践というアジェンダの発展について理解するため著した既刊『何が有効か？　公共サービスにおけるエビデンスに基づく政策と実践』（Davies *et al.*, 2000a）に基づく作業である。同書では、研究エビデンスが公共政策の各領域（保健医療、ソーシャルケア、教育、刑事司法、さらに公的扶助、住宅、交通および都市再開発）において果たす役割について議論した。また、エビデンスの産出と解釈や、その活用を増加させる戦略の出現に関して、各部門を横断して繰り返し現れるいくつかのテーマを考察した。本書における関心事項は、この最後の問題のさらに詳細な探究であり、これまでの年月の間の研究に基づくとともに、幅

第1章　はじめに：エビデンスの活用

広い社会科学の文献を参照したものである。

　本書はその結果、「研究活用」は、極めて重要な実践的および知的課題に相違ないとの確認から、また、それに続いて経済社会研究会議（ESRC）の資金提供を受けた**研究活用に関する研究ユニット**（RURU）（*www.ruru.ac.uk*）の継続中の仕事から生まれた。RURUは、研究活用に関する概念的、実証的、実践的な知識の多様な要素を文献で示し、統合することを目的とする部門横断の唯一の情報拠点として、2001年に創設された。現在RURUは、学術、政策、実践の各コミュニティの非常に広い範囲の関係者のほか、研究資金提供者、研究仲介者、公益組織など、研究の活用に関心を持つ機関と関係を築いている。そして、研究活用に関する知識の拡大を支える多くの論文やディスカッションペーパーを産出し、これら成果物の多くはウェブサイトから利用できる。本書は、このような学習を精選、統合したものであり、これまで共同作業をしてきた多くの人々の支えと多くの識見に負っている。

　本書は一貫して、政策と実践の環境において**研究活用**とはどういうことかを探究し、研究インパクトプロセスの鍵となるモデルを記述する。また、研究活用促進と改善の方法、すなわち、どんな方法が試みられてきたか、何が有効と思われるかについて議論する。本書の目的は、これらの問題の理解を深めることのみならず、研究活用促進とそのインパクト評価に積極的にかかわる人々のための、新たな意味づけを要約することである。本書の中では常に、特に研究とエビデンスの活用を探究している文献に加えて、核となる関心事項、すなわち、思考を方向づけ行動に影響を及ぼす研究に基づく知識の役割を理解することに関連する幅広い社会科学文献を参照して議論を進めてゆく。

第3節　問題の所在

　本書の議論は、主として四つの主要な公共サービス分野である保健医療、ソーシャルケア、教育、刑事司法における**研究活用**に関する研究を参照している。これらの分野は高水準の政府資源や政治的配慮を要することのみならず、中央の政策と地方のサービス供給との間の階層的関係、そして個人やグループ

にサービスを提供する専門資格のある者とない者の両方を雇用するなど、構造の類似性を示している。これら四つの分野には、政策と実践を形成するエビデンスの重要性をめぐる重要な議論が行われていることや（Davies *et al.*, 1999, 2000a）、関連する研究基盤の増強や統合への重要な投資が見られるといった（例えば、コラム1.2で取り上げた取り組みを参照）共通点もある。もちろん、これらの分野の間には、特に研究が理解され、創出され、統合され、また活用される方法に重要な相違点もある（共通点と相違点の例示については、表1.1を参照）。これらの多様性は、研究活用のダイナミクスが見られる多様な文脈を示し、また、豊富に文脈化された理解の提供や分野を超えた学習の機会の提供の両面で有益である。

　これら各部門のそれぞれにおけるここでの関心は次の三点である。第一の関心は、**政策環境**における研究活用の特徴を理解することである。政策環境とは全国、圏域、地方における政策立案を意味し、そこでどのように研究が政策的思考と相互作用し、また、政策の方向と特定の政策の選択の両者に影響を与えるかということである。第二の関心は、政策が地方レベルであれば、より明確になるのだが、明らかにサービス提供組織にいることの多い**組織意思決定者**にある。ここでの関心は、研究が、全体の戦略、現場の優先事項、実施の手続き、サービスの計画、経営上の意思決定にどのように影響するかを探究することである。第三の関心は、利用者に対してサービスを提供する際の、**実践者**による個人的および集団的な研究活用の実態把握にある。実践者は裁量があり、高度の技能を有し、専門化している場合も多いが（例えば、教員、保護観察官、医師、看護師）、専門資格がなく、裁量をあまり持たない場合もあろう（例えば、補助教員や介護助手）。後述するが、このような相違は、実践の環境における研究活用の特徴を理解する場合に重要である。

　本書は一貫して、政策と実践の場の明確な相違を描く。このことは、政策と実践という二つの文脈の異なる性質とともに、それらを扱う文献がかなりかけ離れた内容であることも反映している。しかしながら、政策と実践という区別は必ずしも適切なものではない。政策は、全国レベルだけでなく地方レベルでも開発され、また、公式の政策プロセスによるよりも、現場の決定の蓄積によることが多いからである。さらに、実践がトップダウンの影響を受けるだけで

第 1 章　はじめに：エビデンスの活用

表 1.1　エビデンスの創出と実践者による活用の方法論の比較：英国の四分野の事例

保健医療 (特に臨床サービス)	ソーシャルケア	教育 (特に学校教育)	刑事司法
方法論上の選好と議論			
「何が有効か」のエビデンスに関する実験手法（ランダム化比較試験）の「黄金律」。補充的見解を与える質的方法への関心の高まり。	数量化や実験はあまり利用されない。最近はより多様な評価の努力がなされているが、時に、疑問視あるいは敵対視もされる。実践者の専門的知識の重要性の強調。	1990年代を通して、多くの研究が頑健ではないと考えられ、方法論をめぐりパラダイム戦争が見られ、折衷的方法は補完的ではなく相反すると見られる。2000年以降、研究の質と研究の統合にそれまでより注意が払われる。	「何が有効か」を決定する実験的方法のある程度の受容、しかし最良の達成方法についての議論がある。日常の実績データの利用と並んで、方法主導のみならず理論主導の評価方法に関心。
エビデンス基盤の性格			
コクラン共同計画や国立医療技術評価機構のような全国的および国際的取り組みによって、また現場の臨床効果戦略を通して、広範囲かつアクセス可能。	ソーシャルケア研究所のほか、「研究の重要性を高める」事業や「実践における研究プログラム」などの仲介機関や共同機関を通じた研究要旨や手引きの利用可能性の向上。	当初は、学術コミュニティは細分化され、系統的レビューもなかった。しかし、イングランド高等教育財政会議（HEFCE）と政府部局による経済社会研究会議（ESRC）の教育学習研究プログラム、「エビデンスによる政策と実践のための連携センター」（EPPIセンター）を通した系統的レビュー作業に資金が提供された。例えば全国教育研究財団などによるオンラインリソースの利用可能性の増大など。	増大する研究基盤。近年は知識を収集結合し利用可能にする努力がなされた（例えば、国際的にはキャンベル共同計画やコミュニティ志向型ポリスサービス室によるもの）。内務省研究レポートは追加された英国の研究リソースである。
主たる研究活用戦略（モデル化の詳細は第7章を参照）			
主として中央からの情報のプッシュ（臨床ガイドライン、国民保健サービス（NHS）、全国サービス枠組み）、時には現場における改変への相当の努力を伴う。実践者によるプルの増加による、ある程度の現場の取り組みはある。「研究に基づく実践者モデル」による、普及力のある表現がとられている。	多様な戦略の実施、しかし必ずしも十分な一貫性はない。「研究に基づく実践者モデル」という表現が最もよく見られ、ある程度の協働的かつ相互作用的方法論や実践ツールへのエビデンスの体系化も見られる。	「研究に基づく実践者モデル」にかなりの重点が置かれ、研究活用に対する相互作用的および協同的方法論にも相当の投資がなされている。	中央（内務省）からの情報のプッシュがあり、エビデンスはプログラム認証や研究に基づくツールとプロトコルに埋め込まれる。ウェブベースの手引き、専門職の団体、公式の研修コースやネットワークも重要。

なく、すべてのレベルの政策立案はしばしばボトムアップの影響を受ける。このため、政策と実践という区別はわれわれの題材を構造化するのに有益なこともあるが、このような区別は、時と場合によっては、崩れ、流動化する可能性があることに注意すべきである（Parsons, 1995、Nutley and Webb, 2000）。

政策と実践は区別されることが多いが、前述の中間グループの組織意思決定者に関し具体的な言及がなされることはあまりない。これは一つには、このグループの関心事項や優先事項の多くは、政府や中央省庁レベルの特定の政策ではなく、一般的政策に関する文献の幅広い解釈を用いることで最もよく検討されるからである。また、研究活用の文献の多くは、中間グループの組織意思決定者をより広い**政策立案者**群の中にまとめるか、現場の管理者を実践に基づく問題の考察に含めているからでもある。最終章で簡単に触れるが結論として、この**メゾレベル**のサービスアクター、すなわち現場のサービス提供組織を運営し方向づける人々の研究活用の慣習は、具体的、継続的な研究に値するのである。

政策から実践の環境に至る組織の各層を通じ、あらゆるレベルで、研究の潜在的**利用者**は多い。これには公共サービスの内部で働く人々のみならず、全国および地方のメディア、野党、議場後方席に座る目立たない政治家や地方の政治家、圧力団体その他の利害関係者、他の研究者や研究仲介者、サービス利用者が含まれる。後の章でレビューする文献の多くは、研究対象の主たる利用者コミュニティとして、そのうち政策立案者（政府の閣僚、専門家である顧問、政策開発に公的責任を持つ公務員、圏域および地方の対応者）と実践者（第一線でサービスを提供する者、現場の管理者）の二つを想定している。本書も第一義的には公共サービス**内部**の研究利用者に焦点を合わせているが、本書がカバーする領域の多くは、最初に挙げた、広範な潜在的研究利用者にとっても関心を引くものであるよう留意した。

このように考えると、研究活用は第一義的にはシステムの中の個人の問題であると見られがちである。しかし、本書では一貫して、個人が埋め込まれた組織的文脈を視野に入れる努力をしていく。明らかに、このことは、個人の行為がなされる文脈の促進要因あるいは阻害要因を強調することである。しかし、それ以上に本書では、組織レベル、システムレベルの研究の活用に注意を向け

る。このことは研究が集団的なプロセスや実践、文化に埋め込まれる方法に注意を払うことを意味している。また、本書では、個人的および集団的な研究活用のプロセスの両方に関心を寄せる。

本書で引用する多くの例や研究調査は英国のものであり、英国は筆者らが暮らしている場所であることを考えれば、その理解と分析は必然的にこの文脈に影響されている。大規模な政策実験や合理的政策分析に対する態度などの文化的要素や単一制または連邦制の政府構造や権限移譲の程度などの政体上の問題を含む文脈的な構造は、研究活用の理解にとって極めて重要である。このため、文脈特有の分析から一般的な結論を引き出すことには注意する必要がある。とはいえ本書では、文脈を超えて共通すると思われる場合には、研究活用のメカニズムに関する一般的な教訓を引き出そうとしており、提示している題材は英国においてのみならず、国際的にも価値があることを期待、確信している。

研究活用への関心事項と焦点を説明したが、重要ではあるが詳細に扱っていない問題についても述べておく。例えば、本書は、研究知見がどのように産出、収集、統合、蓄積、入手、伝達されるかについては、研究活用プロセスに直接関連する場合を除いて、扱っていない。また、研究知見の産出を支える方法論の探究や、完了した研究を評価するのに必要な技法の説明にもあまり関心を持っていない。もっとも、批判的検証評価の技法の欠如は時に研究活用を推進する際の障害の一つとされる（第3章参照）。従って本書は、**アクションリサーチ**（Gomm and Davies, 2000、Waterman *et al.*, 2001）や**実践者による評価**（Harvey *et al.*, 2002）などの参与的研究方法の実施に関する議論はあまり扱っておらず、**「科学者－実践家」**モデル（Hayes, 1981、Wakefield and Kirk, 1996）、すなわち、現場の実践を決定する手段として実践者自身が小規模な現場の実験を開発することに焦点を合わせるやり方の機能や開発についても探究していない。これらはすべて関連があり、例えば、知識の共同生産を強調し、**研究に関心のある**現場の文化を醸成することに貢献するであろうが、これらの成果の詳細は本書の関心事項の中心ではないと考えている。それゆえ、本書の焦点は、（外部で産出されたものであろうとなかろうと）研究知見が公共サービスの政策と実践に統合されるメカニズムに固定されている。

研究活用についての関心の視野（すなわち、焦点を合わせるところに加えて、

詳細には探究していないいくつかの課題）を説明し、次に、研究活用に関して歴史的文脈、特にエビデンスに基づく政策と実践に関する議論を進める。これに続けて、エビデンスの性質の考察から生じる課題を探究し、その中で、研究に基づくエビデンス、特に社会研究の調査からのエビデンスについて扱う。最後の節では、本書の構成、次章以下の内容および研究活用の分野の総括に至ったプロセスについて説明する。

第4節　研究活用とエビデンスに基づく政策と実践

4.1　歴史的文脈：社会科学の好景気と不景気の循環

　第二次世界大戦後の社会科学の大規模な発展は、社会知識に対する欲求の増大への対応であった。増大する社会知識の需要を満たすため、大学の社会科学関係学科は繁栄し、シンクタンクや研究財団などの組織が出現した。研究は、政府の社会政策の目標を決定し達成するために直接活用でき、また活用されるべきだと確信され、**社会工学**と呼ばれる研究の役割が確立された（Janowitz, 1972）。しかし、初期の熱狂に続いて、1970年代から1980年代の間には、複雑な社会問題に研究が解答を提供する能力に関する幻滅感が増大し、政府による研究の直接活用のために社会知識を創出する事業全体が疑問視された（Finch, 1986）。その一つの現れが、1982年に英国の社会科学研究会議（SSRC）が活動停止に追い込まれたことであり、同会議は経済社会研究会議（ESRC）と名称変更され、「科学」のお墨付きを失ったのである。

　社会研究によって提供される知見に対する熱い想いは、1990年代に再び地歩を得はじめ、英国におけるこの典型が1997年の総選挙で勝利したトニー・ブレアの労働党政権の言葉であった。「重要なことは効果があるということだ」というそのスローガンは、エビデンスに基づく判断が支持され、イデオロギーに基づく意思決定が終わる合図であった。第一期ブレア政権の大臣の一人は次のように述べた。

第1章 はじめに:エビデンスの活用

社会科学は政策立案の中心にあるべきである。われわれは、政府と社会研究のコミュニティとの関係について革命を必要としている。われわれは、何が有効か、そしてなぜか、またどんなタイプの政策イニシアチブが最も効果的と思われるかを判断するのに、社会科学者の手助けを必要としている(Blunkett, 2000)。

労働党政権は、エビデンスに基づく政策という旗印の下で、犯罪減少プログラム[2]やシュアスタート[3]のような一連のプログラムを正式に開始し、公共セクターによるサービス提供の多くの分野で、エビデンスに基づくというアジェンダの開発の指示が増加した(Davies et al., 2000a)。これらのプログラムや、エビデンスに基づく政策と実践についての関心の広がりと高まりは、研究活用に関するわれわれの考察にとって重要な文脈を提供している。この理由から、以下ではこのアジェンダを支えるいくつかの重要な発展の要点を述べる。

まず重要な但し書きを記すとすれば、修辞的な文脈は重要であるが、研究は、エビデンスに基づく政策と実践というアジェンダを超えて活用され得るし、実際、通常では活用されることに、当初から留意すべきということである。例えば、社会研究は、政策や実践の決定への情報提供や支援に、重要で積極的な役割を果たし得るが、必ずしも常にそうとは限らない。研究は、確立された政策や実践の枠組みを批判し、異議を唱えようとすることもある。コラム1.1は、公共政策に影響を与える場合の研究者の潜在的な役割を定義し、手段主義的な**エビデンスに基づく**というアジェンダを超える研究活用の広い視野を例証している。研究活用に関する本書の議論は、研究の潜在的活用に関するこれらの幅広い、時には批判的理解を包含するものである。このことは、狭義のエビデンスのアジェンダは、コラム1.1の最初に述べる領域に研究への資金提供と活動の焦点を過度に合わせ、その次に記述する挑戦的なアプローチを犠牲にするのではないかという懸念を部分的には、反映している。それゆえ、研究は、現実に価値観を形成するのに重要な役割を果たし得るのであり、固定した既存の価値観を実行に移そうとする場合の、相反する選択肢間の意思決定を助ける、純粋に技術的な役割に追いやられるべきではないことを示したい。このような、より挑戦的な、また論争的な研究活動は、民主的で知的な社会の健全さを増進するのに果たすべき重要な役割を持つが、エビデンスに基づく政策と実践とい

うアジェンダについての一般的な理解においては、いくらか中心から外れている。

コラム 1.1　公共政策と研究者の立場

公共政策への影響において、研究者が取り得る主な立場は次の三つであろう。

合意的アプローチ

合意的アプローチは、政策立案者と研究者の間に、関係する主要課題とこれらに取り組む方法に関して幅広い合意がある場合の状況を指す。研究者はそれゆえ既存のパラダイムの中で仕事をし、政策立案者、実践者、その他の関係者に対し、サービスの提供とその成果の最良の改善方法に関する知識を提供しようとする。その焦点は、意思決定の有効性とサービス活動の成果を改善することにある。このようなアプローチは、エビデンスに基づく政策と実践というアジェンダの中枢である。

論争的アプローチ

論争的アプローチにおいては、研究者は公共政策に関して傍観者的立場をとる。必ずしも政策開発に直接に貢献しないかもしれず、政府や社会やその制度に関して批判的立場を保つ。このアプローチにおける研究者の役割は**道徳的批判者**として活動することである。学術誌に限らず、一般メディアにおける論説や通信を通して、そのような検討課題を追求する研究者の例は多い。例えば、政府の業績評価と経営的アプローチや、数値目標を掲げるような文化に対する批評、論評、分析は、久しくその流儀となっている（Smith, 1995、Mannion et al., 2005、Bevan and Hood, 2006）。

パラダイム挑戦的アプローチ

さらに急進的な場合には、研究者は支配的なパラダイムからはずれて、既成の思考の枠組みと方法を問題にするかもしれない。研究者は、例えば、政治的支持が背後にあると期待し、新しい行動原則を提案するかもしれない。事例としては、メンタルヘルスの検討課題を、不健康や機能不全に焦点を合わせたものから、健康、安寧、幸福に焦点を合わせたものに転換しようとする**ポジティブ心理学**（Seligman et al., 2004）の一連の研究（例えば、*www.ppc.sas.upenn.edu* 参

照)、あるいは「経済、環境、社会問題に関する主流の考え方に挑戦する革新的解決の促進による、生活の質の改善」を追求する新経済学財団の研究(*www.neweconomics.org*)が挙げられる。

出典:レイン(Rein, 1976)、ウェイス(Weiss, 1995)から作成・敷衍。

4.2 エビデンスに基づく政策と実践の定義

エビデンスに基づく政策と実践の定義は、かなり狭く解釈するものから、より広く、それが表すあらゆる範囲の見解に至るまでさまざまである。狭義の定義に共通に見られるものは、明確な形態のエビデンスを産出する、健康政策や社会政策の介入プログラムの効果測定を目的とする頑健性を有し、通常、実験の形態をとる研究調査の系統的レビューとメタアナリシスといった特定の方法論を促進する運動である。そのような**運動**はまた、時には、主として系統的レビューによるエビデンスの実践ガイドラインへの書き換えを促進するとも考えられるものであり、ガイドラインは最終的には集権的に義務づけられる、エビデンスに基づく介入プログラムへ変換されることもある。研究に関するこの見解はコラム1.1で述べた**合意的アプローチ**に最も密接に結び付いている。このような見解は保健医療に深く定着しており(Davies and Nutley, 1999)、刑事司法にも若干見られる(Nutley and Davies, 1999)。

このスペクトルをさらに広げた端では、エビデンスに基づく政策と実践は、「研究による最良の利用可能なエビデンスを政策の開発と実施の中心に置くことによって、政策、プログラム、プロジェクトに関して、十分な情報に照らした意思決定に役立つ」方法論と定義されてきた(Davies, 2004, p.3)。このより幅広い見解を、われわれは支持し、最終的にはなおいっそう幅広くしようとしているのだが、それによると、エビデンスと見なされるものは、単に**何が有効か**を評価する研究よりも、ずっと適用範囲の広いものである。それは、幅広いさまざまな研究課題として、何が有効かのみならず、問題の性質は何か、なぜ起こるのか、どう取り組めば良いかについても探究する、より多様な一連の

研究方法を含むものである。それゆえ、エビデンスに関するこの幅広い見解は、研究に対してより挑戦的な役割を持たせるのである（コラム1.1）。この広い見解の下では、**目的への適合性**が、何が良いエビデンスと見なされるのかを決定する主要な基準として働く。このように、一連の研究や評価調査によるエビデンスは、日常のモニタリングデータや専門家の知識、関係者との協議から得られる情報と並んで存在している。

エビデンスに基づく政策と実践というアジェンダが、公共部門のさまざまな部分にどの程度定着しているかについての、われわれの以前のレビュー（Davies *et al.*, 2000a）の出版以降、このアジェンダをめぐって多くの議論があり、それが提起する問題を探究するための国際学術誌の発刊もなされた（『エビデンスと政策』（The Policy Press 発行）。しかしながら、研究の果たすべき積極的役割の強調や、研究活用の増加を理解したいという要望は、必ずしも全体として歓迎されているわけではない。事実、批判的文献が花盛りであり、政策と実践の環境の双方における研究活用に関する狭義の見解を支える基礎的仮説のいくつかに、疑問を投げかけている（Trinder and Reynolds, 2000、Clarence, 2002、Holmes *et al.*, 2006）。そのような文献は、エビデンスに基づく政策と実践に対し、明確に、コラム1.1にある言葉で**パラダイムに挑戦する**もので、この挑戦に関して詳しく述べるにあたり、まず政策批判、次に実践を考察する。

4.3　エビデンスに基づく政策に対する批判

政策の場では、改革の遅れにつながるエビデンスに基づく政策の**本質的に保守的**な性格（Davey Smith *et al.*, 2001）に対し懸念が表明されてきたが、別の批判は、政策がエビデンスに基づくという考えそのものの**二重の愚論**とされるものに焦点を合わせている（Clarence, 2002）。第一の**愚論**は、研究エビデンスを含むエビデンスは、本質的に、政治的な政策課題に対して客観的解答を提供できるという仮説に関する議論である。あらゆる知識が相対的で社会的な文脈において作られるように、エビデンスは決して客観的ではあり得ないと言うのである。第二の**愚論**と言われるのは、政策立案がより合理的な意思決定プロセ

第1章　はじめに：エビデンスの活用

ス、主としてエビデンスの重要性に影響されるプロセスになり得るという仮説に関係する。政治や、何らかの方法で切り抜ける技は、このような熟慮したプロセスの導入の試みを圧倒し弱体化するとの主張である（Leicester, 1999、Clarence, 2002、Parsons, 2002）。

　エビデンスに基づく政策の支持者からの第一の愚論に対する返答は、研究や評価が決定的な解答を提供することはめったになく、複雑な社会問題に取り組むにあたって、どんな環境で何が有効かに課題が関係する場合は、特にそうであると認めるものであった（Sanderson, 2002）。また、何がエビデンスとして見なされるかについては、現実社会についての考え方と密接に結び付いていることが、多くの支持者から容易に確認された（Mulgan, 2003）。得られた結論は、研究やその他の形態のエビデンスが教え得るものに対する期待は、注意深く扱われる必要があるということである。しかし、このことは、研究が語るべき重要性はまったくないということではない。

　政策プロセスを動かすのは政治であってエビデンスではない、という非難に対する返答は、エビデンスは政策プロセスに影響を及ぼす多くの要素の一つにすぎないことを強調するものであった（Nutley and Webb, 2000、Mulgan, 2003、Davies, 2004）。**エビデンス情報に照らした**（evidence-informed）、**エビデンスに影響を受けた**（evidence-influenced）、また**エビデンスに促された**（evidence-inspired）といった言葉は、再びこのバランスをとることを反映するもののように思われている。エビデンス情報に照らしたプロセスの目的は、イデオロギー、専門職の基準、専門家の見解、個人的経験、メディアの関心、政治など他の要素のすべてが影響を及ぼすことを十分認めつつ、政策プロセスにおけるエビデンスに与えられる相対的な重要性を増加させることを試みることである。この目的は、多くの政府が現在、イデオロギーよりも実用主義的であり、それゆえ、他の場所で何が有効かが明らかになったというエビデンスに基づく主張に、よりオープンであるという観察によって強められる（Stoker, 1999、Mulgan, 2003）。さらに多くの場所で、改革された政策プロセスと強固な**リサーチインテリジェンス**機能の開発が、研究に基づくエビデンスへのより大きく、より構造的な関与を確保する試みに用いられてきている（Cabinet Office, 1999）。

政策プロセスが実際にエビデンスにどの程度影響を受けているのかについての研究は、英国（Coote *et al.*, 2004、Fear and Roberts, 2004）および米国（Auspos and Kubisch, 2004）におけるエビデンス情報に照らした政策という考えに、一応の支持を与え、研究や他のエビデンスがイデオロギー的な主張を支持し、あるいは既存の計画を促進するために選択的に用いられるやり方の多くを示している。さらに、エビデンスに基づく政策というレトリックと実際に起きていることとの間には、しばしばギャップがある。例えばシュアスタートにおいては、その考えを採用するために研究や評価にエビデンスが使われたものの、「プログラムの設計においてはかなり無視された」と指摘されている（Coote *et al.*, 2004, p.17）。また、プログラムは「政治的に主導され、価値に主導された」という主張もあった（Coote *et al.*, 2004, p.18）。エビデンスに基づいているという公式の主張とは裏腹に、社会プログラムは「情報の提供された当て推量と専門家の勘に基づき、いくらかのエビデンスが加えられてはいるものの、政治的およびその他の必要に主導されて」設計される傾向がある（Coote *et al.*, 2004, p.xi）。この事実は、ある程度は政策プロセスの性質を反映しているが、多くの例では社会プログラムの詳細な立案と指示の基礎となる適切なエビデンスの欠如によるものでもある。また、何が**エビデンス**を構成しているかについては、間もなく扱うが、この問題に関する大きく異なる見解によっても事態は複雑化している（Coote *et al.*, 2004）。

　このように、政策における研究活用の程度と正確な特徴は、しばしば両立しない意見や主張の対象であるが、論争はしばしば研究が活用されて**いるかどうか**よりも、**どのように**活用されているかに関して行われていることにここでは注目する。シュアスタートの例もまた、研究活用がいくつかの形態をとり、それは、社会問題に関する考え方に対する間接的影響や、社会プログラムの設計に対する直接的影響を含み、主張や提案に対する政治的支持の提供手段でもあることを説明している。このように、エビデンスに基づく政策に対する批判が継続しているにもかかわらず、エビデンスが政策思考、政策選択、プログラム実施を支える知識の渦の中で、重要な意味を持ち続けるであろうと結論づけることは妥当だと思われる。

第1章　はじめに：エビデンスの活用

4.4　エビデンスに基づく実践に対する批判

　エビデンスに基づく実践の適切性や現実性についても、多くの疑問が提起されてきた（Trinder and Reynolds, 2000、Miles *et al.*, 2002、Holmes *et al.*, 2006）。批判者は、例えば、研究が実践者の専門知識や判断に注目せず、研究エビデンスの質の評価基準が比較的固定化していることに異議を唱えている。彼らはまた、実践者が多忙な実践の環境の中で、研究知見を見いだし、評価し、適用することが実行不可能であると指摘している。いずれにしても、実践者が良いエビデンスから影響を受けていないという考えは、時には侮辱的と見られ、また、エビデンスに基づく医療は特に「造語症、人を惑わすもの、……イメージチェンジ運動にすぎない」と言われ、その主唱者は「頑固で耳を貸さず傲岸不遜」というレッテルを貼られている（Miles *et al.*, 2002, pp. 87 and 90）。同様に、ソーシャルケア（Macdonald, 2000）や教育（Hammersley, 2001）においても不平がましい議論が見られる。

　エビデンスに基づく実践についての初期の文献の多くが、一方に主に研究や評価によるエビデンスの形としての知識の蓄積が存在し、他方にこの知識の潜在的利用者が実践者という形で存在するという、かなり素朴な仮説をとっていたのは事実である。エビデンスの活用は、存在する知識を実践者に伝達し普及する効果的な方法を見いだすことに依拠し、次に実践者はこの明示的知識を自分自身の暗黙の理解と統合すると主張されたのである。エビデンスに基づく実践についてのこのような見解は過度に単純化されており（Nutley *et al.*, 2003b）、非現実的（Hammersley, 2001）と批判されてきた。そしてエビデンスが実践に影響を及ぼすときに起こる複雑さをとらえるために、単純な普及という考え方を超える思考が求められてきた（Desforges, 2000、Halladay and Bero, 2000）。論者によってはさらに、**エビデンスの実体**という考え方自体に欠点があり、**言説の実体**という言葉が適切と言ったり、研究が実践者にとって自明であることはめったになく、また、優れた実践は積み重ねられた経験や現場の考えや態度、議論を指針としているとまで主張している（Wood *et al.*, 1998）。

　そのような辛辣な批判はしばしば、エビデンスに基づく実践についての特定

の評価、すなわち、前述した第一のかなり狭い見解に基づいており、それによると、「実践者の実践や経験、語りの文脈、……と価値観や社会的な見方」は「エビデンスの王座の下で属領に追放される」(Upshur, 2002, p.118)。当然ながら、そのような見解はエビデンス情報に照らしたアプローチを別のやり方で支持する現場の多くの人々に訴えることができるものではない。第2、4、7章などで見ていくように、研究活用にはほかにもモデルがあり、それはエビデンスのより幅広いより豊かな姿にかかわり、また、すぐ次節で扱うが、異なる源からのエビデンスを、現にある実践者の知識と状況に応じ、実践者の行動と統合することに取り組むことに、大きな注意を払うものである。

　異議を唱える声があるにもかかわらず、エビデンスに基づく実践というアジェンダを促進し、可能にし、支持することはひき続き急激さを増している。コラム1.2は注目を集める英国および国際的な取り組みを掲げており、いずれも研究の供給側を開発し、このエビデンスを実践者や他の関係者が利用可能にすることをねらいとするものである。このすべてがエビデンスに基づく実践についての狭い概念をねらいとしているものではなく、特にソーシャルケアにおいては、研究と実践者の専門知識との間のバランスをとることにかなり敏感であり、コクラン共同計画や国立医療技術評価機構などのいくつかは疑いなくその方向を向いている。このように、エビデンスに基づく実践についての重要な批判的文献が現れているにもかかわらず (Trinder and Reynolds, 2000、Miles *et al.*, 2002)、かなりの精力、創意、資源が、効果的な実践についての急成長する研究基盤を収集、統合、共有することに依然として費やされている。その意味で**エビデンスに基づく実践**を載せた車は轟音をたてて進み、ほとんど止められることはない。

コラム 1.2　エビデンス基盤の結合と共有

いくつかの継続的な取り組みが、エビデンスに基づく実践というアジェンダを国際的なレベルで促進し、効果的にし、持続させるために開始されている。

第1章　はじめに：エビデンスの活用

> **コクラン共同計画**（1993年設立）は、「保健医療の介入の系統的レビュー」を産出し普及するとともに「臨床試験などの研究の形態におけるエビデンス探究を促進している」（*www.cochrane.org*）。
>
> **キャンベル共同計画**（2000年発足）は、「社会的、行動的、教育的な活動の場における介入の効果に関して十分な情報に基づく意思決定の支援を目的とする」非営利組織である（*www.campbellcollaboration.org*）。
>
> 英国内では、その他いくつかの組織が、実践を支えるエビデンス基盤を収集し、現場のサービス供給者と研究概要を共有することを目的に設立されている。
>
> **ソーシャルケア研究所**（SCIE）（2001年創設）は、「ソーシャルケアにおいて何が有効かについての最新の知識を集めて統合すること、およびその知識を利用可能で入手可能なものにする」ことを目的としている（*www.scie.org.uk*）。
>
> **国立医療技術評価機構**（NICE）は、「健康の増進および疾病の予防と治療についての全国的なガイダンスを提供すること」に責任を有する独立した組織である（*www.nice.org.uk*）。
>
> 同様の取り組みが教育分野（例えば、EPPIセンターとして知られるロンドン大学教育研究所のエビデンスによる政策と実践のための情報連携センター（*http://eppi.ioe.ac.uk*））、刑事司法とソーシャルワークの分野（例えば、スコットランド刑事司法ソーシャルワーク開発センター（*www.cjsw.ac.uk*））にある。

4.5　エビデンスに基づく政策と実践：公約は再び問われるか

　われわれが本書を執筆している際にも、英国では、エビデンスに基づく政策に対する政府の最初の情熱が、いくつかの注目を集める政策プログラムの初期の成果に対する失望によって、今では薄れ始めているのではないかという新しい問題がある。例えば、1999年4月に英国政府は、継続的な犯罪減少の達成に向けて、3年間4億ポンドの政府横断的な公約である犯罪減少プログラムを開始した。当時これは「犯罪減少に対するエビデンスに基づくアプローチにおける、これまでどの国でも行われたことのない最大で唯一の投資」と説明され

た (Home Office, 1999, p.3)。しかし、犯罪減少プログラムの実施のレビュー (Homel et al., 2004) は、多くの問題と、このプログラムが多くの表立った目標の達成に失敗したことを記録している。何人かのコメンテーターは完全な失敗と言い (Hope, 2004、Maguire, 2004、Tilley, 2004)、当初意図されていた10年間に延長されなかったという事実は、政治的な言い方をすれば失敗の証拠であろう。

おそらく英国において、さらに大きな政治的意味があるのはシュアスタートの命運であろう。1999年から2005年にかけて、政府は31億ポンドを投じ、500件のシュアスタートの地方プログラムを設けた (*The Economist*, 2005)。しかしながら、第1段階の評価知見は期待外れであった (NESS, 2005、Williams, 2005)。シュアスタートの評価報告書の刊行は遅れたが、その知見は『ガーディアン』紙のポリー・トインビー記者にリークされた。新聞報道によれば、シュアスタートプログラムの実施地区と対照群地域の間の唯一の有意なプラスの差は、主たる保育者に見られた子供の扱い方のみであった (Toynbee, 2005、Ward, 2005)。シュアスタートは、子供の発達、言語、行動を高めるのに失敗したようであり、十代の母親の子供の結果は、シュアスタート実施地区の方が他の地域よりも実際には悪かったようである (Ward, 2005)。このような知見は、疑義があるにもかかわらず、シュアスタートが**効果がある**かどうかについての論争につながっている (Williams, 2005、*The Economist*, 2005)。シュアスタートに対する現在の政治的公約に関する疑問もある。それは特にシュアスタートの目的と目標が、子供自身よりも働く母親への保育サービスの提供に焦点を合わせる「福祉から労働へ」という政府自身のアジェンダによって害されているように思われるためである。全体として考えると、もたらされた成果への失望や、イデオロギー的な別方向の動きとの不調和は、このような注目を集める、**エビデンスに基づく**プログラムに対する公約を傷つける役割を果たしているかもしれない。

こうした幻滅は、研究が何を教えてくれるかについての、時に非現実的な期待によっても生じる。研究と評価の方法を改善する多くの価値のある努力にもかかわらず、研究はめったに決定的な解答を提供せず、特に健康や社会問題の分野や、これらに立ち向かうために設計された社会プログラムにおいてはそう

第1章　はじめに：エビデンスの活用

なのである。しかしながら、社会研究に対する資金提供の大幅な増加によって、そのような研究が、政策的介入や日常的実践の結果の改善に果たすべき貢献についての期待は高まっているが（Commission on the Social Sciences, 2003）、この期待の一部は、非現実的であることがわかり、失望に終わるおそれがある。

　より肯定的診断は、エビデンスに基づく政策が「政策のライフサイクルの成熟した局面」に入ったというものである（Ferlie, 2005, p.193）。1990年代後半に比べて政治的で建前的な性格が少なくなり、国立医療技術評価機構やソーシャルケア研究所のような機関の設立を通してエビデンスに基づく取り組みが制度化されてきており（コラム1.2参照）、これらの組織から出されるガイダンスは、かなり指導的な力を持っていると次第に考えられている。加えて、多くの公共サービス専門職の改定された登録要件は、これらの専門職がエビデンス情報に照らした方法で働くことへの期待を制度化するものともなっている。規制的・監督的行政機関も、今や規定されたエビデンス情報に照らした基準による評価をますます重視している。このように、政策と実践の両方の舞台で、エビデンスは重要性、必須性を勝ち得ており、近い将来に急激に縮小するとは思われない。

　エビデンスに基づくというアジェンダはそれゆえ、研究活用を考える重要な文脈を提供し、そのアジェンダに関連する多くの活動は、研究活用にとって潜在的に重要な推進力なのである。しかしながら先に強調したように、研究活用に関する幅広い議論は、狭い意味でのエビデンスに基づく政策と実践というアジェンダを超えるものとなっている。そのため、そのアジェンダは、意思決定を支える直接的で手段主義的な研究活用に過度に焦点を合わせるもののように思われる。一方、問題の枠組みを作り直し、基本的な概念化を適合させるような間接的影響もまた、われわれにとって強い関心事項であり、それは価値観に関する幅広い議論に流れ込む批判的な視点やパラダイムへの挑戦でもある。

　では、英国政府の**エビデンスに基づく**というアジェンダの将来はどのようなものだろうか。われわれの見解では、政策と実践を最良の利用可能なエビデンスに基づかせることの重要性を政府が強調し続けるにしてもしないにしても、研究は、政策と実践にかかわる事柄に影響を与えるとともに、影響を受け続けるであろう。そして多くの研究者と研究資金提供者は、どうすれば自分たちの

研究インパクトを改善できるかについて確実な理解に鋭敏であり続けるであろう。この意味でわれわれは、本書が**エビデンスに基づくあらゆるものの運動**の命運がどうであろうと永続的に寄与をするとともに、そのいくぶん狭いアジェンダの分析によって示唆される制約よりも、かなり幅広い貢献ができると自信を持っている。

第5節　研究のエビデンスへの適合

　エビデンスのアジェンダの発展に関する前述の議論は、政策と実践に影響を与えることに活用され得るエビデンスの性格を中心的関心事項として強調してきた。この議論は、本書が**研究**活用を最も前面に出した関心事項としているために重要な課題であり、研究は通常、エビデンスの一部であるにすぎないと考えられている。さらに、研究とエビデンスは両方とも、幅広い知識の一部として存在するにすぎない。従って、研究とは実際のところ何なのか、またエビデンスと知識を活用するという幅広い関心事項にそれがいかに適合するのかの両方について明確に理解する必要がある。

5.1　研究と社会研究

　このことをより深く探究するために、まず研究の問題を取り上げる。対象となる保健医療、ソーシャルケア、教育、刑事司法の四つの中心分野を考えると、本書で関心のある研究の多くは**社会研究**であろう。ここでは社会研究を、現実社会と公共政策ないし公共サービスとの間の相互作用だけでなく、この現実社会の理解を目的とする研究であると定義する。社会科学には、このような事柄を理解するためのさまざまな方法論を有する人類学、経済学、政治学、社会心理学、社会学などのいくつかの専門分野があり、ここではすべてが関連性を有する。社会研究は、一つの主たる専門分野に根差している場合もあるし、あるいは異なる専門分野の方法論が、多くの専門分野にわたるチーム、または**経営研究**や**保健サービス研究**のような学際的な研究分野において、組み合わされる

場合もある (Steuer, 2003)。われわれは、これらのすべてから生じる研究を活用すること、そして、公共政策および公共サービスの提供と関連していることを重視する。

　自然科学研究に比べて社会研究を強調するのは、社会研究がしばしば論争的で、議論の余地のある理論に依存し、複数の、時には議論の的となる方法を参照し、異論のある、曖昧な知見を導くからである。さらに加えて、複数の研究が、何らかの整った知識の集積を提供するのではなく、相いれない異なるものになる場合もある。臨床試験やその系統的レビューなどの医学研究が、相対的に問題や異論の少ない知見を、時には提供するかもしれないのに対して、保健医療分野のように医学研究と並ぶ社会研究、およびソーシャルケア、教育、刑事司法といった領域で主要な研究形態である社会研究では、そういうことはあまりない。社会研究の複雑で論争的な性格は、自称研究利用者が研究知見を**エビデンス**や**知識**として解釈しようとする際に、特に問題を引き起こす。

　焦点の多くが社会研究にあるのに比べると、自然科学における研究エビデンスの活用、実績モニタリングや監査制度によって産出される情報やエビデンス、あるいは専門家や他の関係者との協議によって得られるエビデンスなど、より広い形態の研究や情報、エビデンスの活用に、われわれはあまり関心がない。しかし、これらは、社会研究の活用を他の形態のエビデンスや影響力の文脈で理解する必要がある限りにおいて**考察され**、また、これから見られるように、このような異なるカテゴリー間の区別は一見するほど単純ではないであろう。

　研究の本質をなすものは何か、についても、本書では幅広く理解する立場をとり、他の論者と同様、過度に特定した定義は役に立たないと思っている(Court *et al.*, 2005)。このため、本書では研究を、事前に計画された系統立った探究に基づく、知識の集積のための何らかの調査活動であると考えている。これには、現実社会と関連性を有する、批判的な調査や評価、理論構築、データ収集、分析、および体系化した、系統立ったプロセスが含まれる (Court *et al.*, 2005)。このような性格づけの広さにもかかわらず、なお特定されない問題が残るのであるが、それは、研究を支える存在論や、研究知識が出現する認識論、およびデータ収集の適切で系統立ったプロセスを規定する方法論などである。これらの点についてわれわれは完全に折衷主義であり、おのおのの適切性

は、問われている課題と研究活用の文脈の双方の要因で決まることを認識している。すなわち、ある状況において説得力を持っていても他の状況においてはそうでないかもしれないという認識である。いずれの場合も、これらの局面のおのおのは、研究活用プロセスの一部として、最も異議を唱えられやすいであろう。

何が研究と見なされるかについての本書での拡大化された説明は、追加的な帰結を有する。それは、通常は研究とは分類されない系統立った探究の取り組み、例えば、規制当局による系統立った調査や、実施が適切で系統立った関係者との協議によって生み出された報告やエビデンス、を含むと解釈される。しかし、この曖昧さについては、あまり懸念していない。それは第一に、研究を、学術的な環境にいる学術的な研究者の活動のみであるとして、守る必要を感じないからであり、第二に、何が研究と見なされるかの解釈は、常にある程度、社会的に位置づけられるからである。それゆえ最終的には、単なる研究よりも幅広いエビデンスの概念化のすべてにわたって、本書がより広い関連性を有することが希望であり、このことは最終章で扱うテーマでもある。

5.2 社会研究が寄与できる領域

まず、最初に、社会研究の範囲に含まれると思われる研究調査の領域や論題について述べておく必要があろう。エビデンスに基づく政策と実践は、研究エビデンスの有効性または費用効果の領域に単純に動員すること、すなわち**何が有効か**というアジェンダに取り組むこととして考えられることが多かった。しかしながら、活用を考える社会研究の性質についての本書における理解は、このような範囲よりもずっと広い。それは、例えば、社会の構造化と社会問題の本質に加えて、それらの原因および相互関係についての基本的理解をカバーし、社会プログラムの実施、それらのプログラム対象者の経験、さらに実施上の失敗の原因や理由に関する理解にも関係している。本書ではまた、潜在的な研究活用に光をあてることにも一貫して関心を置く。このことは、新しい政策的解決策がその課題に受け入れられるようにする先駆けとして、政策課題が概念化され、形成される方法を作り変えるということである。このようなさまざまな

研究領域のいくつかを、コラム1.3で例示している。もちろん、研究に基づく知識は、この種の知識不足に取り組む際に寄与する唯一のものではない。次に扱うのは、別のタイプの知識の考察である。

> **コラム 1.3　効果的な社会政策のための知識要件**
>
> - **問題について知る**：例えば、社会的包摂に向けられている現在の政策努力は、健康、富、社会的不平等についての、かなりの知識基盤を反映している。
> - **何が有効かを知る**：すなわち、どんな政策、戦略、あるいは具体的介入が、許容可能なコストで、また、望ましくない結果を最小にしつつ、望ましい成果をもたらすか。
> - **どのように実施するかを知る**：何がなされるべきかを知ることは、それを効果的にすることと同じではない。効果的プログラムの実施に関する知識も必要である。
> - **誰を含めるかを知る**：そのような知識は、可能な解決策のために必要な、主な関係者についての情報だけでなく、利用者ニーズの見積もりを含む。
> - **なぜかを知る**：なぜ行動が求められるのかについての知識、例えば価値観と政策の方向との関係。
>
> 出典：エクブロム（Ekblom, 2002）から作成。

5.3　エビデンスや知識からの研究の分離

研究、エビデンス、知識の間のつながりは難しく複雑であるが、階層的関係として見るのが一般的である。研究はエビデンスの一形態であり、エビデンスは知識の出所の一つであると考えられることが多い。エビデンスについて狭い見解をとる人もおり、そのような人々はエビデンスを研究の一つの構成要素、すなわち実証的知見であるとする（Culyer and Lomas, 2006）。これに対して知識は、研究の**解釈**と定義されることがある（Marston and Watts, 2003）。しかし、この三つの概念の間のつながりもどのような階層的理解にも過度の単純

化の危険が生じる。例えば、**研究**は知識の一形態を導く産出プロセスを記述したものであるのに対し、**エビデンス**は特定のタイプの知識の評価に基づいて付けられたラベルである。

異なるタイプの知識を考えるにあたって、三つのかなり異なる認識方法が重要と言える（Brechin and Siddell, 2000）。

- **実証的認識**：認識の最も明示的形態であり、量的または質的研究調査に基づくことが多い。
- **理論的認識**：問題を考えるのに異なる理論的枠組みを用い、研究に情報を与えられることもあるが、しばしば直観的あるいは形式によらない方法から得られる。
- **経験的認識**：長年の実践経験によって身に付けられる技や暗黙知。

しかし、これらのカテゴリー間の厳密な区別を維持することは、それほど容易ではなく、「実践的なもの、実証的なもの、理論的なものの間の境界は常に流動的である」（Pawson *et al.*, 2003, p.73）。研究は通常、より抽象的で理論的な形態の知識に、実証的支持、あるいはそれを論破するものを提供していると考えられているが、実際には研究調査それ自体が、純粋に理論に焦点が合っていると思われる。経験的認識は逆に、定式的な実証研究を試す着想の源泉であるとともに、研究**知識**を失敗させる障壁でもある。

これらの異なる認識方法が、結合・統合され得るかどうか、またどうすればできるかは、かなり議論がある。特に、実践者による形式知と暗黙知の統合の力学は高度に複雑であり、単純な意味ではこの統合は起こり得ない（Hammersley, 2001）。形式知に、暗黙知を超える特権を与えることは、しばしば争われ、抵抗されるものであるし、また、いかなる調停の試みも、学習だけでなく**学習棄却**という困難なプロセスを伴わざるを得ない（Rushmer and Davies, 2004）。結局、形式知は変形され、依然として内面化された経験的知識に至らしめられる。相対的に明晰で説得的な研究エビデンスでさえ、**活用される**にはさらに変形されるのであり、例えばイノベーションは、特定の環境で採用される前に改変されるのが普通で、現場の知識と外部の知識との間の折り合いと統合を伴う（Ekblom, 2002）。これらの観察結果のすべてが示唆する

第1章　はじめに：エビデンスの活用

ことは、概念や知識の**淵源を明らか**にし、明晰な方法で**実証的、理論的、経験的**に分類することは必ずしも容易ではないということである。また、どんな分類も、最初は可能であるとしても、長い間安定することはなく、分類間の漏出、汚染、流動は常に起こり得る。

　さまざまなタイプの知識を分類する際の曖昧さは、研究活用にとって重要な意味がある。研究知見はこの場合**おのずから証する**ことはできず、解釈されるものである。後続の章で議論を続けるように、これは対話と参加によって最も効果的に起こりやすい。しかし、そのようなプロセスがいかに系統立っていようと、解釈に必ず伴う要素は中立的とは言えない。このことは逆に、受動的、受容的な受け手に対して事前包装した研究結果を単に**普及**あるいは**知識移転**するような研究活用の考え方に異議を申し立てるものである。どんな解釈や移転にも伴って起こる変形プロセスがある。これがさらに**研究、エビデンス、知識**のどのような整然とした区別をも複雑なものにする。

　ここまで研究、特に社会研究と他のタイプのエビデンスや、より広い意味の知識との間の何らかの区別についてのコメントを進めてきたが、そのような分析が複雑性、流動性、曖昧性、説明にある程度の循環性を示すことは、もはや明らかであろう。すなわち、研究、エビデンス、知識のどれかを定義することは、常に少なくとも定義しようとするもの以外のどれか一つの言外の説明を援用することである。このことは、研究活用についての本書の中心的な優先課題にとって関係がないわけではないが、このことをすべて、これ以上解きほぐそうとすることは、ある意味で試みるに値しないであろう。実際そうしたとして、確実性がどの程度であれ可能ではないと思われ、どんな定義に達しようと、全体として共有されることはありそうになく、また、いずれにせよ自らの破滅の原因を抱え込むものであろう。それゆえ本書は、一貫して**研究活用**という言葉を用いており、どんな場合に本書における議論が、エビデンスやさらに知識のような、より幅広いカテゴリーに密接に関係するのかを推論することは、読者に委ねている。

　何がエビデンスと見なされるかあるいは**何が研究と見なされるか**を評価することは、技術的で客観的な判断のみならず、主観的で文脈を考慮に入れた評価を含むという本書の見解が支持されるのであれば、最後に一つコメントが必要

51

である。**エビデンス**や**研究**といったラベルを特定のタイプの**知識**に貼ることは、実際は政治的行為である。それは、そのようなラベル貼りを主張できる人々がそのようなラベルを使うことにより、問題が定義され可視化され、さらにほかのものを犠牲にして、あるものの利益を促進する解決策が提案されることを意味するからである。そのため、知識、エビデンス、研究といった言葉はすべて、それらを活用する人々の理解力や優先事項、力を反映する特権的言葉であることを認識する必要がある（Polanyi, 1967、Foucault, 1977、Giddens, 1987）。このように見ると、**研究**や**エビデンス**のようなラベルの受容を拒否することは、抵抗の行為として見なされる。このように、何が研究と見なされるかについての議論を基盤的レベルで行うことは、決して必ずしも合理的、技術的な事柄ではなく、むしろ技術的専門知識と、合理性の衣をまとった力の両方の複雑な展開を含む。全体として考えると、これまでの議論の示唆することは、研究をその活用の文脈から離れて定義することのできる、簡易で価値にとらわれない方法は存在しないということである。このような見解が本書には行き渡っているはずである。

第6節　本書の構成

　ここまでの議論で、本書の目的と範囲を説明し、その仕事をエビデンスに基づく政策と実践というアジェンダの歴史的文脈に位置づけ、本書を通して繰り返し現れる多くの批判的問題を表面に出した。これらの作業が適切であれば、続く九つの章が、読者のために、公共政策とサービス提供における社会研究の適合や応用を考慮する際に生じる問題に関し、精緻で微妙な理解を発展させる方法で、これらの関心事項を具体化できるであろう。

　この複雑な分野において読者が方角を見定められるよう、本書の構成と内容を簡単に解説する。題材の提示は、書き言葉の場合にはその制約によって常に直線的に表現されるので、図1.1を用いて各章の相互関係をビジュアル化した。各章の内部および相互には多くの関係があり、テーマは繰り返されるが、各章において研究活用の異なる面の適切な説明を集めることができたと思う。その

意味で、特定の関心を持つ読者は、その章にまず焦点を合わせ、関心のおもむくままに、筋道をたどって他の章に移ることが有益であろう。このプロセスを助けるために、本書は各章を独立させることを試みており、関連する題材へのつながりがわかるよう、各章間に多くのクロスレファレンスを付けている。もちろん、後続の章が前の素材に基づいてある程度構築されるよう、素材を初めから終わりまで論理的に並べるよう試みてもいる。この二つのまったく異なる目的を両立させることは必ずしも容易ではなく、読者には、ところどころ重複があることを許容していただくとともに、クロスレファレンスにあまり煩わされないことを願う。

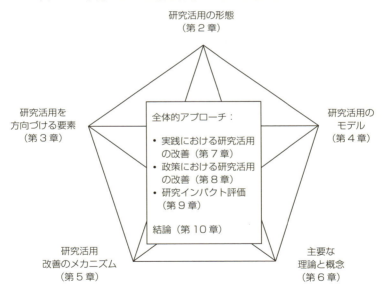

図1.1　本書における研究活用の理解、改善、評価の枠組み

次章以下では、基本構成要素つまり、研究活用とは何か、何がその理解を形成するか、また研究活用はどのようにモデル化されているか、の検討から始まり、この理解にどのようなメカニズムが働いているか、また、どんな戦略が研究活用の改善に利用可能であり効果的かといった**現場における**研究活用の増加

や影響が持つ意味をまとめるまで進む。本書の結びとして、社会研究の幅広いインパクトを評価しようとする者が直面する課題を扱い、最後に、全体を通じて構築され相互に結び付いた主張から結論を引き出す。

　簡潔に示せば、各章は次のような内容からなっている。

- **第2章：研究活用の形態**──ここでは研究活用の意味するものを定義する。異なる定義と概念化を区別し、さまざまな活用の形態を確認するのに役立ついくつかのモデルの検討から始め、その間、実証研究において研究活用がどのように定義され評価されるかに注目する。この章の結びでは、研究活用に関する再現とイノベーションの問題に触れ、現場の文脈における知見の純化と改変は、研究活用にとって必要で自然な部分であることを主張する。
- **第3章：研究活用を方向づける要素**──研究が政策と実践に入っていくプロセスを解明し、その後、より良い研究活用を支えると思われる条件と環境を説明する。研究が活用される程度に関して何が知られているか、またどんな調査が、研究活用の主たる阻害要因や促進要因について明らかにしているかについて議論する。
- **第4章：研究活用のモデル**──研究と政策、研究と実践の間の関係が概念化されモデル化される多くのさまざまな方法を探究する。この説明にあたっては、初期の「合理的・線形モデル」が現在では退けられようとしており、知識の社会的構成に関する解釈主義的説明を参考にする「相互作用モデル」が支持されていることに注目する。ポストモダンの枠組みによる鋭い批判がこの分析に加えられる。
- **第5章：研究活用改善のメカニズム**──研究活用プロセスの理解についての基本構成要素から、研究活用とインパクトを改善することに関連する、応用的な課題の検証に移る。研究活用促進のために用いられてきた主要な戦略と活動のいくつかについてレビューし、これらの異なる方法の効果に関し現存のエビデンスを検討する。結論として、研究活用と理解に対する相互作用的方法の重要性を強調する。
- **第6章：主要な理論と概念**──研究活用に特定した文献から離れ、研究活用の戦略と活動に情報を提供する潜在力を持つ、学習理論、ナレッジマネジメント、イノベーション普及理論の三つの理論とエビデンスについて概観する。これらの

各分野における現在の考え方とエビデンスから研究活用の意味を引き出す。
- **第7章：実践における研究活用の改善**──これまでの章の基本的理解によって組み立てる方向を維持しながら、実践に対するインパクトを研究に持たせることを目的とする多面的な方法を議論するとともに、その有効性についてのエビデンスがどの程度存在するかについてレビューする。また、介入のさまざまな組み合わせが、研究情報に照らした実践についての特定の考え方によってどのように支持されるのかについても検討する。研究情報に照らした実践に関して現れた、「研究に基づく実践者モデル」「埋め込まれた研究モデル」「卓越した組織モデル」の三つのモデルについて議論する。
- **第8章：政策における研究活用の改善**──研究活用が政策の環境においてどのように改善されるかを検証するにあたって、適切に評価された研究の相対的な不足に注目する。その上で、研究供給と研究需要の双方の問題とそれらの間の相互作用に取り組む戦略を確認する。また、政策プロセスの広範なモデルを参考にしている戦略を議論し、より広い政策ネットワークの役割を強調する。相互作用と仲介は、研究と政策の関係の仕方を方向づける鍵であると考えられる。
- **第9章：研究インパクト評価**──政策と実践の双方に対するエビデンス情報に照らしたアプローチは価値があるという、本書の最初の仮説の一つに戻り、そのような命題をどうすれば検証できるかを問う。三つの異なる観点、つまり、完了した研究から現実に生じたあるいは潜在的な結果を追跡すること、研究利用者コミュニティにおける研究活用の理解に焦点を合わせること、研究インパクトを増大させるためにデザインされた取り組みを評価すること、について確認する。これまでの章で展開された議論やモデルを参照しながら、これらのおのおのについて詳しく説明する。
- **第10章：結論**──最終章では本書を通じて現れたテーマについての追加的解説がまとめられ、提供される。研究活用が重要であるという考えを再び取り上げ、より効果的な研究への関与によってなされる寄与を概説する。研究活用に関する知見を要約するにあたり、政策と実践の環境における研究活用を促進するための示唆を引き出す。本書での社会研究の定義はかなり包括的であるため、エビデンスの幅広い概念化にとってのこれらの知見の意味をも強調する。最後に、研究活用に関する知識の増加を促進する、さらなる研究の分野について触れる。

第7節　本書で用いられる認識方法

　本書が研究とそのインパクトを探究し、ある研究分野の理解をめぐって組み立てられていることを考えると、本書でなされる議論のいくつかを再帰的に応用することは有益であろう。**本書で説明に努めていることはどのようにして知られるようになったのか**。本書では、先に実証的認識、理論的認識、経験的認識の三つの異なる認識方法について言及し（Brechin and Siddell, 2000）、これらすべてを本書に含まれる考えを有機的に関連づけるために参考にした。第一に、実証的知識は、研究活用に関する研究ユニット（RURU）（*www.ruru.ac.uk*）で提供される実証研究に関する増加中のデータベースとともに、特にこれを用いてソーシャルケア研究所（Walter *et al.*, 2004b）や学習・技能開発機構（Nutley *et al.*, 2003a、Walter *et al.*, 2003a）のような機関のために実施した系統的レビューに基づいている。第二に、研究活用を理解する理論的方法をレビューしているが、これには、研究活用について報告された実証的研究において議論されているもの、および密接な関係があると思われる幅広い社会科学の文献から引き出される理論とエビデンスの両方がある（Nutley *et al.*, 2003b）。第三に、最初の二つのカテゴリーから知識を収集、統合、総合する場合に、研究活用をめぐるわれわれ自身の経験的知識によって、また研究活用の舞台における他の多くのアクターや関係者との相互作用を通じて、不可避的に影響や助けを受けている。これらの多様な相互作用と広範囲にわたる対話、特に研究活用に関する研究ユニット（RURU）の主催するセミナーやワークショップのシリーズ（前掲のRURUのウェブサイト参照）に関連するものは、この複雑かつ困難な領域を理解する上で不可欠な要素である。このように本書の内容は実際のところ、**エビデンスを意識し、エビデンスに影響を受けた**と言えるであろうが、必ずしも、しばしば狭く理解される意味で**エビデンスに基づく**ものであると強く主張するものではない。

第1章　はじめに：エビデンスの活用

第8節　結語

　本章の冒頭で、研究は政策と実践にかなり重要なインパクトを持つように思われるが、そうでないこともあると指摘した。このことは、理論的、実証的にさらに探究する価値のある課題であるように思われる。どのような言い方にも難しさはつきものだが、ある認識方法は他よりも優れており、研究に基づく認識方法は特に注目に値する、という仮説に基づいて、本書の主張はなされている。そのような前提により、本書がカバーしようとしている基礎を説明し、**研究活用**に対する本書の関心を、**エビデンスに基づく政策と実践**という表現から導かれるしばしば限定された視野よりも広範囲にわたるものとして位置づけることに特に留意した。本章では紙幅をさいて、研究、特に**社会研究**が、社会システムの中で追究しようとする中核的な知識であることを確認し、同時に**研究**の定義は、不自然に限定的か、多義的かのどちらかであることが判明しているという認識に至った。このように、「研究活用」は広く解釈され得るが（しかしもちろん、常に場合による）、本書では、一貫して議論の主張をさらに広げたいと願っている。万全を期すことができれば、研究活用についての研究の総括が、刺激的で、時には挑戦的のみならず、究極的には実際に**役立つ**ことを読者が見いだすであろうことを、確信している。

原注
1. 前著（Davies *et al.*, 2000a）のタイトルにもかかわらず、本書では**エビデンス情報に照らした**（evidence-informed）や**エビデンスに影響を受けた**（evidence-influenced）、あるいはむしろ**エビデンスを意識した**（evidence-aware）という言葉の方が、**エビデンスに基づく**（evidence-based）という通常使われる――誇張された――表現よりも適切であると考えている。最近では、同様の流れで、英国政府の主任社会研究官は**エビデンスに促された政策**（evidence-*inspired* policy）（Duncan, 2005、*強調は著者*）という言葉を導入した。
2. 犯罪減少プログラムは、1999年に開始された英国の犯罪の継続的減少に向けた3

年間で4億ポンドの政府横断的な公約で、四半世紀の間に積み重ねられた犯罪研究と経験を参考にしている（Goldblatt and Lewis, 1998、Nutley and Homel, 2006）。
3. シュアスタートは英国政府による数十億ポンド規模の投資であり、幼児教育、保育、保健医療、家族支援を組み合わせた幼年期を支援するプログラムとして行われ、少なくとも部分的には、また確かに言葉の上では、就学前の経験の潜在的なインパクトに関する広範囲なエビデンスに基づいている（Eisenstadt, 2000）。

第2章

研究活用の形態

はじめに

　本章では、**研究活用**の意味について考察する。研究活用は、複雑で多面的なプロセスであり、しばしば人によって意味するものが異なる。例えば、研究活用と言う場合、一般的な背景説明の一部として単に研究知見を解釈することも含まれるのか。それとも、たとえ、入念に調べたエビデンスが結果的に役に立たないとして却下されたとしても、意思決定に際して研究を検討することを意味するのか。あるいは、研究が**活用された**と言うことができるには、政策選択や実践行動に直接影響を与えることが必要なのだろうか。

　本章は、こういった、研究エビデンスを**活用する**と言うとき、それが何を意味するのかという問いから始める。まず、研究活用の概念化と評価を行うさまざまな方法について探求する。研究活用の一般的なイメージは、研究からの知見が第一線の実践者や地方または国の政策立案者の行動に直接影響を与えるというものである。しかしながら、実証研究によって明らかになったように、研究活用が政策や実践の意思決定に単純に適用される簡単なプロセスであることはほとんどない。研究活用はしばしば、とらえがたい複雑なプロセスで追跡調査が難しく、その結果も同様にとらえがたく複雑なものである。ウェバーが研究活用のプロセスを「曖昧かつ無定形で、漸進し蛇行する」（Webber, 1991, p.15）と特徴づけたように、多くの場合、研究活用がどのような形をとるかは、多様で予測不可能である。研究活用が何を意味するかについてある程度の明確性と一貫性を構築することは、この分野の理解を高めるために重要である。しかし、研究活用が個々の方法で定義されるところでは、それによって活用のプロセスがどのように理解、推進、評価されるかが左右される。従って、固定化された定義は、研究活用の際の**曖昧かつ無定形**のプロセスを理解するにはあまり役に立たない。本章ではまた、研究の**誤用**は何を意味するのかにも注意を向ける。最後に、研究活用の際、研究知見をどの程度、正確に再現するかについて、また研究活用プロセスにおける知見の改変や改良の可能性について考察する。

第2章　研究活用の形態

第1節　研究が活用され得る方法

　研究活用の最も一般的なイメージは、研究を政策や実践の意思決定に直接適用する際の手段的プロセスである。マクロ政策のレベルでは、研究は特定の政策の選択肢を開発し選択するために活用される。地方の政策立案者にとって研究は、現場における優先順位やサービスの構成を決定したり、戦略的方向性を定義したりする際に適用される。実践者の間では、研究は最も適切な行動指針を規定するだろう。現在のエビデンスに基づく政策と実践のアジェンダは、往々にして、この種の研究の手段的活用に焦点を絞っているように思われる。しかし現実には、研究は多くの場合、はるかに間接的で多様かつ微妙な方法で活用される。研究は知識と理解を変えるし、研究活用は意思決定に直接影響をもたらすばかりでなく、態度や考え方を形成する可能性もある。例えば、広範囲にわたる研究により、保健医療とソーシャルケアのサービスで、インフォーマルな介護者が重要で多様な役割を果たしていることが明らかにされている。そういった研究は、政策と実践の議論の場に**介護者**という言葉が定着するのに役立ち（Parker, 1990）、結果として研究は、英国の保健医療とソーシャルケアのサービスが概念化され理解される方法を根本的に変えたのである。研究活用はまた、特定の立場への支持を生み出したり、あるいは対立者の立場を弱めたりする、政治的な行為にもなり得る。第1章で述べたように、研究は必ずしも政策の方向や専門家の対応と歩調を合わせるとは限らず、社会制度や支配的な思想潮流に関して、批判的または挑戦的役割を果たすことがある。最後に、研究を実施する際のプロセス、あるいは、研究が行われるという単なる事実自体が、政策と実践のコミュニティ内で、例えば、意思決定を何も行わないという形で**活用**されることもあり得る。

　政策立案者と実践者が実際に研究をどの程度活用するのかを明確にしようとすると、非常にばらばらの異なる数字が現れる。これは、おそらく研究者と研究利用者が**研究活用**を説明する際の多様な定義によるものである。いくつかの調査では、政策立案者と実践者の両方からなる回答者の約10％のみ

が、研究を**一度も**活用したことがないと回答した（Sunesson and Nilsson, 1988、Rickinson, 2005）。政策や実践のコミュニティで研究を常に探し求め、日々の仕事に活用する個人は、一握りしかいないと説明する者もいる（Weiss, 1987、Hillage *et al.*, 1998、Walter *et al.*, 2004b）。一方で、政策と実践における研究活用について、もっと悲観的な図を描く者もいる（Lovell and Kalinich, 1992、Albaek, 1995）。しかし、研究活用に関する調査を概観すると、そのような**活用**は、研究活用という言葉が何を含意するかということだけでなく、どのくらい頻繁にまたはどれくらい定期的に**活用**が起こっているかという点に関しても多様な方法で評価されていることがわかる。リッキンソン（Rickinson, 2005）は、教員の研究活用についての調査のレビューを行い、教員は定期的に研究を調べたり活用したりしていることが明らかにされていることに注目した。ところが、より詳細な調査によれば、教員の研究に対する実際のかかわりは、多くの場合限られたものであり、深みを欠く可能性があることが示されたのである（Rickinson, 2005）。

　さらに、研究活用に関する調査は、研究が政策と実践に影響を与える方法が多様だということを明示している。コートとヤング（Court and Young, 2003）は、主に発展途上国での政策における研究活用についての50の事例研究をレビューし、研究が政策の開発と実施に多岐にわたり影響を与えたさまざまな方法を明らかにした。これによれば研究は、第一に、行動についての優先順位を示し、特定の問題を政治的アジェンダに押し進め、また、政府レベルの重要な決定と行動に影響を与える。第二に、アクションリサーチを通じて、現場に新しいプロセスと活動が入り、それが時には回り回って、はるかに強い**ボトムアップ**の影響を通じて幅広い政策変化を推進している。第三に、政策の内容と中身だけでなく、仕事のやり方に対しても影響を与える。第四に、研究活用は、明確で体系化された形式知、例えば、研究報告の形式によるものだけでなく、政策立案者と研究者間の、顔を合わせての交流と継続的な知識交換を通じて、研究者の持つ暗黙知にもかかわる。時には研究者は幅広い層に働きかけ、世論の圧力を通して政策変化を促すこともある。そして、第五に、知識と理解を深め、ネットワークの開発をサポートし、政策が決定される広い社会的な議論に貢献するという非常にとらえがたい間接的方法によっても政策を形成する

(Court and Young, 2003)。

　実践の舞台での教員による研究活用についてのリッキンソン（Rickinson, 2005）のレビューは、政策と同様にエビデンスが影響を持つやり方の多様性と複雑性に焦点をあて、教員が自らの価値観と経験に頼って、能動的かつ選択的方法で研究を活用することに注目した。リッキンソン（Rickinson, 2005）のレビューからは、また、教員が研究を多面的方法で活用することが明らかとなった。教員は、教室での効果的な活動の開発などの日常の実践を改善するために、また、より幅広く自らの教授方法やカリキュラムを計画するために研究に頼っていた。教員はまた、具体的な問題に対処するための方法を見つけるためにも研究を使っていた。さらに研究は、教員に自らの実践を振り返ることを促していた。研究は、時には感情に働きかけることも含め、考え方に挑戦し、それを変える役割を果たしてきた。現場のレベルでは、研究による知見が教員によって教室で再現されるかどうかといった、さらなる研究も進められていた。このようにして、研究活用は、新たな研究や課題、エビデンス活用を促す。最後に、教員は特定の実践を正当化するためにも研究を使っていた。例えば、研究は実践開発のための助成金申請を支持し、正当化する助けとなる。また、既存の実践の価値を個人的あるいはより公的に確認するためにも使われる。リッキンソンは、教員にとっての研究活用は、教室で起こっていることにかかわるだけでなく、教員が担う**計画者、思索者、リーダー、コーチ、研究者、学習者**といった多様なプロフェッショナルの役割を反映していると結論づけている（Rickinson, 2005, p.23）。

　これらのさまざまなタイプの研究活用が明らかになるにつれ、研究活用とは、特定の研究知見を特定の政策や実践における決定に単純かつ直接に適用することだけを意味するのではないという事実が浮かび上がってくる。研究活用の量的・質的向上を支持する人々は、手段的活用を主要な目標にしがちだが、これは、研究が政策や実践のコミュニティ内で果たす幅広い役割を軽視しているからである。

第2節　研究活用の類型論

　研究活用の類型論は、研究活用が意味するものをより明確に定義しようとする文献に現れている。それらは主として、特定の分野での実証的研究から生まれたものであるが、さまざまな政策と実践の文脈を超えて幅広く適用されている。

　研究の手段的活用と概念的活用の間では、しばしば重要な区別がなされる（Caplan, 1979、Webber, 1986、Huberman, 1990、Cousins and Leithwood, 1993）。概して**手段的活用**は、政策や実践における決定に研究が直接与える影響を指す。それは、特定の意思決定や、特定の問題に対する解決策を定める際の特定の研究の影響を明確にするものであり、研究活用が何を意味するかという一般的な考え方を表している。**概念的活用**は、研究活用のより幅広い定義で、研究活用が政策立案者や実践者の知識、理解、態度に与える複雑でしばしば間接的方法を含む。これは研究が、考え方を変えたり、政策立案者や実践者にある問題について注意を喚起したり、もっと一般的に言えば、**意識レベルを上げる**役割を果たしたりするところで生じる。研究のそういった活用は、手段的活用に比べてあまり明白には証明できないかもしれないが、同じくらい重要である。

　実際のところ、全体として研究は、政策や実践の変化に直接影響を与える手段的方法よりは、認識や理解を変える概念的方法として活用される傾向にある（Caplan, 1979、Albaek, 1995、Hemsley-Brown and Sharp, 2003、Reid, 2003）。政策立案者によれば、研究は多くの場合、興味深く役に立つ――従って完全に無視されることはほとんどない――が、行動に対して明確な方針を与えてくれるというよりは、たいていの場合は政策に**情報を提供する**程度である（Reid, 2003）。このことは、インバールら（Innvaer *et al.*, 2002）の医療政策立案者の研究活用に関するレビューでも実証されている。それによれば、調査回答者の40％が研究の手段的活用を報告したのに対し、60％は概念的活用を報告していた。研究が現場で委託され、政策により直接的な影響を与えると思われる場合でも、必ずしもそうはならない（Sunesson and Nilsson, 1988、Barker, 1994、

Innvaer et al., 2002、Greenberg et al., 2003)。例外はあるにせよ（Hutchinson, 1995)、政策立案者は研究を主に間接的・概念的方法で活用するようである。

　実践者も同様に、エビデンスの概念的活用を強調している。彼らは、研究がどのように自身の分野の主要な問題に対する理解を深め、新しい動機やアイデアの源を与え、サービスの受け手の経験についての視点を提供し、従来の考え方や方法論に挑み、情報に基づいた議論や討議を促すことができるかを説明している。しかし全体として、研究がより直接的で目に見えるインパクトを実践に与えた実例が明らかにされることはあまりない（Fisher, 1997、Williams et al., 1997、Walter et al., 2004a、Rickinson, 2005)。

　研究活用はまた、政策立案者にとっては特に、**戦略的**あるいは**戦術的**なものかもしれない。研究は、既存の政治的立場を支持したり、他者の立場に挑戦したりするための説得の道具として利用され得る。また、決定や一連の行動を正当化するためにうまく使われることもある。あるいは、決定を押し通すために、もしくはすべての行動を先延ばしにするため、成果を評価するという口実の下に、研究を委託したり実施したりすることもある（Lovell and Kalinich, 1992、Anderson et al., 1999、Dahler-Larsen, 2000)。政策立案者は、研究がどのように、彼ら自身や彼らの行政機関や政策に、ある程度の信頼性と説得力を与えてくれるかについて説明している（Reid, 2003)。同じ内容の研究であっても、政治的環境の下では、関係者によってまったく異なった活用をされる可能性がある。また、それぞれのグループが自分たちの目的のために、研究を管理し資金提供を行うかもしれない（Selby Smith and Selby Smith, 2002)。エビデンスによれば、政治的文脈においては、このような戦略的活用もまた、手段的活用よりも普及している（Lovell and Kalinich, 1992、Innvaer et al., 2002)。戦略的活用は、実践者の間でも、個人的あるいは公的な場で、実践していることを確認、実証するために使われている（Rickinson, 2005)。しかし、そのような研究の戦略的活用は、研究の参加者によって隠される傾向があるため、実証的に明らかにすることは難しい（Dahler-Larsen, 2000)。

　最後に、研究のプロセス活用がある。本来、評価の分野で生まれたものであるが、このタイプの研究活用は、研究の知見よりもむしろ研究の計画と実施が、政策立案者や実践者にどのように活用されるかを強調している（Patton, 1997,

1998、Shulha and Cousins, 1997）。これは、単純に研究や評価プロジェクトにかかわることで、プロジェクトや組織を通して、個人的にも集団としても、考え方や行動の仕方の変化につながるという考え方である。これらの変化は、研究のプロセスにかかわることを通して起こる学習の結果としてもたらされるのである（Patton, 1997）。この**プロセス学習**によって、政策立案者と関係者との間、あるいは実践者と周辺関係者との間のコミュニケーションや理解の質が高められたり、評価対象のプログラムのデザインや成果が変化したりする（Shulha and Cousins, 1997、Patton, 1998）。バーカーは、英国と欧州共同体で研究開発の評価にかかわっている政策立案者たちの間で、現在の政策ニーズに近い研究開発プログラムを支援する形で、研究のこの種のプロセス活用がなされていることを明らかにした（Barker, 1994）。さらに、研究の実施によって、政策立案者は関係者を巻き込み、メンバーに加えることができるかもしれないが、これは研究知見そのものと同じくらい重要である（Patton, 1997、Reid, 2003）。プロセス学習は、政策と実践に対する研究の影響が持続する可能性とともに、単なる研究知見の陳列寿命を越えて長く残るかもしれない（Patton, 1998）。このタイプの研究活用は、その焦点は評価分野にあてられているが、政策立案者や実践者と緊密にあるいは協同でかかわる研究すべてにとって重要で検討すべき事柄であろう。

　ウェイスは、研究のこれらの役割をより深く考察することにより、研究活用のより精緻なモデルを作り上げた（Weiss, 1979）（コラム2.1参照）。この類型論は、政策立案者の研究活用に関する実証研究に由来しているが、これは実践の文脈における研究活用の報告にも大きく影響を与えている。

コラム 2.1　研究活用の七つの異なる「意味」

1）知識主導モデル

　基礎研究は、政策や実践のコミュニティに対して潜在的に価値を持つ知識を明らかにする。応用研究によって、この知識を現実社会の文脈で実際に試し、研究に基づいたテクノロジーが開発・実施され、研究活用が生じる。

2）問題解決モデル

研究は、政策立案者が特定の問題に対する解決を見いだすのに役立つ。研究者と政策立案者は問題の本質と達成すべき目標について合意し、社会科学は既存研究の参照や新規研究の依頼により、将来への道筋を明確にするために役立つエビデンスやアイデアを提供する。

3）相互作用モデル

政策立案者は、研究のほかにも、自身の経験を含むさまざまな情報源に頼りながら、業務に役立つ知識を積極的・相互作用的に探求している。政策と研究の関係は一般的に、政策立案者、研究者、政治的プロセスにおける関係者との間の**相互協議**を交えたもので、反復的で雑然とし、絶えず変化し、その進歩は漸進的である。

4）政治的モデル

政治的な意見が長期間変化せず、利害関係が固定化しているようなところでは、研究は直接的影響を及ぼしにくい。代わりに、研究は政治的に特定の立場を支持したり、反対の立場を揺るがしたりするために使われる可能性がある。

5）戦術的モデル

場合によっては、研究による知見がまったく関係ないこともある。つまり重要なのは、研究が行われているということだけである。新しい研究への資金提供や研究実施は、政策立案者にとって行動を起こすのを避ける口実となり得る。評判の悪い政策成果については研究者が責められることもある。あるいは、特定の機関や政策に正当性を持たせるために、研究の**専門家**が召集されることもある。

6）啓発モデル

長い時間をかけて、研究は公共政策の領域に少しずつ、累積して、影響を与えることがある。研究に基づいた大量の知識から生じるアイデアや理論、考え方は、圧力団体、ジャーナリスト、マスメディアなどの多様な間接的経路をたどって、政策決定のプロセスに徐々に浸透する。その結果、研究は問題と解決策の両方の枠組みがどのように作られるかを方向づけ、究極的には、主要な政策パラダイムの中での根本的変化につながることも可能である。

7）社会の知的活動の一部としての研究モデル

ある問題に対する新しい政治的関心が、より幅広い社会的関心によって刺激さ

> れることで、政策立案者が、さらなる研究のために資金を提供することもある。それによって、研究者が惹かれてその問題の研究に取り組み、問題を展開、再概念化する可能性もある。これが一方では、政策立案者のみならず、幅広い社会的レベルの考え方をも形成する。そのプロセスは、政治と研究の両方が組み込まれた社会的文脈の間で相互に継続する影響の一つである。
>
> 出典：ウェイス（Weiss, 1979）から作成。

　ウェイスの研究活用のモデルは、すでに説明した、研究活用のより単純な類型論と関連があり重なっているが、研究が公共政策に影響を与える経路とプロセスに、より深く注意を払い、前述の類型論を拡張したものとなっている。これらは逆に、政策が決定される方法に左右される可能性もある。「知識主導モデル」と「問題解決モデル」両方の焦点は、主に研究の手段的活用にあてられている。しかし「知識主導モデル」では、政策を決定するのは研究それ自身である。つまり、「知識が存在するという事実そのものにより、知識の開発と活用に突き進む」（Weiss, 1979, p.427）。一方で、「問題解決モデル」は政治的ゴールがすでに存在する場での知識の積極的探求にかかわる。両モデルとも研究を政策決定の最も重要な位置に置いているが、ウェイスは、これらの「知識主導モデル」と「問題解決モデル」は、現実にはめったにあり得ないと指摘している（Weiss, 1979）。これに対して、「政治的モデル」と「戦術的モデル」は、研究活用の戦略的タイプを反映している。しかし、これらのモデル間では、研究内容がその活用で役割を果たすと見なされる度合いは異なっており、また「戦術的モデル」には研究のプロセス活用もある程度含まれている。

　「相互作用モデル」「啓発モデル」「社会の知的活動の一部としての研究モデル」は、研究活用のいくらか異なった視点を提供しており、エビデンスが概念的方法で活用される可能性を認めている。これらのモデルは、研究活用は、複合的、間接的、冗長的プロセスであり、それがまた、政策の舞台で循環する知識の多様な形態や知識源と相互に作用し合うという事実に注意を促している。例えば、「社会の知的活動の一部としての研究モデル」では、研究と政策は単に相互に影響し合うだけではなく、両者が作用する現代の一般的対話や考え方の

第2章 研究活用の形態

仕組みを含む、より広い社会的文脈とも影響し合う。これらの三つのモデルはさらに、必ずしもその他のモデルが示唆するような、研究活用が意識的・意図的である必要のないあり方を強調している。従って、政策関係者は検討する際に必ずしも研究を利用しているとは意識していない可能性がある。ウェイスが言うように、研究活用の「啓発モデル」は、実際には最もよく見られるモデルである（Weiss, 1979）。この種の研究活用はとらえにくいが、政策アジェンダ全体を再定義する可能性を持った本質的なものとなり得る。しかしながら、その魅力にもかかわらずウェイスは、「啓発モデル」について少々注意を促している（Weiss, 1979）。このモデルでは質の低いまたは古い研究を取り除かないため、すべてのどんな研究も一緒くたにされて放り込まれる。研究活用はまた、知識の濾過の**自然の**プロセスに依拠しているが、これは効率が悪いかもしれない。これらの理由によりウェイス（Weiss, 1979）は、そのプロセスは、啓発的であるのと同じくらい**暗黒化**をもたらすものになり得ると説明している。

　実践による研究活用についての考え方を特定してみると、全体として、文献ではあまり展開がなされていない。教育分野の評価研究の活用の調査のレビューに基づいて、カズンズとリースウッド（Cousins and Leithwood, 1986）は、研究**活用**を実行に移す四つの主要な方法を明らかにした。

- **意思決定としての活用**：例えば、プログラムへの資金提供や、プログラムの内容あるいは運営に関する決定を支持する。
- **教育としての活用**：主に研究の概念的活用、例えば、プログラムに関する認識を方向づけたり、スタッフ間の理解を深めたり、モラルを向上させたりする。
- **評価結果の単純な処理としての活用**：**活用**は単に、評価データの基礎理解も含めて、知見がある考えや考慮を与えられることを意味する。
- **活用の可能性**：例えば、個人が評価による推奨・勧告にどの程度同意するかといったことである。カズンズとリースウッドは、このカテゴリーは活用の前提として解釈した方が良いとしている（Cousins and Leithwood, 1986）。

　カズンズとリースウッドの定義は主に、組織的な環境における研究活用を想定している（Cousins and Leithwood, 1986）。上述した教員の研究活用につい

てのレビュー調査に基づき、リッキンソン（Rickinson, 2005）は五つの異なるプロセスを明らかにしたが、これらは個々の実践者がどのように研究とかかわっているかを理解するのに役立つ（コラム2.2参照）。

コラム 2.2　教員の研究活用

1）能動的プロセス

　教員は、積極的に研究による概念と知見にかかわる。研究は、単純に取り入れられるのではなく、活用する現場の文脈の中で意味を与えられ、取り入れられ、解釈される。これには、研究を実施する他の教員や、研究者、他の実践者と協同で働くことが含まれることもある。

2）選択的プロセス

　教員は、個別的、主観的、個性的方法で研究とかかわる。教員の研究に対する反応はさまざまであり、研究活用は、彼らの実践的なニーズと独特の思考を反映している。

3）価値観に富んだプロセス

　教員は、自身の個人的価値観と信念に見合う場合に研究を活用する。エビデンスだけでは十分ではない。つまり、研究活用は単に手段的プロセスではなく、しばしば感情的プロセスでもある。

4）報われるプロセス

　教員はまた、彼ら自身の経験を意味づけるために研究を活用し、研究とのかかわりを学習プロセスとして見ている。彼らは同僚と研究を共有し、話し合い、新しい結果やアイデアを比較検討する。

5）発展するプロセス

　教員は、キャリアに応じて、研究活用の方法を変えるかもしれない。新任の場合は、一般的には研究を個人的に評価する程度である。中堅になると、研究知見を応用するために、知見を研究の文脈から引き出すようになる。キャリアが確立された最終段階になると、研究知見に基づく実験を試みることもできる。

出典：リッキンソン（Rickinson, 2005）から作成。

第2章　研究活用の形態

　コラム2.2は、既存の類型論を複雑にする実践者の研究活用についての考え方を提供しており、研究活用の微妙な違いを表す概念化を示している。これは、実践者は実際、実践上の問題に対して単純に研究エビデンスを適用するといったものから、より教育的で正当性を示す活動に至るまで、多様な方法で研究を活用することを示唆している。ウェイスのモデルのように、この類型論も実践者が研究を活用するプロセスに注意を促し、研究活用の本質的な複雑性を示している。しかし、研究活用のそういった理解を整然とした単純なカテゴリーにはめ込むのは、容易とは言いがたい。その代わりに実践者は、研究を多様で重複する方法で活用するかもしれないし、また、研究活用の手段的、概念的、戦略的、プロセス的タイプを通して活用することは明らかである。従来の類型論は、活用の種類による違いを強調しているが、リッキンソンの枠組みではその境界が曖昧になり（Rickinson, 2005）、これらの異なる研究活用のタイプがどのように並行して働き、相互作用さえするのかを考えさせてくれる。

　コラム2.2はまた、研究が活用される方法において、個々の実践者が果たす積極的役割にも注意を促す。そこでは、さまざまなニーズや考え方が、研究とのかかわり方の形式や活用につながる様態が強調される。そして研究活用は、研究に含まれるアイデア・知見と、実践者自身の既存の知識・経験・態度との間の相互作用を表しており、それは複雑で多様な独特のプロセスである。しかし同時に、研究活用は、他の実践者との交流を含む社会的プロセスにもなり得る。そして、研究活用は共同で定義され、実施されるものになるかもしれない。最後に、リッキンソンは、研究活用の時間的側面を主張し、実践者の研究とのかかわり方はダイナミックで、専門的キャリアを通して変化し得ることを強調している（Rickinson, 2005）。

　しかしながら、ウェイスの研究の七つのモデルは、政策の分野でも実践の分野でも、研究活用の文献に対して非常に強い影響を持ち、さまざまな文脈での研究活用の調査に取り入れられ適用されている（コラム2.3参照）。

コラム 2.3 研究活用の意味：
政策と実践における研究活用の検証へのウェイスのモデルの適用

英国の刑務所での薬物政策の展開における研究活用

　デュークは、ウェイスの研究活用のモデルを、1980年以降の英国の刑務所での薬物政策の展開における研究役割の分析に利用した（Duke, 2001）。インタビューや文書の分析から、政策展開の段階を通して研究と政策決定の関係が変化することに注目した。研究は、まず刑務所で薬物についての知識が徐々に累積することに貢献し、それによって問題を明らかにし、その問題を政策アジェンダに位置づける助けとなった。これは、ウェイスの研究活用の「啓発モデル」を反映したものである。しかし、「相互作用モデル」も、この初期段階にかかわっていた。研究は、実践者、官僚、利益団体、メディアからの情報と並んで、政策プロセスに対するまさに一つの情報源として位置づけられていたのである。

　政策展開のプロセスの最中、研究は、ウェイスの「戦術的モデル」を反映する方法で活用された。例えば、刑務所での薬物に関する新しい施策に対する批判の高まりを受けて、矯正局はさらなる研究を委託した。これによって、当局は、対応の遅れが許され、方針そのものから関心をそらす一助にもなった。研究はその後、どちらかと言えば「政治的モデル」に対応するような方法で活用され、矯正局が、自らのやり方を根本的に再考するのではなく、薬物乱用に関する従来の方針を正当化し強化する助けとなった。最後に、刑務所での薬物に対する政策上の関心や展開は逆に、この問題に関するさらなる研究を刺激することになったが、これは、「社会の知的活動の一部としての研究モデル」という考えを反映している。この場合の研究と政策の関係は、刑務所での薬物問題に対する、社会的な世論の流れに影響され、また自らも影響を与えるという、相互作用的な性格を持つものであった（Duke, 2001）。

スウェーデンのソーシャルケア機関での研究活用

　スネソンとニールソンは、スウェーデンの第一線のソーシャルワーカー、管理スタッフ、組織の長などのソーシャル・ケア機関のスタッフによる研究活用を調査するために、ウェイスの「研究活用モデル」を利用した（Sunesson and

第2章　研究活用の形態

> Nilsson, 1988)。それによれば、政治的、相互作用的研究活用も重要ながら、何よりも研究は**啓発**の方法で活用されていた。しかしまた、個人はいずれのときにも、ウェイスのモデルのうち複数の方法で研究を活用し得ることも明らかにされた。さらに、研究活用に与えられた意味は、個人や組織的なグループの間でのさまざまな状況で異なっていた。スネソンとニールソンの結論は、調査を行った異なる福祉機関の組織的文脈によって、これらの研究活用が方向づけられるというものであった（Sunesson and Nilsson, 1988）。知識、権力、管理の複雑な問題は、研究が各機関でスタッフによって活用される方法や、機関全体での全般的な研究活用に影響を与えており、機関によっては、業務内容や開発についての問題に対処するために、積極的かつ計画的に研究に頼る文化を持っていた。そのメンバーは、研究を活用したことを報告し、また、「政治的モデル」および「啓発モデル」で研究を活用する傾向にあった（Sunesson and Nilsson, 1988）。

コラム2.3で解説している事例は、研究活用が時間の経過とともにどのように複数の異なるタイプやモデルに移行し得るかを示し、研究活用を静的な類型論の中に簡単に**箱詰めにする**ことはできない動的プロセスとして再考する必要があることを示唆している。どんな研究活用でも、同時にいくつかの異なるタイプの活用がかかわるかもしれないし、また同じ研究が、一つの組織の中でも、個人によって異なる方法で活用されることもあり得る（Sunesson and Nilsson, 1988）。そうすると、ウェイスの研究活用のモデルは、対比する**タイプ**ではなく同時並行の可能性を持つプロセスとして考えられるべきなのかもしれない。

第3節　固定的類型論から研究活用の流動性と曖昧さへ

政策と実践のどちらの環境においても、研究活用のカテゴリーを実証的に適用することは難しいことが折に触れて明らかにされてきた（Sunesson and Nilsson, 1988、Greenberg and Mandell, 1991）。そういった研究では、活用の異なるタイプ間の境界はしばしば曖昧で、しかもカテゴリーはお互いに重複し

た部分があることが明らかになっている。**活用**のあらゆる事例を定義し、確認することも問題をはらみ、活用のタイプによっては、具体的、手段的な研究活用など、容易に発見されやすいものとそうでないものがある (Greenberg et al., 2003)。

別の概念化の考えでは、研究活用を静的カテゴリーというよりはむしろ連続体として見ている。そのような枠組みは、異なる研究活用のタイプの間に動きと流れがあるという事実を反映している。ホワイトマンは研究活用を定義するにあたり、多くの既存のカテゴリーを含む二次元の枠組みを説明している (Whiteman, 1985)。これをグリーンバーグとマンデルが取り入れ、二つの次元のそれぞれは、研究活用のタイプではなく連続体を効果的に表現していると述べた (Greenberg and Mandell, 1991)（表2.1参照）。彼らが説明した連続体の一つ目は、具体的／概念的という次元であり、特定の意思決定を行うための特定の知見の活用から、研究が思考のプロセスに与える漠然とした概念的影響にまで及ぶ。二つ目の次元は、本質的／敷衍的／戦略的という次元であり、研究が見解や意思決定の概要を示したり、いったん見解や意思決定が採用された場合、それらを正当化する助けとなる程度を定義している。

表2.1　二次元連続体としての研究活用

	本質的	敷衍的	戦略的
具体的	研究は、決定や問題の中心的な部分を形成する。	見解をさらに精緻化するための研究の周辺的活用。	研究は、すでにとられた見解を正当化するために活用される。
概念的	研究は、問題に対する中心的な方向性や、問題の基礎理解を形成する。	方向性や理解をさらに精緻化するための研究の周辺的活用。	研究は、すでにとられた方向性や理解を確認するために活用される。

出典：グリーンバーグとマンデル（Greenberg and Mandell, 1991）から作成。

このように、連続体に沿って研究活用のタイプを布置することで、研究の異なる種類の活用の間に流れや相互作用の可能性があり、それによって、活用の多面的で間接的経路と形式を通じて、研究が政策決定に役立つことが明らかになる。グリーンバーグとマンデルは、米国の政策立案者による社会実験の活用で、この枠組みを利用し、研究活用のさまざまな側面に沿って多くの流れがあることを発見した (Greenberg and Mandell, 1991)。実験の知見の具体的かつ本質的な活用はまれである一方で、多様なその他の活用の形式が現れ、より概念的あるいは戦略的な形式の活用が最終的には研究の直接的で手段的適用につ

ながることもあり得る（Greenberg and Mandell, 1991）。このように、研究活用は、反復する流動的で非線形のプロセスとして現れ、それは多くの異なるタイプの研究活用を通じて、時には予測不可能な方法で進行することもある。

　研究活用の多面的で多様な方法を認識することは重要である。特にこのことによって、研究活用、また研究活用推進の戦略発展のため何が可能かつ適切かを考える際の可能性の幅が広げられる。さらに、ウェイスの言うように、これによって、各分野の高度化された実証研究をサポートすることも可能である（Weiss, 1979）。しかしながら、全体として研究活用の類型論を定義すると、本来、研究活用のプロセスが持っているダイナミックな性質から注意がそらされてしまう。研究活用のタイプは、ある一時点における**スナップショット**にすぎず（Sunesson and Nilsson, 1988）、文脈によって、多くの異なるタイプを通るさまざまな流れがあるとしても、それらを容易に把握することはできない。研究活用を一連の段階として概念化する枠組みによって、これらの考えは深く探究され始めたばかりである。

第4節　一連の段階としての研究活用

　他の枠組みでは、研究活用を単発の出来事ではなくむしろ進行中のプロセスとして見るダイナミックな観点を取り入れ、研究活用を一連の段階として認識している。最も単純なケースとして、オ（Oh, 1996）は政策分野での調査から、研究が単に読まれ、理解されるといった**研究活用**と、研究が特定の決定や選択に影響を与えるといった**研究の影響**とを区別した。同様に、マルホールとルメイは、医療分野の専門家による研究活用を調査して次のように定義した（Mulhall and le May, 1999）。

- **研究普及**：研究を関係者に単純に伝える。
- **研究利用**：知識を増やす目的で研究にアクセスし、評価する。
- **研究実施**：研究に基づいた、実践の変化。

政策と実践の文脈両方での研究活用を定義するのに、「段階モデル」というものが使われている（コラム2.4とコラム2.5を参照）。これは、政策と実践という対照的な領域での研究活用を理解するために開発されたものであるが、これらの枠組みの間に共通点を見ることができる。重要なのは、この段階モデルでは、研究活用のプロセスが一連の多様な手順または段階に細分化されるということである。その一連の手順または段階は、研究についての漠然とした意識と理解から、知見を現場の政策や実践の文脈に**合わせた**ものにするための解釈を通して、政策成果と実践行動に対する研究の直接的影響に至る。そうする中で、「段階モデル」は**概念的活用**あるいは**手段的活用**という単純な定義の背後にある複雑性の一部に、光をあてる。また、これらの段階モデルは、単一の政策や実践上の意思決定を超えて研究活用を持続させるという課題に関心を向ける。しかし、これらのモデルで重要なのは、それらが研究の手段的活用を最終的ゴールだと仮定しているということである。従って、それらは、研究の概念的活用の重要性と可能性を低く見る傾向にあり、概念的活用は、不可欠であるにもかかわらず、それ自身が目的となるよりは**完全な**研究活用に至る手順として見られる。しかし、これまで見てきたように、研究の概念的活用は、政策と実践両方の状況の中でそれ自体が重要な価値を持つものである。

> ### コラム 2.4　政策立案者の研究活用の「基準」：
> ### ノットとウィルダフスキーのモデル
>
> ノットとウィルダフスキーのモデルは、研究活用の定義において、研究活用を異なる**段階**としてとらえる理論ではおそらく一番よく知られている。このモデルは、組織的、実践的状況にも適用できるが、特に政策立案者による研究活用の七つの**基準**を明らかにしている。実際のところ、これらの基準は、研究活用の七つの異なる段階であり、**利用の連鎖**の重要な環を表している。
>
> **1）受理**
>   　受理は、単純に、個人によって研究が受け取られたことを意味する。研究は、たとえその知見が読まれなくても、個人のデスクで手にされた段階で**活用されたこと**になる。

2) 認識
次の段階は、研究が読まれて理解されたときに生じる。
3) 参照
研究が考え方を変化させ、例えば、主要な問題と優先順位を定義する際、個人の**参照の枠組み**に変化を引き起こすとき、活用の第三の基準に到達したと言える。
4) 努力
次の段階で、研究は行動を形成する。つまり、知見が採用されるように、たとえ結果的には不成功だったとしても何らかの努力がなされる。
5) 採用
採用とは、研究が単なる政策プロセスではなく、政策そのものに直接影響を与えることを意味する。
6) 実施
研究が政策を発展させるために使われる一方で、この段階では、研究はまた、現場の実践で解釈される。
7) インパクト
ノットとウィルダフスキーの考えでは、研究の完全活用が達成されるのは、実施された政策が成功し、目に見える認識可能な利益が市民にもたらされたときのみである。

出典：ノットとウィルダフスキー（Knott and Wildavsky, 1980）から作成。

コラム 2.5　実践者の研究活用の異なる段階：グラシューとヘインズの「パイプライン・モデル」

グラシューとヘインズの「パイプライン・モデル」は、保健医療分野で展開され、実践者の観点からの研究活用を定義する七つの段階を概説している。
- 実践者は、研究の知見に気づいている。
- 実践者は、研究知見を受け入れている。

- 実践者は、研究知見を現場で適用可能だと見ている。
- 実践者は、研究知見を現場の文脈で実行可能だと見ている。
- 実践者は、研究知見に沿って行動する。
- 実践者は、研究知見を取り入れている。
- 実践者あるいは患者は、研究知見を支持している。

しかしながら、この「パイプライン・モデル」は概して、潜在的に有益な研究知見が各段階をたどる途中で失われるという点で漏れやすいと言える。

出典：グラシューとヘインズ（Glasziou and Haynes, 2005）から作成。

多くの調査が、政策立案者と実践者の研究活用の性質と範囲を明らかにするために、この種の「段階モデル」を修正した（Bullock *et al.*, 1998、Landry *et al.*, 2001a, 2001b、コラム2.6参照）。一般的にこれらの調査は、段階を経るごとに研究活用の量は減少していくという、あたり前の結論に達した。政策立案者と実践者は、研究を実際に政策や実践上の意思決定に直接適用するよりは、研究を読んで理解し、自分の仕事の新しいやり方を考えるために研究を使う傾向にある。これは、研究活用のタイプについての研究知見を反映している。つまり、強調されているのは確かに、研究の手段的活用ではなく概念的活用なのである。

コラム 2.6　カナダの社会科学研究の活用

ランドリーらは、カナダの社会科学者によって産出された研究の活用について、ノットとウィルダフスキーの「段階モデル」の修正バージョンを利用して評価を行った。彼らは、六つの主要な段階によって、研究活用の**過程**を定義した。

- **段階1（伝達）**：研究者は主要な知見を関係する政策立案者と実践者に伝達する。
- **段階2（認識）**：研究知見が受け手に読まれ理解される。
- **段階3（参照）**：知見が報告と行動計画に引用される。
- **段階4（活動）**：政策立案者と実践者は知見が確実に採用されるように活動する。
- **段階5（影響）**：知見が政策立案者と実践者の決定に影響を与える。

第2章　研究活用の形態

> ● **段階6（適用）**：知見が政策や実践コミュニティ内で適用と拡張につながる。
> 　ランドリーらの質問紙調査では、研究者全体の半分近くが、自分の知見を政策立案者や実践者に伝えると報告している。しかしながら、知見の三分の一近くが、この最初の段階にすら到達できていなかった。また、回答者の16％は、自分の知見が何らかの政策や実践の適用につながったと報告したが、研究活用は、段階を上るごとに減少した。
>
> 出典：ランドリーら（Landry et al., 2001a, 2001b）から作成。

　これらの「段階モデル」は、異なるタイプの研究活用がお互いの上に構築され、長い時間をかけて現れることを示唆している。そして研究活用は累積的プロセスだという考えに注意を向けてくれる。すなわち、研究の概念的活用は、研究の手段的活用を支え、あるいは手段的活用のために必要ですらあり得る。しかし、このモデルにも限界がある。このモデルでは例えば、研究活用は直線的に論理的に進むことになっており、次の**段階**には、その前の段階が達成されていなければ到達できない。しかし他の研究では、研究活用の可能性はこのモデルが示唆するよりもはるかに反復的・非直線的だと強調されている（Sunesson and Nilsson, 1988）。また、研究の戦略的活用は、手段的活用、あるいは最終段階での活用につながることもあるが、「段階モデル」は、そのような戦略的活用のタイプを含むことができていない（Greenberg and Mandell, 1991）。最後に、これらの「段階モデル」は、主として、研究活用についての消極的な説明を提供している。つまり、研究への積極的なかかわりのために開発された文脈やシステムがないところでの個人の研究活用に焦点を絞っている。従って、これらの「段階モデル」は、研究とその活用が管理されていない環境に最もよく適合するのかもしれない。

　ある意味では、研究活用の類型論と「段階モデル」は、同じテーマの異なるバリエーションだと言える。研究活用の類型論が、研究がどのように活用されるかという静的な**スナップショット**を提供する一方、「段階モデル」は、研究活用を異なる活用タイプの間を流れるプロセスとして概念化する方法を提示している。しかしながら、これらのモデルでも異なるタイプの研究活用を特定し

ており、それらは、概念的活用と手段的活用に本質的に類型化できるものである。そして、手段的活用は概念的活用から進行するという前提を追加しているのである。この前提に対する別の考え方としては、概念的活用と手段的活用を連続体の両端に置くことが挙げられる。この連続体は、単純に研究知見に対する認識のレベルを上げることから、知識と理解の向上と、態度とアイデアの変化を経て、政策と実践の直接的な変化までの範囲に及ぶものである（図2.1参照）。

図2.1　研究活用の連続体

この連続体は効果的に、研究活用の類型論と、研究活用プロセスの「段階モデル」とを結合させている。しかしながら重要な点だが、この連続体は、概念的活用から手段的活用という単純な直線的な流れよりは、大半の研究活用の反復的・相互作用的な性質を考慮した双方向を表していると見られる。

だが、この連続体は、研究からの知見の活用に焦点を絞り、研究の実際の知見にはあまり関係がなさそうな、戦略的またはプロセス上の研究活用の種類は除外している。連続体が目指しているのは、主に概念的活用や手段的活用（これらについては第5章で再度取り上げる）を確実にすることを目的とした効果的戦略を開発する助けとなる、研究活用を向上させるための実際的な価値を持つことである。そのような戦略は、研究活用の連続体に沿ったどの時点でも影響を与えることができ、連続体はそういった研究活用の戦略から要望・期待される結果の種類を定義する助けとなる。しかし、研究の戦略的活用もプロセス上の活用も重要だが、それらの活用そのものが、より手段的な最終段階の活用につながるかもしれない。従って、これらの示唆するところを、政策立案者と実践者が研究活用を改善するベストの方法を考慮する際に見逃してはならないのである。

第２章　研究活用の形態

第５節　研究の誤用

　研究活用を高める方法を開発したいと願う者が、研究の政治的・戦術的活用を目標として考えるということは起きにくい。ウェイスは、研究者はしばしば研究活用の象徴的・戦略的な活用（すでになされた決定の正当化）を嫌い、あるいは認めたがらないと述べている（Weiss, 1979、さらに Patton, 1997、Shulha and Cousins, 1997参照）。実践者も、質の低い知見が利用されたり、研究が誤って適用されたり、望ましくない実践の正当化のために使われたりすることに対する懸念を表明している（Sheldon and Chilvers, 2000）。このようなテーマを扱う分野では、より戦略的活用は有効で正当かどうかについて、かなりの議論がなされている。ウェイスが強固に主張するのは、研究の知見が歪曲されたり誤解されたりしたときにのみ、研究活用が不当なものとなるという考え方である。ウェイスによれば、裏付けとなる研究は、特定の政治的立場をとる者にさらなる自信や正確性、**継続する議論の中での力**を与えてくれる（Weiss, 1979, p.36）。同様に、もし研究が**当初からの熱心な支持者**に出会ったら、手段的方法での政策開発に直接影響を与える可能性が高い。

　このことは、研究の**適切な**活用とは何かという問いを投げかける。研究の誤用がどのように定義されるかは、必然的に個人や集団によって考えが異なる。これらの問題は、政策と実践を支持するために使われるべきエビデンスの性質についての合意があまりされていなかったり、研究の手段的活用よりも概念的活用が強調されたりする場合には、それほど明らかにはならない。暫定的知見や着想があまりに熱狂的に取り上げられたり、また、最新の流行やスタイルになって大規模に実施されたりするような研究の使いすぎも問題となる。文献では多くの場合、研究の活用の少なさについて取り上げるだけで、誤用の可能性については、はるかに関心が低い。

　その唯一の例外は、評価の分野である。パットンは、評価が不十分または非倫理的に行われる**誤評価**と、研究自体の結果を歪めるような方法で研究利用者が評価を下げる**評価の誤用**との間に主要な区別を行った（Patton, 1997）。パ

トンによれば、研究活用と誤用は、同じ連続体の両端に存在しているのではない。パットンは、その代わりに二つの連続体を想像しなくてはならないと論じている。一つは、研究の非活用から活用まで、そしてもう一つは、研究の非活用から誤用までのものである。しかし、この二つは関連し合っているため、「活用が増えれば、誤用も増える」（Patton, 1997, p.360）のである。これは重要な問題である。英国におけるエビデンスに基づく政策と実践の動きのように、研究活用がますます奨励されると、研究の誤用の可能性もそれにつれて高くなるのである。

　この分野をレビューして、シュルハとカズンズ（Shulha and Cousins, 1997）は、評価の誤用についてさらに複雑な考えを分類している。

- **知見の正当化された非活用**：良質の知見が故意に活用されない（例えば、その知見が倫理的ジレンマの問題を指摘している場合）。
- **評価の有害な利用あるいは誤用**：研究のプロセスや成果を傷つける。
- **誤評価**：活用される知見の質が低いとき。
- **不当な扱い**：潜在的に有益で質の高い知見を隠すこと。

　しかしながら重要なのは、研究の誤用は状況の中で定義されるということだ（Patton, 1997）。ある文脈の中では誤用だと見なされるものが、別のところでは非活用として正当化されるかもしれない（Shulha and Cousins, 1997）。質の低い知見が使われるべきではないというのは自明のようだが、今なお多くのセクターと学問分野で、政策と実践のための良質、あるいは適切なエビデンスとは何かについて多くの議論がなされている。広範な社会的利益のための研究活用についての問いが考慮されているとき、今ここで誤用を定義することもまた、問題かもしれない（Shulha and Cousins, 1997）。ゆえに、研究の誤用についての定義は異議が多く、そのほとんどが曖昧である。より適切な言い方をすれば、シュルハとカズンズが述べているように、研究の誤用についての系統立った方法での調査は非常に困難なのだ（Shulha and Cousins, 1997）。

　さらに言えば、研究の活用や誤用は、どちらも意図的であるとは限らない。タイディンは、研究の意図的活用と非意図的活用についての区別を行い、研究

活用の際、何らかの変化は明らかに意図されているが、意図されない、また、気づかれない他の変化も現れるかもしれないとしている（Tyden, 1993）。従って研究は、調査を行った者がコントロールできない方法で用いられる可能性があり、そのような活用は、有害なものとなるかもしれないし、プラス方向のものとなるかもしれない（Walter *et al*., 2004a）。しかし権力は、研究活用がされるか、されるとしたらどのような方法で誰によってなのかを形作るのに重要な役割を果たす（Watkins, 1994）。この問題については、第4章で再び取り上げる。研究は**価値観にとらわれない**行為ではないので、従って研究者は、知識を生み出す際だけでなく、その活用に影響を与える自身の役割を明確にする必要がある（Weiss, 1998）。

第6節　再現またはイノベーションとしての研究活用

　研究活用がこれほど不確定で不明瞭なプロセスである理由の一つは、研究エビデンスの本質自体が、不変で絶対的なものからはほど遠いからである。それよりも研究知識は、創り出された文脈の産物であり、その活用の文脈の中で再解釈されやすい。このことは、研究利用者に対して、どのような研究であれ、どのように理解し利用するかという重要な問いを投げかける。研究知見が**自明である**ことはほとんどなく、活用される特定の文脈の下で、政策立案者と実践者に意味を与えられ価値を認められるのである。そのため、ある者にとっては、**研究活用**とは、その知見を異なる文脈で忠実に再現することを意味する。彼らの主要な関心は再現の忠実性であり、これは研究知見や研究に基づいたプログラムが確実に元の研究に沿って正確に実施されるようにすることである（コラム2.7参照）。

コラム2.7　研究に基づいたプログラムで忠実性を確保する

　ミハリックらは、プログラムの忠実性の五つの主要な構成要素を概説した。

> 1) **遵守**：プログラムが計画された通りに実施されたかどうか。例えば、適切にトレーニングされたスタッフで正確なプロトコルとツールを使用しているか。
> 2) **提示**：例えば、実施されたセッションの回数、その時間（期間）と頻度。
> 3) **プログラム実施の質**：スタッフのスキルと態度も含め、プログラムを実施するやり方。
> 4) **参加者の反応**：参加者はプログラムにどの程度かかわっているか。
> 5) **プログラムの区別**：さまざまなプログラムの主要な要素が確実に区別できるように定義されているか。
>
> 出典：ミハリックら（Mihalic et al., 2004a）から作成。

　忠実性は、主に、研究活用の手段的活用を目指す者の関心事であり、「介入の有効性は、介入が実施される際の厳密性に左右される」と仮定されている場合には、特に重要である（Hollin, 1995, p.196、また Mihalic et al., 2004a も参照）。幅広い研究で、プログラム実施の際の忠実性の質が高いほど、プログラムはより効果的だと示されている（Mihalic et al., 2004a）。ホリンは刑事司法の観点から論じているが、それによると、プログラムの忠実性に注意を払うことは、効果的結果を支持するだけでなく、加害者と協同する際の倫理的問題に対処することができ、実践において質の基準を設定し、それに合致させることが可能となる（Hollin, 1995）。従って、元の研究知見を忠実に維持する方法で研究を活用することは、付加的な利益ももたらすかもしれない。プログラムの忠実性の唱道者は、プログラム実施の際の一定の形式でのモニタリングと評価を通して、プログラムの忠実性が最もよく達成されると提案している（例えば、Hollin, 1995、Mihalic et al., 2004a）。

　しかしながら、研究知見への忠実性を保とうとするとき、それを脅かす多くの可能性が存在する。例えば、研究に基づくプログラムは、比較実験の環境において開発されるのが一般的であるが、その環境外において研究との忠実性を厳密に維持することは難しく、プログラムは普及のプロセスの中で単純に修正されることがよくある（Mihalic et al., 2004a）。さらに、プログラムの実施者は、しばしば現場のコミュニティのニーズを支持し、当事者意識を確立する助けと

なるような方法でプログラムを修正しようとする（Mihalic *et al.*, 2004a）。これは、**研究活用**とは何を意味するのかというさらなる問いを投げかける。元の研究に対するどんな修正もプログラムが成功に達したメカニズムを傷つけることになると主張する者もいる（Denton *et al.*, 2003、Mihalic *et al.*, 2004a）。コラム2.8は、効果的成果を確保するために、研究活用においてプログラムの忠実性が高いレベルで維持されている取り組みを解説している。

コラム 2.8　暴力防止のためのブループリント・イニシアチブ

　暴力防止のためのブループリント・イニシアチブは、米国に本拠を置き、効果的な暴力・薬物防止プログラムの確認と実施に焦点を絞っている。この取り組みは、米国少年司法・非行防止局（OJJDP）によって支援されており、次の二つの主要な目標がある。
- 効果的な、研究に基づく暴力・薬物防止プログラムを確認すること。
- これらのプログラムを、全国的な普及プロジェクトを通して、再現すること。

　効果的プログラムの普及は、プログラムを実施する現場にブループリント・イニシアチブがトレーニングとスキルを提供する体系的プロセスを通して行われている。

　この取り組みのポイントは、本来のプログラムの計画に対する忠実性の維持に注意を払っている点である。本来のプログラムの計画者自身が、プログラムを実施するにあたって技術的なサポートを提供し、ブループリント・イニシアチブのスタッフが、それぞれの現場で再現の質をチェックするための詳細な評価を行う。この取り組みはまた、実施の質と忠実性を向上させるであろうとわかっている要因について情報を広めている。ブループリント（再現性）の評価からは、予想とは裏腹に、プログラムに対する高度の忠実性と実施に際しての現場の満足の両方を、確保可能であることが明らかになった。

出典：ミハリックら（Mihalic *et al.*, 2004a, 2004b）から作成。

しかしながら、人によっては、研究活用をはるかに柔軟な意味にとらえ、ある程度の改変は、研究の効果的活用には、依然として可能かつ、不可欠ですらあるとしている。重要な点は、研究を適用するどんな社会的文脈も、元の研究が実施された文脈とまったく同じにすることはできないことにある。つまり、**厳密な**再現は不可能なのである（Tilley, 1993）。文脈は、**研究活用**が何を意味すべきかについての科学的かつ現実的な視点の重要なポイントとなる（例えば、Tilley, 1993参照）。この視点の焦点は、もはや研究を正確に再現することではなく、元の知見を生み出したメカニズム、文脈、成果の間のつながりを明らかにすることにある。どのような成果も、一つ以上の根本的な因果関係のメカニズムが起動することで現れると仮定される。しかしながら、そのようなメカニズムの働きは文脈に依存するのである。従って、研究活用とは、特定の成果につながったメカニズムと文脈を特定する理論を開発すること、そして、変化に必要とされるメカニズムを引き起こす文脈の特徴を再現することの両方を意味する（Tilley, 1993）。

　だが、ゴムが述べているように、元の研究が実施された状況に合致する、あるいは十分に同様の文脈となるような政策と実践の文脈を再構成することは、多くの場合、可能でも現実的でもない（Gomm, 2000）。同時に、研究の実施にあたって、政策と実践の場面の中での目的、要求、責任に対してバランスをとる必要があり、これは元の研究とは大きく異なることをすることになるのかもしれない（Gomm, 2000）。従って、研究活用には、研究自身のある程度の改変がかかわってくる。しかし、研究が適用される際に形を変えてしまうのなら、**それでも研究を活用する**ことについて語ることができるのだろうか、それとも、何か別の方向への検討を進めるべきなのだろうか。

　実際には研究活用は、厳密な形での再現と、特定の文脈に合わせて研究に基づく知識とプログラムを改変する必要性とのバランスを見つけることを意味するだろう。エクブロムは、これによって、より現場に近い知識と、より一般的な知識との間の調和が余儀なくされると述べ、それは、現場で試され、その必要に応じて調整される**何が有効か**についての包括的方針を開発することによって達成されると提案している（Ekblom, 2002）。ハーグリーヴズは同様の趣旨で、教員は、研究知見が広く活用されるように、現場の授業の文脈に合わせて

知見に**ティンカリング**（訳注：あれこれ改善のためにやってみる）を施すべきだと提案した（Hargreaves, 1998）。研究活用が何を意味するかに関するこの考え方は、元の研究を注意深く再現すべきだという要求からは、かなりかけ離れている。しかし、この考え方は、特定の研究知見や研究に基づいたプログラムを厳密に固守せよという要求によって抑制されるかもしれないが、介入を開発する際の、より大胆なイノベーションと現場に合わせた改変を許容することになる。コラム 2.9 は、**気づかうコミュニティ**の取り組みが、どのようにこのような考え方を反映しているかを説明している。そこでは、現場のニーズに合うように改変された効果的介入を開発するために、**何が有効か**についての広範なエビデンスが現場のエビデンスと組み合わせられている。

> **コラム 2.9　気づかうコミュニティ：**
> **研究実施の際のコミュニティ志向の取り組み**
>
> 　**気づかうコミュニティ**（CTC）は、社会的にリスクを持つと考えられる子供たちに早期介入プログラムを提供する国際的取り組みである。クロウらは、このCTCに基礎を置く英国での一連のデモンストレーション・プロジェクトについて説明している。CTCのアプローチを支える研究知見は、将来の特定の問題行動は、子供の育った地域コミュニティの特定のリスク要因にまで追跡することができるというものである。そこでは、主要なリスク要因に対処できるサービス開発に向けて地域コミュニティを活性化することに重点を置いている。この取り組みは、これらのリスクに対処するために研究に基づいた取り組みを強調している。すなわち、1) 研究ツールは地域のリスクのレベルを明らかにするために活用される、2) 取り組みはリスクに対処するための見込みのある介入についての研究知見を提供する、3) すべてのプロジェクトは誰の知見がプロセスの中にフィードバックされたかについての評価を行う、という形での奨励がなされている。
> 　CTCは、サービスを直接提供することはしないが、その代わり、変化を促し、変化を起こすことを目指している。CTCは、パートナーとしての地域のコミュニティが、リスクと保護の要因を明らかにするプロセスや、それらに対処するプログ

ラムを計画する際に、地域の専門家とかかわるように促している。行動プランは、地域のリスクと資源が、必要とされるサービスと合致するように開発される。これには、既存の地域サービスを修正したり、どこか他のところでうまくいったプログラムを実施したりすることも含まれる。全般的なCTCの方法に従いながらも、地域のプロジェクトは、プロセスにどのようにかかわるか、またCTCの指導やアドバイスをどのように解釈するかという点において異なっている。つまり、研究に基づいたプログラムを厳密に固守するように要求するのではなく、研究知見を現場の状況に合わせて修正することが強調されているのである。

出典：クロウら (Crow et al., 2004) から作成。

現場で研究知見を新たに作り直すことは、特定の文脈に合わせる改変を擁護することであり、実施に対する現場からの抵抗の可能性は少なくなる（Nutley and Davies, 2000）。さらに、研究の単なる手段的活用だけでなく、より概念的活用の可能性も高まるかもしれない。しかし、このような研究知見の**ティンカリング**は、研究知見をそのまま再現する研究活用とはかなり異なるプロセスを意味し、研究や元の知見の改良と並んで、実践上の知恵や現場で集められたデータなどのさまざまな形態の知識を必要とすることになるだろう。そして、この**ティンカリング**が過度になりすぎる危険性もある。例えば、試されたことのないイノベーションが、普及、修正、採用されるかもしれない（Nutley and Davies, 2000）。より一般的に言えば、再発明の部分があまりに大きいと、元の研究で提示された効果が傷つけられることもあり得る（Nutley et al., 2003b）。エクブロムは、再現とイノベーションは他のところで成功した取り組みを実施することから、まったく新しいことを試すことにまで及ぶ連続体の両端として見なされるべきだと提案する（Ekblom, 2002）。すなわち、これはある段階での研究知見の改変が**研究活用**と言うには不適切な、最初から行う再発明のレベルに至る可能性に気づく必要があることを示唆している。

第7節　結語

　研究活用は多様で複雑な現象であり、研究活用が何を意味するのかについての定義はさまざまな方法でなされている。研究活用のさまざまなモデルやタイプを確認することで、研究活用の多様でしばしば微妙な方法が明らかにされる。それによって、研究活用が何を意味するのか、そして、どのように実行に移すことができるのかについての理解を広げることができる。重要な差異が生じるのは、概念的活用と手段的活用との間、また、研究によるこの種の影響と、研究内容にさほど関心はなく研究そのものの遂行から生じ得る象徴的、戦略的、あるいはプロセスの形態をとる活用との間である。しかしながら研究活用の類型論の適用の試みによって、研究活用が単発の出来事ではなく、究極的には柔軟でダイナミックなプロセスであることが示された。異なるタイプの研究活用が、時には比較的予想可能な直接的方法で、あるいは複雑で予測不能な反復的方法で、相互に影響し合い、構築し合うこともあるだろう。

　研究活用のさまざまなタイプを明らかにすることで、どの種の研究活用が正当だと考えられるのか、また、研究が意図しない方法で活用される可能性についての問いが投げかけられた。しかしながら、研究の**誤用**が何を意味するのかという定義は、研究活用の場面と集団によって異なるかもしれず、また、特定の政策や実践の分野にとって優れたあるいは適切なエビデンスとは何かという問いと密接に結び付いている。さらに、研究とその活用は**価値観にとらわれない**行為ではなく、さまざまな社会的文脈の中で作用する権力関係と内在的に結び付いている。これらの問題は翻って、適切な研究活用とは何を意味し、そして研究の誤用とは何を意味するかという定義を形成している。

　最後に、研究活用とは新しい文脈での知見の単純な再現のことだと一般的には考えられている。現実には、研究を新しい状況に移転し解釈することは、非常に複雑なプロセスであり、元の研究の少なくともある程度の改良と改変が必要となる。研究活用の際における再現とイノベーションの問題は複雑であり、元の研究とその実施のための戦略の両方を支える認識論と深く結び付いている。

しかし、重要なことだが、研究知識は活用される文脈で積極的に解釈され、扱われるだろう。それゆえに研究活用は、そのままの適用というよりは、変換を伴うものかもしれない。だが、そのような改良が過剰になされれば、このプロセスを**研究活用**と呼ぶことがもはや妥当とは言えない場合も生じてくるであろう。

第 3 章

研究活用を方向づける要素

はじめに

　第2章では、政策コミュニティや実践コミュニティが研究を活用し得るさまざまな方法を明らかにした。本章では、研究が政策や実践に入っていくプロセスや、研究活用を後押しするような条件や状況のより詳細な検証を始める。まずはじめに、研究が政策や実践の場に伝わるための経路について探究する。これらの研究の道筋を特定することで、研究活用までにどのようなプロセスがあるか、また、研究者、政策立案者、実践者の間の道のりどの時点で研究の流れが妨げられたり、促進されたりするのかが明らかになる。

　研究活用を方向づける要因や、研究の政策や実践への流れ、促進要因や阻害要因については、広範な実証的文献が存在する。これらは、研究がどのようなときに、なぜ活用されるのかを検証するのに良いスタート地点となる。しかし、これらの文献をより丁寧に調べると、研究活用の促進要因や阻害要因の一部は、ほかのものほどには理解されていないということがわかってくる。また、これらの要因がどのように影響し合うかについてもあまり明確ではない。本章の結語では、これらの問題が研究活用の理解にどのような意味を有するのか、また、これらの問題を取り扱い始めた新しい研究知見を考察する。

第1節　研究が政策や実践に入っていく経路

　研究は多様な道筋で政策や実践に入っていくことが考えられ、これらの道筋を理解することは、研究活用のプロセスの全般的理解への第一歩となる。政策立案者や実践者が研究について知る経路を明確にすることは、同時に、これらの研究へのアクセスやその活用をどのように改善すべきかに関する最初の示唆を与えてくれる。

　これまでの政策立案者や実践者についての調査は、彼らが研究に関する情報をどこから得るかについて明らかにしようとするものであった。このような調

第3章 研究活用を方向づける要素

査が、この問題について存在する実証的なエビデンスの大部分を占める。質問内容に応じ、政策立案者や実践者は、彼らが研究に基づく情報にアクセスする幅広い出所について回答している。研究へのアクセスの仕方は、研究知見がいつの間にか政策立案者または実践者の机の上に置かれるような受け身の場合もあれば、もっと積極的に、個人が自分の業務に役立つような研究知見を探し求める場合もある。しかしながら、政策立案者や実践者がどの程度積極的に研究知見を探し求めているかは不明であり、実践者のうち、**積極的な探求者**はわずか四分の一程度ではないかとされる（Bergmark and Lundstrom, 2002）。ただし、これは職業や文脈によって大きく差が出る可能性が高い。

1.1 政策立案者や実践者の研究へのアクセス方法

　文献資料は、政策立案者にとっても実践者にとっても研究についての重要な情報源である。研究は政策コミュニティや実践コミュニティに多様な形で入っていくことが考えられる。例えば、専門誌の論文や研究報告書だけでなく、要旨や簡単な報告資料、書籍、専門職団体の機関誌やニュースレターなどが挙げられる。しかしながら、どちらのグループも、従来の学術的で査読のある文献に注意を向けることはまれである。政策立案者は、どちらかというと研究機関、政府機関、専門機関が作成した報告書に頼る傾向がある（Percy-Smith *et al.*, 2002、Wilson *et al.*, 2003）。反対に実践者は、研究について、自分の専門に関連した専門誌や雑誌、書籍で読む傾向にある（Sheldon and Chilvers, 2000、Hemsley-Brown and Sharp, 2003、Rickinson, 2005）。ただし、これは分野により異なる。例えば、外科医は教員よりもはるかに学術誌を読む傾向にあり、これはおそらく外科医が職業訓練の一部として研究に接していること、および彼ら自身がそのキャリア上、研究を行う可能性が高いことを反映していると思われる（Hannan *et al.*, 1998）。

　研究に関する文献資料がどのような経路で政策や実践に入っていくか、どのような研究知見が組織に入っていき、誰がそれを見ることになるかは、組織への、または組織内での普及方法によって異なってくる。研究機関や仲介機関からの郵送はよく使われる手段である。この方法は、手当たり次第の場合もあれ

ば、研究に関連したポストに就いている者や、組織内のより役職が高い人物など、鍵となる個人に対象を絞ることもある（Percy-Smith et al., 2002）。組織内での普及の仕組みの性質や程度により、その組織のメンバーが研究にアクセスするかどうか、また、するとすればどのようにするかが決定される。英国のある地方自治体についての調査で、パーシー＝スミスらは、政府機関内での研究の普及は、しばしば場当たり的で非公式なものであり、研究に関する情報を、それに価値を見いだしそうな人に配付するかどうかは、個人の取り組みに強く依存するという結果を明らかにしている（Percy-Smith et al., 2002）。このプロセスでは、研究知見をより高い職責の人まで押し上げることもあり得るが、どちらかというと、研究が組織の下部に徐々に伝えられることが多い。地方または中央のリソース・センターも積極的に研究に関する情報を発信し、時にはニュースレターのような簡略化した形で配付していた（Percy-Smith et al., 2002）。実践者にとって地域の情報サービスは、研究について知る重要な情報源である（Williams et al., 1997、Sheldon and Chilvers, 2000）。

　一方、政策立案者も実践者も、伝統的な文献資料以外の研究についての情報源についても幅広く回答している。最新の研究知見にアクセスするために、いずれのグループもインターネットの利用が増えている（Percy-Smith et al., 2002、Rickinson, 2005）。しかしながら、研究にアクセスするためにインターネットを利用した政策立案者は、情報量が多すぎるのが問題であると述べており、これにより、考慮の対象となる研究が偏る可能性がある（Feldman et al., 2001、Willinsky, 2003）。実践者にとっては、研究に関するオンラインの情報源はしばしば限られている（Sheldon and Chilvers, 2000、Wye and McClenahan, 2000）。会議やセミナー、ワークショップ、その他の研究発表のフォーラムを、政策立案者と実践者の両方が、自分たちの分野の最新の知見を理解するための手段として挙げている。ただし、このようなイベントに参加する機会は、第一線の実践者にとっては限定されているかもしれない（Williams et al., 1997、Sheldon and Chilvers, 2000、Feldman et al., 2001、Percy-Smith et al., 2002）。新聞、大衆誌、ラジオ、テレビなどのメディアも両者にとって、研究についての情報源である（Bullock et al., 1998、Weiss, 1999、Rickinson, 2005）。

　政策の分野では、個人、もしくは機関を問わず、知識仲介者も研究を活用し

そうな人に届けるための重要な経路である。知識仲介者は、研究知見を選別したり、普及したりすることで、研究提供者と研究利用者の間を仲介する。彼らは、研究と政策コミュニティの間を効果的に橋渡しする（コラム3.1参照）。

コラム 3.1　知識仲介者

フェルドマンらは、米国の州レベルでの介護政策を調べた結果、公益財団、各種研究センター、政府機関、橋渡し組織、専門職団体、個人の研究者を含む多様な研究の知識仲介者がいることを明らかにした。これらの仲介者は、その構成、対象とする利用者、取り上げる問題、取り扱う研究その他の情報の種類、仲介業務のための財源によって、政策立案者に研究についての情報を提供するための活動形態が非常に異なっていた。活動形態には、典型的には各種の文献資料が含まれていたが、ウェブサイトや電子メール、一対一のコミュニケーションも含まれていた。しかし特に重要な点は、フェルドマンらが、この仲介環境が極めて支離滅裂であり、仲介業務もそのための財源も、むらがあり一貫性がないと結論づけたことである。彼らの調査は、研究が政策コミュニティに入り込む経路がいかに多様であり、複雑で一定しないものであるかを明確にしている。

出典：フェルドマンら（Feldman *et al.*, 2001）から作成。

英国では、実践コミュニティを支援する知識仲介者も現れてきている。例えばソーシャルケアの分野では、**「実践における研究」**事業（*www.rip.org.uk*）やイースト・アングリア大学、ウォーウィック大学などによる**「研究の重要性を高める」**事業のように、実践者によるより活発な研究活用を支援することを目的とする多数の仲介者が活躍している。これらの仲介者は、文献資料や対話型の資料（CD-ROMなど）の配付、ウェブサイト、セミナー、ワークショップ、研修など、多様な経路や活動を通じて研究を実践者に伝達している。

研究資金提供者も、政策と実践の両方のコミュニティにとっての知識仲介者となり得る。英国国民保健サービス（NHS）のサービス提供・組織事業による研究開発は、研究知見を、主要な対象となる利用者向けに仕立てることにつ

いて積極的方法をとる研究コミュニケーション戦略を開発した。これには、旧来の報告書から、簡単な報告資料やワークショップに至るまで、多様なコミュニケーションの様式を準備することを伴う。また、時として、学者よりもむしろ編集やコミュニケーションの専門家を使って、この研究への資金提供の流れ（プログラム）の中での大量の研究から得られる主要なメッセージを取りまとめ、普及する役割をも担う（*www.sdo.lshtm.ac.uk*）。

最後に、特に実践者にとっては、研修や職業能力開発の活動は、自分たちの分野の最新の知見に遅れをとらないための重要な方法である。職場での研修は、実践者の分野に関連する研究や、それが日々の業務にどのように関係する可能性があるかについて、新しい情報を提供できる（Booth *et al.*, 2003、Wilson *et al.*, 2003、Rickinson, 2005）。実践者自身はしばしば、研究情報に基づく実践を後押しするために、この経路が効果的に、幅広く活用できるのではないかと感じている（Sheldon and Chilvers, 2000）。まれに研究は、管理職もしくはより大きな部局の会議で検討されることもある（Bullock *et al.*, 1998、Sheldon and Chilvers, 2000）。

しかしながら、これらの活動にかかわらず、この分野の調査から明らかになるのは、何よりも個人的なつながりが研究についての最も重要な情報源であるということである。これは政策立案者にとっても、実践者にとっても同じように言える。いずれのグループにとっても、研究について知るということは、しばしば同僚と話をするということを意味する（Feldman *et al.*, 2001、Rickinson, 2005）。このことは、同僚を通じた社会的学習が、政策立案者や実践者が研究にアクセスし、活用する重要なプロセスであるかもしれず、さらに、研究活用は、単に個人的プロセスではなく、集団的プロセスの可能性があることを示している。とりわけ政策立案者にとっては、研究について知るのに、他のさまざまな個人間のつながりが重要である。例えば、研究は、利益団体や特定の課題についてのネットワークのような、政策分野内の公式・非公式なネットワークに流通し、これらは研究知見が政策立案者に届けられる重要な経路となっている（Court and Young, 2003）。このような政策ネットワークについては第4章で詳細に取り上げる。政策立案者はまた、その分野の最新の研究知見について絶えず情報を得るために、概して研究者個人とのマンツーマンのつな

第3章 研究活用を方向づける要素

がりに頼り、必要になりそうなとき、あるいは必要になったときに手助けを求めることのできる専門家を独自に見つけることもある（Percy-Smith et al., 2002、Willinsky, 2003）。もちろん、この方法は大量に流通している研究に関する情報を選別することができる一方で、政策立案者が知ることとなる研究の種類にバイアスをかけることにもなり得る（Willinsky, 2003）。総合的に見ると、専門家や同僚との個人的対話が、政策環境でも、実践環境でも、研究の流通と取り上げにとって鍵となっているようである。

1.2 研究活用の間接的な道筋

ただし、どのようにして研究について知ったかを政策立案者や実践者に直接尋ねる調査には弱点があり、研究が政策や実践に入っていく経路を部分的にしか映し出すことができない。これらの調査は、研究知見についてどのようにして知ったかについて個人が明確に意識していることを前提としている。しかし、第2章で見たように、研究は広く**啓発**の役割を有していることもあり、この場合は研究からの知識は、徐々に蓄積され、とらえがたい形で、間接的経路により政策コミュニティや実践コミュニティに浸透し、考え方や行動の仕方にゆっくりと影響を与える（Weiss, 1979）。このような状況では、政策立案者や実践者は、単に自分たちの姿勢や物の見方が研究からもたらされたことを知らないだけかもしれず（Weiss, 1979）、あるいは、自分たちが従っている手引きやプロトコルが研究に基づいたものであることを知らないのかもしれない。しかしながら、これらは、研究が日々の実践に入っていく重要な経路である可能性がある（Fisher, 1997、Bullock et al., 1998）。ハラデイとベロは、研究は個人を通じてのみでなく、組織や、より大きなネットワークを通じても政策や実践に入っていくのではないかと述べている（Halladay and Bero, 2000）。往々にして政策立案者や実践者個人についての調査は、研究活用について、これらのより広い経路をとらえることができない。

総じて、こうした間接的経路については、この分野の研究が主に個人を対象としてきたことから、あまり知られていない。一方、ケーススタディによる研究は、研究が通り得る経路について、より広い見方を提供している。例えば、

研究活用を評価する研究からの**見返り**論は、研究が影響を及ぼし得る三つの鍵となる経路を定義している（第9章で詳細に解説）。

- **知識**：学術誌の記事、その他の出版物、文書による報告書や要旨を含む研究の成果物。
- **研究**：政策コミュニティや実践コミュニティ、研究者の能力開発をも意味する、スタッフの育成やスキルの開発を含む研究の実施そのもの。
- **政策および成果物**：その後利用される新たなプロトコルや政策、実践のツールを定めるような研究活用（Wooding *et al.*, 2004）。

このほか、研究が普及する重要な道筋として、学術コミュニティ内外での研究スタッフのポストの異動、および研究利用者コミュニティで研究者がコンサルタントとして活動することが挙げられる（Molas-Gallart *et al.*, 2000）。このように、研究が影響を持ち得る経路は、政策立案者や実践者が自ら特定するよりもかなり広いものと考えられる。

第2節　研究活用を方向づける要因

研究が政策コミュニティや実践コミュニティに入っていく経路を明らかにすることは、いつ、どのような理由で研究が活用されやすいのかを理解する契機となる。本節では、研究活用を後押しする特定要因を明らかにすることができるかどうかを検証する。**影響要因**に関する文献（Oh, 1997）など、この問題については、かなりの量の知識が蓄積されている。そのため、政策と実践の両方の文脈において、研究活用の促進要因、あるいは阻害要因についてかなりのことがわかってきている。

広範な調査がこのエビデンス基盤の構築に貢献しているが、ほとんどの場合、これらの調査は、何が研究活用の促進要因で、何が阻害要因となっているかについて、政策立案者および実践者の認識といった**利用者**側に焦点をあてており、研究者自身が考える促進要因や阻害要因についてはあまり注意が払われてきて

いない。多くの調査は研究活用への影響要因に関する情報を収集するのに量的調査を採用しているが、インタビューや、時にはドキュメンタリー分析など、より深い質的アプローチを採用しているものもある。一方、この方法論の多様性にもかかわらず、政策と実践における研究活用を方向づける要因に関しては、驚くほど一貫した結果が見えてくる。これらの結果は、教育、保健医療、刑事司法、ソーシャルケアという異なる文脈においても、総じて同じくあてはまるものである。

しかしながら、全体として、これらのエビデンスからは、研究活用を方向づける要因の違いに応じ研究活用の支援が異なるかどうかを検証することはできない。これは主に、こうした調査が、**研究活用**が何を意味するのか定義しないことが多いことによる。一方、第2章で見てきたように、研究活用の本質は多様であり、複雑であり、またダイナミックなプロセスである。中には活用の特定の**例**を明らかにする調査もある。活用の定義について、政策立案者や実践者自身に委ねるような調査もあり、研究活用の尺度は非常に多様である。中には研究内容を読んだという事実をもって**研究を活用した**にチェックする人もいる。さらには、政策や実践に特定し得る変化があるという手段的研究活用にのみ注目する調査もある。研究活用の尺度には、これまで次のようなものが含まれてきた。

- 研究がアクセスされ、考慮されたかどうか。
- 文書中に研究が引用されているかどうか。
- 知識、理解、態度の変化。
- 政策または実践への研究の直接的適用。
- サービス利用者にとっての最終的なアウトカムの変化。

多くの場合、日々の業務において研究に依拠するかどうかについての政策立案者や実践者自身の報告など、研究活用に関する主観的評価が使われてきた。ここでなされているように、研究活用に関する調査を重ねることは、つまり、研究活用についての多数の異なる定義や尺度を蓄積していることを意味する。後に示されるエビデンスを読む際には、このことに留意しておく必要があ

る。

影響要因に関する文献からは、研究が活用されるかどうか、また活用されるとしたらどのように活用されるのかを理解する際に重要な四つの論点が見えてくる。

1）適用される研究の性質。
2）研究者と研究利用者の個人的特徴。
3）研究と利用者のつながり。
4）研究活用の文脈。

以下、これらをそれぞれ詳細に考えていく。

2.1 適用される研究の性質

　政策立案者と実践者は、研究に何を期待するかについて驚くほど似通った考えを持っている。研究の質は、研究利用者が研究を活用するかどうかを左右する特に重要な要因である。政策立案者と実践者は、質が高いと言われている研究に注意を払う可能性が高いと回答する（Bemelmans-Videc, 1989、Weiss, 1995、Innvaer et al., 2002、Wilson et al., 2003、McKenna et al., 2004）。反対に、研究を活用しない主な理由として、方法論の妥当性に疑問があることが挙げられる（Funk et al., 1995、Sheldon and Chilvers, 2000）。しかしながら、研究の質と研究活用との関係は単純ではなく、しばしば**質**がどのように定義されているかによっても左右される。政策立案者や実践者は研究の質を、研究者自身が用いるのとはまったく違う尺度や基準で評価することもある（Weiss, 1995）。サイモンズらは、教員が必ずしも伝統的な研究分野における有効性の概念ではなく、研究とその有益さについての他の教員の評価を聞きながら、社会的に、そして状況に応じて研究の価値を判断していく様子を描いている（Simons et al., 2003）。一方、政策立案者にとっては、その研究が、より大きな政治的批判に持ちこたえられるかどうかが重要になることもある（Weiss, 1995）。また、研究が政策立案者や実践者の日々の業務にどの程度関連性を持っているかとい

第3章　研究活用を方向づける要素

うことが、研究の技術的な質よりも優先されるかもしれない。米国の社会政策の実験からの知見活用に関する大規模調査では、研究の取り上げにとって、一般化できるかどうかよりもその研究知見の関連性およびそれが時宜を得たものであるかどうかが、重要であったと結論づけている（Greenberg et al., 2003）。

　研究の質についての問題は、何がそれぞれの分野や場面において良いまたは適切な、あるいは好ましいエビデンスと言えるのかという問題とも関連している。例えば政策立案者は、概して、統計的で客観的データや**厳然たる**事実を示す量的研究を好むと考えられ、中にはこの見解を支持する調査もある（Barker, 1994、Landry et al., 2001a）。しかし、他の調査はその逆が真実であることを示している（Oh, 1997）。発展途上国では、政策立案者は、研究にかかわることを好む傾向がある（Court and Young, 2003）。また、各セクターや学問分野はそれぞれの方法でさまざまな形態の研究を評価する。保健医療の分野においては確立された**エビデンスの階層**があり、特に**何が有効か**という問題を取り巻く系統的レビューや実験的研究が奨励される。これは、結果としてそれ以外の方法論を排除する、非常に強い実証主義のパラダイムを反映している（Davies et al., 2000a）。逆に、例えばソーシャルケアの分野などでは、質的研究はより好意的に受け止められやすい（Webb, 2001参照）。多くのセクターにおける、何が実践にとって良いエビデンスとして価値を持つべきかという未解決の問題そのものが研究活用の阻害要因となり得る（Drummond and Wealtherly, 2000、Sheldon and Chilvers, 2000、Barratt, 2003）。一般的には、研究は、その知見に対して疑義が生じたり、不明確であったりする場合には活用される可能性が低くなる（Court and Young, 2003、Drummond and Weatherly, 2000）。

　研究の信頼性も重要である。研究は、確かで信用できる個人や組織からのものであったり、その分野の専門家に支持されたりしている場合には、よりアクセスされ、活用されることが多くなる（Court and Young, 2003、Hemsley-Brown and Sharp, 2003）。この意味で信頼性は、技術的な研究の質よりも重要であると言える。研究の出所の評判も重要視されることがよくある。例えば、パーシー＝スミスらは、英国の地方政府の役人が中央政府のように権威のある出所からの研究をより利用する傾向にあることを明らかにした（Percy-Smith et al., 2002）。他の出所のものはあまりにも政治的であったり、営利的であっ

101

たりして、それほど信用できないと考えられていたのである。研究の信頼性はまた、専門職あるいは実践の知恵と一致しているかどうかによっても判断される。ゼウリの調査では、多くの教員は、自分たちの個人的経験と一致する研究知見のみを信頼性があると考えていた（Zeuli, 1994）。このように、政策立案者や実践者が研究の知見を信用するかどうかは、それが既存の知識や経験と一致するかどうかによるのかもしれない（Rickinson, 2005）。研究の知見が、広範に支持されている見解に異議を唱えるようなものである場合には、研究について判断する際に、専門的な質の問題がより重要になってくる（Weiss, 1995）。また、政策立案者や実践者は、サービス利用者など他の立場の者を排除するような研究活用についてはあまり積極的ではないかもしれない（Sheldon and Chilvers, 2000）。総じて、研究の質と信頼性の問題は、どのセクターや場面においても、研究と、実践の知恵や専門家の見解、サービス利用者の考えを含む多様な形態の知識との関係という、より広い文脈の中で考える必要がある。

　その他、委託研究については、意図的に活用される可能性が高いと考えられる（Percy-Smith et al., 2002）。このような研究は、特定の必要性を満たすことを目的としており、政策立案者にとっても実践者にとっても、そのような目的と関連があるかどうかが研究を取り上げる鍵となる（Funk et al., 1995、Weiss, 1995、Percy-Smith et al., 2002、Booth et al., 2003、Hemsley-Brown and Sharp, 2003）。委託研究は、契約者の要求に沿う形で計画され実施される。そのため普及もその要求に注意深く合わせる形で行うことができ、委託契約者がその知見に注目する可能性は高くなる。コートとヤングは、政策立案者が研究委託した場合には、その結果を無視することを困難に感じるのではないかと示唆している（Court and Young, 2003）。しかしながら、委託研究とその活用との関係は必ずしも単純ではない。セルビー・スミスとセルビー・スミスは、委託研究は政策立案者と研究者とのつながりを発展させ、強化し、結果として研究がより広く活用されることを促進することを見いだした（Selby Smith and Selby Smith, 2002）。しかしながら、彼らの調査によれば、委託研究が完了し、報告される前に政策決定はなされており、研究知見そのものは活用されていなかった。さらに、委託研究はその活用が支持される傾向にある一方で、その逆もまた真実たり得る。独立した研究の方が第三者的であり、従って偏りがないよう

第3章 研究活用を方向づける要素

に見えることから、より信用できると見られることもあるだろう（Percy-Smith et al., 2002）。しかし全体としては、政策立案者が研究を直接要求した場合や、研究について役職者の支持がある場合には、それは政策的なアジェンダに取り上げられており、従って活用されることも多くなる（Court and Young, 2003）。一般的には、将来的活用を前提として現場で実施される研究の方が活用される見込みがある。そのような研究は、多くの場合、現場の優先課題やニーズと強く関連しており、政策立案者や実践者の研究知見についての当事者意識も強いだろう（Feldman et al., 2001、Percy-Smith et al., 2002）。他の場所で実施された研究は、現場の文脈と無関係であると見えるだろうし、多くの潜在的研究利用者は研究知見を別の場面にあてはめることの妥当性について神経質である（Williams et al., 1997、Sheldon and Chilvers, 2000、Percy-Smith et al., 2002）。

　研究知見が活用されるには、その研究知見は時宜を得たものである必要がある。これは、しばしば限られた時間の中で仕事をし、非常に短い期間に情報を収集する必要がある政策立案者にとっては、特に重要である。一方で研究は、もっと長期間かけて知見を報告するため、このミスマッチが政策立案者の研究活用にとって主な阻害要因となっていると言われている（Granados et al., 1997、Innvaer et al., 2002、Percy-Smith et al., 2002）。政策の変化の速さは、委託研究の知見を明確に報告する機会もないままにアジェンダが進行していることを意味しているかもしれない（Selby Smith and Selby Smith, 2002）。しかし、実践の文脈においても同様に、研究が利用者のニーズにとって時宜を得たものでないという不満は存在する（Funk et al., 1995、Hemsley-Brown and Sharp, 2003、McKenna et al., 2004）。

　研究の適時性の問題の大部分は、今この時に研究知見が政策立案者や実践者の要求に対して関連性があるかどうかということに関係している。利用者は、一般的に研究は彼らの日々のニーズに十分に関連していないと不満を述べる（Sheldon and Chilvers, 2000、Booth et al., 2003、McKenna et al., 2004）。時には、単に政策立案者や実践者が、その業務上直面する問題に応えるような研究が存在していないというだけかもしれない。それ以外の場合には、研究は、利用者が求める実践的で行動志向の結果を提供できていないのかもしれない（Weiss, 1995、Booth et al., 2003、Hemsley-Brown and Sharp, 2003）。政策立案者や実

践者は、通常、研究から確定的な解答、確固たる提言、明確な行動の方向性を求める（Weiss, 1995、Hemsley-Brown and Sharp, 2003、Wilson *et al.*, 2003）。彼らは、研究が往々にして要領を得ず、または彼らの日常の業務にどのようにその知見を適用するかについての実践的指針を提供しないと不満を述べる。研究者としては、自分の研究知見を取り巻く不確実性や、複数の解釈があり得ることを指摘することに骨を折る。彼らは知見を報告することに慎重であり、また、直接的で明快なアドバイスを提示することに消極的である（Granados *et al.*, 1997、Drummond and Weatherly, 2000）。ウェイスは、このことは「問題を単純化するよりはむしろ新たな複雑さを明確にする傾向にある」社会科学研究に特有の問題であると指摘する（Weiss, 1987）。「エビデンスは過去から生じ、そこから将来のことを推定するのは常に問題を生じさせる。それゆえ、確定的解答を提供するとは主張できない」（Weiss, 1987, p.277）のである。

　政策立案者や実践者は、少なくともこれらの研究関連の問題のうちの一部は、研究知見のプレゼンテーションを改善することで解決されると考えている。彼らは、研究者がその研究を報告する際に用いる学術的スタイルや、研究知見に伴う複雑な分析に閉口しがちである（Funk *et al.*, 1995、Granados *et al.*, 1997、Sheldon and Chilvers, 2000、Barratt, 2003、Rickinson, 2005）。研究がどのようにまとめられているかは、その取り上げられ方に影響を及ぼす（Innvaer *et al.*, 2002、Percy-Smith *et al.*, 2002、Court and Young, 2003）。使用用語は、対象となる利用者にとって身近で適切なものでなければならず、データもわかりやすく伝えなければならない。鍵となるのは、プレゼンテーションである。つまり、研究報告はどんな人をも惹きつけ、**利用者にわかりやすく**、見た目も魅力的で、簡潔で専門用語を排したものでなければならない（Court and Young, 2003）。特に、政策立案者や実践者は、研究の要約を求めることがよくある。ただし、研究者が行動に向けた明確な示唆や提言を打ち出すべきかどうかについての見解はまちまちである（Lavis *et al.*, 2005）。研究が政策立案者を動かすためには、現在の政策を裏付ける既存の議論を揺り動かすことができるほど力強い新たな物語を提供することも必要であろうし（Court and Young, 2003）、研究の統合も重要であろう。さらに政策立案者や実践者は存在する研究の分量そのものがその活用の阻害要因となっていると言うことが多い（Hemsley-Brown and

Sharp, 2003、Reid, 2003)。

2.2 研究者と研究利用者の個人的特徴

　どのような政策立案者や実践者が研究を最もよく活用するかを特定するような、個人的特徴を調べた調査は多数ある。おそらくは予想通り、教育または資格のレベルが高いほど、そして、特にこれらの教育や資格が何らかの研究への関与を伴う場合、研究活用の可能性が高いとするエビデンスがある (Light and Newman, 1992、Booth *et al.*, 2003、Rickinson, 2005)。これは価値観とスキルの両方を反映していると思われる。これらの個人は、研究をより熟知し、理解しているのみでなく、一般的に研究および自分の業務にとっての研究の意義について、肯定的態度を有している可能性がある。同様に、研究を定期的に活用する他の実践者や政策立案者は、研究に関心を持っているか、研究についての何らかの経験を有している人たちである (Tyden, 1994、Williams *et al.*, 1997、Rickinson, 2005)。このような経験は、おそらくセクターによっても差がある。例えば、内科医は教員よりもその職歴の中で研究を行ったことがあるか、または研究に関する文献を参考にする可能性が高いであろう (Hannan *et al.*, 1998)。また、研究活用は、実践者の職業上の経歴によっても差が出る。その職業に新しく就いたばかりの人の間では研究活用は限定的だが、職業実践が確立され、あるいはより高いポストに就くと、研究の適用はより多くなってくる (Rickinson, 2005)。

　研究活用についてよく報告される阻害要因は、政策立案者や実践者が研究の知見を、自身の日々の業務のために理解したり、解釈したりするのが困難であることである (Funk *et al.*, 1995、Sheldon and Chilvers, 2000、Percy-Smith *et al.*, 2002)。研究について何らかの経験あるいは訓練経験のある人は、これらのスキルを有している可能性が高い。しかし、実際に研究を実践に適用するとなると、多くの場合、政策立案者や実践者がほとんど有していない専門のスキルが必要となる (Drummond and Weatherly, 2000、Walter *et al.*, 2004b)。反対に、研究者自らも、研究の知見を対象となる利用者用にアレンジしたり、政策立案者や実践者への効果的普及を確実に行うなどの研究活用に関する活動をうまく

行うための知識や専門性を有していないと言われる（Tang and Sinclair, 2001）。

　個々人の態度もまた、研究活用に影響を及ぼすことがある。人によっては現在の実践を変えたり、研究が提供する新たなアイデアを試してみたりすることを望んでいないこともある（Funk et al., 1995）。また、政策立案者や実践者個人が研究活用だけでなく、研究全般について反感を抱いているというエビデンスもいくらかある（Funk et al., 1995、Walter et al., 2004b）。彼らは研究に価値を見いださないか、研究が政策や実践に提供できるものは何もないと感じているか、あるいは研究を、彼らが有する暗黙知やスキルのような実践の知恵への脅威と見ているのであろう（Booth et al., 2003）。研究がどのように活用されるべきかについての個人の考えや理解もまた重要であろう。例えばゼウリの調査では、一部の教員は研究活用を完全に手段的なものと理解し、教室での実践に直接置き換えることができるかどうかで研究を評価していた（Zeuli, 1994）。これに対し、研究は、ある重要な問題についての知識や見方を向上させるなど、もっと間接的影響を及ぼし得ると感じる教員もいる。

　しかし全体として、研究活用を方向づけるような個人的特徴に関する知見は限定的なものとなっている。看護師の研究活用に影響を及ぼすと考えられた個人的要素についての系統的レビューは、研究活用と研究活動への関与、情報を探究する行動、教育、職業上の特徴、あるいは社会経済的要因のいずれの項目との関係についても決定的なエビデンスを得ることができなかった（Estabrooks et al., 2003）。研究に対する態度のみが、看護師個人が研究を活用するかどうかに影響を与える重要な要素として浮かび上がった。

2.3　研究と利用者とのつながり

　研究への物理的なアクセス方法がないことが、政策立案者と実践者の両方から研究活用の主要な阻害要因として定期的に報告されている（Sheldon and Chilvers, 2000、Percy-Smith et al., 2002、Booth et al., 2003）。例えば、図書館、研究データベース、あるいはウェブ上の研究などの情報へのアクセスが限られているのである。また、情報源があるところでも、その質が必ずしも良いとは考えられていない（Sheldon and Chilvers, 2000）。組織内や組織間での普及が

第3章　研究活用を方向づける要素

十分でないことも、研究がそれを活用するかもしれない人に届かない要因となり得る。パーシー＝スミスらによると、英国の地方政府における研究の普及は多くの場合、場当たり的で非公式なネットワークや職員個人の高い処理能力に頼っていた（Percy-Smith *et al.*, 2002）。これは、研究が組織内のあるところで**停滞**し、第一線の職員は通常、より高い役職の職員に比べて研究へのアクセスが限られる可能性があることを意味する。効果的普及は多くの場合、研究の主要な知見を支持し、また、一般的に組織内で積極的な研究活用を呼びかける研究の**擁護者**に依存していたのである（Percy-Smith *et al.*, 2002）。

　研究と利用者との間の仲介役となる個人や機関である知識仲介者もまた、研究活用を保証する手助けをすることができる（Feldman *et al.*, 2001、Greenberg *et al.*, 2003）。すでに述べたように、このような知識仲介者は、研究者と利用者コミュニティ間の橋渡しを担い、研究に関連する研究活用の阻害要因の解消に取り組む。例えば、研究報告を政策立案者や実践者向けにわかりやすく説明したり、研究知見が適切な時機に適切な人々に確実に向けられるようにしたりすることである（Williams *et al.*, 1997、Feldman *et al.*, 2001）。

　しかし、研究活用を最も的確に予測する一つの切り口は、研究者と政策立案者との連携、またはその程度や強さである（Granados *et al.*, 1997、Innvaer *et al.*, 2002）。メールや電話を通じた非公式で場当たり的なものであれ、あらかじめ予定された会議や合同のワークショップのように系統立った公式なものであれ、個人的なつながりは必須である。これまで見てきたように、政策立案者個人は重要な研究知見を確認したり、アイデアを**試したりする**のに研究者との個人的なネットワークに頼っている（Willinsky, 2003）。このような個人間の経路は、研究が政策に入っていくのに特に効果的なようである。コートとヤングによると、一般的に、公式なものであれ、非公式のものであれ、ネットワークは、研究や政策、実践コミュニティの間での研究に関する知識のより活発な交換および一致の基盤となる（Court and Young, 2003）。これらは、バーチャルあるいは直接的な会議を含む多様な方法で円滑化できる。しかし何よりも、対面でのコミュニケーションが政策や実践における研究活用を促進する可能性が最も高いことを、複数の調査が示している（Weiss, 1995）。

　このような連携が研究のプロセスを通じて生じる場合、研究活用はさらに促

進される。継続的交流や対話、双方向のコミュニケーション、持続的普及の努力によって、研究が活用される可能性が大幅に増えるのである (Huberman, 1990, 1993、Court and Young, 2003)。このようなかかわりは、研究がその利用者のニーズにとって、適切なものとなりやすいことを意味し、また、研究に対する利用者の当事者意識を向上させるのを助ける。また、このようなかかわりは、研究活用を促進するのに重要な信頼関係をも確立する (Innvaer et al., 2002、Court and Young, 2003)。こうして、研究と利用者との間の連携は、研究の実施、報告、普及を行うための従来のやり方での研究活用への阻害要因を克服するきっかけとなる。このことは研究活用にとって社会的交流や社会的学習が不可欠であることを示す（この問題については、第5章で詳細に取り上げる）。

2.4 研究活用の文脈

研究活用を方向づける第四の非常に重要な要因は、研究活用の文脈が果たす強力な役割についてであり、この観点は、文献における注目度が高まっているところである。このような議論では、マクロおよびメゾレベルの政策の文脈、実践者の文脈、研究そのものが実施されている文脈と、それぞれの中で生じる問題を区別することが有益である。

政策の文脈

政策の文脈が研究の取り上げをどのように形成するかを検証するにあたって非常に役立つ枠組みは、ウェイスの**四つのI**である (Weiss, 1999)。この枠組みでは、関心 (Interests)、イデオロギー (Ideology)、情報 (Information)、制度 (Institutions) を公共政策およびそのプロセスにおける研究活用を方向づける主要な要因として特定している。

- **関心**：ある特定の主義を推進する政治的なものであろうと、あるいは、自分のキャリアを前進させる個人的なものであろうと、政策プロセスに関与する人々が自己の利益を優先させること。

第3章 研究活用を方向づける要素

- **イデオロギー**：政策立案者の行動を導く信条、道徳的および倫理的価値観、政治的方向性のシステム。
- **情報**：政策分野で注目されようと群がり、また現在の課題や問題を理解するために政策立案者が活用する、さまざまな出所からの知識やアイデアのこと。
- **制度**：政策立案者が行動する体制であり、特有の歴史、文化、制約を伴い、逆に、政策立案者がその関心やイデオロギー、情報をどのように定めるかということや、政策が決定されるプロセスを方向づけるもの（Weiss, 1999）。

これらの要因のそれぞれが相互に作用し、政策の文脈を方向づける。例えば情報は、関心やイデオロギーを形成するのに用いられ、また制度の運用や文化を変えるかもしれない（Weiss, 1999）。これらの相互作用により生み出された文脈は、今度は研究の取り上げに寄与する。例えばウェイスは、研究はイデオロギーと関心にほんの少ししか影響を与えず、他の出所からのイデオロギーや関心、情報についてすでに強い合意が形成されている場合には、研究が活用される可能性は低くなると述べている（Weiss, 1995）。

一般に研究は、その知見が現在のイデオロギーや個人的価値観、個人および機関の関心と一致しているか、または矛盾しない場合には活用される（Hutchinson, 1995、Weiss, 1998、Innvaer et al., 2002、Greenberg et al., 2003）。コートとヤングが発展途上国における50のケーススタディを分析したところ、研究が重要な政治的発言力を有する人の関心と矛盾する場合には、その研究が活用されにくかった（Court and Young, 2003）。しかし同時に、研究は時として、強く異論を唱える利益団体が単に存在しないというだけで政策に影響を及ぼすこともあることが明らかにされている。つまり、研究の知見は、政策の文脈において既存の考え方に適合する必要があり、そうでなければ、これらを覆すことができるくらい十分に興味深く、説得力のあるものでなければならないのである（Court and Young, 2003）。また、単に既存の政策を裏付けたり、小規模な変化しか求めない研究は活用されやすい（Weiss, 1998、Innvaer et al., 2002）。政治的論争のほとんどない安定した政策的文脈は、研究活用を促進する。しかし、政策立案者はまた、政治的危機の際や、より急進的あるいは根本的な政治的決断をする際にも解決策を研究に求める（Weiss, 1998、Court and

Young, 2003)。研究はまた、このような文脈における合意形成にも貢献する (Selby Smith and Selby Smith, 2002、Cout and Young, 2003)。コートとヤング (Court and Young, 2003, p.15) は、研究の政策的活用については「政策的転換は研究が要求するものから論争を差し引いたものに等しい」と結論づけている。

　重要なのは、研究は、利益団体、メディア、シンクタンク、コンサルタント、ワーキンググループ、専門家、政策立案者の同僚、個人的経験、政策ネットワーク、その他さまざまな出所からの情報がすでにあふれている政策の分野に入っていくことである (Weiss, 1995, 1999、Drummond and Weatherly, 2000)。研究知見は、これらの他の出所からの情報や、すでに存在し、埋め込まれている知識や理解に勝らなければ政策に影響を与えることはできない。さまざまな調査による結論によれば、政策立案者は研究よりも、企画委員会、意見公募、利益団体、同僚を含む研究以外からの情報を好む (Light and Newman, 1992、Feldman *et al.*, 2001、Greenberg *et al.*, 2003)。政策立案者はまた、十分に研究知見を吟味する時間がなく、他の出所からの情報の方が彼らのニーズにとって利用しやすいと言うことが多い (Feldman *et al.*, 2001、Reid, 2003)。一方、研究は、その知見が政策の文脈における他の出所からの情報と矛盾するよりは適合する場合の方が活用されやすい (Weiss, 1999、Drummond and Weatherly, 2000)。

　政策が形成される、より大きな政治制度や構造もまた、研究活用を方向づける (この点については、第8章で詳細に議論する)。政策プロセスにおいて研究が少なくとも検討されるためには、オープンな政治制度が機能していなければならず、また、政策立案者が研究機関を信用していることが必要である (Court and Young, 2003)。連邦制は、異なる利益団体の間で常に力関係が変化する、より分散した相互作用的な政策立案のプロセスを促進する。このような場合、研究はこれらのグループにより、手段的よりはむしろ戦略的に活用されやすい (Selby Smith and Selby Smith, 2002)。

　地方の制度は、政策における研究活用を方向づけるのに重要な役割を果たすと考えられるが、この点についての実証的調査は限られている。しかしながら、政策立案者と、その分野に対応する分析的役割を担う人とを結び付けるメカニズムと構造は、研究活用をより活発にするようである (Nutley *et al.*, 2002、

第3章　研究活用を方向づける要素

Laycock and Farrell, 2003)。これは、恒常的に、あるいは出向により、研究者と政策立案者が同じ一つの部署に配属され、研究に基づいた政策立案や運用を進めるために協働することで可能になる。あるいは、研究者と政策立案者が集まる諮問機関や、研究と政策のコミュニティを結び付ける仲介機関などが仲介するフォーラムや組織が重要になるかもしれない (Feldman et al., 2001)。特に、ある特定の政策分野に特化した準政策機関や、それと関係したエビデンスの基盤が、政府内での研究活用を促進するようである (Nutley et al., 2002)。しかしながら、政策スタッフの頻繁な異動は研究者とのつながりの確立を阻害し、ひいては研究の取り上げをも妨げる可能性がある (Reid, 2003、Walter et al., 2004b)。

　研究の取り上げに関する政策文脈の役割についての調査や議論のほとんどは、マクロレベルの政策立案に焦点をあててきた。一方、メゾレベルあるいは組織レベルの政策文脈の影響については、あまり注意が払われてこなかった。事実、研究活用について調べる際に、多くの研究はこの二つのレベルを一緒に扱ってきた (Innvaer et al., 2002、Court and Young, 2003)。もちろん、地方のレベルで政策立案者の研究活用に影響を及ぼすような事項は、多くの場合、国レベルでの事項と類似するだろう。関心、イデオロギー、情報、制度の問題は地方のレベルにもあてはまる。ただし、これらは地域の課題をめぐって、また地域の利害関係者グループに対して作用する (Percy-Smith et al., 2002)。例えばギャベイらは、保健医療やソーシャルケア分野の地方の政策の開発において、権限のある個人の意図がエビデンスの取り上げを抑制し得ることを見いだした (Gabbay et al., 2003)。しかし、メゾレベルの政策立案での中心的問題は、国家レベルでの政策および法律と、地方のニーズや優先課題、アジェンダとの間の潜在的な矛盾にある。研究の取り上げは、この地方と国家の関心との間の相互作用により形成される。例えば、パーシー＝スミスらの英国の地方政府における研究活用に関する調査によると、総じて地方の政策と大筋において一致している研究は活用されやすい。一方で、地域に基づく研究知見が国家の政策と矛盾した場合には、その活用は困難であった (Percy-Smith et al., 2002)。

　しかし、地方の政策立案者の間での研究活用を方向づける鍵を握るのは、多くは制度である。例えばメゾレベルでは、研究活用の主な促進要因や阻害要因

111

は、組織の文化にある(Sunesson and Nilsson, 1988)。研究に対して組織が持つ、敵対的あるいは無関心な態度は地方の政策立案者がエビデンスを活用することを抑制する (Percy-Smith *et al.*, 2002)。コラム 3.2 は、地方の政治的・組織的な問題が、メゾレベルの政策立案者の研究活用にいかに複雑な方法で影響するかの例を示している。

コラム 3.2 組織の文脈がどのように研究の政策的活用に影響するか

ロベルとカリニチは、米国の非営利の刑事司法組織における上級管理者やプログラム管理者による研究活用について調査を行った。その組織内には研究の部署があるにもかかわらず、ロベルとカリニチは、その組織の政策立案者の一部が、戦略的活用を除き、ほとんど研究を活用していないことに気づいた。彼らは、この研究活用がなされない原因を、組織内の研究者、管理者、プログラム管理者の間の一体感の不足、および研究部署の役割の曖昧さにあるとした。また、その組織文化も全体として研究活用に好意的ではなく、研究の取り上げは、個人的あるいは内部の政治的関心に最も大きく影響されていた。例えば、プログラム管理者による研究部署への批判は、多くの場合、組織内での自分の裁量や地位についての懸念を反映したものであった。反対に、上級管理者は外部志向であり、内部での研究の価値について疑念を抱いていた。このような複数の事情が相互に作用し、特定の組織という文脈の中で、そこの政策立案者の意識が形成され、最終的には研究活用を阻害していたのである。

出典：ロベルとカリニチ (Lovell and Kalinich, 1992) から作成。

実践者の文脈

政策立案が政治的環境でなされることは、政策における研究活用にとって、文脈が特に関係の深いものであることを意味する。しかし、現場の文脈もまた、実践者の研究の取り上げに影響を及ぼす要素として特定されている。実践者が、研究活用の阻害要因として報告するものの多くは、彼らが働く組織のより広い文脈にかかわるものである。例えば、多様な場面や職業に共通して報告される

第3章 研究活用を方向づける要素

研究活用の阻害要因は、研究について調べ、読む時間の欠如である（Funk et al., 1995、Sheldon and Chilvers, 2000、Rickinson, 2005）。ファンクらは、看護師の研究活用の阻害要因について調査のレビューを行い、積極的研究の取り上げを妨げる主な原因は組織的問題であると結論づけている（Funk et al., 1995）。看護師は、研究について読んだり、研究知見を実施したり試みたりする時間がないと述べていた。彼らはまた、研究に基づいて実践を変えるだけの権力や裁量、またはこのプロセスについてのいかなる組織的、実用的、あるいは個人的支援も不足していると感じていた（Funk et al., 1995）。一般的には、実践者は、自分のいる環境を仕事量が多く、競争のプレッシャーがあり、常に変化を求められるものと説明しており、このような状況において、研究活用は優先順位が低いか、恩恵よりもむしろ負担に思われていることが多かった（Sheldon and Chilvers, 2000、Wilson et al., 2003）。組織の内部対立も、研究活用を阻害することがある（Williams et al., 1997）。さらに、他の要素が研究活用よりも優先されたり、限られた予算が研究活用に関するプロジェクトの発展を制限することもある（Rickinson, 2005）。ただし、通常、新たな取り組みは政治的指令を通じて実施されるものであって、実践者や組織が自ら研究に基づいて実践を開発する機会はほとんどない（Wilson et al., 2003）。また、研究知見よりもサービス利用者の期待や好みが優先されることもある（Granados et al., 1997）。

　実践者の文脈における多くの研究活用の促進要因と阻害要因は、職業上や文化的な問題に関連しており、分野や組織によって異なるものとなる。例えば、内科医は、研究の知見を自らの日々の実践に適用する職業上の権限を持っている可能性が、看護師よりもはるかに高い（Funk et al., 1995）。逆に彼らは、自らの裁量を制約する可能性のある研究に基づいたプロトコルに従うことには消極的かもしれない（Drummond and Weatherly, 2000）。ソーシャルワーカーの一部は、その職業内に存在する**非難する文化**を報告し、それが研究からのアイデアに疑問を持ったり、適用することを試みたりすることを阻害していると言う（Barratt, 2003、Booth et al., 2003）。また、実践者のグループ内や組織内で、研究とその活用に対する現場からの文化的な抵抗もあり得る（Walter et al., 2004b、Rickinson, 2005）。研究活用に関するこのような文化的な阻害要因は、実践にとってのエビデンスの性質、サービスの提供、アウトカムの改善の研究

価値について合意形成がなされていない場合は特に強くなるかもしれない。一般的に言えば、研究に関与することが職業上の実践にとって不可欠と考えられていない場合には、実践者が研究活用をすることへの支援は限定的なものとなる（Sheldon and Chilvers, 2000、Wilson et al., 2003）。実践者は、組織的支援が改善されれば彼らの研究活用が活発となると言うことがある。これは、例えば研究資料を読むための時間の割り当て、研究について調べたり解釈したりするスキルを養成するための訓練、そして研究に基づく変化を実践するための管理的・財政的支援を意味する（Sheldon and Chilvers, 2000）。もう一つのやり方は、上級の診療看護師の職務のように、能力開発や研究への参加の強化を積極的に推奨することである。しかし、これには構造を変えることに加えて、実践者が現在の実践に疑問を抱いたり評価したり、研究に基づく新しい方法の開拓を促進するようになる組織的文化の育成が重要であろう（Funk et al., 1995、Wilson et al., 2003）。

研究実施の文脈

研究者自身が活動する文脈もまた、政策立案者や実践者の研究活用に大きく影響することに留意する必要がある。英国では特に、学者が働く環境はしばしば、大学から政策や実践のコミュニティへの研究普及を積極的に阻害してきた。例えば、研究評価事業（RAE）は、特に査読付きの学術誌の論文など従来の学問的普及の様式をむやみと信頼し、ほかの形での出版や非学術的な聴衆の関与はその犠牲となっている（Granados et al., 1997、Drummond and Weatherly, 2000、Tang and Sinclair, 2001）。一方で、研究について知る際に、多くの政策立案者や実践者はこの種の情報源をほとんど活用しないこともわかっている。より一般的に、学術的組織やキャリア構造においては、研究を政策立案者や実践者に普及することについて、ほとんどインセンティブや報酬はなく、ましてや研究の取り上げを促進するためのより広範な活動への参加についてはさらにインセンティブや報酬が少ない。研究に関する資金提供の構造もまた、より広い研究活用を阻害し得る。多くの場合、研究プロジェクトの最中や終了の時期の、普及や利用者を巻き込んだ活動に、最低限の財源が割り当てられているのみである（Tang and Sinclair, 2001）。研究者自身にも、自らの研究

第3章 研究活用を方向づける要素

を普及するための時間はほとんどなく（Tang and Sinclair, 2001）、また、いずれにしても効果的普及を行うためのスキルがしばしば欠如している。

研究者の間ではまた、身近な学術コミュニティを超えて研究を活用することについての文化的抵抗があるかもしれない。タンとシンクレアは、英国の社会科学の学者をインタビューし、研究活用についての二つの主要な態度を特定した（Tang and Sinclair, 2001）。一つは概して協力的で、活用は学術的研究に本来、伴うべきであるという考えである。このグループのメンバーは、研究を普及することによる多様な利点を理解し、研究活用に関する活動に関与することの広い価値を認識していた。彼ら自身、その研究をより広く普及し、また、利用者と共同で研究プロジェクトを実施することがより多かった。二つ目の態度は、キャリア形成、研究評価事業による評価を向上させるための、役に立たない研究活用に関する活動に参加することの価値について、はるかに懐疑的なものである。この考え方をとる研究者は、普及活動は従来の学術的方法に限定し、メディアが研究を**通俗化**することを懸念していた。彼らは、大学は教育を行いアイデアを生産する場であり、より広い研究活用は彼らの責任ではないと考えていた（Tang and Sinclair, 2001）。

第3節 研究活用の実態

このように、実証的文献は研究活用についての多様な促進要因と阻害要因を特定しており、これらはコラム3.3に要約されている。しかしながら、これまで見てきたように、研究活用とこれらの多様な促進要因と阻害要因との関係は単純なものではない。

コラム3.3 研究活用についての促進要因と阻害要因

1) **研究の性質**：次のような研究はより活用されやすい。
   - 質が高く、信頼のおける出所からのもの。

115

- 明確で反論のない知見を提供するもの。
- 委託されたか、または高いレベルでの政治的サポートがあるもの。
- 地域の優先課題、ニーズ、文脈に沿っているもの。
- 時宜を得たものであり、政策立案者や実践者の要求に関連するもの。
- **利用者にわかりやすい方法で発表されているもの**（簡潔で、専門用語がなく、見た目にも魅力的なもの）。

2) **研究者および研究利用者の個人的特徴**
- 高学歴あるいは研究について何らかの経験を有する政策立案者や実践者が研究利用者となる可能性が高い。
- 研究を解釈したり評価したりするスキルの欠如は研究活用を阻害する。
- 中には研究活用、もしくは研究全般について反感を持つ個人もいる。
- 研究者が、普及や研究活用に関する活動に効果的に参加するための知識やスキルを持たない場合がある。

3) **研究とその利用者とのつながり**
- 政策立案者や実践者の研究へのアクセスが限定的である場合には研究活用は阻害される。
- 個人であれ機関であれ、知識仲介者は研究とその利用者の間の**橋渡し**を効果的に行うことができる。
- 研究者と政策立案者または実践者との間の直接的つながりもまた、研究活用を支援する。対面での交流や双方向の情報交換が研究活用を奨励する可能性が最も高い。

4) **研究活用の文脈**：文脈は研究の取り上げを形成するのに重要な役割を果たす。
- 政策の文脈では、研究は次のような場合に活用される可能性がより高くなる。
    - 現在のイデオロギーや、個人・機関の関心に沿うものである。
    - 研究知見が既存の考え方、行動の仕方、あるいは政策の文脈における他の情報と一致する。
    - オープンな政治制度が機能している。
    - 制度や構造が研究者と政策立案者を接触させるものである。
    - 地域レベルで、エビデンスの活用について全体として支援するような組織

第3章　研究活用を方向づける要素

>　　的な文化が存在する。
> - 実践の文脈では、現場の組織的、構造的、文化的な問題が研究活用を制約することがあり得る。例えば以下のようなものが挙げられる。
>   - 研究成果を読む時間の欠如。
>   - 研究知見を実施するための裁量の欠如。
>   - 研究に基づく実践の変化を開発するための財政的・管理的・個人的支援の欠如。
>   - 研究とその活用についての現場の文化的な抵抗。
> - 研究の文脈では、多数の阻害要因が、研究知見が政策立案者や実践者に届く流れを滞らせている。
>   - 普及や研究活用に関する活動に参加するインセンティブまたは報酬の欠如。
>   - **利用者にわかりやすい**知見を犠牲にした、従来の学術誌の発表での高い評価。
>   - 研究活用に関する活動のための時間および財源の欠如。
>   - 一部の学者の、普及は自分の役割ではないとする態度。

　さらに、多くの要素が重要であるように見えるが、単にこれらの要素を特定するだけでは、その相対的重要性あるいは多様な要素がどのように相互に作用するかについてはほとんどわからない。例えば、研究の知見をより**利用者にわかりやすい**方法で発表することは、研究活用の第一歩となるかもしれないが、研究が政策立案の場に入っていくときに研究が直面する政治的な阻害要因をこれにより克服できるとは考えにくい。
　「統合因果モデル」は、このような問題を取り上げ始めている。このモデルは、研究活用にとって重要であると考えられている多様な変数を組み合わせ、それぞれがどの程度研究活用を促進あるいは阻害しているかを調べようとしている。例えば、オ（Oh, 1997）によって開発された「パス解析モデル」は、政策立案者が、いつ、どのようにして判断をする際に研究を活用するかについて調査し、次の事項に関する変数を統合している。

- 研究または情報の性質（出所、分量、種類、様式など）と、研究者と政策立案者の間の交流。
- 政策プロセスについての認識や研究に対する態度と、年齢や教育レベルなどの政策立案者の特徴。
- 組織的な特徴（規則、構造、報酬など）と、組織内における政策立案者の地位。

オ（Oh, 1997）のモデルは、多様な変数と研究の影響力との間の因果関係を詳細に述べる。そのモデルは、米国の連邦、州、地方の精神衛生分野の政策立案者、18州500人以上についてのデータを用いてテストされた。対象となった政策立案者の職種は、サービスの提供に関連する総合職および財政的な事項を取り扱う専門職であった。この結果、彼らによる研究活用を説明するには、複数の要素とその間の関係について十分に考慮する必要があることが判明した。最も重要な変数は、政策立案者の政策プロセスについての認識と、活用される情報源であった。しかしながら、研究活用を説明する要素は、二つの政策分野で著しく異なっていた（Oh, 1997）。研究活用がなされるかどうか、また、なされるとすればどのようになされるのかを決定するにあたって、文脈が重大な要素であった。

他の研究活用のプロセスに関する「量的因果モデル」からも似たような結論が出された。これらは、研究活用を方向づける異なる変数の間の相互作用の重要性を主張するが、中でも、研究活用を理解するのに文脈が鍵となるということを強調している（Webber, 1986、Landry et al., 2001a）。ランドリーらは、既存の文献で述べられているよりも研究活用のプロセスは、はるかに複雑であると結論づける（Landry et al., 2001a）。彼らは、「包括的モデル」に組み込むことが困難な不確定要素が、研究活用がされるかどうかにとってしばしば重要であると述べている。これらの結論からは、研究活用と特定の**影響要因**との間に、単純な一方通行の関係はないことが見てとれる。それどころか、これらの変数は複雑な方法で相互作用し、これらの相互作用そのものが、研究活用される文脈によって方向づけられるのである。

このような「量的因果モデル」の基礎となる広範で実証的文献にも限界がある。研究活用の影響要因についての単純な調査からは、研究活用のプロセス

第3章　研究活用を方向づける要素

を特徴づける要素間の複雑な相互作用をとらえることはできない。ウェイスは、研究活用の動的そして相互作用的な性質は、その要素を量的変数の組み合わせとして単純化できるものではないと主張してきた。ウェイスによれば、研究活用プロセスの複雑性への認識が高まっていることは、研究活用を決定づける主な要素を個別に切り離そうとする研究が時代遅れとなったことを意味する（Weiss, 1998）。一方で、このような研究は、「エビデンスに基づく政策と実践」（EBPP）に関するアジェンダの成長とともに、**促進要因**と**阻害要因**に関する文献の中で近年盛り返しを図ったようである（Everton et al., 2000、Sheldon and Chilvers, 2000）。

　これらの**促進要因**と**阻害要因**に関する調査は、研究活用プロセスについて重要な識見を提供する一方で、研究活用の方法についてこれらが有する前提により、いくらか制約されている。典型的には、これらの調査は政策立案者や実践者の研究活用について、彼らの阻害要因や促進要因についての定義に焦点をあてる。そうすることで、暗に研究活用が本来個人的プロセスであるあるいは、あるべきであるとする見解を採用している。前提となるのは、研究は主として政策立案者や実践者が個人的に活用するものであり、彼らが日々の業務の中で慎重に研究にアクセスしたり、適用したりするものであるということだ。研究活用をする個人への着目は、ほとんどのエビデンスに基づく政策と実践アジェンダの主な特徴である。シェルドンとシルバースが言うように、「エビデンスに基づいた実践は最終的にはその読者に依存する」（Sheldon and Chilvers, 2000, p.42）。このような見解を前提とした調査から明らかになる阻害要因として、必然的に研究成果を読むための時間の欠如、研究を解釈するスキルの欠如、研究を適用するための裁量あるいは権力の欠如といった、個人レベルのものに着目することとなる。例えば研究者と研究利用者の間の個人的なつながりが必要であるとか、個人が研究活用に関する活動に参加するために組織的支援の改善が必要であるといったような、研究活用にとっての促進要因を特定する場合も同様である。研究活用が個人的プロセスで**あるべきか**どうかの問題は、後の章で議論するように理論上の論点である。しかし、実践者が研究活用は個人的責任であると同時に組織的なものであるべきだとしばしば感じていることは、記すに値する（Walter et al., 2004b）。しかし、ここでの問題意識は、研究活

119

用の促進要因と阻害要因についての文献の限界、およびそれが個人的なレベルでの研究活用の理解にどのように影響を与えるかを認識することである。特に、これらの知見を、研究の積極的活用を支援するための具体的戦略の策定に活用する際には慎重になる必要がある。より広い組織的なあるいは制度的レベルで研究がどのように活用されるか、およびこのレベルでの研究活用についての促進要因と阻害要因が何であるかについてはあまり理解されていない。しかしながら、これらのレベルでの研究活用を改善するための戦略もまた重要であるかもしれず、また、個人レベルに着目することが適切ではないかもしれない。この問題については第7章で取り上げる。

　要約すると、何が研究活用を方向づけるのかを解明するための、今日までの多様なアプローチにもかかわらず、研究活用プロセスの複雑性や現場の文脈の重大な影響についてはどちらかというと未解明のままであり、政策や実践の文脈での研究活用についてのより質的で綿密な説明が必要とされている。最近では、ドキュメンタリー分析や直接的観察、さらにはその分野の主要人物の調査などに基づき、ケーススタディ方式を採用し、研究活用プロセスについての**ブラックボックス**をひも解き始めている。コラム3.4ではその一例を紹介する。この事例は研究活用を方向づける要因が、流動的文脈の中でどのように複雑で不確定な方法で相互に作用するかを示している。

コラム 3.4 オーストラリアの教育政策における研究活用

　セルビー・スミスとセルビー・スミスは、オーストラリアでの**職業教育訓練**（VET）の提供に関して**利用者の選択**政策を策定する際の研究活用を調べた。**利用者の選択**という方法は、職業教育訓練の財源が、企業または雇用主が選択した訓練提供者に直接流れることを意味した。利用者選択政策を採用する決断は、このトピックについての知識の蓄積に基づいており、そこには研究の貢献があった。この問題について、政策立案者のために五つの研究報告書が作成され、これらは既存の研究を活用するとともに、利用者選択についての新しい情報や見解を提供した。このように、研究は利用者選択を政策アジェンダに載せるのに重要な役割

第3章 研究活用を方向づける要素

を果たした。さらに、政策立案者は、彼らの業務を支援するために、計画された方法を試す政策のパイロット的実施を評価する研究を追加で委託した。このプロセスの一環において、研究者は政策コミュニティとの関係で諮問的な役割を果たした。

　研究は政策立案の初期の段階で最も大きな影響力を有した。これが新たな政策分野であり、既存の知識や意見があまりなかったということは、この初期の段階では、研究知見への反対や矛盾するエビデンスがほとんどないということを意味した。事実、研究は政策の枠組みを策定し、内容的な材料を提供する手段として歓迎された。セルビー・スミスとセルビー・スミスによると、研究は利用者選択の問題に関する政策立案者の知識を充実させ、課題の共通認識を得ることに貢献した。また、研究は、明確な政策目標の策定を支援し、利用者選択の方法を実施するにあたって検討する必要のある問題を特定した。

　研究が委託されたものであったという事実もまた、研究の政策的活用を後押しした。研究目的と読者はいずれも明確であり、委託のプロセスは政策立案者と研究者の間に強い結び付きを生んだ。二つのグループの間には**相互適合**のプロセスと特徴づけられるような継続的相互作用があり、これを通じてお互いのタイムラインやニーズに合わせることが可能となり、より積極的な研究活用が支援された。

　しかしながら、時間が経つにつれ、利用者選択政策を採用することによる具体的な影響が明確になってくると、特定の関係者にとっては、この政策はあまり魅力的ではなくなってきた。セルビー・スミスとセルビー・スミスは、オーストラリアのように連邦制を採用している場合、政策の責任は分散しており、政策立案は参加型で相互作用的な形態で行われると指摘する。そのためこの場面では、それぞれの関係者は利用者選択に関する研究を異なる形で理解し活用した。政策策定のプロセスにおける、これらの関係者の間の力関係の変化が研究活用を支援したり、制約したりした。研究はまた、政策的議論の中での攻撃材料となった。利用者選択政策に反対の人は、政策パイロットの知見は一般化できず、有効ではないと議論した。これは、質が不十分であることを理由として研究を却下しているかのようにも見えるが、セルビー・スミスとセルビー・スミスは、研究が自分たちの利益に反するものであったために、概念的、あるいは手段的というよりは戦

略的に活用したのだと言う。

　政策策定のプロセスにおいて、研究は政策文書や大臣のスピーチでも引用された。明らかに研究は何らかの概念的影響を政策立案のプロセスに与えた。しかし、国の職業教育訓練の制度変革に研究が直接的影響を及ぼしたというエビデンスはほとんどなかった。さらに、政策の試行を評価するための委託研究の第1段階が報告すらされないうちに政策は決定されていた。

　セルビー・スミスとセルビー・スミスはこのケーススタディから、研究活用プロセスは累積的かつ相互作用的であり、研究と政策の世界の間の継続的な、そして反復的なフィードバックを伴うものであると結論づける。また、彼らは次のように確信を持って述べている。

　「どれだけ政策立案に密接に携わっていようと、地位が高く、あるいはこのプロセスのいずれかの局面で中心的であろうと、関与者が誰一人、全体像を把握していない可能性は高い。そうであるなら、研究活用や判断への影響についての見解は、ほとんど常に主観的である」(p.78)。

出典：セルビー・スミスとセルビー・スミス（Selby Smith and Selby Smith, 2002）から作成。

　コラム3.4のケーススタディは、研究活用への**影響要因**が相互に、またこれらが置かれる流動的文脈とも作用する、複雑で反復的、動的である研究活用プロセスの性質を明らかにしている。また、研究がどのようにして、なぜ活用されるかについての完全で客観的説明を成し遂げる方法論の難しさを強調している。政策と実践についてのレヴィットやギャベイらの調査も同様に、研究活用が複雑で相互作用的で動的な行動の組み合わせであり、プロセスの中で重要と思われる要素を単に描写しただけではとらえきれないと結論づける（Levitt, 2003、Gabbay *et al.*, 2003）。彼らの調査は、研究活用は偶然の、そして不確定な出来事であり、流動的な力関係やアジェンダに依拠し、主な関係者がそれぞれの研究に異なる価値や意義をどのように見いだすかを通じて最もよく理解できることを示唆する。さらに、エビデンスそのものがその活用プロセスの中でどのように変化し復元されるか、また、その解釈がどのように継続的に再調整されるかを明示している。レヴィットは、研究活用を分析し理解するには、

第3章 研究活用を方向づける要素

「行動の基盤となる信念、価値観、認識、事実を明らかにする」(Levitt, 2003, p.31) プロセス・内容への問いが鍵だと結論づける。明らかなのは、多様な政策や実践の文脈において研究活用を方向づけるものが何であるかをより良く理解するには、このような綿密な量的研究がさらに必要であるということだ。

第4節　結語

　多くの実証的調査によって、研究が政策や実践に入っていく複数の経路や道筋が明らかにされてきた。これらの経路は非常に多岐にわたり、単に文献資料を普及することから、中間的な**知識仲介者**や研究者と政策立案者や実践者を結び付ける公式・非公式のネットワークの活用までをも含むことが明らかになった。研究の広がりからわかった研究が政策や実践に入っていく道筋の多様性は、第2章で着目した研究活用のプロセスの複雑さを反映したものである。調査がこのプロセスで出現する異なるタイプの研究活用を考慮することはまれであるが、このように複数の経路は、研究活用について異なる考え方や活用の仕方を促す可能性が高い。例えば、単に研究知見についての文書を政策や実践の組織に配付することは、エビデンスが研究から利用者コミュニティに向けて一方向にのみ流れることを意味し、研究が優れたものであれば単純に適用されると見なしている。反対に、研究者との、あるいは知識に基づいたネットワーク内での個人的なコミュニケーションなど、研究活用に関する他の道筋は、研究活用のプロセスにおいて、研究者と利用者との間のより活発な対話や研究エビデンスに関する交流を支援する。しかし、他の同僚であれ、研究者自身であれ、政策または実践における個人的なつながりは、研究が政策や実践に入っていく最も重要な経路のようである。これは、研究活用が何よりも社会的プロセスであり、個人との間の相互作用および継続的議論、関係、交流を通じた共同での研究エビデンスの再構築を伴うものであることを意味する。

　研究活用への影響要因についての調査もまた広範囲にわたる。これらは、影響を及ぼす要因が主に四つに分類されることを示す。その四つは、1) 研究そのものにどの程度妥当性があり、信頼性があり、利用者のニーズに合っている

123

かということ、2）政策立案者や実践者がどの程度研究を活用することを望み、その能力があるかということ、3）研究と政策コミュニティや実践コミュニティの間にどの程度連携があるかということ、そして、4）研究が活用される文脈がどのようであるかということ、である。しかし何よりも、最後の要因である**文脈**が、研究が活用されるかどうか、また、活用されるとすればどのようになされるかによって鍵となるようである。研究活用は非常に不確定なプロセスであり、異なる場面と時機により変化する。研究活用が流動的で、文脈に依拠したものであるという構図は、第2章からの結論を反映しており、研究活用が容易に特定され、2、3の変数で簡単に操作できるものとはなりにくいことを意味する。何が研究活用を促進あるいは阻害するのかについての単純な調査では、研究活用プロセスを理解するには限界がある。つまり、これらのさまざまな**影響要因**が、複雑で動的な文脈において、どのように複雑で動的な方法で相互作用するかについて注意を向けることが必要である。

しかし、何よりも重要なのは、研究がどのような経路で政策や実践に入っていくかの調査も、研究活用への**影響要因**の調査も、個人がどのように研究にアクセスするか、または研究がどのように個人に到達するか、何が研究活用を促進または阻害するかについての個人の見解というように、個人に着目してきたことである。これらを支えているのは、研究活用は本来、政策立案者や実践者が個人的に研究についての新しい情報を収集し、関連のある知見を日々の業務に適用するものであると見なすモデルである。組織や制度レベルでの研究活用、および何がこれらの分野で研究活用を促進するかについては、これまであまり注目されてこなかった。これらは、政策立案者や実践者個人が意識していない研究活用の形態である。これらのレベルでの研究活用について、さらなる調査が必要である。さらに、現存のエビデンスに基づいて研究活用促進戦略を策定するのは危険である。なぜなら、提案される解決策——例えば、政策立案者が研究にアクセスする時間やスキル、財源の提供など——は必然的に個人に着目したものになるからである。個人レベルと同様に、組織や制度のレベルでの研究活用を改善するための活動については、第7章で詳細に取り上げる。

第2章と本章の議論から明確なのは、研究活用は複雑な現象であり、単一の出来事としてではなく、流動的で継続的プロセスとしてとらえる必要があると

第3章　研究活用を方向づける要素

いうことである。次章では、実社会の中で研究活用を見たときに遭遇する複雑性を具体化し、研究活用を理解し、促進するための明確な枠組みとなり得るような研究活用のプロセスにおける主なモデルの特定を試みる。

第4章

研究活用のモデル

はじめに

　本章では、先行的になされてきた、研究と政策、および研究と実践に関する、さまざまな概念化の方法を検討する。ここで検討するモデルは、研究活用プロセスの考察や理解に対して、多様な枠組みを提供するが、第2章で論じたように、このようなモデルは、研究活用の形態がとる複雑さの一端をとらえたものであり、また、第3章で述べた研究活用に関するさまざまな調査を裏付けるいくつかの前提を重視するものである。同時にこれらのモデルは、研究活用を改善する方法を考察するのにも役立つ。研究活用分野における明確な理論的成果は、比較的限られたものであり（Wingens, 1990、Marteau et al., 2002）、ここで検討するモデルの種類は、ある程度このような事実を反映し限定されている。とはいえ、政策と実践に研究がかかわるプロセスを理解するため、一連の概念枠組みを特定することは可能である。

　研究と政策、および研究と実践を関係づけるモデルは、議論上別々に検討されている。政策と実践の境界線は、人為的になされるかもしれないが（第1章参照）、実際、文献で見られる研究活用モデルは、主として政策もしくは実践のどちらか一方との関係についてのみ検討されている。それらのモデルは、研究と国または連邦レベルといったマクロレベルの政策との関係、もしくは、研究と第一線の実践との関係に焦点をあてる傾向がある。また、組織的意思決定などの、特にメゾレベルの政策特有の研究活用プロセスのモデルは不明瞭であり、本章では、この点にも焦点をあてる。加えて、政策と実践のいくつかの主要な相違も、政策と実践それぞれの中で研究が果たす役割を検討する際に見られるが、このことは章の終わりに詳しく述べることにする。

　研究活用をモデル化する場合、政策と実践は区別されるが、どちらの領域においても、研究活用をめぐる考え方と着想に関して、非常に似通った展開が見られる。概して初期モデルは、研究と政策、および研究と実践の間に、合理的で線形的かつ一方向的関係を挙げる傾向がある。これらの初期モデルは、その後、研究活用の複雑さについての認識の高まりや、研究活用に影響を与える要

因の多様性に深く関心を向ける多次元モデルの発展によって、批判され、精緻化されてきている。同時に、これに関連した考え方に変化が生じ、研究活用は、もはや受動的受け手に対する知識の単純な移転とは見なされなくなってきている。むしろ、政策立案者や実践者は、自分の観点や経験を通じ、また、研究活用をする際に、それぞれが置かれた状況内で、研究知見に積極的に関与し解釈を行うことがわかっている。最終的に、権力の分析を前面に出す研究活用のポストモダン的解釈により、研究と政策、および研究と実践の理解に対して、非常に異なる見方が提供されるようになった。本章では、研究と政策、および研究と実践のモデルにおける、これまでのこのような展開を説明する形で議論を構成している。

第1節　研究と政策の関係のモデル

政策立案者の研究活用法に関するウェイスの七つのモデルは、研究と政策の関係について、ある程度最初に見通しを提供している（Weiss, 1979）（第2章参照）。そのため本節では、研究と政策に関するそれ以外のモデルを検討し、政策立案と研究活用の双方のプロセスを詳細に探る。研究と政策のインターフェースを理解することを具体的目的とする、このような詳細な枠組みは、文献上はかなりまれである。しかし、そのような枠組みは、政策プロセス自体ならびに研究や他のエビデンスが、政策立案の中で果たし得る役割を概念化する形で作られている。このように、本節では、いかに研究と政策が相互につながり得るかを理解するのに有益と思われる政策プロセスのモデルを扱う。また、そのような政策モデルが、これまで精緻化が試みられてきた研究と政策の関係に特化したモデルにどのように関係しているかを検討する。

1.1　伝統モデル

政策立案の「伝統モデル」である「政策サイクルモデル」は、そのプロセスを一つのサイクルとして描く。これは、政策プロセスの比較的単純な「記述モ

デル」の代表だが、そこでは、政策立案は一連の主要な段階を経ると考えられている（Stone, 2001、Bridgman and Davis, 2003）。これらの「伝統モデル」は、敷衍や拡張がなされる場合もあるが、一般的には四つの段階からなる。つまり、下記の通り、問題特定に始まり、政策決定、政策実施、そして政策評価を経て、フィードバックされ、新たなサイクルに至るものである（Howard, 2003）。研究およびエビデンスの役割は、それぞれの段階で異なる。

1) **問題特定と課題設定**：この最初の段階では、政策立案者が取り組む主要な課題が特定される。研究は、関心が寄せられる論点の性質を明確にすることに役立ち、その論点を政策課題に押し上げるために重要となる。ストーンは、このプロセス内の研究活用にあたって、どのような種類の知識が関連性と有効性を持つか考慮する際に、研究者は影響力を行使できると示唆している（Stone, 2001）。
2) **政策決定**：政策課題がいったん設定されれば、関心が寄せられ特定された論点に取り組むための行動について、決定がなされる必要がある。行動のための選択肢を明確にし、あるいはさまざまな決定による予想される結果についてのエビデンスを提供する上で、研究は、政策立案プロセスの段階で中心的役割を担う。
3) **政策実施**：政策は、現場で実践に読み替えられ実施される。しかし、ストーンが言及しているように（Stone, 2001）、政策の当初の目的と、政策実施時点で目的が実現される方法との間に隔たりがあるかもしれず、政策適用時に、政策開発を形作るのに役立った研究が忘れ去られる可能性がある。しかし研究は、政策実施に伴う問題に政策立案者が取り組む際、有効で重要な役割を果たす（Stone, 2001）。
4) **モニタリングと評価**：実行に移された政策は次に、モニターされ評価される。研究は、この段階で非常に有効である。その知見は、さらに、政策プロセスにフィードバックされ、すでに実施されている政策を改良するだけでなく、新しい政策を展開する上で有益なものとなる。

しかし、この「政策サイクルモデル」は、政策プロセスを単純で線形的、論

理的ととらえるため、広く批判されている。その整然としたそれぞれの段階は、現実の政策立案の特徴とされる混沌とした複雑さを反映していない。コレバッチは、「政策サイクルモデル」は、ただ**政策神話**を表現しているにすぎないと述べている（Colebatch, 2005）。しかし、「政策サイクルモデル」は、問題解決に手がかりを与えるヒューリスティックなものとして「あらゆる現実が外れた理念型」として価値があると言われている（Bridgman and Davis, 2003, p.100）。実証研究によれば、このモデルの自由な解釈、例えば、すべての段階が必ずしも順番通りではないことや、段階と段階の間に反復の流れがある可能性を認めることで、政策立案プロセスの本質的要素を明確にするのに役立つことが明らかにされている（Howard, 2003）。「政策サイクルモデル」は、それ自体が分析的価値があり、また、政策立案の異なる段階ごとに研究が果たす役割を示唆し得る（Neilson, 2001、Stone, 2001）。

　政策立案における、政策プロセスについて、同じように線形的な考え方を提示する別の合理的モデルもある（Dror, 1983、Bulmer, 1986、Stone, 2001参照）。そのようなモデルの一つは、政策決定に至るプロセスで、政策のあらゆる選択肢が、検討され、評価され、比較される一連の段階があるとする。最初の段階は、当面する問題と達成すべき目標を明確にすることである。次に、多様な解決法が特定され、それぞれの結果が評価される。最後に、全体的な便益を最適化する決定がなされる（Bulmer, 1986、Albaek, 1995）。このモデルでは、研究は代替的な行動方針や予想される政策結果を確認するのに主要な役割を果たす。ストーンが指摘しているように（Stone, 2001）、このプロセスは、広範囲の協議や専門家の関与を求め、それゆえ、政策立案の核心に研究が位置づけられるのである。

　政策プロセスのこのような「合理的・線形モデル」は、大まかにはウェイスの研究活用モデル（第2章参照）の「知識主導モデル」、もしくは「問題解決モデル」に対応する（Weiss, 1979）。しかし、この「合理的・線形モデル」は、多くの批判にさらされてきた。特に、政策立案者が現実に**合理的**方法で行動するのか、そもそもそのように行動できるのかという点に疑問が持たれている。ハーバート・サイモンは、単純な合理的行動のモデルに沿って行動する人間の能力の限界について、最初に注目した人物であり、人間の合理的行動には**限界**

があると論じている（Simon, 1957）。人間は、個人であれ集団であれ、客観的合理性の要求に応えるやり方で複雑な問題を扱うこと、例えば、所定の問題に対する可能な選択肢のすべてを想定し評価することは、簡単にはできない。サイモンは、実際には政策立案者が、そのような総合的分析を実行するのに必要とされる広範囲の情報と、それを行う時間の双方を欠いていると指摘する。合理的行動の限界は、このように現場の組織文脈の制約で、いっそう決定づけられる（Simon, 1957）。サイモンは、人間は便益の最大化を目的とするのではなく、むしろ**満足化**を求め、言い換えれば最善でなくても**それで十分**とされる問題の解決策に重点を置くと主張した。このような分析に類したものとして、政策立案者は現実的な決定を行い、長期的な社会目標よりも短期的な成果を重視する傾向があるとの主張もある（Dror, 1983、Lomas, 1997）。

　リンドブロムは、サイモンの**満足化**の概念を参照して、政策プロセスの既存のモデルに代わる「漸進モデル」を開発した（Lindblom, 1968）。彼は、政策立案における合理的方法は、実行不可能であると主張した。なぜなら、政策選択肢の最終的検討は、政策立案者の分析能力を超えており、また、政策目標や価値観は常に議論の対象となるからである。そして、そのような合理的方法が日々の政策立案の現実を反映しそこなっていることにも言及した。リンドブロムは、実際には、政治的に実現可能なことは、通常は小規模で漸進的な政策変更に関することだけであると論じ、また、わずかな政策変更に焦点をあてることに、特に利点があることも示唆する。つまり、そのことによって、政策立案者が既存の知識や経験を活用することが可能となり、考慮されるべき政策の選択肢の数や政策プロセスの全体的な複雑性が少なくなる。**断片的な修正漸進主義者**は、それゆえ、**賢明で才覚のある問題解決者**なのである（Lindblom, 1968, p.27）。リンドブロムの考え方では、政策立案は、伝統的政策エリートだけではなく、利益集団、メディア、市民自身といった広範囲の担い手を巻き込む。そのため、明確な始まりあるいは終わりというものがなく、また、はっきりした境界もない。代わりに、政策プロセスの目的を、協調とコンセンサスと考え、これらの担い手の間の一連の複雑な相互作用としてとらえる（Lindblom, 1968）。この多元主義的プロセスでは、研究と政策分析は、協調すべき相手を説得する主要な交渉道具の一つである。「漸進モデル」においては、研究は、

第4章 研究活用のモデル

このように多様な時点で、また多様な担い手を通じて政策プロセスと相互に作用する可能性がある。それゆえ「漸進モデル」は、「合理的・線形モデル」よりも拡散した研究の役割を想定する（Nutley and Webb, 2000）。研究は、**合理的**方法で、しかし主として他者に対する権力行使の手段として活用される（Albaek, 1995: Buomer, 1986）。このことは、ウェイスの言う研究の政治的活用および戦術的活用の定義を反映している（Weiss, 1979）（第2章参照）。

　政策プロセスの「漸進モデル」は、政策立案における研究活用がかなり少ないことを暗示している。政策変更に情報を与える総合的研究はありそうになく、エビデンスは、政策選択に情報を与える可能性がある一方で、「合理的・線形モデル」の場合ほどは、重要性を持たない。研究は、競合する立場の裁定よりも、特定の見解を推し進めるために、戦術的活用がなされる可能性が大きい。研究の質は、このプロセスにおいて重要視されないかもしれない。アールベックが言及しているように（Albaek, 1995）、異なる選好や利害を持つ個人や集団での交渉を伴う政策プロセスを定義するのにあたって、「漸進モデル」は、政策立案の主要構成要素として価値観を用いる。このことは、なぜ研究活用が、「合理的・線形モデル」によって定義づけられる**最適**には決してなり得ないかを説明するのに役立つのである。実際、ドロアは、政策立案における「漸進モデル」は、政策プロセスにおける社会研究の役割を積極的に制限する可能性があると示唆する（Dror, 1983）。例えば、新しい政策機会と解決法を生み出すような新しい知識は、既存の政策の漸進的変化を継続的に行うことが選択されると無視される可能性がある。「漸進モデル」では、惰性が典型的行動様式になるので、政策立案者は研究からの知識を探索し活用することへの動機がほとんどなくなる（Dror, 1983）。ドロアも同様に、このことが社会科学者自身に対して彼らの研究を漸進的解法や保守的な物の考え方の枠にとどめるよう仕向けることがあると論じている。革新的研究は抑え込まれ、政策立案にあたって手に入る知識は有用性が低いものになる（Dror, 1983）。研究はまた、政策の場における、より論争的でパラダイム挑戦的役割（第1章参照）を果たすことができなくなる。一般的に、「漸進モデル」では、過去の政策が失敗したり、完全に新しい課題が生じたりする場合、また現実に、研究が重要な役割を有している場合に必要とされる急進的政策変更を考慮できない（Dror, 1983、

Bulmer, 1986、Haas, 1992)。

政策プロセスを理解するための合理的枠組みに対する、より過激な批判は、政策立案の「ゴミ箱モデル」に具現化されている (Cohen *et al.*, 1972、March and Olsen, 1976)。このモデルは、政策プロセスを、ダイナミックで、予測し難く、混沌として、しばしば根本的に**非合理的**なものとして描く。このモデルにおいては、解決策は、必ずしも政策課題の分析の結果として出てくるとは限らず、むしろ課題に先立って存在し、結び付けることができる課題を求めている。政策課題と解決法は、隠喩的なゴミ箱に**廃棄**され、新しい政策決定を行うための機会が生じた場合に、一緒に取り出される。このように、「既存の提案は、……新しい課題に対する解決法と言ってごまかされるかもしれない」(Stone, 2001, p.11)。このプロセスのダイナミクスは、偶発的で統制不可能であり、下される**決定**について検討することは不適切かもしれない (Albaek, 1995)。これらの政策決定の機会に参加し、あるいは利用可能な成果により何かを決定する際に社会経済構造と文化的価値観が一定の影響力を持つのである (Nutley and Webb, 2000)。キングドンは、「ゴミ箱モデル」の枠組みを精緻化して、「政策の流れモデル」を開発した (Kingdon, 1984)。それは主に、政策プロセスの課題設定の段階を理解しようとするものである(コラム4.1参照)。

コラム 4.1　キングドンの「政策の流れモデル」

キングドンは、政策立案が、政策の舞台を通じて流れる三つの異なる流れにかかわっていることを提示する。政策課題に最も大きな変更が生じるのは、これらの三つの流れが合流するときである。

1) **問題の流れ**：ある問題が、政策立案者の注意を引き、重要だと認識される。このことは、数値的指標や重要な出来事、危機、あるいは既存の政策へのフィードバックなどに応じて生じる。活動家もまた、このプロセスで重要な役割を果たす。
2) **政策の流れ**：政策に関するアイデアや提案が生み出され、判断される、**原**

第4章　研究活用のモデル

始スープの状態。進化的プロセスを通じて代替案が出てくるが、それらの案が維持されるためには政治的にも技術的にも実現可能でなければならない。研究者などの専門家がこのプロセスの主要な担い手である。

3) **政治の流れ**：この流れを通じて、問題と解決策が決定課題に到達する。この流れは、国に漂うムード、利益集団による圧力などの組織化された政治勢力、世論の変化や選挙結果などの要素からなる。この流れには、独自のダイナミクスとルールがあり、政策課題に強力な影響を与えることがある。

研究者は、三つの流れのどれにでも関与する可能性はあるが、最も積極的には政策の流れに関与する三つの流れすべてが、多くは個別に機能する。例えば、政策解決は、どの流れとも無関係に展開するかもしれない。しかし、「ゴミ箱モデル」とは異なり、キングドンは、これらのプロセスは、単にランダムではなく、あるパターンで生じると論じている。

政策課題と政策変更を理解するための鍵は、三つの流れの**合流**にある。問題は、解決方法と一緒になり、政治の流れに入り込む。このことは、特定の問題が差し迫ったものとなったり、あるいは、政治の流れにおける政権交代などの変化の結果として**政策の窓**が開いているときに生じる。政策の窓が開いているのは比較的まれであり、長くは開いていない。こうしたときに、政策起業家、つまり、ある政策のアイデアや提案を行う個人が、問題に対する解決方法と政治的機会を結び付ける重要な役割を果たす。政策起業家は、彼らの立場を支持する一連の知見を擁護することによって、研究が政策に入り込む重要なルートを代表する（後出p.148参照）。

出典：キングドン（Kingdon, 1984）、ネルソン（Neilson, 2001）から作成。

「ゴミ箱モデル」の混沌の中では、研究の確固たる役割を見いだすのは難しいが、構造化された「政策の流れモデル」では、その役割をより容易に見つけることができる。とはいえ、そのようなダイナミックで不合理な予測しがたい政策立案プロセスのモデルは、研究が、普及や応用の際の単純もしくは論理的プロセスを通じて活用されそうもないことを示唆する。むしろ研究は、多様で間接的経路を通じ、また、さまざまな種類の情報源から政策に入り込む可能性

がある。それは、ウェイスの研究活用の「啓発モデル」を反映しており、認識や思考様式の転換に漸進的な方法で最も貢献しそうである（Albaek, 1995）。

　政策プロセスのこれらの種々のモデルは、政策立案の際に、研究が果たし得る一連の役割を示唆する。「合理的・線形モデル」は、政策プロセスの核心に研究を位置づける。しかしこれらは、広く批判にさらされてきた。そして実際問題として、「合理的・線形モデル」に基づいて政策決定がなされている実例を見つけるのは難しい（Albaek, 1995）。それにもかかわらず、「合理的・線形モデル」は、多くの文脈で影響を持ち続けている。例えば英国の内閣府の管理・政策研究センター（Centre for Management and Policy Studies, CMPS）（現在の公務大学校（National School of Government））では、政策立案に対する「合理的・線形モデル」の次のような典型例を教授している（Reid, 2003）。

- 管理可能な目標設定。
- 目標に即した方法の開発。
- 最善の解決法を発見するための選択肢の比較。

「合理的・線形モデル」は、現実の政策との比較基準となる典型的モデルとして役立つとはいえ、**研究・政策**関係を理解する上での有用性は限定されている。それは、政策立案プロセスの複雑性と、研究と政策のコミュニティ間に生じる入り組んだ相互作用を考慮していない。微妙で、はっきりと把握できないインパクトといったものが、実は政策の場では重要なのであるが、「合理的・線形モデル」では、これらの要因を除外した上で研究の手段的活用に焦点があてられる（Albaek, 1995）。最終的に、「合理的・線形モデル」が示唆することは、政策立案者が行動方針への賛否両論を比較考量し、どちらを選択するかを考慮する際、研究が客観的事実を提供することである。すなわち、この場合、前提となるのは、研究が本質的に価値観を含まないということと、政策立案プロセスそのものに価値観が介在しないということである。この最後の問題が、政策立案に社会研究を活用しようとするとき特に深刻であることは言うまでもない。

　政策立案の伝統モデルに代わる、より程度を抑えた「合理的・線形モデル」（漸進モデル、政策の流れモデル、ゴミ箱モデル）は、研究の役割が脆弱で間

接的であることを示唆している。次の節で述べる「二つのコミュニティ論」も、政策立案者による研究活用が限定的であることを提示するが、その背景については、異なる説明を行っている。

1.2　二つのコミュニティ論と関連モデル

「二つのコミュニティ論」は、研究と政策の関係を理解する論として、強い影響力を持ってきた。これは、カプランが構想を練ったものだが、二つの異なる文化としての人文科学と自然科学についてのスノウ（C.P. Snow）の概念を借用したものである（Caplan, 1979, Wingens, 1990）。「二つのコミュニティ論」は、研究と政策の間の根本的隔たりを前提とし、この隔たりは研究と政策の二つのコミュニティの文化的な違いの結果であると考える。研究者と政策立案者は、「異なった相いれない価値観、異なる報酬制度、そして異なる言語による、かけ離れた世界に暮らしている」（Caplan, 1979, p.459）のである。

「二つのコミュニティ論」の主要な前提は、政策立案者はほとんど研究を活用しないということにある。そこでは、研究の非活用の理由は、互いに異質の世界や文化に生きている研究者と政策立案者のコミュニケーションの問題と考えられる。従って、二つのグループがお互いにコミュニケーションを進め交流することが、研究と政策の隔たりを埋める主な解決法になる（Caplan, 1979）。「二つのコミュニティ論」によれば、交流が、研究者と政策立案者が互いの世界をより良く理解するのに役立つ。このことを通じ、それぞれのグループが話す異なる言語を翻訳できるようになり、それによって、これらの一見して**疎遠な**コミュニティ間の知識交流が促進される（Gibson, 2003）。このモデルに基づけば、研究者と政策立案者間の、より多くの質の高い接触は、研究活用を促進する。しかしカプランは、単純に二つのグループを一緒にすることが万能薬であると言っているわけではない。彼は、この二つのグループが効果的に交流することは、「専門的側面と同様に、必然的に価値やイデオロギー的側面にかかわる」（Caplan, 1979, p.461）ため、成立し難いと論じた。彼はまた、研究と政策決定などの異なる環境では、必要とされる交流の形態が異なる可能性があるとも考えていた（Caplan, 1979）。

「二つのコミュニティ論」は、直観的アピール力を持ち、長らく研究と政策との関係をめぐる考えや行動の基礎となってきた。ギブソンは、その人気は主に、「二つのコミュニティ論」が多くの研究者や政策立案者の経験を非常にうまくとらえているからではないかとしている（Gibson, 2003）。しかし、解釈的枠組みとして、「二つのコミュニティ論」には限界があり、特に、その限界は、研究者と政策立案者の交流に関する比較的単純なモデルにある。何人かの論者が指摘するように、その重点は**個々の**研究者や政策立案者に置かれており、モデル自体が個人の行為の決定や制約に影響を及ぼす、広範な政治的および組織的文脈を重要視しない傾向がある（Wingens, 1990、Gibson, 2003）。この論はまた、個人や組織の知識仲介者といった研究と政策における他の主要な関係者を無視するだけでなく、研究者や政策立案者の多様性や二つのグループの重複可能性を軽視している（Wingens, 1990、Lomas, 1997）。そのため、研究の**非活用**に焦点が置かれることになり、研究が政策立案プロセスに実際に組み込まれる方法から関心がそらされる（Wingens, 1990）。

「二つのコミュニティ論」に対する説得力ある批判を基礎にして、ウインジェンズは、システム理論に基づく「一般活用理論」を作り上げた（Wingens, 1990）。ウインジェンズは、二つのコミュニティ論の枠組みをメタファーにすぎないものと考え、その発展を、当時の政策と研究との関係の**誇張された否定的評価**（Wingens, 1990, p.30）に根差した、特定の歴史的モメントの結果とし、研究者と政策立案者との違いは、文化的というよりも機能的なものであるとする。つまり、それぞれが機能的に異なる社会のシステムないしサブシステムを代表しているのである。ウインジェンズは、システムが相互に作用するとき、研究は活用されると論じており（Wingens, 1990）、このシステム同士の影響は、政策論点の変化といったより広い社会システムの内部での文脈的変化があるときに生じる。この文脈的変化によって、政治システムは、研究からの知識を組み入れることが可能になる。しかし、ウインジェンズによれば、研究からもたらされる知識は、単純には政治システムに採用されることはない（Wingens, 1990）。むしろ、政策立案者によって活用される以前に、改変され、作り直され、変形させられることが必要なのである。ウインジェンズのモデルは、この点に関して構成主義的学習理論を取り入れ、どのような新しい知識も、その活

第4章 研究活用のモデル

用のプロセスにおいて、すでにある枠組みや経験によって濾過され、適合させられるとする。

研究と政策の関係についてのより新しい「連携・交換モデル」(CHSRF, 2000、Lomas, 2000)も「二つのコミュニティ論」に起源があり、政策による研究活用の鍵として、コミュニケーションと相互作用に焦点をあてる。しかし、「連携・交換モデル」は、研究と政策の接続について、より複雑で文脈を考慮した理論化を提案している。このモデルは、ローマスの研究(Lomas, 1997)によって基礎づけられ、研究と政策を共に、結果ではなくプロセスとして再概念化している。このことは、特定の研究成果あるいは政策決定に左右される相互作用を超えて、両者間の相互の影響力に対する多様な状況を切り開く。ローマスはまた、政策による研究活用への制度的・政治的文脈の影響を強調し、相互関係にある次の三つの領域が鍵であることを示唆している。

- **情報**：研究、研究以外の形態の経験や逸話などのエビデンス、シンクタンク・利益集団・メディアなどのさまざまな**知識提供者**。
- **政策決定の制度的構造**：その形態、その内部で発言できる者、利益集団、行動基準。
- **決定を方向づける価値観**：関心、イデオロギー、信念の相互作用から生じる価値観。

ローマスは、このような舞台裏では、政策決定は、合理的で研究による判断ではなく、現実的で政治的・制度的状況によって方向づけられると結論づけている(Lomas, 1997)。「連携・交換モデル」は、研究と政策を接続することにかかわる多種多様な集団や個人を取り上げており、研究者と政策立案者に加えて、研究資金提供者と知識提供者の二つの集団が重要であるとしている。そして、政策立案者、研究者、研究資金提供者、知識提供者の集団のそれぞれが、同質ではなく、多様なものとして考えられている。研究者を例にとっても、組織内の研究員、経営コンサルタントや独立型のセンター、応用研究機関、そして大学の研究者など多様なのである(図4.1参照)。このモデルの主要な焦点は、政策立案者、研究者、研究資金提供者、そして知識提供者の四つの集団間のインターフェースに置かれている(図4.1から図4.4を参照)。

図4.1　エビデンスに基づく意思決定：これで十分か

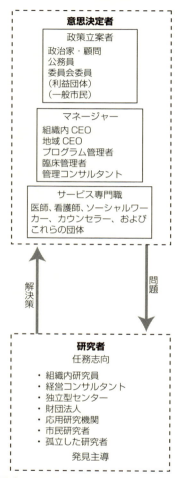

出典：カナダ保健サービス研究財団（Canadian Health Services Research Foundation, CHSRF）（2000）から転載。

第4章 研究活用のモデル

図4.2 エビデンスに基づく意思決定：研究資金提供者の役割

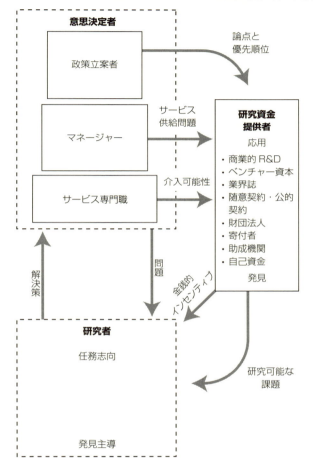

出典：カナダ保健サービス研究財団（Canadian Health Services Research Foundation, CHSRF）(2000) から転載。

図4.3　エビデンスに基づく意思決定：知識提供者の影響

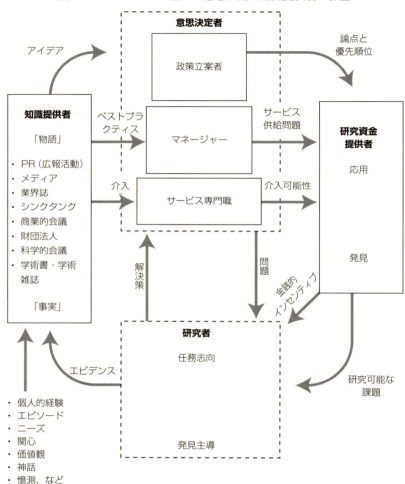

出典：カナダ保健サービス研究財団（Canadian Health Services Research Foundation, CHSRF）(2000) から転載。

第4章 研究活用のモデル

図4.4 エビデンスに基づく意思決定：改善のために焦点を置く場所

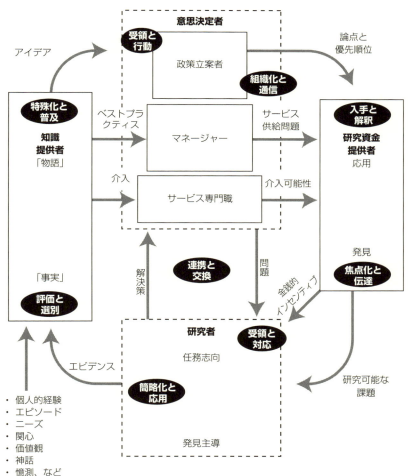

出典：カナダ保健サービス研究財団（Canadian Health Services Research Foundation, CHSRF）（2000）から転載。

政策立案者は、差し迫まった課題を研究者に尋ねる。そして、研究者は、適切な解決法を政策立案者に提供することを目指す。研究資金提供者は、重要な問題や論点、優先度をめぐって政策立案者と協議し、研究の助成プログラムに反映させる。最後に、シンクタンク、専門的な協議会、学会誌、メディアといった知識提供者は政策立案者に、研究以外の形態のエビデンスと一緒に研究からの知見を、アイデアやベストプラクティス、介入といった形で直接提供する。

このモデルは、四つの集団すべての間のつながりが、相互的、かつ強固であるときに、研究活用がなされることを示唆する（CHSRF, 2000、Lomas, 2000）。研究活用に至るサイクルは、**好循環**の場合を表し、これらの四つの集団の関係のどこかが弱いと、政策コミュニティ内部での研究の取り上げが妨げられる（CHSRF, 2000）。重要なことに、このモデルは、精緻化されたプロセスとして研究活用を新たに規定する。そのプロセスは、研究者と政策立案者間の単一で単純な相互作用というものではなく、むしろ、より広い政治的文脈内で作用する多様な段階があり、さまざまな人々が関与するものである。しかし、それは明らかに、研究の概念的活用よりも手段的活用により強く焦点を置く傾向がある。

1.3 政策ネットワーク理論

政策プロセスの理解に対する多元主義的考え方によると、政策決定は、集中的ではなく拡散的であり、公式のチャンネルの外で、課題設定と政策的解決策の開発に関与しているさまざまなグループからの圧力を通して行われる（Hass, 1992）。ここで重要となるのが、研究と政策のつながりを具体化する上での政策にかかわるネットワークの役割である。例えば利益集団は、エビデンスと分析を求める主要なチャンネルであり、研究が政策プロセスに入る重要なルートを提供する可能性がある（Weiss, 1987）。同様に、政策にかかわるネットワークは、場合によっては正式な政策立案プロセスに新しいアイデアが入るのを仲介することが可能である（Hass, 1992）。実のところ、研究者自身がそのようなネットワークや集団のメンバーである場合もあり、そのことで、政策立案プロセスへより直接的に入っていくこともあるだろう。このように、政策ネット

第4章　研究活用のモデル

ワークや政策コミュニティに関するアイデアは、政策による研究活用の文脈を概念化する枠組みを提供する。このことは、どのように政策課題が規定され決定されるかを方向づける公式・非公式の相互作用のパターンを特定することでなされるものである。(Nutley and Webb, 2000)。

さまざまな政策ネットワーク理論が構築されているのだが、ここではこのうちの四つの主要な類型をコラム4.2で詳しく述べる。政策ネットワーク理論と政策コミュニティ理論には、統合のレベルとメンバーの条件の点で相違点がある。それらは、政策部門や国によっても異なる。そして、それらの多様な形態は、政策の開発や実施、そのプロセスの一部として研究がアクセスされ検討される形態に影響を与えるであろう。

コラム 4.2　政策ネットワーク理論

政策コミュニティ

政策コミュニティは、所定の政策領域の専門家から構成される (Kingdon, 1984)。そのメンバーは、政府内外の多様な経歴を持つ者からなり、大学の研究者と分析専門家を含む。彼らは、政策立案プロセスにうまく統合され、特定の政策領域や制度を中心にして一体化する(Stone, 2001)。彼らは、多様な志向や関心を持つ可能性があるが、すべての者が特定の政策領域の専門家としての知識と経験を共有する(Kingdon, 1984)。キングドンは、政策コミュニティが政策検討課題に上る政策のアイデアや提案を、開発し、実地に試み、選択し、改良するのに重要な役割を果たすとしている。このプロセスは、共有された物の見方を政策課題に展開する際に、情報の交換と研究の普及を伴う。政策コミュニティは、多かれ少なかれ統合されるかもしれないが、変化に対し抵抗を示す傾向があり、より広範な政治的領域と無関係に機能する (Kingodon, 1984)。

唱道連携

もともとサバティアとジェンキンズ＝スミスによって展開された唱道連携の枠組み（ACF）は、政策分析のシステム理論に基づくものである (Sabatier and Jenkins-Smith, 1991)。そこでは、政策プロセスは、政策の**サブシステム**と**専**

門化した政策領域における政策立案プロセスに直接関与する機関や関係者から構成される（Jenkins-Smith *et al.*, 1991, p.852）。これらの関係者や集団は連合して、常に二つから四つの連携が存在する状態を保ち、分離し競合する唱道連携を形成する（Jenkins-Smith *et al.*, 1991、Sabatier, 1998）。唱道連携は、大学の研究者、産業界や利益集団からの代表、メディア、その他の主要な関係者とともに、政府内部のさまざまなレベルからなる多様な政策関係者から構成される。唱道連携は、共有された規範的・因果的信念に基づいて展開される（Sabatier, 1998、Sabatier and Pelkey, 1987）。

唱道連携の枠組みは、主としてウェイスの「啓発モデル」（Weiss, 1979）（第2章参照）に沿う研究活用を想定し、従って、政策変更に対する情報の持つ影響力を理解し、長期的アプローチをとる（Jenkins-Smith and Sabatier, 1994、Savatier, 1998）。研究などの新しい情報は、連携の信念の変化、あるいは政策立案に影響力を行使するために連携が用いる戦略の変化につながるかもしれない。しかし、こうした変化は概して、長い時間のうちに累積的に生じるものであろう（Sabatier, 1998）。さらにそうした連携は、その信念を支持したり、敵対する立場に異議を唱える分析を展開しながら、自分たちの核となる信念に反するどのような研究エビデンスも拒否する可能性が高い（Sabatier, 1988）。このように研究の政治的活用や戦術的活用が押し出されてくるとはいえ、政策変更は情報だけで十分になされるものではない。つまり政策変更は、政策のサブシステムと無関係な要因、例えば社会経済的状況や、他のサブシステムにおいてなされた決定などに応じて行われる。

知識コミュニティ

知識コミュニティの概念は、ハース（Haas, 1992）によって提唱されたものである。ハースはそのようなグループを、「特定の領域の専門性と能力があると認められ、その領域内の政策に関連性のある知識を権威を持って主張し得る専門家のネットワーク」として定義している（Haas, 1992, p.3）。知識コミュニティのメンバーは通常、研究者であり、幅広い専門領域と経歴を持つ。彼らは信念を共有し、共通の政策的活動に取り組む。しかし、彼らを束ねるものは、特定の形態や体系の知識に関する正当性や価値に対する確信である（Haas, 1992）。そのよう

な知識コミュニティは、国内だけでなく国境を越えて活動し、研究からの知識やより広い学習の普及を支援し得る。ストーンは、知識コミュニティは、特定の争点に応じて生じるもので、永続的・安定的な場合もあるし、あるいはその場限りの場合もあることを示唆する(Stone, 2001)。彼らの専門的訓練と専門的知識の主張に裏付けられた正当性を通じて、知識コミュニティのメンバーは、政治システムへの独自のアクセスと影響力を確保し得る。つまり、知識は、彼らの権力の主たる源なのである (Haas, 1992)。実際、不確実で複雑な状況では、堅固な、技術的あるいは科学的理解が求められるのであるが、政策立案者は、自ら助言を求めて知識コミュニティに頼る可能性もある。ハースは、知識コミュニティは、当面する問題を浮き彫りにするとともに、自ら政策を開発する役割を果たし得ると述べている (Haas, 1992)。

イッシュー・ネットワーク

イッシュー・ネットワークは、政策ネットワークやコミュニティの中では、最も流動的で、最も安定しない傾向がある。もともとは、ヘクロウによって提出された考え方であるが (Heclo, 1978)、そのメンバーの範囲は、大きなものになりがちであり、それは、絶えずネットワークに人々が出たり入ったりするのに応じて変化する。イッシュー・ネットワークとそれを取り囲む環境との間の垣根は、不明瞭であり、さらに、参加している者が他のネットワークメンバーに強い責任を持つ必要はないが、彼らは共通の知識ベースを共有する (Heclo, 1978)。しかし、この種のネットワークを推進し団結させるのは、何にもまして争点(イッシュー)なのである。ヘクロウは、そのような争点がメンバーの関心によって規定されるのではなく、むしろその争点自体が彼らの関心になることを提示している。イッシュー・ネットワークにおける専門性は、知識コミュニティなどの場合のような技術的熟練よりも、主に政策討議の知識を通じて生じる (Heclo, 1978)。研究は、イッシュー・ネットワークでの中心的役割を担っている。そこでは、情報が**主要な交換通貨**となる (Weiss, 1995)。

キングドンの言う**政策起業家**（Kingdon, 1984）、つまり特定の政策の提言あるいはアイデアを唱道する個人は、政策ネットワークの主要な担い手である。政策起業家は、ビジネスにおける起業家と同様に、「将来の見返りを期待して、自分のリソース、すなわち、時間、エネルギー、名声、そして時にはお金も進んで投資する」（Kingdon, 1984, p.129）。彼らは、地位の向上あるいは職業上の出世の機会といった自己の利益、あるいは彼らの関心に沿って、公共政策を方向づける機会により、動機づけられている（Kingdon, 1984）。政策起業家は多くの場合、研究が政策プロセスに参入する主要なルートになり得るし（Neilson, 2001）、実際には政策起業家は研究者自身である可能性もある。成功のためには、他者を代弁する専門性や権威に基づいた意見を聞いてもらう資格、優れた政治的コネクション、そして、目的追求に向けた粘り強さが必要である（Kingdon, 1984）。政策起業家は、研究が彼らの目的を支持し信頼性を高める場合には、研究のために闘う**擁護者**として行動する。そして、彼ら自身のアイデアや提案に対し体制を**軟化**させ、また同時に主要な関係者の中で交渉する仲介者として行動する（Kingdon, 1984）。

政策ネットワークへ焦点を置くことにより、研究と政策とのインターフェースの話はもはや研究者と政策立案者との間のことではなくなる（Gibson, 2003）。特に個々の研究者や分析専門家、あるいは研究組織やシンクタンクがネットワークの参加者である場合、研究は政策プロセスにおいて主要な役割を果たす。政策へのインパクトは、政策立案者自身がネットワークの積極的なメンバーである場合に強化され、そうでない場合でさえ、ネットワークは、政策についての意見や一般的論調を方向づける上で不可欠なものになる（Stone, 2001）。ストーンは、研究者がネットワークに情報や分析を提供し、また、例えば会議開催、データベース構築など、支援的ネットワークのインフラ開発もできるとする（Stone, 2001）。同時に研究者は、ネットワークに**概念言語**を提供し、「ネットワークへの参加者に対し、そのネットワークの価値観や総意へと導く共通のアイデアと主張を生み出すよう支援する」ことができる（Stone, 2001, p.16）。とりわけ、「政策ネットワーク理論」は、研究や政策の相互作用を方向づける政治や権力の役割を重要視し始めている（Gibson, 2003）。

1.4 文脈・エビデンス・相互関係：研究と政策の関係の統合モデル

「文脈・エビデンス・相互関係モデル」は、研究と政策との関係を検討する広い基盤を持つ枠組みの中に、すでに解説したモデルの多くを統合するものである（Crewe and Young, 2002）。もともとはこの領域の分析を途上国問題へ広げることを目的としていた。それは、広範に及ぶ理論、論説、専門領域を活用し、いつどのように研究が政策立案プロセスで活用されるかをモデル化する上で、文脈の重要性や研究の性質、主要な関係者間のつながりを強調している。

クルーとヤングは、政策立案は「政治的利益、競合する論説、および多数の関係者間の複雑な相互作用によって構造化される」（Crewe and Young, 2002, p.3）と考えている。このプロセスは、例えば活動中の政策ネットワークや、有益あるいは正当と見なされる知識の種類など、文脈によって異なる。彼らは、この分野における先行文献の統合に基づき、研究と政策との関係を理解する三次元の枠組みを提示している。政策による研究の取り上げは、これらの三つのすべての要因の相互作用の結果として考えられている（以下の三つの要因は、Crewe and Young, 2002から作成した）。

1) **文脈**：政策による研究活用は、より広範な政策的文脈の政治的・制度的構造と、これらの間で変化する権力作用によって方向づけられる。研究者と政策立案者の関心と役割もまた、彼らが行動する組織内の文化や圧力と同様に重要である。さらに、政策決定のタイプの相違も研究活用に影響を及ぼす。例えば、より劇的な変化のためには、より広範な議論が必要とされる。最後に、研究活用は、政策が現場で最終的に実施されるやり方により方向づけられる。

2) **エビデンス**：研究とその伝達の信頼性は、政策立案者による研究の取り上げに影響を及ぼす。研究の質、その情報源、そのまとめ方はすべて重要である。しかし、研究と政策は、多様なプロセスやルートを通じて統合される。このことは、研究者とその政策側の当事者との間の直接的つながりを意味するかもしれないが、研究エビデンスは時間とともに政策の舞台に累積し浸透していくので、インパクトを与える間接的なチャンネルも同様に重要である。従って、インパク

トのためのさまざまなプロセスとチャンネルの役割は、文脈が異なれば変化する。このモデルは、政策立案者が、単なる研究の消極的受け手であるというよりも、積極的に研究に関与することを前提とし、また構成主義的学習理論とも一致するが、研究によるエビデンスが、政策立案者の既存の知識や価値観、経験を通じて形作られることを示唆する。

3) **相互関係**：このモデルは、研究活用は、研究者や政策立案者が「自分たちが代表をつとめる人々に対してふさわしい正当性のある結び付きによって、密接な個人的つながりを築く」場合に重要になることを提示している（Crewe and Young, 2002, p.16）。政策ネットワークは、この研究と政策をつなぎ得る。または、政策起業家は、研究と政策を統合する上で主要な役割を果たすかもしれない。研究活用は、ある政策領域で「専門家」がどのように定義されるかにも影響を受けるであろう。研究者が政策変更を求めるためには、知的専門性だけではなく、研究に関係する人々との**正当性ある結び付き**を構築する必要があるだろう（Crewe and Young, 2002）。

このモデルは、多くの先行研究を基礎とし統合することで、一次元的な「合理的・線形モデル」や、過度に単純化された「二つのコミュニティ論」を超えて、研究と政策の関係の理解を進める精緻な枠組みを提供する。重要なことは、文献で確認された研究活用の多様な側面での相互作用に焦点が置かれていることである（第3章参照）。このモデルが重要視するのは、研究活用のダイナミックで、複雑で、媒介されたプロセスであり、そのプロセスは、定型・非定型な構造、多様な関係者と知識体系、広範な政策的文脈を貫く政治と権力の関係と作用によって形作られる。このモデルが、政策による研究活用を方向づける、偶発的で文脈的要因へ焦点を置くのは、研究の取り上げの影響要因に関するわれわれの増大する知識体系に拠るものであり、またその知識体系を反映している（第3章参照）。

第2節　研究と実践の関係のモデル

　前述の議論では、政策プロセスの一般的モデルとこれらのモデルが具体的に挙げる研究の役割に主な関心が置かれ、そこでの焦点は研究と政策との関係にあった。これに対して、実践による研究活用についての文献は、研究と実践との関係を扱う特定のモデルに集中しており、研究と実践との間の相互作用が組み込まれた実践モデルにはあまり関心が払われていない。しかし大まかには、研究と実践のモデルも、研究と政策の関係において確認したものと同様の考え方の変遷があり、研究が実践へと流入する単純な「合理的・線形モデル」から、実践の場面における研究活用の複雑性や文脈的性格を認識するモデルへと、発展してきている。

2.1　合理的・線形モデル

　研究と実践に関する伝統モデルは、やはり線形かつ一次元的であり、学術コミュニティから実践の場への知識の流れを強調する。これらのモデルは、研究と実践をはっきりと異なる別個の存在として見る傾向がある。つまり、知識は研究者によって産出され、その後それを応用する実践者への普及プロセスを通じて移転する。そのようなモデルでは、研究からの知識は通常、事実に基づく明白で個別のものとして実践の意思決定に直接適用できると考えられている（Tyden, 1993）。こうした「合理的・線形モデル」への関心は、一般的には、研究の概念的活用というよりは手段的活用にある。同時に、研究活用の合理的プロセスは、知見が関連性を有し、有用であれば、実践者はそれを取り上げる（NCDDR, 1996）と想定されている。

　ヒューバーマンは、「合理的・線形モデル」の形態による古典的モデルを提示している（Huberman, 1994）（図4.5参照）。研究コミュニティは、最初に知識を産出し、次にこの知識を実践コミュニティに普及させ、そこでその知識は使われる。続いて、このモデルには、実践者から研究者へのフィードバックに

図4.5 実践の文脈における研究活用の伝統モデル

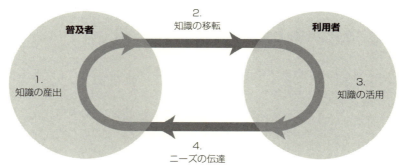

出典:ヒューバーマン(Huberman, 1994)から出版社の許諾により複製・転載。
Copyright©Transaction Publishers (1994)。

よる四番目の要素が付け加えられる。これにより、研究利用者はさらなる知識のニーズを伝えることができ、また、実践に関連した研究が後押しされる(Huberman, 1994)。このモデルにおける研究と実践の分離は、先に説明した「二つのコミュニティ論」による、研究と政策の舞台の特徴づけを反映したものである。

このモデルに基づいた多くのバリエーションが定義されている。「普及モデル」は、情報の一方向への流れを表し、研究を伝達する先進的取り組みや、実践者にエビデンスを意識させることを目的とする戦略を含む(Kelin and Gwaltney, 1991)。「産出者・プッシュモデル」(Landry et al., 2001a, 2001b)も、実践者に研究知見を伝達するプロセスを重視する。これらのモデルは、研究供給が、その活用を方向づける主たる要因と主張する。この種のモデルは、実践者が研究を活用する場合、優れた研究と効果的普及が必要であり、また、それによってエビデンスが、研究と実践の隔たりを埋めるよう、研究利用者に広がることが前提となる(Cousins and Simon, 1996)。そのようなモデルは、実践者を研究の**ターゲット**、つまり研究エビデンスを容易に書き込むことのできる台紙のようなものとして考えている(NCDDR, 1996)。

キットソンらは、保健医療分野で用いられている研究活用の「合理的・線形モデル」の例を概説している(Kitson et al., 1996)。このモデルは、例えば、

第4章 研究活用のモデル

図4.6 研究活用の「合理的・線形モデル」

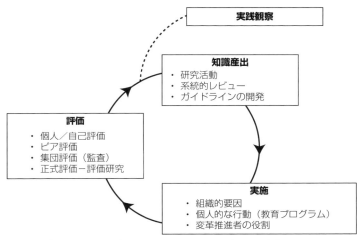

出典：キットソンら（Kitson et al., 1996）から Blackwell Publishing の許可により転載。

系統的レビューによる、実践のための厳密な研究知識の産出を極めて重視する。また、良質の知見が利用可能で、それらを検索し利用するサポートがあれば、実践者は研究活用を望むという前提に立つ。研究活用プロセスは、活用された後、評価され、その評価知見は、実践のための知識産出へフィードバックされる（Kitson et al., 1996、図4.6参照）。

一方、キットソンらは、この考え方に伴う二つの主要な課題を提示する。第一は、研究の利用可能性に関係する。キットソンらは、現場にとって、実践の問題に適用できる関連性と頑健性を有する研究知見は、極めてまれであると論じる。第二は、研究活用されるより広い実践の文脈のインパクトに関係する。キットソンらは、個々の実践者以外の要因、特に実践の環境に対する組織的課題やその他の文脈的影響が、研究活用を決定、または制限すると述べている（Kitson et al., 1996）。

実践における研究活用の「合理的・線形モデル」は、実証主義的・客観主義的認識論に強固に基づいている（Watkins, 1994）。ヒューバーマンは、そのようなモデルが、研究からの知識は内容を問われることなく、また実践者の研究

153

活用を増加させるためには、研究普及の増加で十分とすることに対し、それらを**過剰に合理的である**と非難している（Huberman, 1949）。このように、これらのモデルは、研究活用プロセスの持つ複雑で偶発的な性質を無視している（Huberman, 1994、Cousins and Simon, 1996）。しかし、そのような批判がある一方で、ルイスは、研究と実践に関する「伝統モデル」は、想像されているほど過度に単純化されたものではなく、また、この枠組みの中での初期研究が、研究活用の重要な促進要因と阻害要因を特定していたことに注目している（Louis, 1998）。

　実践者の研究活用に関する「合理的・線形モデル」は、直観的には魅力的であり、エビデンスに基づく政策と実践というアジェンダの考え方や行動に根拠を与える。このことは一つには、このモデルが、研究の実践に対する主たる役割を具体的に挙げているからであろう。過度に単純ではあるものの、このモデルは、研究活用がどのように、そしてなぜ「合理的・線形モデル」に合致しないかを検討するために有益な規範モデルとして働く。しかし、学習プロセスとしての研究活用の新しい概念化は、実践コミュニティ内部の研究活用プロセスの十分な理解にとっての、これらのモデルの限界をいくつか明らかにしている。次節では、研究活用の「文脈焦点化モデル」について、検討する。

2.2　文脈焦点化モデル

　研究と実践の関係についての後続研究は、研究活用が複雑なプロセスであり、それが起こる文脈に強く影響されることを認識するものである（Huberman, 1993, 1994、Cousins and Simon, 1996、第3章参照）。これは、研究が実践者による研究活用を方向づけ、実践に影響を与える多くの要因の一つにすぎず、教育分野での、ほかの要因として、アカウンタビリティ、規則があり、また、教員の持つ文化は、研究や他の情報源からの知識とともに教員の実践に影響を与えると説明している（Desforges, 2000）。デフォージュは、いかにそのような影響が特異な力を持ち、研究活用を制約したり可能にしたりするかについて言及している。例えば、アカウンタビリティのシステムは、教員の実践を方向づける際に他のどんな影響よりもしばしば優先され、逆に、研究に基づく実験や

第4章　研究活用のモデル

イノベーションを抑え込む可能性がある。研究による知識は、これらの影響要因のいずれかから生じ、あるいは、実際これらに影響を与えるかもしれないが、常に研究による知識が産出される文脈内で解釈される（Desforges, 2000）。

　しかし、モデルによっては、研究の産出・普及から、研究利用者自身と彼らが活動する文脈へと、焦点を移している。例えば、研究活用の「選択モデル」は、研究利用者が研究エビデンスを積極的に検索・入手する際の支援に焦点を置く（Klein and Gwaltney, 1991）。同様に、「利用者・プルモデル」は、実践者の研究ニーズや、研究の取り上げを方向づける組織的・政治的文脈に焦点を置く（Landry *et al.*, 2001a, 2001b、Lavis *et al.*, 2003）。実践者は、研究に関与する上で受動的だけでなく、能動的かもしれず、また彼らの研究活用は、彼らが働く広い文脈にある程度左右されるとする考えによれば、研究の入手可能性とその活用との間に、単純で直接の相関があるという前提は、問題視される（Tyden, 1993）。

　保健医療領域では、キットソンらが、実践者による研究活用を方向づける多様な文脈的影響要因を取り上げ、研究から実践へのプロセスを理解する概念枠組みを導入している（Kitson *et al.*, 1998）。そのモデルでは、研究の成功（SI：successful implementation of research）は、エビデンス（E：Evidence）の性質、研究活用の場の文脈（C：context）、研究活用促進のやり方（F：facilitation）の次のような関数（f）であるとしている。

$$SI = f(E, C, F)$$

　エビデンス（E）は、臨床での専門性および患者の選好と結び付いた研究からの知識として定義される。文脈（C）とは、場の文化、リーダーシップ、モニタリングシステムなどの研究活用の場の環境である。研究活用促進（F）は、特定の変更マネジメント戦略を指し、そこでは、一個人が、他の実践者と密接に仕事をしながら、目標達成のやり方を理解する手助けをする。キットソンらは、研究から実践への移行場面において、エビデンス（E）、文脈（C）、研究活用促進（F）の三つの要素のそれぞれは、低い値から高い値までの連続体のどこかに位置すると述べている。そして彼らは、この三つの要素すべてが高い値をとるとき、研究活用は最もなされやすいと論じる。しかしながら、キット

ソンらの研究自体は、やはり研究活用促進（F）が実践者の研究活用を確実にする上で最も重要な要素である可能性を示唆している（Kitson et al., 1998）。

　ランドリーらは、そのような「利用者・プルモデル」は、研究の消費者やそのようなモデルが作用する場の文脈へ焦点を移しているとはいえ、いまだに研究活用プロセスの線形的かつ手段的枠組みを組み込んだものだと指摘する（Landry et al., 2001a, 2001b）。一方、デフォージュによれば、研究活用の理解は、研究の取り上げを方向づける文脈的要因の特定にとどまらず、実践者が、自らの経験と専門性に関連した実践課題を、いかに概念化するかの理解も意味する（Desforges, 2000）。研究は実践者に単純に移転されるのではなく、その活用プロセスにおいて**変換される**（Desforges, 2000）。実践者が研究に関与するとき、彼らは、日々の仕事の文脈内で研究の意味を理解するために、新しい知見や考え方を解釈し、適合させ、取捨選択の判断をくり返す（Huberman, 1993、NCDDR, 1996）。このように、デフォージュは、「知識に導かれ、問題に制約を受ける学習プロセス」（Desforges, 2000, p.4）として、研究活用を定義する。学習プロセスとして研究活用を再考することは、研究がいかに活用されるかを理解する解釈主義的枠組みを反映する（Cousins and Simon, 1996）。それは、新しい知識はどのようなものであっても、以前から存在する知識、ものの見方、経験によってフィルターにかけられ、方向づけられるとする構成主義的学習理論に由来する（Huberman, 1987、NCDDR, 1996）。ハーグリーヴズは、このプロセスを**ティンカリング**（訳注：あれこれ改善のためにやってみる）という言葉で表現している（Hargreaves, 1998）。それは、研究からの形式知を**職人的**暗黙知、すなわち実践の知恵に溶け込ませるだけでなく、プロセスの一部として新しい知識を創出することでもある。

　研究活用を理解するそのような解釈主義的枠組みは、研究活用を、ある所から他の所へと研究エビデンスを移転する単なる機械的プロセスとして考える「合理的・線形モデル」の基盤をくつがえす。その代わり、研究活用は、研究にかかわる実践者の価値観や知識、文脈依存的な複雑で非線形のプロセスとして表される。それは、変化のプロセスを意味し、そこでは、実践者は、研究から新しい考え方を取り入れる前に**学習棄却**を行わざるを得ず、古い考え方を忘れ去る必要が生じるのである（NCDDR, 1996、Rushmer and Davies, 2004）。

このように研究は、実践者によって採用されるだけでなく積極的に改変され、研究以外の一連の影響要因や知識形態に結合、付随することによって再構築される（Tyden, 1993）。

2.3 相互作用モデル

解釈主義的枠組みは、実践の場面での研究活用の複雑さと文脈依存的な性質を理解するのには有益である。しかし、最も極端な形をとる場合、解釈主義的枠組みは、研究活用の前提そのものを危うくする。解釈主義的枠組みは、研究からの知識などを、社会的に構築されたものとし、個人や集団によって、このような知識は、意味が異なると考える。この見地からは、研究の意味は常に偶発的であり、どのような解釈においても、他よりも特権を与えられる統一的な外部基準は存在しない（Cousins and Simon, 1996）。そのため、研究知見の**真理**のように見えるものは、単なる社会的構築物にすぎない。つまり研究は、優れた知識を実践に提供すると主張することはできず、それゆえ、研究活用のプロジェクトさえもその基盤が損なわれていく（Huberman, 1994）。

この問題に対して、多くの理論家たちは、研究と研究活用を理解するための、より穏健な立脚点を築いてきた。これは**修正モダニスト的視点**と呼ばれ、伝統的な実証主義と、知識の構成主義とのバランスをとり、これらの統合を目的とするものである（Huberman, 1994、Cousins and Simonm, 1996）。この見方は、研究が実践者に伝達される可能性を主張し、もし**使える知識**であるとすれば、そのような研究は理解されるに違いないとする（Louis, 1998）。

教育領域において、ヒューバーマンは、実証主義と解釈主義的枠組みを同時に用いる研究活用モデルに、この観点を採用し、研究活用がなされるかどうか、また、どのように活用されるかを決定する多様な影響要因を詳述した「普及活動モデル」を概説している（コラム4.3参照）。このモデルは研究活用に対する、線形的、合理的、手段的モデルの要素を持つのだが、ヒューバーマンの関心は、研究者と研究利用者の間の連携にあり、そのような連携は**持続的相互作用**の形態での研究活用を理解する鍵と論じる（Huberman, 1994）。**持続的相互作用**は、研究者と実践者の間の継続的、個人間、双方向の連携を意味し、研究プロジェ

クトの最後だけでなく全期間にわたり生じる（Huberman, 1994）。この対話と交流は、研究知見を取り決め、再構築し、その活用にあたっての文脈内における共同解釈プロセスを支える。その強調点は、研究者から実践者への知識の一方向の流れではなく、相互交流にあり、両方のグループが「構想力と再現力を持っていると主張する」（Huberman, 1994, p.24、またSimons *et al.*, 2003も参照）。また、そのプロセスは、構成主義的学習理論を反映し、そこでは、実践者は、経験や理解に照らして、研究から知見や概念を形作り、同時に研究者自身も、自らの知識、枠組みや概念を再構築する。つまり、その効果は**相互的**なのである（Huberman, 1993, 1994）。ヒューバーマンは、持続的相互作用は、このように研究活用プロセスにおいて、研究者と実践者の間に**相対的対称性**の状況を提供すると主張する（Huberman, 1994）。彼はさらに、この種の連携が単一の調査の寿命を超えて維持される場合は、研究の将来的活用も強まる可能性があると主張する（Huberman, 1990）。

コラム 4.3　ヒューバーマンの「普及活動モデル」

ヒューバーマンの「普及活動モデル」は、研究活用に対する相互に接続した一連の影響要因の概要を述べる。

- **研究者の文脈**：例えば、研究の性格、普及への投資、利用者に対する研究の関連性。
- **利用者の文脈**：例えば、研究の認識された価値、現場のリーダーのコミットメント、研究チームの信頼性。
- **連携メカニズム**：例えば、研究を行っている間の研究者と利用者の公式・非公式な接触と橋渡し役の存在。
- **現場での活用の予測材料**：例えば、利用者の知見の理解と、知見の活用への組織的な投資。
- **普及活動**：例えば、研究実施の質、能力、度合い、および成果物の質。

出典：ヒューバーマン（Huberman, 1994）から作成。

同じような「相互作用モデル」には、**統合教授法**に関するモデルがあり、タイディンによってその概要が述べられている（Tyden, 1993, 1996）。それは、問答的教授法の概念に由来しており（Tyden, 1993）、研究活用プロセスにおけるすべての参加者間の相互作用と対話を重要視する。対立する考え方が表面化すると、研究者と実践者は積極的にお互いの観点に関与する。それぞれの価値観やものの見方は異なるが、それらの知識や考え方は、双方に共有され次に融合されて、質的に新しいものが創出される（Tyden, 1993）。このプロセスの中では、**送り手**と**受け手**は、知識の共同生産を行う上で、絶えず立場を交換し、研究者と実践者の双方が研究活用のプロセスに積極的にかつ平等に参画する（Tyden, 1993）。

　研究活用プロセスを理解するこの種の相互作用的枠組みは、実践者による研究活用の概念的議論において、現在、注目を集めている。例えば、クレインとグワルトニーは**交換モデル**という表現を用いて論じ（Klein and Gwaltney, 1991）、ランドリーらは「相互作用モデル」について詳しく解説している（Landry *et al.*, 2001b）。このようなモデルは、研究活用を一方から他方への線形的で合理的流れではなく、研究者と研究利用者の間の複雑でダイナミックな相互作用として規定し、その焦点は、研究コミュニティと実践コミュニティの相互交流にある。「相互作用モデル」は、研究活用の複雑で偶発的で多面的プロセスを理解するために、実践の場面で研究活用の改善にあたって必要なものを示唆し、より良い枠組みを提供している。

第3節　研究活用の理解：相互作用の重要性

　政策と実践のどちらの領域でも、類似したモデルが続いて現れ、それらは、研究活用の複雑さと文脈依存的な性質、研究活用のプロセスの一部としての研究者と研究利用者との間の連携や相互作用の重要性、そして研究資金提供者、利益集団、ネットワークのような、**研究**、**政策**、**実践**を超えた関係者やコミュニティの役割に注目している。「連携・交換モデル」と「文脈・エビデンス・相互関係モデル」は、政策の場で、研究活用が多様な関係者や交流を必要とし、

研究自体の性格とその活用の文脈の両方に左右されることを提示する。研究活用を学習プロセス、あるいは**持続的相互作用**の結果として理解する枠組みは、実践コミュニティ内部の類似の問題に焦点をあてる。

これらの研究活用の「相互作用モデル」は、研究活用がなされるプロセスを理解する強力な枠組みを提供し、研究活用を支持する要因の種類に関し、最も優れた最新の知識を集約している（例えば、Huberman, 1994、Lomas, 1997、Crewe and Young, 2002、第3章参照）。「文脈・エビデンス・相互関係モデル」のようなモデルは、政策による研究活用を方向づける主要変数の研究に基づいて構築されている。しかし重要なことは、これらの変数が個別に独立したものではなく、相互作用する複雑でダイナミックなものとして考慮されていることである。第3章で見たように、研究活用の理解の鍵とされているのは、この種の相互作用である（例えば、Landry et al., 2001b）。「相互作用モデル」は、研究活用をダイナミックで予測できないもの、つまり一回限りの出来事ではなくプロセスとして再概念化している。

さらに、「相互作用モデル」は、研究活用の「合理的・線形モデル」とは違って、研究が、合理的方法で活用されると想定していない。「相互作用モデル」は、普及の効率性や有効性よりも、研究活用がなされるかどうか、およびいかに活用されるかを決定する際の文化的、組織的、個人的、政治的で、一連の複雑な文脈的要因の役割を強調する。それはまた、研究が簡単に応用できる中立的な**事実**を提供するという考え方を認めず、代わって研究活用を社会的影響を受けるプロセスと見なす。研究は採用されるだけではなく、改変され、研究以外の形態の知識と混ぜ合わされ、その活用の文脈に統合されるのである。

「相互作用モデル」は、このように、研究が政策立案者や実践者に取り上げられる方法の微細な理解を提供する。それは、個人だけでなく、集団的に共有される、政策立案者や実践者の既存の枠組みや理解によって、研究からの知識がいかに形作られ再構築されるかを示している（例えば、Huberman, 1993、Crewe and Young, 2002）。そのため、「合理的・線形モデル」が研究利用者の暗黙知や経験を軽視、または否定しがちな場合に、「相互作用モデル」はこれらを組み入れようとする。同時に、「相互作用モデル」は、研究者と研究利用者との間の相互交流を重視し、研究の産出者と活用者との間に平等な関係を提

第4章　研究活用のモデル

案しようとする（Huberman, 1994）。

　しかし、研究活用プロセスのポストモダン的解釈は、これらの**修正モダニスト的視点**にある種の批判を提示している。それらは、「相互作用モデル」が、研究活用の権力関係における支配的地位に、なおも研究者をとどめており、研究活用文脈で働く現場の知識を考慮することに完全に失敗していることを示唆する（Watkins, 1994、Cousins and Simon, 1996）。ポストモダン的解釈は、研究活用とは何を意味し、どのように理解され得るのかについて非常に異なる見解を提供する。それらが提示する課題は、研究活用がなされ、それがいかに改善され得るかに関し、本書の考えを発展させていく上で、より注意深く、思慮深いスタンスをとるよう強いるのである。

第4節　研究活用のポストモダン的解釈

　研究活用へのポストモダン的解釈によって提示された課題を検討・熟考することは有益だが、その範囲は広く、多種多様なので、本節では、研究活用の理解を高めることができるよう、その中でも、主要な特徴と概念のみを概説する。

　研究活用のポストモダン的解釈は、何よりもまず、研究からの知識が根本的な**真理**を代表するという考え方に注意を向けさせるが、実はそうではなく、研究は真理の外観を与える権力関係によって社会的に構築されると主張する（Gibson, 2003）。このことは、研究活用の検討に際し、二つの重要な帰結をもたらす。第一は、研究活用のプロセス内部の権力作用に注意を向けさせること、第二に、研究活用において、研究に代わる形態の認識と知識が抑圧される状況に注意を喚起すること、である。

　ギブソン（Gibson, 2003）が強調しているように、研究が**真理**であると断言することは、そのような知識の産出構造に固有の権力がかかわることを意味する。このように、権力は政策や実践のための有益な知識を持っている研究者のどのような主張にも入り込んでいる。ワトキンズ（Watkins, 1994）の研究活用の批判理論は、研究活用プロセス内部のこのような権力関係を認識し、明るみに出すことに焦点をあてている。彼の出発点は、実証主義と解釈主義の二つ

のレンズを通して、研究活用の枠組みを同時に作る「相互作用モデル」にある。しかし彼は、研究活用に潜在する権力、影響力、そしてイデオロギーの問題の検討を可能にする第三の批判的レンズをこれに加える。この枠組みは、ある特定の文脈での研究活用の価値と妥当性への問題を強調する。実際、この枠組みは、例えば、実践者の関心を可視化する、あるいは、実践者集団を研究者として育成するといった課題に対する一連の戦略を示唆する（Watkins, 1994）。また、概念的には、研究活用をもたらす試みにおける、権力の内在的作用の分析の契機となり得る（Gibson, 2003、コラム 4.4 参照）。

> **コラム 4.4** 効果的実践のための取り組み：
> 保護観察の実践における研究活用の際の権力の課題
>
> 　ロビンソンは、イングランドとウェールズの保護観察の実践における**何が有効か**に関する知識活用を分析するため、フーコーの**知識と権力**の概念を参照している。効果的実践のための取り組み（EPI）は、イングランドとウェールズにおける保護観察の実践を、再犯を減らすためには何が有効かについての研究エビデンスに沿ったものにすることを目的としていた。ロビンソンの分析では、このプロセスに権力関係が浸透した状況や、この権力がどのように生産的にも抑圧的にも機能したかを論証している。例えば、**何が有効か**といった知識総体の占有や統制は、保護観察職員の専門的地位を高めた。これは刑事司法制度における自分たちの有効性をはっきりと示す機会となり、より大きい信頼性が彼らに与えられた。しかし同時に、他の点で彼らの専門的立場は弱体化した。例えば、よりルーティン化された、研究に基づく実践や実践ツールの開発が誘発されたのである。このことは、保護観察の実践においては、実践者の専門的、**職人的**知識や専門職業上の判断と引き換えに、研究に基づくこのような手続きの技術的応用にますます焦点をあてるようになった。
>
> 出典：ロビンソン（Robinson, 2001）から作成。

基本的**真理**として、研究を重視することは、研究に代わる形態の知識を否定あるいは抑圧することでもある。研究活用の「ポストモダン的解釈」は、次のような事実に注意を喚起する。つまり、研究は、客観的、理論的、一般化可能な知識という観点から、場に依存的で、具体的、かつ偶発的に政策コミュニティと実践コミュニティ内部に存在する知識形態に対し、特権を与える傾向がある（Watkins, 1994、Wood et al., 1998）。それゆえ、**職人的**知識や実践上の知恵のような知識形態は、研究活用プロセスにおいて正当性を否定される。しかし、「ポストモダン的解釈」は、研究と政策の間、あるいは研究と実践の間の二重性を打破することをねらいとする。そうすることで、その解釈は、それらの間の権力のアンバランスを否定することもねらっている（Wood et al., 1998参照）。

しかし、研究と政策、あるいは研究と実践の間の区別を取り除くことは、政策あるいは実践へ研究を**参入させる**ことをまったく語れなくする（Wood et al., 1998）。ポストモダン的解釈から言えば、情報とは対照的に、知識はさまざまな形態をとり「本質的に普及可能なものではない」（Watkins, 1994, p.65）。それらは、産出される場の文脈でのみ意味を持ち、活用され得る（Watkins, 1994）。ポストモダン的解釈は、それによって、研究活用プロセスにおける、状況に埋め込まれた現場の知識の重要性を強調する。さらにポストモダン的解釈は、研究活用の伝統的な説明以上に、政策立案者や実践者が有する経験や暗黙知に、多くの特権を与え、そのような知識の**活用**を検討することによる、研究に必ず付随する、これらの形態の知識への**再接続**方法を強調する（Wood et al., 1998）。

研究活用のポストモダン的解釈は、研究活用プロセスについて考え、モデル化する際に、再帰的・批判的見方をするよう働きかける。しかし、ウェイスが表現しているように、「不要なものと一緒に、大事なものまで捨てる」必要はないし、研究は少しも普及しないと想定する必要もない（Weiss, 1998, p.29）。実際にルイス（Louis, 1998）は、研究活用についてのポストモダン的解釈の前提の多くは、そのプロセスの現代的理解、例えば、知識は常に異論にさらされ、また暫定的であるという見方や、知識は活用される現場の文脈で常に改変される必要があるという考えによくあてはまると主張している。さらにルイスは、人々は、それでも研究からの知識を見つけ出すこと、そのような知識を理

解できること、そして、現場で変化につながるやり方で、この知識を応用し続けることに注目している。ウェイスは、このことについて、「条件や解釈はさまざまであるが、機能する社会実現のために十分な共通性が、人々、プログラム、そして組織を超えて存在する」（Weiss, 1998, p.30）と結論づけている。

第5節　結語

　政策と実践のいずれにおいても、研究活用に関する考え方は似通った軌跡をたどってきた。伝統的な「合理的・線形モデル」はおおむね退けられ、相互作用理論が支持されてきた。それは、研究活用プロセスにおける知識の社会的構築についての解釈主義を参照したものであるポストモダン的解釈は、研究活用を概念化または実行化する試みにおいて、権力の作用を重視することで、それまでの分析に追加的・決定的な強みを与えている。

　この考え方の発展の基礎にあるのは、研究知識そのものを概念化する方法の変化である。初期モデルでは、研究は、個別で明白な事実に基づく説明で、政策あるいは実践に直接移転され、適用されるものを提供すると考えられてきた。「相互作用モデル」もまた、研究による知識を独立した移転可能なものとして考えるが、その知識が、現場の**職人的**知識と統合されるプロセスにおいて、研究活用が文脈内で取捨選択され、作り変えられ、再構築される方法を重視する。その重視する点は、知識の産出の共同プロセスに置かれる。これに対してポストモダン的解釈は、政策と実践からの研究の概念的分離を否定する。これは、政策や実践の知識と明確に異なるものとして研究知識を考えることは、意味がないということである。例えばウッドら（Wood *et al.*, 1998）は、研究と政策の間、または研究と実践の間の対話を通じて産出される流動的で絶えず変化するものとして知識を考えているが、そうした知識はひとまとまりの研究知識の外観を呈して、一時的に安定するようになるかもしれない。ポストモダン的解釈は、そうではなく、現場の**状況に埋め込まれた知識**に特権を付与する。そして、さまざまな形態の知識が異なる文脈において、正当であると規定され受容されるプロセスに注意を払う（Wood *et al.*, 1998）。研究活用プロセスのさまざ

第4章　研究活用のモデル

まなモデルは、このように、非常に多様な存在論的、認識論的な考え方に組み込まれている。

　研究と政策の関係モデルと研究と実践の関係モデルの間に明らかな共通性が見いだせる一方、それらの相違点を識別することも重要である。特に、政策における研究活用のモデルでは、このプロセスが起こる高度に政治化した文脈を受け入れる必要がある。同様に、政策における研究活用モデルは、実践の文脈における研究活用モデル以上に、価値観や、信念、そしてイデオロギーの問題により多くの注意を払っている。全体的に見れば、研究と政策の関係についての考え方は、既存の政策プロセスのモデルに、かなりの程度依存している。反対に、実践における研究活用に関する具体的モデルは数多くあるが、しばしば、それらが言及する文脈の中で、実践のプロセスのモデルとは別個に発展してきたように思われる。しかし決定的なことに、研究と政策の関係、および研究と実践の関係が形作られ理解されるには、これらの関係を強化しようとして開発され、展開される戦略の種類を具体化することが必要である。続く第5章では、このような戦略に焦点をあてる。

第5章

研究活用改善のメカニズム

はじめに

　第4章では、研究と政策、および研究と実践の関係を理解するために、既存の主要なモデルを確認した。本章では、これらの多様なモデルに関連し、研究活用改善のための各種の戦略を検討する。研究活用改善の戦略は、研究活用の本質とプロセスの双方を概念化する多様な枠組みによって、明確にあるいは暗に実証され、その取り組みを方向づけてきた。本章では、研究活用改善のための多様な戦略に根拠を与えるメカニズムに焦点をあてる。そして、そのメカニズムを精査して探り出すことで、一見、多様に思われる戦略の共通点や、そのメカニズムに対する広範な理論を明確にする。

　政策と実践による研究活用改善のための広範囲にわたる取り組みは、英国にも英国以外にも存在する（Effective Health Care Bulletin, 1999、Hemsley-Brown and Sharp, 2003、Walter *et al.*, 2004b）。これらの取り組みの多くは、第1章で概説し検討した、エビデンスに基づく政策と実践のアジェンダの文脈の下で始められたものである。本章は、研究活用改善の主な戦略と活動を探索し、それらの有効性について、現在あるエビデンスを検討する。その主な目的は、政策や実践において、研究活用改善のために**何が有効か**について、保健医療、教育、刑事司法、ソーシャルケアの各領域に通じる横断的教訓を明らかにすることにある。正式な評価の対象となっているもの以上に、現場では、はるかに多くの研究活用の取り組みがある。このため、本章の最初の節は、理論的説明のために開発された整理法や分類法を検討することで、研究活用改善の戦略とその活動の多様性を考察する。

第1節　研究活用改善の戦略に関する分類法

　これまでの研究活用改善のために、非常に多くの取り組みがなされてきた。このような戦略は、取り上げられる研究エビデンスの種類と同様、プロジェク

第5章　研究活用改善のメカニズム

トの規模、研究による意図的影響の性質、研究実施の文脈によって異なる。ここでは、第4章で提示されたモデルに倣って、1）政策立案者と実践者へ研究知見を**プッシュする**ことに焦点をあてる戦略、2）政策と実践の文脈で研究を**プルする**ために着手された戦略、そして、3）研究者と研究利用者との間のより良い関係を発展させることにかかわる「相互作用モデル」、の三つの戦略に整理する。これらの多様な活動を分類することは、研究活用改善に関する現段階の考えや理解を体系化するのに役立つ。

　保健医療領域では、コクラン共同計画の中の「ケアのための効果的実践と組織グループ」（EPOC）が、実践の変化を促す介入についての分類法を開発し、広く活用に供されてきた（コラム5.1参照）。この分類法は、これが開発された保健医療の文脈を反映し、研究活用というよりは、実践における変化に焦点を合わせている。

**コラム 5.1　実践の変化を促す介入：
「ケアのための効果的実践と組織グループ」（EPOC）の分類法**

専門的介入
- 教材の配付
- 教育集会
- 現場の合意形成プロセス
- 教育支援訪問
- 現場のオピニオンリーダー
- 患者を介した介入
- 監査とフィードバック
- リマインダー
- マーケティング
- マスメディア

金銭的介入
- 供給者の介入

169

- 患者の介入

組織的介入
- 専門的役割の見直し
- 複数の専門領域からなるチーム
- サービスの公的統合
- スキルミックス(多職種協働)への変化
- ケアの継続性
- 志気を高める介入
- コミュニケーションと事例検討

患者志向的介入
- 保健医療組織の管理への消費者の参画
- 薬のメールオーダー
- 患者の提案や苦情を扱うメカニズム

構造的介入
- サービスデリバリーのサイトや設定の変更
- 施設設備の変更
- 医療記録(カルテ)システムの変更
- サービスの便益の範囲と性質の変更
- 品質監視があることとその組織
- 病院やその他の施設の所有
- スタッフ組織

調整的介入
- 医療責任の変化
- 患者からの苦情管理
- ピアレビュー
- 免許制度

出典:デービスら(Davies *et al.*, 2000a)から作成。

第5章 研究活用改善のメカニズム

　「ケアのための効果的実践と組織グループ」(EPOC) の分類法は、実践の変化を促す介入に関し、その形式や機能する文脈ごとの種類を提示する。その分類法は、特に、介入がなされる可能性を持つ個人、組織、構造、システム、サービス利用者などの、異なる段階を明らかにするのに役立つ。

　英国のソーシャルケア領域における研究活用の最近のレビューは、実践者の研究活用改善のための、広範な現場の取り組みを明らかにし、実践者の主たる目的に沿ってこれらを分類している（Walter *et al.*, 2004b）（コラム5.2参照）。

コラム 5.2　英国のソーシャルケア領域における研究活用改善の戦略類型

1) **関連性のある研究基盤を確保すること**：新規の研究委託、既存の研究の集約、あるいは、個々の研究開発と実施へのスタッフの関与。
2) **研究へのアクセスを確保すること**：良質の図書館サービスの提供、研究データベースやインターネットへのアクセス、組織間や組織内での研究資料の配付方法の改善。
3) **研究を理解できるようにすること**：**批判的検証評価**スキル研修、文献研究会、実践者が主導する研究などの、調査知見の解釈に対する利用者の能力向上活動、**利用者が使いやすい研究報告書の産出**。
4) **研究の実践への効果を引き出すこと**：主として、研究に基づくガイドラインや実践ツール、プロトコルの産出。
5) **ベストプラクティスのモデルを開発すること**：研修やプロジェクト管理、個別監督を通じて、現場レベルで支援される、研究知見に基づくパイロットプロジェクトや実証プロジェクトの開発。
6) **研究情報に基づく実践を要件とすること**：研究活用の職務記述書への記載、研究活用を含めた人事評価、あるいは、実践に関する国の基準への研究活用の組み入れ。
7) **研究活用を後押しする文化を醸成すること**：適切なリーダーシップや経営実践の開発、研究者と研究利用者との協働、研究を仲介する専門職ポストの創設、研究を実践にかかわらせる仲介組織のメンバーとしての役割の遂行。

出典：ウォルターら（Walter *et al.*, 2004b）から作成。

コラム5.2で記述した活動は、研究活用プロセスでの研究エビデンスへの関与とその改変に関するさまざまな段階を伴う。例えば、研究に基づくガイドラインや実践ツールの開発は、研究知見と実践との関連を再定義することであり、一方、ベストプラクティスのモデルの開発は、研究と実践の密接な統合を必要とする。さらに、ほとんどの戦略は、研究活用改善に役立つものだが、研究情報に基づく実践を要件とする場合のように、強制的なやり方をとる場合もある。また、ソーシャルケア内部で**研究志向**の文化を後押しする活動は、具体的な研究活用の実現には注意は向けず、研究活用の総合的な考え方が受け入れられることを重視する。

　こうした分類法はソーシャルケア領域で開発されたものだが、コラム5.2で示した活動と、公共サービスの他の領域、特に保健医療と教育での活動との類似点を理解することを容易にし、ソーシャルケアの文脈を超える価値を有する。介入の目的を特定することにより、実践上と概念上のどちらからもエビデンスを取り上げる多様な方法が有益なかたちで提供されるのであるが、逆に多くの異なる目的のために、類似の活動がなされる場合もあるので留意が必要である。ネットワークや連携には、時が経てばわかる複合的目的があるかもしれない。同様に、複数の活動が、研究活用を強化する広範な戦略の中でひとくくりにされそうである。一連の分類は、さまざまな現場で起こる広範囲の研究活用活動に対し有効な指標を提供する。それらはまた、手段的効果にのみ焦点を合せる研究活用活動の必要性だけでなく、その活動が広範な概念的・啓発的研究の効果を取り上げることもできる点に注意を向けさせもする。

　研究活用に関する研究ユニット（RURU）（*www.ruru.ac.uk*）は、このように、保健医療、ソーシャルケア、教育、刑事司法の各領域での文献の広範なレビューに基づき、研究活用のための介入について分野横断的分類法の開発を行っている（Walter *et al.*, 2003b）。RURUによる分類法は、ワークショップ、文献研究会、共同研究などの研究活用戦略について以下の二段階のアプローチをとる。

1) **介入形態**：学術雑誌論文、研究報告書、エビデンス概要説明などの資料や、知識仲介者、あるいは実践者である研究者などの橋渡し役のように、形態や内容が類似している介入ごとの分類。

2) **基本的メカニズム**：対象となる受け取り手への研究知見の提供ないし配付などの普及や、研究者と研究利用者間の確実な対話と連携の発展などの相互作用のように、基本的メカニズムに沿った介入ごとの分類。

この分類法の主な特徴は、介入形態と基本的メカニズムの二つの形式が、階層性を持つというよりは並列であることにある。言い換えれば、いかなる単独の介入タイプも、一つ以上の異なるメカニズムを用いる可能性があり、それらは、相互に排他的分類とはならない。例えば、政策立案者や実践者への研究提供にかかわるセミナーは、通常、対象となる受け取り手への知見の配付という、普及メカニズムに支えられている。しかし、そのようなセミナーが研究者と研究の受け取り手との間に重要な議論を許容する場合には、研究は政策や実践における意味合いについて翻訳され、普及はより相互作用的なものへと徐々に変わっていく。

この分類法は、その焦点を介入形態よりも基本的メカニズムに合わせることで、変化を引き起こすのは、介入自体ではなく、介入が提供する基本的根拠または手段であることを認める（Pawson, 2002）。分類法で具体的に述べたメカニズムは、社会科学や行動科学の文献から引き出されたものである。研究活用改善の戦略は、明確な特定の理論的基盤を持つことはめったにないが、社会科学や組織科学、行動科学による理論が戦略をうまく開発し実施するのに有益な見識を提供し得る（Moulding *et al.*, 1999、Grimshaw *et al.*, 2002）。そのような理論により、異なる環境ごとにどのやり方が効果的であるかを理解し得る研究活用改善の戦略の基本的メカニズムが初めて仮定でき、また、**有効性**とは何なのかを探究することにも着手できる（Grimshaw *et al.*, 2004）。従って、次の節では研究活用改善の戦略開発の裏付けとなるような主要メカニズムに関して、その有効性に対するさまざまなエビデンスを検討する。

第2節　何が有効か：研究活用改善の戦略とメカニズムに関する有効なエビデンス

　研究活用改善の戦略の成功事例を検討する上では、必然的にこの分野での評価に関する既存の文献に頼ることになる。そのような文献では、政策よりも実践の文脈で展開される戦略に焦点があてられる傾向がある。政策の場での研究活用改善のため**何が有効か**について、今あるエビデンスは限定されており、あまり頑健ではない。また、評価されている方法が現存する研究活用への取り組みのわずかな部分だけを代表し、現場での実際の活動より、多様でも革新的でもないかもしれない。

　有効な研究活用改善の戦略に関するここでのエビデンスは、本書で焦点をあて取り上げる、保健医療、教育、ソーシャルケア、刑事司法の四つの領域からのものである。国際的文脈からの知見も参照するとはいえ、本書の関心は主に英国にあり、有効な研究活用改善の戦略について得られる最良のエビデンスは、保健医療領域から多く産出されている。実際、教育、ソーシャルケア、刑事司法などの他の領域では、研究活用の問題を取り上げる場合の最初のルートとして、保健医療で用いられた方法が他の場面にうまく移転できるかどうかに注目する（Hargreaves, 1997、Hughes *et al.*, 2000、Gira *et al.*, 2004）。しかし、有効な研究活用改善の戦略が文脈を超えて普及し得るかどうかの問題は複雑であり、この点については本章の結語で簡単に振り返る。

　保健医療領域での研究活用改善の戦略の評価は、エビデンスに独特の形態を提供する。その戦略の評価にあっては、ケアのプロセスやアウトカムの客観的測定に重点が置かれ、通常、研究活用の概念的な形態は考慮されない。研究活用がどのように理論化され、定義され、測定されるか（第2章参照）は、明らかに、その後**有効性**がどのように理解されるかを左右する。しかし、他の研究活用の研究と同様に、どの領域においても、研究活用改善の戦略の評価において、研究の**活用**とはどういう意味かを明確に扱ったり理論化することは、比較的まれである（第3章参照）。その代わり、その評価にあっては、研究活用の

第5章 研究活用改善のメカニズム

非常に広範囲にわたる尺度が用いられてきた。例えば、研究へのアクセスの変化、知識や理解の変化、態度や信条の変化、サービス利用者の行動ないしアウトカムの変化などである。研究活用を評価するのに用いられる方法は、同様に多様であり、有効性の質的・量的尺度を含む。これらの論点は、本章で後述するエビデンスを検討する際に留意すべきことであろう。保健医療領域における評価の多くは、臨床研究に対してなされ、社会研究に向けられたものではない可能性があるが、他の領域でエビデンスの強固な体系が欠落している中で、これらの評価が貴重な洞察を提供することに目を向けることも重要である。

2.1 有効な研究活用改善の戦略とメカニズム

本章では、有効な研究活用改善の戦略を裏付けると思われる主なメカニズムごとに、さまざまな研究活用改善戦略の有効性についてのエビデンスをまとめている。ここでは、これらのメカニズムを明らかにするため、研究活用改善のためのさまざまな取り組みを推進する理論とともに、研究活用に関する研究ユニット（RURU）による研究活用介入の分類法（Walter *et al.*, 2003b）を用いる。一般的で重要なものとして、次の五つのメカニズムがある。

- **普及**：研究利用者のニーズに合わせて調整された形で、研究知見を配付し発表すること。
- **相互作用**：研究コミュニティ、政策コミュニティ、実践コミュニティの間の強い連携や協働を強化すること。
- **社会的影響**：個々人に対し研究情報を提供し、その価値を納得させるため、専門家や仲間といった影響力ある他者に頼ること。
- **研究活用促進**：技術的、経済的、組織的そして、精神的支援を通じて、研究活用を可能にすること。
- **インセンティブと強化**：適切な行動を強化するため、報酬や他の形態の統制を用いること。

これらのさまざまなメカニズムを区別することは分析上有益だが、多くの戦

略は、現実には、より良い研究活用促進のため、これらのメカニズムを一つだけではなく複合的に利用し、それは重複する可能性もある。例えば、実践者の仲間うちの業績情報のフィードバックは、研究活用の強化のみならず社会的影響も伴う（Balas et al., 1996b）。引き続き、研究活用と研究の効果を増加させるさまざまな戦略とメカニズムの成功や失敗に関するエビデンスについて、広範なナラティヴレビューを説明しよう。

2.2　普及

　普及戦略とは、わかりやすく言えば、政策立案者や実践者へ研究の知見を配信、配付することを意味する。資料から録音テープ、ビデオ、双方向CD-ROMに至るさまざまな形態のものが、会議での口頭発表、ワークショップ、セミナーと同様に、研究普及のため用いられている。これらの取り組みは、研究知見を研究利用者に適合させ、ターゲット化する普及者の持つ役割を強調する傾向があり、通常は研究から政策や実践に向けて一方向に流れる情報を仮定し、研究消費者をエビデンスの受動的な受け手として考える（Philip et al., 2003）。そのような戦略は、第4章で説明した研究活用プロセスの「普及モデル」、あるいは「産出者・プッシュモデル」を反映している。これらのモデルは、研究活用を線形で合理的プロセスと仮定し、言い換えれば、関連性があり、有益で、質の高い研究は、効果的に普及される場合、活用されるとする（Tyden, 1994、NCDDR, 1996、Landry et al., 2001a, 2001b）。

　報告書の形態をとる研究知見の単純な配付は、おそらく普及の最も直接的で一般的な形態である。しかし、保健医療からのエビデンスによれば、資料の提供のみでは実践を変えるのに通常は十分でない（*Effective Health Care Bulletin*, 1999、Palmer and Fenner, 1999、Grimshaw et al., 2001、Freemantle et al., 2002）。しかし、この戦略が研究知見に対する認識を高め、将来の実践を変化させ、個々人の態度を変える契機となるというエビデンスはいくつかある（Lomas, 1991）。

　同じことがガイドラインにもあてはまる。ガイドラインは、積極的に研究知見を理解できる形へと翻訳し、政策や実践の文脈にとって持つ意義を詳しく説

第5章　研究活用改善のメカニズム

明するものである。ガイドラインの実施に関するレビューは、通常、単にガイドライン普及だけでは、実践の変化に働きかけをするためには、十分ではないと結論づけてきた（例えば、*Effective Health Care Bulletin*, 1999、Thomas *et al.*, 1998, 1999, 2002、Grol and Grimshaw, 1999、Smith, 2000）。しかし、グリムショーらの最近のレビューでは、ガイドラインの普及は、ある程度の実践改善につながり、それゆえ、研究に基づく実践を支えることに対する費用対効果の高い戦略を代表する可能性があると結論づけている（Grimshaw *et al.*, 2004）。重要なことに、ガイドラインのコンプライアンスが高まるのは、ガイドラインが対象となる顧客に応じて作成される場合である。そして、ガイドラインが採用されるかどうかは、その特徴と質の双方による（Grilli and Lomas, 1994、Smith, 2000）。

　これまで、研究成果の取り上げの可能性を高めるようなやり方で、研究に基づく資料を研究利用者に応じて作成することに多くの関心が払われてきた。これらの方法は、概して、マーケティング、イノベーション、コミュニケーションに関する理論を引き合いに出している（Rogers, 1995、Grol and Grimshaw, 1999）。米国の国立障害研究普及センター（NCDDR）では、研究の効果的普及のために考慮されるべき四つの主要な要素の概要をまとめている。その四つとは、1）情報源、2）その内容あるいは主要なメッセージ、3）普及のための媒体やメディア、4）研究利用者、である（コラム5.3参照）。これらの取り組みは、使用用語や研究がまとめられるやり方など、研究活用に関して政策立案者や実践者が障壁と考えるもののいくつかに対処するようになっている（第3章参照）。

コラム 5.3　研究の効果的普及における課題

1）**情報源**
- 経験や動機、能力の観点からの研究者の信頼性。
- 利用者と研究者の現在の関係。
- 普及や活用に向けての研究者の姿勢。

2）**内容あるいは主要なメッセージ**
- 研究の質。

- 研究の関連性や有用性。
- 用いられた研究方法。
- 競合する知識、あるいは成果。

3）普及のための媒体やメディア
- 物理的利用環境。
- 適時性。
- アクセスしやすさ、利用者の使いやすさ。
- 柔軟度や信頼性。
- 情報「パッケージ」の透明度や魅力。

4）研究利用者
- ニーズに対する関連性の認識。
- 変化への適応性。
- 必要とされる情報の性質。
- 優先される普及メディアと情報源。
- 情報や成果を活用する能力。

出典：米国国立障害研究普及センター（NCDDR, 1996）から作成。

　資料の普及は、多くの場合、会議、セミナー、あるいは対象を絞ったワークショップでの口頭での発表などに後押しされる。そのような研究発表により、保健医療の実践へ小規模だが追加的効果が生じることが明らかにされている（Freemantle et al., 2002）。ウェイツらは、地域セミナーで普及が後押しされた、児童保護に関する研究知見を特集・概説した英国保健省の『青書』（Department of Health, 1995）の活用状況を調査した（Weyts et al., 2000）。それによると、ソーシャルケアや保健医療における管理者や第一線の実践者など多くの専門家は、『青書』が刊行されたことによって研究への認識が高まり、知識と実践の双方が変わったと考えていることが明らかになった。しかし、教員の初任者研修における研究活用についての英国でのレビューにあっては、その結論は、あまり楽観的なものではない。ボラムは、研究知見が、会議や要約版、ハンドブ

ックなどさまざまな手段を通じて広範に普及し、実際、広く受け入れられてきたにもかかわらず、実践における実際の変化はまばらであったことを明らかにしている（Bolam, 1994）。

別の形態のメディアも研究普及のために活用されてきている。ハゲルとスペンサーは、ソーシャルケアのスタッフが最新の研究知見を持てるよう、録音テープの活用を検討した。その結果によれば録音テープは、主な領域での既存の研究を要約し、研究に基づく情報を普及させる、アクセスしやすい費用対効果の高い方法であり、研究のより広い認識や知識を後押しし、また、政策や実践にも影響を持つことが一部のエビデンスから示された（Hagell and Spencer, 2004）。プライスらは、児童養護に関する文献からのメッセージを普及させるために、関係者や実践者だけでなく養護者や児童に対してもビデオCDや対象を特定したリーフレットを組み合わせたかたちでの活用に対し評価を行った。この『児童養護の声』は、スタッフの養成・支援・研修などさまざまな方法で広く活用され、知識や考え方の変化を後押ししたことが調査によって明らかにされた（Price *et al.*, 2006）。マスメディアの活用も効果的であり、保健医療内部のさまざまな文脈にわたり、行動の変化に成功していることが証明されている（Grilli *et al.*, 2002）。

最後に、研究利用者との研究知見の議論を可能にするセミナーやワークショップ、あるいは、協働的な方法によるセミナーやワークショップは、政策立案者と実践者の双方に対する、普及の最も効果的方法であると思われる（Shanley *et al.*, 1996、Bogenschneider *et al.*, 2000、Norman, 2004）（コラム5.4参照）。

コラム 5.4　政策立案者に知見を普及するためのセミナー活用

ボーゲンシュナイダーらは、**家族へのインパクトセミナー**が、米国ウィスコンシン州の州レベルでの政策立案者に対して、いかにうまく知見を普及したかを説明している。これらのセミナーでは、固有の情報ニーズ、労働環境の持つ文化を考慮した受け取り手の選好に的を直接絞った継続的シリーズのセミナー、報告資料、フォローアップ活動の提供を行い、上級レベルの諮問委員会と評価の高い学識経験者を

登用することによって、信頼性を確保してきた。セミナーの四分の一は議論に費やされ、そしてフォローアップのための対話の機会も持たれた。セミナーの評価には、有効性を判断する質問紙調査やフォローアップのインタビューが用いられた。セミナーは、参加者によって高く評価され、政策立案者は、パイロットプログラムの展開などの多様な方法から得られた情報の活用状況について報告した(Bogenschneider et al., 2000)。

　ノーマンは、研究者と政策立案者が、研究知見を調査し、政策開発にそのエビデンスがどのように活用されるかを議論する機会を提供する目的で、英国の国立教育研究フォーラム（NERF）によって開催されたセミナーについて詳しく説明している。そのセミナーは研究者と政策立案者との間の相互作用を高めるよう意図されたものである。政策と実践の両方の文脈を理解しているセミナーリーダーによる評価と、イベントのすべての面にわたる協働的な企画や方法などに対する評価に基づき、主な成功要因が特定された（Norman, 2004）。

　普及戦略を裏打ちする研究活用の「合理的・線形モデル」への批判は、広範囲に及ぶ（Wood et al., 1998、Woolgar, 2000）（第4章参照）。従って、おそらく当たり前のことではあるが、単に研究を普及させることは、政策と実践による研究活用を促進する上であまねく効果的なものではない。しかし普及は、研究の認識や知識を向上させるのに役立つ。それは、まさに研究による概念的効果を裏付けるもののように思われる。さらに、意図した受け取り手のニーズに合わせた研究成果物が的を絞って作成される場合には、研究は、より活用されそうであり、その場合には研究の手段的活用を目的とした方法が用いられるであろう。とはいえ、特に普及プロセスの一部として、研究者と研究利用者との間で知見についてある程度の議論ができるようにすることは、両者の関係の発展につながるように思われる。このような方法は、研究活用改善のために相互作用的メカニズムを追加的に用いるものである。

2.3 相互作用

　研究活用改善への相互作用戦略は、研究コミュニティ、政策コミュニティ、実践コミュニティの間の連携強化を目的とし、研究者と研究利用者間での情報の双方向の流れを促す。このプロセスを通じて、研究利用者は、最新の研究の優れた知識を増やし、最新の研究にアクセスする。一方、研究者は研究利用者のニーズや考え方に自分の研究の方向性を合わせることができる。相互作用戦略は、一般的には研究者、政策立案者、実践者間のパートナーシップの進展を通じて行われる。その戦略は、行動・参与研究の手法に密接に関連し（Denis and Lomas, 2003）、「二つのコミュニティ論」（第4章参照）などの研究活用プロセスを扱う「相互作用モデル」を反映するが、それ自体は、「構成主義的学習理論」によって裏付けられている。この理論は、研究から得られるどのような新しい知識も、利用者の経験や考え方に基づいて形成され、フィルターにかけられるとする（Cousins and Simon, 1996）。この観点から考えると「普及モデル」での説明のように、政策立案者や実践者に研究知見を単純に提供することが変化につながる見込みはなさそうである。研究利用者は、それぞれの活用の文脈の中で、知見を改変し、うまく取拾選択する必要がある。

　多くの相互作用戦略は、研究活用を促す手段として研究者と研究利用者間のパートナーシップの進展に焦点をあてている。カナダやスイスにおけるこの領域での研究によれば、研究者と実践者間の政策誘導の連携は、研究活用、特に概念的研究活用を支援する際に効果的である（Huberman, 1990, 1993、Cousins and Simon, 1996）。研究活用は、研究の経過における、研究者と実践者間の継続的あるいは進展した連携関係と強い相関関係にある。さらに、そのような連携関係は、当初、対立状況にあったとしても、その後、研究活用の支援につながる可能性を含む（Huberman, 1990, 1993）。アンティルらは、研究者と研究利用者のパートナーシップを推進するそのようなプログラムの成功を左右する、多くの重要な要因があることを見いだした（Antil et al., 2003）。つまり、その要因とは、強力なリーダーシップやプログラム内部の一貫性、協力的な政治的社会的文脈、そして研究者と研究利用者双方の組織ニーズに対する

プログラムの反応性である。

　英国では、研究のための学校コンソーシアムの取り組みが、教育部門における成功したパートナーシップの事例を提供している。その取り組みでは研究に従事し関与する教員を支援するため、学校、地方教育当局、大学の間に、パートナーシップが確立された。個別プロジェクトおよび全体としての評価によれば、研究に関与した結果として、教員のスキルや能力の向上、生徒の進歩、そして学校全体に広がる知識や態度の変化が報告された。そのような良い評価にあっても、より役立つ方法で研究を活用するためには、教員が自分の教室の文脈内で研究の意味するものをうまく取捨選択する必要があることが示唆されている（Cordingley and Bell, undated、Cordingley et al., 2002、Simons et al., 2003）。教員と研究者のパートナーシップの有効性についてさらなる裏付けを提供する研究もある。パートナーシップにより、実践者は研究による知見を実地に試み、また、このプロセスの協働的な省察が促される。このように、研究の概念的活用と手段的活用のいずれについても報告がなされている（De Corte, 2000、Jaworski, 2000、McGuinness, 2000、Abbott et al., 2002、Greenwood et al., 2003）。この種の協働は、研究者と研究利用者との間の知識の共同生産に焦点をあてるが、それらはまた、時には実践者自身が研究を行うよう奨励することもある。英国の教員養成研修局（TTA）の**ベストプラクティス研究奨学金**計画がその例である（Cordingly et al, 2002 、Wilson et al, 2003、Wood, 2003参照）。

　相互作用戦略には、政策の場面における研究活用を高めるための、さらなる展開が見られる。その取り組みは、研究計画プロセス、あるいはプロジェクト運営グループに主要な関係者を関与させることで、プロジェクトごとに研究者と政策立案者との間の緊密な協働を創出する可能性を持つものである（Eager et al., 2003）。あるいは、公式で長続きするパートナーシップの取り決めが研究者と政策立案者との間に成立する可能性もある（コラム5.5参照）。これらのことに関連し、ロスらは、研究への政策立案者の関与について、次の三つのモデルを提案している（Ross et al., 2003）。

1）公式な支援：このモデルでは、政策立案者は、研究に対して、明確な支援を

提供するが、研究プロセスにはまったく関与しない。このことは、研究プロジェクトに信頼を与え、さらなるリソースへのアクセスを提供し得る。
2) **反応の良い受け取り手**：このモデルでは、政策立案者は相互作用の際に研究者の努力に積極的に応えるが、一般的には、政策立案者主導ではなく、研究者主導によって関与する。そのような関与には、非公式なその場限りのやりとりから、組織化された公式のミーティングまで、さまざまなものがあり得る。政策立案者は、助言やアイデア、情報を提供し、研究活用を確実にする戦略において役割を果たす可能性がある。
3) **一体化したパートナー**：このモデルでは、政策立案者は、一体化したパートナーとして、研究プロセスでの密接な協働者の機能を果たす。研究者との相互作用は、一般的には、政策立案者自身の主導で生じる。そして政策立案者は研究プロセスに影響を与えることや、その研究が活用されるようにすることに、積極的に関与する。

ロスらの研究によれば、政策立案者が研究に積極的に関与する可能性が高いのは、1) 研究への関与に対し、最小限の時間投入で十分とされる場合、2) 研究に関与することで、政策立案者がなんらかの利益を得ると実感する場合、3) 政策立案者の専門知識がプロジェクトの要件と密接に合致した場合、であることが明らかにされている（Ross *et al.*, 2003）。

**コラム 5.5　研究者と政策立案者間で機能する
パートナーシップへの段階的方法**

　ゲーリングらは、トロント大学医療制度研究・コンサルティング部（HSRCU）とオンタリオ州保健・介護省メンタルヘルス社会復帰・改革部門（MHRRB）との間の正式なパートナーシップの取り決めについて説明している。このパートナーシップは、研究、政策開発、サービス提供の間の「連携・交換モデル」を改善することを目的とし、四つの主要な段階から構成されている。

1) パートナーシップ

第一段階では、契約期間の明確化、共有された作業計画の作成など、二つの組織の間での正式なパートナーシップの取り決めの立案を行った。

2) 研究

第二段階は、メンタルヘルス制度の統合に関する特定の研究プロジェクトをめぐるやりとりからなった。この段階では、研究者は研究を独立した客観的な形で継続できるよう、政策立案者と**互いに対等な立場**の関係を維持することが必要とされた。このことは、政策立案者を含む主要な関係者の諮問委員会を創設することで可能になった。

3) 政策フォーラム

第三段階は、研究普及に関するものであった。研究者と政策スタッフは協働して現地のタスクフォースに対して知見を提出した。また、政策フォーラムも、パートナーらによって開催された。このことで、研究によって提起された課題をめぐって関係者との大規模な協議が可能になった。

4) 政策の方向性

政策フォーラムは、研究によって提起された課題をめぐる共通言語を確立するのに役立ち、参加者によって、一つの成功と評価された。しかし、研究者は、第三段階の政策フォーラムがこの第四段階で政策に対する明確な方向性につながることを期待したのだが、オンタリオ州保健・介護省メンタルヘルス社会復帰・改革部門は、関係者へ現存の政策要求を強調する機会として、政策フォーラムを考えていた。引き続きなされたやりとりを通じ、研究者は、オンタリオ州保健・介護省メンタルヘルス社会復帰・改革部門のやり方は、関係者の緊張関係に対応するという当局側のニーズを反映するものと理解するようになった。

ゲーリングらは、これらの正式な組織的取り決めは、相互作用の機会を増やし、第三段階や第四段階での研究普及や研究活用を最終的に強化する、研究者と政策立案者間のパートナーシップを確実なものにし得ると示唆している。

出典：ゲーリングら（Goering *et al.*, 2003）から作成。

第5章 研究活用改善のメカニズム

　各専門職団体を超えて機能するパートナーシップの確立は、緊張関係と課題の両方を生み出す。研究者、政策立案者、実践者の間でもこのことは例外ではない。しかし、この領域の研究から成功するのに必要な重要な要因を特定できる。

- 成功するパートナーシップのためには、時間、エネルギー、財源、支援活動など、その手段にかなりの投資を必要とする (Huberman, 1993、Goering et al., 2003、Ross et al., 2003)。しかし、デニスとローマスは、優れたリーダーシップとパートナーシップ活動への参加が成功への鍵であることを示唆している (Denis and Lomas, 2003)。言い換えれば、関係者であることが、活動のための新しい構造を生み出すのと同様に重要である。
- 目的、期間、権力、情報ニーズ、報奨制度、言語の違いは、どれもが効果的相互関係に対する障壁を生み出し得る。成功するかどうかは、お互いの文化や活動のやり方を尊重し理解する関係者の能力に依存する (Huberman, 1993、Goering et al., 2003、Golden-Biddle et al., 2003)。
- パートナーシップと組織という競合するアジェンダ間のバランスをとることは、難しい。協働的方法をとることで、目的と役割の明確な定義とコミュニケーションの開かれたチャンネルから利益が得られる (Huberman, 1993、Goering et al., 2003、Ross et al., 2003)。
- 研究者と研究利用者との間の信頼は、成功するパートナーシップの核心である。そしてこの関係は、相互作用の広範な機会を創出することで最も発展する (Denis and Lomas, 2003、Golden-Biddle et al., 2003、Ross et al., 2003)。

　これらの課題があるとしても、研究活用改善への相互作用戦略にかかわる人々は、関与することで広い利益が得られると説明する。政策立案者、実践者、そして研究者のすべてが、スキルや知識、理解が向上したと報告しており、多くの者にとってこれらのことは、効果的なパートナーシップ活動の発展のために生じるコスト以上に重要な意味を持つ (Huberman, 1990, 1993、Cousins and Simon, 1996、Cordingley et al., 2002、Ross et al., 2003)。
　研究活用改善への相互作用戦略は、特に政策領域で近年広く使われるよう

になっている (*Journal of Health Service Research & Policy*, Vol.8（特集号）, October, 2003参照、また本書第4章も参照)。このような戦略は、コストをかけ、かつ集中的になされるかもしれないが、柔軟に適用することもできる。すなわち、地域レベルでも、全国レベルでも、また、既存のネットワークを通して非公式にも、公式のパートナーシップの取り決めを通してでも、いずれにおいても可能である。そのような戦略のあり方は、研究の概念的活用および手段的活用の双方を促進するのに効果的であると思われる。そして、そのような戦略はまた、研究自体の遂行への政策立案者や実践者の密接な関与を通じて、研究のプロセス活用を刺激する。しかし、政策立案者や実践者との相互作用の増大によって研究者の独立性が脅やかされるのではないかといった懸念が表明されることがある。つまり、パートナーシップが政策主導になることで研究者が**牛耳られる**のではないかという懸念である。反対に、相互作用戦略のポストモダン的批判は、このパートナーシップが研究者による支配によって犠牲となる可能性があると示唆する (Watkins, 1994)。このため、そのような戦略をとる際は、研究者と研究利用者のパートナーシップにおいて展開する権力関係への対応に十分に注意を払う必要がある。

2.4　社会的影響

　研究活用改善のための社会的影響戦略は、人々に研究情報を提供し、研究の価値を説得するために、影響力ある他者、例えば同僚やロールモデル、仲間内のリーダーや研究擁護者を用いるものである。第3章で見た通り、政策立案者と実践者にとって、同僚への問い合わせが日々の仕事に対する知識の主要な情報源である場合が多い (Bullock *et al.*, 1998、Feldman *et al.*, 2001、Innvaer *et al.*, 2002)（第3章参照）。このように、社会的影響戦略は、研究活用改善に向けて、研究者自身よりも政策や実践の文脈内での相互作用に焦点をあてる。それらは、「社会的影響理論」や「社会的学習理論」を参照している。これらの理論は、人々の行為は重要な他者の態度や行動によって変化することを提示する (Grol and Grimshaw, 1999)（第6章参照）。研究情報のような新しい情報を同僚と議論する機会は、社会的影響や、**社会的処理**の開発を通してコンセンサ

第5章 研究活用改善のメカニズム

スが生じる機会を提供する（Cousins and Leithwood, 1993）。その目的は、研究に基づく政策と実践を確保する手段として現場の価値観と規範を変えることである。

同僚集団と専門家は、このプロセスにおいて重要である。ヤノらによる系統的レビューによれば、専門家のレビューは、保健医療の場面では実践を変えることに効果的であることが明らかにされている（Yano et al., 1995）。また、保健医療分野では、同僚や実践専門家との議論を伴う教育的介入は、他の形式よりも効果的であると思われる（Davis et al., 1999、Palmer and Fenner, 1999）。「社会的影響理論」を参照する教育的介入は、研究に基づく実践の促進にも同様に成功している（Bradley et al., 2005）。そのような介入を特徴づけるのは、1）相互作用的で参加型の教授方法、2）新しい実践を開発するガイダンスとフィードバック、3）現場の専門家を含めること、4）非公式な学習、5）ロールモデルの活用、である（Bradley et al., 2005）。カズンズとリースウッドによる研究は、同僚との議論を通じた情報の**社会的処理**が教員の研究活用における主な要因であることを明らかにしている（Cousins and Leithwood, 1993）。そしてこのことは、社会的影響戦略が、保健医療以外の教育のような領域でも、いくらか関連していることを示唆する（Simons et al., 2003 も参照）。

オピニオンリーダーとは、仲間の信念や行為に対して、特定の影響力を及ぼす個人と定義できる（Locock et al., 2001）。オピニオンリーダーは、研究活用改善への社会的影響戦略における代表的で主要なツールである。しかし、保健医療の場面におけるオピニオンリーダーの有効性の研究に関する系統的レビューには、相反する知見が含まれていることが報告されている（Bero et al., 1998、*Effective Health Care Bulletin*, 1999、Grol and Grimshaw, 1999、Grimshaw et al., 2001）。研究に基づく実践に対する保健医療や刑事司法分野における大規模プログラムの評価では、概念的にも手段的にも、オピニオンリーダーが研究実施を促す決定的役割を果たしていることが示唆されている（Musson, undated、Dopson et al., 2001、Locock et al., 2001、Mihalic et al., 2004a）。このような結果にもかかわらず、オピニオンリーダーの支援だけでは、研究に基づく実践に変化をもたらすためには十分でない可能性がある。同時に、強固な反対や複雑な感情を持つオピニオンリーダーは、変化の障壁となり得る（Dopson *et al.*, 2001、Locock *et al.*, 2001、Mihalic *et al.*, 2004a）。

　ロコックらが言及しているように、オピニオンリーダーの定義には問題が多く、オピニオンリーダーの意味するところがグループ内と他のグループ間では異なっている可能性もある（Locock *et al.*, 2001）。そのようなニュアンスは、総計的な系統的レビューではとらえることができないかもしれない。**臨床的有効性に関する活動促進プログラム**（PACE）に対する評価では、大学の研究者、あるいは臨床医といった専門家のオピニオンリーダーは、プロジェクトの初期段階では研究に基づくイノベーションを保証するのに重要であったが、一方、仲間内のオピニオンリーダーは、本格的な実施の段階において、より影響力を持つ役割を果たしていることが明らかにされた（Locock *et al.*, 2001）。しかし、教育領域での知見によれば、専門家のオピニオンリーダーを用いると、研究活用は話し合いのプロセスというよりも、強制的なものとして実践者に感じられるようになることが示唆されている（Wikeley, 1998）。

　かなり異質な社会的影響戦略の一つは、政策立案者または実践者の行動を間接的に変化させる目的で、研究の受け取り手としてサービス利用者に的を絞るものである。保健医療の場合、患者による介入は実践者の行動に影響を及ぼすため、研究に基づく情報は専門家あるいは同僚よりも患者に直接提供される。そのような戦略は、広く有効であることが立証されている（Oxman *et al.*, 1995、*Effective Health Care Bulletin*, 1999、Grol and Grimshaw, 1999）。患者による介入はまた、ガイドラインを実施する上で有効だと裏付けられている（*Effective Health Care Bulletin*, 1994、Davis and Taylor-Vaisey, 1997、Bero *et al.*, 1998）。政策や実践の変化を実現するために、草の根の活動家も研究を利用している。例えば、**全英出産育児協会**（NCT）は、対象を親に限定した組織であるが、自らのエビデンスに基づくブリーフィングなどを通じて活発にキャンペーンを行い、政策と実践の変化に影響を与えるために研究を利用している（*www.nctpregnancyandbabycare.com*）。

　社会的影響戦略は主に、政策立案者よりも実践者の心情と行動を変容させることを重視してきた。しかし、このような取り組みは、概念的にも手段的にも効果を示す実例があることから、期待できる方法を提供しているように思われ、また、政策立案者が通常、情報源として同僚を頼ることを考えれば（第3章参

照)、政策の場でも同様に価値がある可能性がある。政策ネットワークや政策起業家をうまく活用することは、この戦略においては重要かもしれない(第4章参照)。研究を取り上げ、活用することに影響を与える主要なグループや個人を特定することは、社会的影響戦略の成功に決定的な意味を持つ。しかし、保健医療からの研究が示唆するのは、この戦略は、およそ単純なプロセスではないということである (Locock et al., 2001)。

2.5 研究活用促進

　研究活用促進戦略は、政策立案者や実践者が研究の取り上げを改善しようとする試みに、技術面、財政面、組織面、さらに感情面でも多様な形態の支援を提供する。その戦略は、研究活用促進のための環境の創出に重点を置く。このように、研究活用促進戦略は、研究活用プロセスの「利用者・プルモデル」を反映するものである。そこでは、研究利用者と現場の文脈が研究活用の鍵を握る。研究活用促進戦略は、研究を自ら活用しようとする積極的意思と専門性を人々に身に付けさせるために専門職の研修を必要とする場合もある。また、研究活用を支持したり妨げたりする構造的・組織的条件に的を絞る場合もある。研究活用促進戦略は、**変革管理論**に由来し、変化を目的として個人や集団への実際的援助を可能にする戦略が重要であることを強調する。学習理論もまた、変化を達成するための研究活用促進の重要性、すなわち介入によって、行動を起こすためのリソース、もしくは変化に対する障壁を取り除くためのリソースを提供する相対的条件を強調する (Granados et al., 1997)。

　研究活用促進戦略の一つは、研究にアクセスし、解釈し、応用する個人のスキルやモチベーションを高める試みである。実際には、そのような戦略は、自発的で能力のある研究**市場**を開発する目的で、普及の取り組みを補完する。国民保健サービス (NHS) の北テムズ地域でのエビデンスに基づく最先端の医療プロジェクトは、電子媒体による研究データベースへのアクセスを提供し、批判的検証評価についてのスタッフ研修を実施することによって、病院の臨床医に日々の診療での研究活用を促そうとするものであったが、成果は意図したものとは異なるものであった。特定の制度的・歴史的障壁によって、研究活用は

制限され、プロジェクトの評価は、医師が彼らの診療を支援するデータベースを確実に利用するためには、かなりの研修とリソースが求められるという結論であった（Cumbers and Donald, 1998、Donald, 1998）。医師が研究を評価し解釈する助けとなるよう、英国の社会福祉部署のスタッフによって批判的検証評価に関するワークショップも行われた。参加者によれば、ワークショップは有益であり、知識も増加したとの自己評価がなされている（Spittlehouse et al., 2000）。しかし、保健医療に従事する医師たちを対象にした批判的検証評価研修に対する介入のレビューからは、この取り組みは通常、効果がないことが明らかになった（Shannnon and Norman, 1995）。

保健医療の領域では、研究活用促進戦略は、研究に基づく新しい実践を個人に教える教育的介入を伴うことが多い。そのような介入は、系統的レビューによれば、広く成功しているとされる（Davis et al., 1999、Grol and Grimshaw, 1999、Smith, 2000）。たとえば、160の教育的介入のレビューによれば、その三分の二は、医療の実践を変化させるのに有効であり、三つ以上の教育的介入が組み合わされたところでは、80％の事例で成功が実証された（Davis, 1998）。しかし、受動的で講義中心のアプローチや、1日以下の介入では、医療などの実践を変化させるのに、ほとんど、もしくはまったく効果がないことがどの観点からも明らかにされた（Davis, 1998）。教育的取り組みで成功しているものは、明確な目的を持ち、学習に対する障壁を特定して的を絞り、非公式のかたちでの参加型の方法、例えば現場に適するように改変されたワークショップなどを通じて提供されるものに特定されている（Bradley et al., 2005）。また、他のレビューでは、保健医療の実践者の間での個人的指導や教育的アウトリーチが、効果的方法であるとされている。つまり、これらの介入が、相互作用的要素を含み、支援的教材が与えられ、あるいは症例の議論や新しい治療の試みの機会が提供される場合には、医師の行動を変化させる可能性がある（Davis et al., 1999；Effective Health Care Bulletin, 1999、Grol and Grimshaw, 1999、Palmer and Fenner, 1999、Smith , 2000、O'Brien et al., 2002a）。さらに、教育的アウトリーチも、ガイドラインを実行する上で、成功している（Gross and Pujat, 2001）。

別の研究活用促進戦略は、研究に基づくプログラムやプロトコル、実践ツ

ールを開発し実施することに焦点をあてる。保健医療の領域では、ガイドラインなどの研究に基づく実践の手段を提供をするためにコンピュータを使用することは、全体的に見るとプラスの結果をもたらす（Johnston *et al.*, 1994、Balas *et al.*, 1996a、Gross and Pujat, 2001、参照程度のものとしてはHunt *et al.*, 1998）。ステッカーや壁チャートのような事務ツールも、研究に基づく実践の変化の一助になる（Dickey *et al.*, 1999）。ソーシャルケアにおいては、同様に、チェックリストやアセスメントの枠組みのような実践ツールが、一連の研究に基づいて開発され、実用化されている。典型的には、スタッフ研修により、それらの実用化が後押しされる。これらの取り組みは多くの場合、実践を変えるのに有効であるとされており、医師の知識や態度を変える可能性もある（Bullock *et al.*, 1998、Qureshi and Nicholas, 2001、Nicholas, 2003）。

このほかの研究活用促進戦略としては、より広範な研究に基づく社会プログラムの実施の支援もある。ソーシャルケア、教育、刑事司法の各領域での大規模ないし小規模な取り組みに対する評価により、研究活用促進戦略が成功するのに必要な主要な特徴が特定されている（Ward, 1995、Bullock *et al.*, 1998、Mukherjee *et al.*, 1999、Sprague *et al*, 2001、Little and Houston, 2003、Qureshi and Nicholas, 2001、Mihalic *et al.*, 2004a、Vaughn and Coleman, 2004、コラム5.6も参照）。

- 適切なリソースと支援の提供（研修、熟練したスタッフ、行政支援、財源、教材、時間や継続的な監督など）。
- 現場での高いレベルでのリーダーシップ、参加、支援。
- 第一線のスタッフの参加、動機づけ、当事者意識。
- 組織の安定性と良好な縦と横のコミュニケーション。

コラム 5.6 研究に基づく「キーワーカー・サービス」：
障害児のいる家庭への支援

ムーカジらとスローパーらは、研究に基づく**キーワーカー・サービス**を障害児

> のいる家庭に対して実施するために、英国の二つの社会福祉部署によってとられた方法を比較した。どちらも初任者研修あるいは情報イベントを提供するものであったが、それぞれの実施戦略は異なっており、成功の程度も違っていた。フォローアップの支援は、会議、監督、運営グループによるフィードバックによってなされたが、その利用程度も異なっていた。プログラムについての評価からの知見では、成功した場合には次のような支援があったことが明らかにされた。
> - 献身的なプロジェクトコーディネーター。
> - 適切な初任者研修。
> - サービスを展開するための質の高い関与。
> - 小規模の省察的学習方法。
>
> 出典:ムーカジら(Mukherjee et al., 1999)、スローパーら(Sloper et al., 1999)から作成。

　しかしそのような成功要因は、プロジェクトやプログラムの実施における一般的な課題に関し、研究活用とは明らかに関連がない可能性がある。重要な問いは、プロジェクトやプログラムが研究に基づくという事実が、そのプロジェクトやプログラムの取り上げに対してプラスあるいはマイナスのものであっても、さらなる効果を与えるかどうかにある。既存の研究による知見は、この点に関するエビデンスをほとんど提供しない。しかし、プログラムあるいはその選択を現場に適合させることを目的に研究知見についてある程度の議論を可能にすることは、研究に基づくプログラムの実施を後押しする可能性がある(Sloper et al., 1999、Qureshi and Nicholas, 2001、Mihalic et al., 2004a)。

　実践的で感情面に訴える適切な効果を与えることが、さまざまな実践の場面を超えて、研究に基づく変化をうまくもたらす。これらの研究活用促進戦略に関する多くの研究は、手段的効果、つまり実践における直接的変化を検討するものであった。しかし、研究に基づく実践ツールは、より概念的な効果を促すためにも活用され得る。研究活用促進戦略は、例えば研究を評価し解釈する研修を提供するなど、政策立案者の間においても活用されてきたが、多くは評価されてこなかった。しかし、実践の文脈によるエビデンスは、研修や行政的支

援などのリソースに対する質の高い投資が一般的に成功のチャンスを高めることを示唆している。しかし、うまく成功するためには、研究活用促進戦略は、イデオロギー面での支持も必要であろう（Bullock *et al.*, 1998、Mihalic *et al.*, 2004a）。

2.6 インセンティブと強化

本章で特定している最後の主要な戦略は、研究活用改善へのインセンティブと強化による戦略である。この戦略は、研究者、政策立案者、実践者の行動に影響を与えるために、プラスのこともマイナスのこともあるが、いずれにせよ**強化因子**を開発し、研究活用や研究普及などの研究活用活動に従事することに対し、ある種の報奨や奨励を行うものである。保健医療の領域では、共通の取り組みとして、研究に基づく実践を実施し維持するために、監査、フィードバック、リマインダーを用いる。この種の戦略は、行動は外的刺激を統制することで影響されるとする学習理論に裏付けられている。そのような理論によれば、特定のやり方で行動する機会は、行動がプラスの結果を伴う場合に増加し、マイナスの場合には減少する。報奨とフィードバックの双方が、このプロセスでは重要である（Granados *et al.*, 1997）。

戦略の一つとしては、研究宣伝促進のために財政助成のインセンティブを提供することが挙げられる。例えば、スイスの国立学術カウンシルは、助成事業を展開するにあたり、研究者に総合的普及計画を提出させ、財源の10％を学界外での普及活動のために意図的に計上することを求めた。そのため、この事業の下で助成されたすべてのプロジェクトは、研究宣伝活動にある程度かかわることとなり、それがひいては実践者による研究活用の推進に寄与した（Huberman, 1990, 1993）。そのほかの取り組みの例としては、研究者と研究利用者との間のパートナーシップの進展を促進することによって研究活用を改善させようとするものもある。そのような事業の一つとしては、カナダの社会科学人文研究協議会（SSHRC）によって創設された、パートナーシップ開発に対する研究助成金がある。この助成金では、助成決定において、パートナーシップ開発の強力なエビデンスを伴う研究計画が、重視された。このようなイ

ンセンティブは、パートナーシップ拡大の刺激となり、適切なパートナーシップを伴ったプロジェクトは、実践者に最も大きな影響を与えた（Cousins and Simon, 1996）。

別の戦略としては、サービス提供組織内部の、研究に基づく社会プログラムに、競争的資金を提供するものがある。資金は、競争入札プロセスを通じて入手でき、明確な研究基盤を持つ事業は、助成決定で優遇される。この取り組みは、広範な社会プログラムのために英国で採用されているが、必ずしもうまくいっているわけではない。クートらの評価によれば、政策の建前とは裏腹に、事業は研究によって必ずしも十分に裏付けされてはいなかった（Coote et al., 2004）。研究に基づく事業の政策デザインと、現場で実際に実施されたやり方との間には隔たりもあった（Coote et al., 2004）。このような取り組みは、研究に基づく実践（第2章参照）を展開するイノベーションを促す可能性を持つとはいえ、開発や管理、応用にあたっては複雑になることがある（コラム5.7参照）。

コラム 5.7 犯罪減少プログラム：研究に基づく事業の開発と実施の促進

英国内務省の**犯罪減少プログラム**（CRP）は、犯罪の持続的減少を実現することと、その領域でのベストプラクティスの知識を取り込むことの双方を目的とするものであった。この目的を達成するために、犯罪減少のために**何が有効か**に関する研究に基づくエビデンスを取りまとめ、実行可能な取り組みのポートフォリオの開発が企画された。地方レベルでは、犯罪減少プログラムの各プロジェクトの計画や整備は、主として、プログラム基金に競争入札を提出するよう地方機関に招請することによって実現される予定だった。プロジェクトは、実施期間中に評価・改善されるとされ、最初の三年間で得られたことが広い範囲に普及される予定だった。しかし、時の経過とともに、成功する取り組みのみが、資金援助の主流となり、有効でないプロジェクトは取り消されることになっていた。

犯罪減少プログラムの目的は野心的であり、それは、1）取り組みの複雑な組み合わせを実施し評価すること、2）犯罪減少を実現するための取り組みの最も適切

第5章　研究活用改善のメカニズム

> な組み合わせを評価すること、3）そのような取り組みがいかに主流となり、それらの影響が長く維持される可能性があるのかを学ぶこと、である。そうする中で、**犯罪減少プログラム**は実行上の課題に直面した。特に、研究エビデンスを現場の事業やプロジェクトにわかりやすく翻訳する難しさがあった。初期の作業のために利用可能な資金はなく、地方レベルでの研究知見へのアクセスは場合によっては限られていた。結果として、入札に参加した者は、当初予想していたよりも少なく、また、必ずしも質が良いものではなかった。このことに応じて、**犯罪減少プログラム**は、研究者や他の研究活用を促進する者に、現場のプロジェクトへのエビデンスの翻訳支援を委託した。委託にあたっては、何が求められるかについて質の高い重要な内容を記した仕様書が提供された。しかし、プロジェクトに対する中央からの指示の増加は、一般的には強いエビデンス基盤を意味したとはいえ、いくつかのケースでは、革新的な取り組みの実施を抑え込んだ。
>
> 出典：ナトリーとホーメル（Nutley and Homel, 2006）から作成。

医師に対し、研究に基づく実践を促すのには、明確な財政的インセンティブが用いられている。初期の成功は長くは続かないかもしれないとはいえ（Palmer and Fenner, 1999）、この戦略は、まさにガイドラインの活用にプラスの影響を持つように思われる（*Effective Health Care Bulletin*, 1994）。さらに、保健医療において一般的な**実績報酬**制度案の効果に関する要約でも、財政的インセンティブは、確実に医師の行動の変化に重要な役割を果たすことを示唆している。しかし、それらはまた、インセンティブが望ましい反応を引き出すためには、非常に注意深い設計を必要とすると警告を発している（Conrad and Christianson, 2004、Chassin, 2006、Petersen *et al.*, 2006）。

インセンティブに基づくこのほかの戦略は、研究活用を個人の職務記述書や人事評価制度に書き込むことを求めるものである。例えば、英国の保健省では、ソーシャルワーカー養成の要件として、ソーシャルワークの職務内容基準の一部に研究活用を組み込んでいる（Water *et al.*, 2004b）。同様に、研究活用を支えるために、実績管理と監視メカニズムが展開されている。レイコックとファ

レルは、イングランドおよびウェールズの警察に犯罪被害の反復性に関する研究を普及するために用いられた、広範な取り組みを記述している（Laycock and Farrell, 2003）。この研究活用のポイントは、全国的な実績指標として犯罪被害の反復性に関する研究が内務大臣により採用されたことにある。ボラムは、教育分野における研究活用の事例研究を検討し、研究に基づく実践を義務づける政策上の指示が研究活用を確実にする鍵であると結論づけている（Bolam, 1994）。

保健医療の場面におけるリマインダーや監査、フィードバックの有効性は、系統的レビューを通じて検証されている。刺激とリマインダーは、一つの戦略として、また実践の場で効果的であると広く報告されている（Davis, 1998、*Effective Health Care Bulletin*, 1999、Grol and Grimshaw, 1999、Smith, 2000、Grimshaw *et al.*, 2001）。手書きのリマインダーもコンピュータによるリマインダーも、それぞれ効果があるが、双方用いることにより、大きな効果が得られる。（Balas *et al.*, 1996b）。リマインダーはまた、ガイドラインを実施する上で有効性が見いだされている（*Effective Health Care Bulletin*, 1994, 1999、Davis and Taylor-Vaisey, 1997、Thomas *et al.*, 1998, 1999, 2002）。しかし、監査とフィードバックに関する知見は、相反するものを含んでいる。それは、ある行動にとっては有益なやり方であるように思われるものが（Gill *et al.*, 1999、Hulscher, 2001）、必ずしもすべてに対して有益ではないということである（Davis, 1998、Grimshaw *et al.*, 2001、Freemantle *et al.*, 2002、O'Brien *et al.*, 2002b, 2002c）。また、相反する結果が、短期間と長期間の効果を比較する研究からも報告されている。そして、実践や成果で示されたいかなるプラスの変化も中程度であることが多い（O'Brien *et al.*, 2002c）。とはいえ、監査とフィードバックは、ガイドラインを実施する上で確かに効果的であると思われる（*Effective Health Care Bulletin*, 1999、Oxman *et al.*, 1995、Davis and Taylor-Vaisey, 1997）。同僚同士を比較して行われるフィードバックも、実践を変えるのに効果的とされる（*Effective Health Core Bulletin*, 1999）。このやり方は、強化戦略に「社会的影響戦略」を組み合わせたものである。

全体的に見て、インセンティブと強化による戦略から得られるエビデンスは限定的なものばかりであり、これには研究活用改善に有効かどうかについて相

第5章　研究活用改善のメカニズム

反するものも含まれる。いくつかの有望な取り組みが試みられてきているが、今後、より多くの評価がなされて、初めて効果的方法が明確にされるであろう。さらに、監査とフィードバックおよびリマインダーについての研究は、保健医療の文脈に限定されている。そして、これらの取り組みは、他の領域や場面に容易に転用できるものではない。この種の戦略はしばしば、本章で詳細を述べた他の方法よりも、より強制的なやり方を代表し、研究による概念的活用よりも手段的活用に非常に力を注いでいることに留意する必要があるだろう。このように、これらの取り組みは、研究利用者がダイナミックでしばしば集団的なやり方で研究の知見を積極的に再構築することを伴う反復的・偶発的プロセスとして研究活用を理解しようとする場合、うまく適合しないのである。

第3節　結語

　本章では、研究活用改善に用いられ、かなり成功を収めている広範囲の戦略を明らかにした。取り組みのいくつかの違いは、領域間ではっきりしている。教育領域では、研究活用改善に向けて、より集団的で相互作用的なやり方を採用してきた。保健医療領域では、普及、フィードバック、インセンティブに焦点をあててきている。刑事司法領域は、研究活用改善の促進の取り組みで特徴づけられる。どの領域内部で採用された研究活用改善の戦略の種類であっても、関連性を有するエビデンス基盤の性質とサービス提供がとる形態によって方向づけられる。一方、評価がなされている戦略は、研究活用改善のために現場で行われるすべての取り組みのほんのわずかなもので、本書で述べた改善策は必ずしも代表的事例というわけではない。たとえ、成功した事例があるとしても、研究活用改善の戦略は、今までのところは、これまでの章で述べた研究活用の最新の理解や、より微妙な理解を十分に利用することに失敗しているように思える。それらは、単なる研究の手段的活用を超える、研究活用の複雑で多面的な性質を軽視している。そして、研究が現場で活用されている度合いを見ると、最も良い見識を提供していると思われる偶発的でダイナミックな解釈モデルを利用しているのは、相対的に見れば少数でしかないのである。

しかし、こうした知見がまさに示唆するのは、多くの研究活用改善の戦略が、多様な文脈や国を超えてうまく移転され得るということである。例えば相互作用戦略は、保健医療、ソーシャルケア、教育の場面で、時に国内の文脈を超えて効果的に活用されている。研究に基づく事業を実施する研究活用促進戦略もまた、英国や英国以外の広範囲の場面で活用されてきた。しかし他の戦略にとって、移転の可能性は、より限定的であるかもしれない。例えば、研究に基づくやり方を取り入れるよう実践者に圧力をかけるために、サービス利用者に働きかけることは、教育の領域ではふさわしいものとは思えない。教育サービスは、個人化された形態よりも集団的形態で提供される。同様に、ケアを提供しようとする際に特定の研究に基づく治療や処置に保健医療の実践者の注意を喚起するようなリマインダーのやり方は、多くのソーシャルケアあるいは教育の場面では適切ではないだろう。研究活用改善への戦略が開発された場面を超えて移転することは、戦略自体の詳細というよりはむしろ、そのような取り組みの文脈の注意深い分析とともに、それらに根拠を与えるメカニズムへの重点化がなされるときに最もよく達成される可能性がある。

　本章で示した多くの戦略は、第3章で明らかにした研究活用に対する障壁を解決するためのものである。例えば、強化された普及戦略は、政策立案者や実践者が、研究の性質や研究発表の仕方に関して指摘する問題点への対応策である。他の戦略、特にオピニオンリーダーや参加型教育ワークショップを用いるような社会的影響戦略は、研究やその活用へあまり反感を抱かない個人・組織の態度を涵養するのにいくらか役立つ。相互作用戦略は、非公式のネットワーク、あるいはより公式のパートナーシップの取り決めを結ぶことで、研究者と研究利用者との間のより良い連携を可能にしようとする。最後に、研究活用促進戦略と、インセンティブと強化による戦略の活用はともに、研究のより良い取り上げ方を支援する文脈を創出するために重要である。

　しかし、戦略と障壁の一対一の関係を想定するのは、いくぶん不自然である。どんな研究活用戦略や取り組みも、研究活用への障壁に同時に対処しそうである。例えば、本章で概説したさまざまな戦略は、より良い研究活用を支援する文化を政策や実践コミュニティのみならず研究者間にも生み出すのに、一般的役割を果たすであろう。この種のアウトカムは具体性を欠くが、それでもなお

第5章　研究活用改善のメカニズム

研究活用の取り組みを成功させるチャンスを高めるのに重要である。さまざまな戦略や取り組みは、現場で誘発されるものも、**トップダウン**のものも、同様にこのように複雑なやり方で相互に作用する可能性が高い。しかし、エビデンスによれば、特に実践者に研究活用がなされるようにする秘訣は、現場の文脈での研究活用の促進要因と阻害要因を特定し、いかなる研究活用戦略を生み出す場合でも、これらの要因に的を絞ることである（Dopson et al., 2001）。

　研究活用改善への戦略を支える主要なメカニズムを特定することは、このやり方の重要な部分である。メカニズムへの重点的取り組みは、実社会の文脈での研究活用を促す試みの複雑性をうまく取り扱うのに役立ち、どんな環境で、どんなやり方でもうまくいくと信じやすいのはなぜかについても、明らかにしてくれる。多くの場合、研究活用改善への取り組みの根拠をなすメカニズムや理論は暗示的である。本章の目的は、成功する研究活用戦略の開発を支援する方法として、これらの理論とメカニズムのいくつかを明らかにすることであった。

　同時に本章では、個別の活動や取り組みとそれらを支えるメカニズムとの関連の双方から、研究活用を促進するために**何が有効か**を検討してきた。成功した研究活用戦略に関する優れたエビデンスは、ある程度存在する。しかし、それらの戦略が用いるメカニズムの有効性についての広範な結論を導き出すことは、今後行うべき暫定的課題であろう。さらに、研究活用について得られるエビデンスは、主に実践の文脈から産出される。つまり、われわれは、政策立案者による研究活用の改善に何が有効かについてあまり知らないのである。しかし、概して、相互作用戦略は、研究活用の改善において、現在のところ最も有望と思われる。それは、単に研究発表で政策立案者や実践者の知見に関する議論を充実させることから、研究知見を実地に試みるため研究者と研究利用者が現場で協働すること、さらに、長期間にわたっての研究、政策、実践の間のより良い連携を支援する公式の持続的で大規模なパートナーシップまで広く存在する。「社会的影響理論」に基づく戦略と、研究に基づく事業や実践ツールを実行するための十分に資金力を有する研究活用促進の取り組みもまた、前向きで有望なやり方を提供するように思われる。状況に応じた普及活動は、研究の概念的活用をいっそう支援する可能性がある。しかし、インセンティブと強化

による戦略に依存する介入については、さらなるエビデンスが求められる。

　これらの結論は、第4章の結論を反映している。第4章では、「相互作用モデル」が、研究活用プロセスを理解するための最も優れたガイドであるとともに、研究活用の社会的仲介という重要な役割を持つことを確認している。しかし、第4章の結論はまた、研究活用は複雑かつ文脈依存的であることをも示唆している。研究活用をうまく支援するためには、複合的メカニズムに依拠する一連の戦略が必要である。グリムショーらは、変化を妨げる障壁の評価に基づき、明確な理論的枠組みによって裏付けられた多面的な戦略は、単独の戦略よりも効果的である可能性が高いことを提示している（Grimshaw *et al.*, 2004）。しかし、研究活用改善の戦略の理論的根拠を発展させ、これらの戦略を評価するためには、さらなる研究が求められる。次章では、学習理論、ナレッジマネジメント、イノベーション普及理論の関連文献を検討することによって、これらの隔たりのいくつかを埋める試みを行い、それらの理論的根拠が精緻で効果的な研究活用戦略を展開することのために提供できるものを探究する。

第6章

主要な理論と概念：
学習理論、ナレッジマネジメント、
イノベーション普及理論

はじめに

　研究活用を推進するための戦略と介入は、適切な理論的枠組みに支えられてこそはじめて効果的だと考えられるようになってきている。前章では、それらのいくつかがどのようなものかを明らかにし、その効果に関するエビデンスの一部を、研究活用の調査研究から概説した。しかしながら、この分野に関する理論化はあまり進んでいない。本章では、研究活用促進戦略の企画に情報を提供できるにもかかわらず、あまりこの分野で広く応用されていない理論とエビデンスをさらに三つ検討する。それらは、学習理論、ナレッジマネジメント、イノベーション普及理論である。

　研究活用を学習理論の視点から検討しようとすると、個人の、またはグループや組織を通しての、知識獲得のプロセスについて慎重に考えることになる。また、ナレッジマネジメントの視点に立てば、知識が獲得され、組織内で共有される方法について関心が向くことになる。最後に、イノベーション普及理論の視点からは、個人や組織の人々を通してのアイデアの広がりや採用に関心の重点を向けることになる。学習理論、ナレッジマネジメント、イノベーション普及理論はすべて、アイデアや知識の獲得、広がり、実行など、研究活用の理解の中心となる事柄を把握することにある程度かかわっている。もちろん、マーケティングやコミュニケーションなど、研究活用改善の戦略のためにさらなる知見提供の可能性がある他の理論やエビデンスも多くあり、それらを探究することも考えられる。しかし、ここでは研究活用の複雑でダイナミックかつ相互作用的性質を理解する上で特にかかわりが深いと考えられる学習理論、ナレッジマネジメント、イノベーション普及理論に焦点を絞って取り上げることにする。

　本章の目的は、三つの分野のそれぞれの幅広い社会科学文献と研究活用を結び付けることで、研究活用に対する理解を広げ、深めることにある。ここでは、これらの文献に提示された見識を検証し、研究活用促進戦略への示唆となるものを強調する。そのため、本章は、必然的に文献を精選し、比較的簡潔にまと

めた概論の構成をとる。とはいえ、さまざまな範囲の理論的・実証的研究が引用されており、それらは心理学、組織社会学、情報科学、文化人類学など多様な学問分野から生じたものである。研究によっては公的セクターで実施されたものもあるが、特に学習する組織とナレッジマネジメントについては、その多くが民間セクターでの実践に関するものである。これらの研究はまた、多様な存在論的・認識論的立場をとっている。必然的にこのことは、ここで示す概論が取捨選択による大雑把なものであることを意味する。従って、本章の結論は暫定的・示唆的なものであり、政策と実践の応用には差異が生じると思われる。

第1節　学習理論：個人と組織

　学習は、**知識や専門技能を得るプロセス**として定義される（Knowles *et al.*, 2005, p.17）。そして、研究活用は、個人の学習や組織による学習の問題と考えられているため、この分野についての文献をまず検討することは理にかなっていると言えよう。研究活用が個人の学習の問題と考えられる場合には、研究活用は、研究から新しい知識や専門技能を得て応用する実践者、サービス部門管理者、または政策立案者の個々人の問題であることが前提となる。しかし、どのようにして学習は起こり、そして個人の学習と組織による学習を促すために何ができるのだろうか。こういった疑問に関する文献の大半は、個人の知識の獲得に集中しているので、まずはこの点について考える。その後、組織による学習についての文献について論じる。組織間による学習の性質とその促進についてはさらに文献があるが、これは、アイデアや知識、イノベーションがどのように組織や職業上の境界を越えて共有されるかという問題なので、イノベーション普及理論の文献を扱う際に議論する。

1.1　個人の学習

　個人の学習プロセスについての説明は、三つの主要な理論に根差している。

- **行動理論**：学習することの大半は、新しい連想の形成、あるいは既存の連想の強化または弱化として理解される、つまり学習は刺激の連想を通して生じるという仮定に立つ。
- **認知理論**：人々が自分の周りの世界を理解するために育てる内的表象が学習の核に存在しているという仮定に立つ。
- **社会認知理論**：他者を観察し他者の行動を模倣することで学習が起こると主張する。

　行動理論の前提により、学習のためのインセンティブと報酬の仕組みは説明できるかもしれないが、成人の学習活動の説明・形成に特に影響力を持っているのは、認知理論と社会認知理論であり、本章の関心もそこに焦点を向ける。
　学習に関する認知理論の主な特徴は、コラム6.1に要約されている。認知理論では、学習は一人の人間から他の人間、あるいはある状況から他の状況への単なる情報の移転だという単純な考え方ではなく、学習は、個人が世界の内的表象である自分のスキーマを新しい情報に照らして修正するプロセスだと考える。新しい経験と知識を個人の認知スキーマに組み入れるプロセスでは、情報と知識の変換が繰り返し行われ、単なる移転ではない。この複雑なプロセスは、発生する文脈に大きく影響されるものであり（Brown, 1995）、構成主義的学習理論の基礎として、第4章と第5章で議論したように研究活用を学習プロセスとしてモデル化し、形成するために用いられてきた。

コラム 6.1　学習に対する認知理論の主な特徴：スキーマ理論

- スキーマは、人々が自分の周りの世界を理解するために形成する内的表象のパターンである。
- スキーマには常に限界があり、新しい経験が既存のスキーマを否定する可能性がある。
- 学習は、新しい情報に照らしてスキーマを修正することから成り立っている。
- スキーマを再構成するために必要な努力がなされなければ、学習は起こらない。

学習しない人は、矛盾する経験は無視するか、容易に同化できる経験の一部だけを選択するか、あるいは認知的葛藤を抱え続けるかのどれかを選ぶかもしれない。

出典：ブラウン（Brown, 1995）から作成。

　認知理論の文献の大半は、子供がどのようにして学習し発達するかということに集中している。しかし、子供と成人では学習の仕方が異なり、成人学習は一般に、より個人化されたプロセスだと考えられている（Knowles *et al.*, 2005）。コラム6.2に要約された分析枠組みは、このプロセスに影響を与える主要な要素を理解するためのものであり、個人のさらなる研究活用を後押しするプロセスの理解と関連が深い。

コラム6.2　成人学習のプロセスを理解・設計するための枠組み

考慮すべきは、以下の学習者の要素である。
- **知る必要**：なぜ、そして何を知る必要があるのか。
- **自己概念**：特にどの程度、自律的で自己決定的か。
- **過去の学習経験**：学習経験の結果として発展させたメンタルモデルも含む。
- **学習レディネス**：生活に関係していることもあれば、仕事に関係していることもある。
- **学習への適応**：しばしば問題中心的で状況関連的なものとして想定される。
- **学習へのモチベーション**：特に個人的な報酬として理解される。

　さらには、学習が起こる文脈、特に学習状況、学習の到達点や目的を考慮すべきである。

出典：ノールズら（Knowles *et al.*, 2005）から作成。

成人学習には個人ごとにさまざまなやり方があるという考えはあるが、その一方で、成人学習や発達を高める、より良い方法として一般化しうる知恵がいくつかあり、かなり広く支持されている。例えば、学習が対面で行われ、学習者がお互いにやりとりできるような学習プロセスが、最も効果的だと考えられている（Stroot et al., 1998）。経験に基づくアプローチは、学習者の経験を省察や分析、批判的検討を通して整理するように勧めるものだが、これもまた支持されている（Knowles et al., 2005）。このような知見は、第5章で提示された、研究活用改善のための主要なメカニズムとしての、相互作用と社会的影響を裏付けるエビデンスと整合する。

　学習理論などの研究者は、**省察**という定義一つにしても合意に達していないが、省察の成人学習における重要性に関しての一般的な合意はなされている（Buysse et al., 2003）。省察は、実践者が自分の仕事から一歩下がってみることを求めるが、これはさまざまな方法で行われる。例えばハットンとスミス（Hatton and Smith, 1995）は、省察の四つの異なる形態について説明している。

- 特定の状況における自分の現在のスキルと能力についての技術的考察。
- 専門的役割における、自分の実績に関する記述的分析。
- 専門的に特化した状況における問題を解決するための代替方法についての対話的探求。
- 自分の行動が他者に与える影響についての批判的思考。

省察のこれら四つの形態に含まれる、異なる高度化のレベルは次のことを示唆している。すなわち、おのおのの状況に応じた文脈での学習が強調されてはいるが、これらの状況それぞれの研究への関与は非常に異なっている。

　「状況に埋め込まれた学習理論」は、認知理論の中でも特別な位置づけを持つもので、学習を日常生活の状況から得られ、その状況に応用される知識と見ている。この理論では、経験に基づく学習の重要性を強調するだけでなく、学習を孤立した活動ではなく社会文化的な現象と考え（Barab and Duffy, 2000）、個人の学習文脈から、学習者コミュニティのメンバーになる意義へと焦点を移す（Barab and Duffy, 2000）。従って学習は、他者との取り決めや問題解決

を必要とする社会的プロセスの結果と考えられる（Stein, 1998）。このことは、研究活用改善のための社会的影響理論と整合している。

専門的職業のための学習と研修プログラムは、経験学習、問題解決、省察的実践の概念に基づくものが多い。例えばデイヴィス（Davies, 1999）は、**エビデンスに基づく保健医療**のオックスフォードプログラムの主な特徴は、学生が授業に持ち寄った問題を解決しようとする中で学ぶことだと述べている。そのような社会的影響理論は効果的であり、特に協調学習──他者との学習──と結び付くと効果が高いことを裏付けるエビデンスがある（General Teaching Council for England, 2004, 2005）。例えば、教員にとっての学習機会は、次のようなときに特に有効だと考えられる（コラム6.3参照）。

- 個人が、自分の学習の重点とスタートポイントを特定している。
- 個人が、同僚からサポートを受け、専門家による高度な専門知識にアクセスできる。
- 対話、省察、変化を奨励するプロセスがある。
- 学習機会が、長期間維持される。

コラム 6.3　教員にとっての協調学習

教育分野での現職教員研修の3件のレビューで明らかになったことは、教員が、自分の学校や他の学校の教員からサポートを受ける協調学習の方法を用いた現職教員研修は、個人志向の現職教員研修よりも効果的な学習戦略ということであった。プラスの成果が出るとされた現職教員研修の特徴は、以下の通りである。

- 学校を場とする活動と連携する、専門家による高度専門知識の活用。
- 実験のための安全な環境の提供や観察などのピアサポートやコーチング。
- 参加者が現職教員研修の重点とスタートポイントを特定できる自由度。
- 職業上の対話、省察、変化を奨励、拡大、構成するプロセス。
- 現職教員研修を長期間維持するプロセス。

これらの現職教員研修の中心分野には、観察、共有される経験の解釈、共同の

計画とカリキュラム設定などの幅広い活動が含まれる。

出典：イングランド全国教員協議会（General Teaching Council for England 2004, 2005）から作成。

　状況に埋め込まれた学習や経験学習、省察的実践は、構成主義的学習理論によってさらに注目されるようになってきている。それらの理論では個人が自分の学習経験から個人的な意味をどのように構成するのかを理解する重要性が強調されている（Ausubel *et al.*, 1986、Brumner, 1990、Novak, 1998）。コラム 6.4 は、フォーマルな継続教育プログラムによる新しい知識がどのように職業的実践の場で意味を持つかに関する研究の要約である。それによれば、**意味づけ**のプロセスは、職業の専門性、そして顧客との相互作用によって形成される。この研究はまた、知識と経験が意味を持つプロセスの理解のための、文化的視点に役立つ多少の裏付けも提供する。ここでは、個人の内面における認知というよりは、個人とその文化、特に、職業文化の間の相互作用における認知のプロセスの所在を示しており（John-Steiner and Souberman, 1978）、この見方は、実践コミュニティの研究によって補強されている（後述の**組織間の学習ネットワーク**を参照）。実践コミュニティの研究では、個人は協調を通してインフォーマルにアイデアを共有しており、この文脈の中で複雑な活動に関する解釈の仕方が共有・構成され、この、意味を構成するプロセスが、組織のメンバーにアイデンティティと結束をもたらすと説明している（Newell *et al.*, 2001）。

コラム 6.4　職業的実践の場で知識はどのようにして意味を持つようになるか

　デイリーは、過去 9～24 か月の継続教育プログラムに参加したソーシャルワーカー、弁護士、成人教育者、看護師など全部で 80 人にインタビューを行い、教育プログラムの事後学習について質問した。調査から明らかになったことは、すべての職業グループにわたり、教育プログラムで学んだ新しい知識は、新しい情報について考え、行動し、自分の感情を認識するという複雑なプロセスを通して、職業上の知識に加えられることであった。情報は以前の経験と同化・統合さ

れ、新しい情報も古い情報も、共に性質が変化した。

　意味を構成するプロセスは、それぞれの職業によってわずかに異なっており、それは自分の専門的職業に対する見方の違いから生じると考えられる。例えばソーシャルワーカーは、顧客の利益を守るという擁護者的な自分の役割と、顧客の利益をさらに広げるために新しい情報と実務での経験とを結び付ける重要性を強調した。一方、弁護士は、論理的思考のプロセスがどのように仕事上重要か、そして教育プログラムからの最新の情報が、どのようにそのプロセスの助けとなるかを説明した。

　専門職の人々はまた、顧客とのやりとりがどのように自らの意味解釈のプロセスに影響を与えるかということを指摘した。多くの場合、専門職の人々は、自分の信念と過去の学習に対する検証を迫った実践上の出来事を説明した。

出典：デイリー（Daley, 2001）から作成。

　従って、学習に関する認知理論や社会認知理論は、研究活用プロセスの「相互作用モデル」に対応する。それらの理論により、第4章で述べた、研究活用を、ある場所から別の場所、あるいはある人間から別の人間への知識の移転のプロセスだと見るモデルに対する批判はさらに強固なものとなる。成人学習の理論は一般的に、知識の獲得を経験主導による社会的に制約されたプロセスだと考える。このプロセスは、個人に新しい経験と批判的な省察の機会を与えることを通して活性化される。成人学習の研究によれば、個人の学習が到達点だとすると、研究活用の戦略と介入は利用者の視点を取り入れ、対話、省察、現場での研究活用の試みを奨励すべきだということになる。これらの研究では、研究者と研究利用者との間の現場での協力――特に研究利用者のニーズに焦点を合わせ長い時間にわたって維持されるような協力――の重要性が強調される。

　学習は、必ずしも意識的なプロセスとは限らない。意図的で明確かもしれないが、一方で偶発的で暗黙のものでもある（Reber, 1993）。従って、研究活用改善戦略が明確な学習機会を強調する一方で、偶発的な――例えば、同僚の行動を無意識にモデル化するといったことを通しての――学習の重要性を軽んじてはならない。人はすでに、時代遅れで不完全で、その有効性が疑わしいこと

を多く学んできてしまっている。しかし、人は単に新しい知識を**積み上げる**だけの入れ物ではない。ゆえに、個人の学習に焦点を合わせるどんな戦略もまた、古い知識を頻繁に捨て去るという考え方、すなわち**学習棄却**の考えに注意を払う必要があるのである（Rushmer and Davies, 2004）。

1.2　学習する組織論

　協調学習の重要性、そして**学習者コミュニティ**といった概念（Barab and Duffy, 2000）は、個人の学習を超えて考える必要性を強調している。個人の学習から恩恵が生じるとすれば、学習は、組織内で効果的に展開され、他者と共有される必要がある。さらにもし、個人の認知プロセスに対する関係と同様に、知識と経験が意味を持つプロセスが社会的状況や集団の文化的価値観と大きくかかわるのであれば、それらに注意を払うことも必要である。仕事の文脈では、組織的な取り決めは、成人学習のプロセスを促進もすれば抑制もする。組織の構成と文化は、個々人が学習機会に個人的または協調的にかかわる方法を形成し（Nutley and Davies, 2001）、さらに、組織が個人のメンバーによって達成された学習をどのように活用するのか、すなわち組織自体がどのように学習するのかに対して影響を与える（Senge, 1990、Argyris and Schon, 1996）。

　組織による学習という言葉は、そもそも組織は学習すると見なされるのかという重要な哲学的な問いを必然的に提起する。もし組織が単なる個人の集まりだとすると、組織による学習は単に個人の学習の総計と見なされる。しかし、全体としての組織は、いくつかの事柄においては、その組織を構成している個人よりも少ない知識しか持たないかもしれない。逆に、組織はまた、その構成部分の総計以上のものだと見られることもある。個人は、組織に関与し、やがては去っていくが、組織は残る。組織を去った者の累積された知識の一部は、仕事の構成や日常業務、規範の中に埋め込まれて組織の中にとどまるのである（Hedberg, 1981）。

　組織による学習は新しく登場した研究分野であり、どのように推進されるのかはおろか、それが何を意味するのかについての全体的な合意はいまだなされていない。しかし、一般的に組織による学習は、組織的業績を向上させるため

第6章　主要な理論と概念：学習理論、ナレッジマネジメント、イノベーション普及理論

に組織が知識と日常業務を作り、まとめ、その構成員の幅広いスキルを活用する方法について述べている（Dodgson, 1993, p.377）。このようにして、組織による学習は過去の知識と経験の上に成り立ち、知識を維持し効果的に展開するための組織構造に依存しているのである。組織による学習を意図的に発展させようとする組織は通常、**学習する組織**と呼ばれる。

学習は、必ずしも新しい知識の獲得だけを意味するわけではない。個人と同じように、組織的活動の大半は慣習と実践に基づいており、場合によっては、物事を行うために過去に確立された方法**学習棄却**する強烈なケースもある。組織には、慣習に埋め込まれてしまった日常業務全般を明らかにし、評価、変更することが求められるかもしれない。

組織による学習に関する文献で、特に公的サービスでの研究活用の理解に役立つと思われる点は、組織内で見いだされるさまざまな日常業務の学習に焦点をあてているということである。特に重要なのは、シングルループ（適応的）学習とダブルループ（生成的）学習との区別である（Argyris and Schon, 1996）。シングルループ（適応的）学習の日常業務は、組織があらかじめ決められた道筋に従うのを助けるメカニズムと考えられる。対照的にダブルループ（生成的）学習は、新しい道筋を創り出すことにかかわっている。どちらの学習も組織の健全化には不可欠だとされるが、組織で見いだされる一般的な実践は、大半がシングルループ（適応的）学習にかかわるものである。

シングルループ（適応的）学習

サイバネティクス（自己調整システムを設計する技術）の初期研究による主要な知見によれば、自己調整行動に関するシステム能力は、負のフィードバックを可能にする情報フローの構築に依存している。システムが、あるべきコースからそれているときに、それを感知し正しいコースに戻るように修正行動を促すことを可能にしているのは、システム内の負のフィードバック・ループである。このエラーの感知・修正の基礎的なレベルが、シングルループ（適応的）学習と呼ばれる。多くの業務分野で行われている検査活動は、この種の学習による日常業務の良い例である。

ダブルループ（生成的）学習

　シングルループ（適応的）学習の結果として生じる自己調整行動は、使用する規範や基準によって決定される。これは、これらのガイドラインで規定される行動が適切なものであり続ける限り、うまく機能する。しかし、これが止まってしまうとシステムは逆機能に陥る。こうしたことから、現代のサイバネティクス研究者たちは、より複雑な学習システムの設計を試みた。例えばアージリスとショーン（Argyris and Schon, 1996）は、エラー修正を基礎とする学習を超えた、より洗練された学習が可能だとし、そうした学習によって組織に関する根本的前提が変わり、組織のゴール、規範、政策、手順、または構造でさえ、再定義が余儀なくされ得ると論じた。これは、ダブルループ（生成的）学習と呼ばれ、設計されたコースと、コースを維持するために使われるフィードバック・ループの本質そのものを問う。

学習に関する学習（メタ学習）

　さらに、通常の学習形式としては十分に発展していないが、学習の別の面として、組織が自身の学習の文脈について学ぶ能力が挙げられる。すなわち、いつどのようにして組織は学習し、また学習しないのか、について組織はいつ認識できるのか、そしてそれに合わせてどのように適応するのか、ということである。これは、**学習に関する学習**（メタ学習）と考えられる。これらの三つの学習の形式については、コラム6.5で概説されている。

コラム 6.5　学習ルーティン（日常業務）：医療における例

シングルループ（適応的）学習

　ある病院が医療サービスについて検証した。臨床評価を通してわかったことは、実際に行われている実践と、エビデンスに基づくガイドラインに由来する確立された基準との間のさまざまな隔たりであった。ガイドラインを話し合うためにミーティングが開かれ、作業手順に修正がなされ、実践に関する報告とフィードバックが強調された。これらの変化によって、適切で時宜を得た、すなわち、ガイ

第6章　主要な理論と概念：学習理論、ナレッジマネジメント、イノベーション普及理論

ドラインに沿った治療を受ける利用者の数が増加した。

ダブルループ（生成的）学習

　産科における医療サービスを検証するにあたって、利用者の一部は長いインタビューを受けた。その結果からわかったのは、女性を悩ませる問題は、治療の継続性、アクセスの利便性、情報の質、そして利用者と医療側の間の対人面に大きくかかわるということである。この結果に照らし合わせ、これらの問題の解決を優先するために、助産師がリードするシステムに医療サービスが大きく再編された。エビデンスに基づくガイドラインに沿って提示された基準は、放棄されたのではなく、相互交流と価値観の新しいパターンに織り込まれた。

学習に関する学習（メタ学習）

　利用者のニーズと期待をより十分に満たすことを目的として産科サービスを再編した経験は、病院の中で埋もれてしまったわけではない。その構造と文化を通して、組織は、これらの貴重な教訓を広げるように奨励してきた。組織の中では、再編を助ける要因、または、それを妨げていた要因が分析、説明、伝達された。これは、文書による正式な報告を通してではなく、インフォーマルなコミュニケーション、一時的な配置変え、病院全体でのチームワークの促進などを通して行われた。これにより、産科サービス再編のための学習から得た教訓を、他の医療サービスと共有することができたのである。

出典：BMJ出版グループ（BMJ Publishing Group）の許可を得て、デイヴィスとナトリー（Davies and Nutley, 2000, *British Medical Journal*, vol. 320, pp.998-1001）から作成。

　シングルループ（適応的）学習の日常業務の方が目立つことは、研究活用の文献にも反映されている。普及、研究活用促進、インセンティブと強化の研究活用改善メカニズムはすべて、ダブルループ（生成的）学習よりもシングルループ（適応的）学習を促進するようになっている。しかし、相互作用による研究活用改善戦略はダブルループ（生成的）学習を促進し、特に現場での実験と分析を奨励する方法と組み合わされたときに著しい。実際、第5章で取り上げられた**研究・実践**の取り組みの中には、この点で期待ができるものもあった。

　一般的に言って、組織は組織による学習のための能力をどのように向上す

ることができるだろうか。この問いに対しては、学習する組織の文献の中に多くのアドバイスが見いだされる。例えば、学習を促進する条件の特定化 (Megginson and Pedlar, 1992)、学習する組織の特徴についての要約 (Pedlar et al., 1997)、学習する組織の戦略的設計モデル、組織による学習を奨励する活動のリスト (Goh, 1998) などである。しかし、このようなリストはすべて慎重に扱う必要がある。なぜなら、学習する組織は、外部からの与えられた構造として押し付けられるのではなく、内部から実現されなければならないからだ (Pedlar and Aspinwall, 1998)。ここではコラム 6.6 とコラム 6.7 に二つのリストを提示する。コラム 6.6 はセンゲ (Senge, 1990) によるもので、学習する組織が達成すべき五つの領域に関する勧告をまとめており、コラム 6.7 は組織による学習を促進するとされる文化的価値観を要約している。

コラム 6.6　学習する組織の五つの主要な領域

- **自己マスタリー**：個人は、常に自身の個人的力量を向上させるように奨励される必要がある。問題解決型学習は、個人主義の文化を過剰に促進しない限り、組織による学習の発達とうまく合致する。
- **メンタルモデル**：日々の実践は、主に無意識に人が心に深く持っている前提と一般化から成り立つ固定化したメンタルモデルによって形成されている。このメンタルモデルは、原因と結果が概念的に結び付けられるありさまを形成し、結果的に個人が組織内で何を可能と見るかを制約する。組織が物事をこれまでとは違う方法で行うように学習しようとするなら、これらのメンタルモデルの明示化や検証、更新が不可欠である。
- **共有ビジョン**：学習する組織は常に、個人とチームに存在する不要な階層と制約を取り除く方法を探す。そのようなやり方をする場合は、明確な戦略的方向性の提供と、個人とチームの行動を導く一貫した価値観の明確化によって、バランスをとらなくてはならない。
- **チーム学習**：チームで協力して働く能力は不可欠である。なぜなら、組織が目的を達成するのは、主にチームを通してだからである。孤立した個人同士のそ

の場限りのグループではなく、チーム全体を開発するように焦点を合わせた活動が極めて重要である。
- **システム思考**：すべてを支えるのは、偏向的で細分化された世界の見方から遠ざかる必要性である。システム思考は、物事を部分としてではなく全体として、すなわちすべての人々に提供されるサービス全体として見ようとする。この統合が他のサービスを包含するためには、内部の部門間の境界、さらには組織そのものの境界すら越えて拡張する必要がある。

出典：センゲ（Senge, 1990）から作成、およびBMJ出版グループ（BMJ Publishing Group）の許可を得て、デイヴィスとナトリー（Davies and Nutley, 2000, *British Medical Journal*, vol. 320, pp.998-1001）から作成。

コラム 6.7　組織による学習を促進する文化的価値観

- **成功の賞賛**：既存の価値観はしばしば失敗を避けようとするが、これを打ち壊すには、成功が賞賛されなければならない。
- **改善の探求**：学習する組織は、常に製品とサービスを提供する新しい方法を探さなくてはならない。従って、イノベーションと変化は組織内で尊重される。
- **失敗に対する許容**：失敗は、革新的な学習する組織には不可避である。そこでは、失敗の犯人を探したり責めたりするよりは、失敗を許容する文化を必要とする。しかし、このことは、教訓が何も得られないような日常的にお粗末なあるいは凡庸な成果を許容することを指すわけではない。
- **人間の可能性に対する信頼**：組織において、知識、スキル、創造性、エネルギーを使って成功をもたらすのは各個人である。従って、学習する組織内の文化は各個人を尊重し、彼らの職業的・人間的な発達の助けとなる。
- **暗黙知の認識**：学習する組織は、プロセスに最も近い人がその可能性と欠点について最善で最も詳しい知識を持っていると認識している。従って、学習する組織の文化は、暗黙知を尊重し、自由裁量、責任、能力の組織的な拡大に対する信念を示す。

- **計測不能なものの優先化**：学習する組織は、計測できるものに焦点を絞る危険性を認識する。数字の暴走を避けるために、業績への質的理解に基づく判断を優先する必要がある。
- **オープンさ**：組織全体を通してのオープンな知識の共有が、学習能力の開発には不可欠である。この共有は、書式による報告手続きよりも、非公式なルートと個人的な付き合いにより達成される傾向にある。
- **信頼**：スタッフとマネージャーとの間の相互信頼の文化が、組織による学習には最適である。信頼がなければ、学習は危ういプロセスになる。
- **外向き志向**：学習する組織は、外の世界を学習機会の豊富な源と見てかかわる。競争相手の持つ見識を自分たちの運営に取り入れようとし、クライアントのニーズを深く理解することに焦点を合わせる。

出典：シャイン（Schein, 1996）、ミンツバーグら（Mintzberg et al., 1998）から作成。

組織による学習の文献は、組織が研究エビデンスやその他の形態の知識をどのように個人が活用することを時には促し、時に抑制するのかということに対する理解を深めてくれる。また、組織の実績を向上させるためには個人の学習で十分だという仮定に対しても注意を喚起する。

これまでの章で見てきたように、研究活用の文献は、研究利用者を組織としてよりは個人として定義する傾向にあるが、政策および実践の状況での研究活用に対し理解が進むと、現場の文化と文脈の重要性を強調するようになる。組織による学習の文献は、組織レベルにもっと注意を向けることの重要性を強調し、組織による学習にかかわる文化的価値観の概要をまとめている（コラム6.7）。そのようなリストは、暫定的なものであるにもかかわらず、組織の**引力**を改善するための介入がどこに注意を向けるべきかを示唆している。組織による学習の文献はまた、研究活用改善のための、監査やフィードバックなどの強化メカニズムの安易な利用についても注意を促している。そういったものが、学習の生成的な形式よりもエラー修正に注意を向けがちだからである。

組織による学習の文献の主たる限界は、それが新しく登場したものであり、かなり大きく推論に頼り、論争を呼ぶものだということである。また、組織に

第6章 主要な理論と概念:学習理論、ナレッジマネジメント、イノベーション普及理論

ついて理想的な図を描き、権力や政治、衝突などが脇に置かれる傾向にある(Coopey, 1995)。これは、多くの公的機関にとっては非現実的なシナリオであろう。しかし、このことによって、組織による学習が達成不可能な理想論となっているわけではない。政治や衝突は積極的な学習経験を提供する重要な役割を果たすこともあるが、この点についての組織による学習の文献は、それほど発展していない(Coopey and Burgoyne, 2000)。

第2節　ナレッジマネジメント

　組織の中で学習がどのように構築・共有されるかという考察は、ナレッジマネジメントに関する大量の類似の文献と直接結び付いている。しかし、ナレッジマネジメントの文献は、学習する組織論の対象と同じ分野を扱っているが、その由来は異なる。学習する組織論の研究が、社会科学、特に組織社会学と文化人類学に端を発しているのに対し、ナレッジマネジメントの初期の文献は、情報科学から発生しており、ナレッジマネジメントの主要なモデルと関心にはこのことが反映されている。

　ナレッジマネジメントは、「組織における学習と実績を進展させるために、場所を問わず、知識を創造、習得、獲得、共有、活用する実践のあらゆるプロセス」と定義される(Scarborough *et al.*, 1999, p.1)。研究活用は、知識の形成と取り上げにかかわるため、この二つには明らかに類似点があり、ある程度研究者によって探究されてきた(Fennessy, 2001、Dopson and Fitzgerald, 2005)。

　ここではナレッジマネジメントの概観として、文献の簡単な紹介に続き、ナレッジマネジメントへの知識プッシュと知識プルの戦略を概説する。そして、形式知と暗黙知の間の相互作用と、ナレッジマネジメントに対する阻害要因と促進要因の研究について考察する。

　ナレッジマネジメント分野での試みは、人々が知識の性質をどのように見るのか、特に知識が、目的として見られるのか、それともプロセスとして見られるのかによって、その方向性が決定されてきた。知識が主に形式知の形態をとって目的として見なされるとき、ナレッジマネジメントは知識のストックを築

き、運営することに集中する傾向にある。その結果、ナレッジマネジメント戦略はコンピュータ中心のものとなり、知識はデータベースに注意深く体系化され、蓄積される。逆に、もし知識が、主に暗黙知の形態をとって専門知識にアクセスし、それを応用するプロセスとして見なされるなら、知識はそれを発展させる人に密接に結び付いているという認識がなされる。その結果としての戦略は、しばしば人と人とのかかわりを通してなされる知識共有の機運をさらに高めようと努めることになる。後者のシナリオにおける情報通信技術の役割は、人々が知識を蓄積することではなく、知識を伝えることを助けることにある（Hansen et al., 1999）。ナレッジマネジメント分野の初期研究は、知識を目的として注目する傾向があった。最近では知識のプロセスが、ますます強調されるようになったことが指摘されている（Blackler et al., 1998）。実際、ナレッジマネジメントに関する批判的な文献は、知識が社会的な政治化された意味システムの中にどのように埋め込まれているかという点を強調して、知識の具象化に挑戦しようとしてきている（Swan and Scarborough, 2001、ポストモダン的解釈に関しては第4章を参照）。

2.1　知識プッシュと知識プル

　知識プッシュと知識プルという、知識を管理する二つの主要な手法が強調されてきたが、どちらも知識を目的として扱う傾向にある。知識プッシュの手法が仮定するのは、組織へ流入する際にも組織の中でも知識と情報の移動は制限されており、これがナレッジマネジメントにとっての根本的な問題であるとする。このため、知識を獲得し、体系化し、変換することでその流れを増やそうとするのである。逆に、知識プル手法では、知識を共有し探求するプロセスにメンバーを参加させる問題に関心を向け、結果として、メンバーが知識を共有、探求、応用することを奨励するための報酬システムなどの仕組みに焦点をあてている。知識プッシュと知識プルのどちらの手法も、テクノロジーにかかわる要素を持つ傾向にある（そのテクノロジーの利用については異なる）（表6.1参照）。そのため第4章で扱った研究活用の「産出者・プッシュモデル」と「利用者・プルモデル」に明らかな類似が見られる。

第6章 主要な理論と概念：学習理論、ナレッジマネジメント、イノベーション普及理論

表6.1 プッシュとプルに関するいくつかの違い

	プッシュ	プル
目的	情報の取り込み	自由検索（ナビゲーション）
利用者	受動的	能動的
テクノロジー	常に活発	利用されるときのみ活発
最適な目的	継続的な知識のニーズ／時間に左右される情報／引き出され得る情報についての意識の創出（通知）	1回限りの知識ニーズ／研究の実施／詳細な情報
主な利点	重要な資料に利用者の注意を引く	利用者が必要なときに情報にアクセスできる
主な欠点	利用者が管理できないために利用者に負荷がかかりすぎる	利用者側に時間が必要（技術の会得、活用両方に）
例	検索エージェント／eメール	検索エンジン／ブラウザー／ディレクトリ、フレームワーク

出典：Bukowitz and Williams, *The Knowledge Management Fieldbook*（Pearson Education Ltd）, p.54より許可を得て転載。Copyright©Pearson Education Ltd 1999.

　ナレッジマネジメントの文献によれば、サービスの提供は、規格化され、あるいは成熟したサービスや製品にかかわる場合、形式知の応用が成功するかにより、知識プッシュ手法と体系化戦略はうまく働くかもしれない。コラム6.8は医療分野における意思決定サポートシステムの実施についてまとめたものである。しかしながら、ナレッジマネジメントの文献では、知識プッシュの限界についての指摘がなされ、知識プルの発展により一層の注意が向けられるべきだと論じられるようになっている。

コラム 6.8　専門家と決定サポートシステムの応用

　ダベンポートとグレイザーは、外科医のような**高度な専門家**の業務プロセスの中へ**知識を焼きつける**（提供する）ことは可能だと論じ、米国の病院の外科医のための注文エントリーシステムを作るにあたり、最新の医療知識を医療記録システムと結び付けるという取り組みを説明している。この注文エントリーシステムは、外科医が検査や薬剤、その他の治療法を注文した場合、質問や推奨にかかわらざるを得ないようにしてある。例えば、医師の注文を、一連のチェックと決定ルー

> ルにかけ、その結果に基づいて、薬の反応、副作用の可能性について警告する。
> 　この取り組みに対する評価から導かれる結論は、決定サポートシステムが最も適しているとされるのは、曖昧性のレベルが低く、確立された外的知識基盤があり、意思決定者が直面する選択肢の数が比較的少ない分野だということである。さらに、そのようなシステムを実施するために、正しい情報、有能なIT技術者、計測に関する組織文化が必要だとしている。また、最終判断は専門家に委ねなければならず、それは常にシステムよりも優先できるようにしなければならない。
>
> 出典：ダベンポートとグレイザー（Davenport and Glaser, 2002）から作成。

　ナレッジマネジメントに関するベストプラクティスを明らかにしようとする調査は多数ある（Hildebrand, 1999、Heisig and Vorbeck, 2001、Kluge *et al.*, 2001）。クルージら（Kluge *et al.*, 2001）の調査では、業績がトップの企業は、知識プッシュの技術よりも知識プルの技術を使う傾向にあることが示唆された（コラム6.9参照）。ただし、このような調査の危険性は、成功しているナレッジマネジメントの実践が機能している文脈から切り離せると仮定している点である。他の研究の結論では、成功は、はるかに状況次第だとされる（Hansen *et al.*, 1999、Armistead and Meakins, 2002）。

コラム 6.9　ナレッジマネジメントでの成功した実践

　クルージらは、ヨーロッパ、米国、日本の主要企業40社を調査し、各企業とも、8人以上が139のナレッジマネジメントの技術の利用について質問に答えた。各企業の財務とプロセスの業績が評価され、特定の種類のナレッジマネジメントが優れた業績と関連しているかを見るために相関関係の分析が行われた。上位15社と下位15社に分析の焦点があてられ、これらの二つのグループが明らかに異なるナレッジマネジメントの技術を用いていることを見いだした。上位業績の企業は、下位の企業よりも知識プルの技術（一人では達成できないような高い目標を

> 設定したり、インセンティブを外部の知識の活用と結び付けるなどを含む)を多く用いていたのである。
>
> 出典：クルージら（Kluge et al., 2001）から作成。

ハンセンらは、コンサルティング会社のナレッジマネジメントの実践についてレビューを行い、これらの企業が、データベースの構築などの体系化戦略と、人と人のかかわりの推進などの個別化戦略のいずれかを採用していることを見いだした（Hansen et al., 1999）。二つの戦略のうちどちらを選択するかの判断は、決してランダムなものではなく多数の要因によって決定されていることがわかった。

- **規格化されたサービスや製品の提供の度合い**：規格化が進んでいる場合には体系化戦略が適しており、オーダーメイドのサービスや製品の場合には個別化戦略が適している。
- **サービスや製品が成熟したものか革新的なものかの度合い**：成熟したサービスでは体系化戦略が可能だが、革新的なサービスには個別化戦略が必要かもしれない。
- **組織が問題解決にあたり形式知と暗黙知に頼る度合い**：形式知が利用されるほど体系化戦略が適しており、暗黙知は個人間でより円滑に伝達される。

体系化の取り組みと個別化の取り組みの混成という方向への誘惑にかられるかもしれないが、ハンセンらの主張によれば、この二つの取り組みの間には葛藤があり、どちらかを選択する必要があるという。一つの企業の中で二つの取り組みが共存するのは、各部署が独立した企業のように運営されている場合だけだとされる（Hansen et al., 1999）。

ナレッジマネジメントに対する知識プッシュと知識プルの二つの理論の利点比較の議論は、研究活用における議論と類似している（第2章から第4章を参照）。研究活用改善にかかわる普及活動の多くは、「研究・知識プッシュ理論」に基づいている。しかし、研究のオンラインデータベースの創設と、系統的レ

ビューによる研究結果の統合は、「研究・知識プル理論」も支えている。ナレッジマネジメントの文献は、そのようなデータベースの創設と研究の統合は、効果的な知識の共有・活用には不十分だとしているが、研究活用改善戦略にとっては必要な要素かもしれない。例えば英国政府の多くの部局の場合、プロジェクトの知見やプログラムの評価を把握するためのナレッジマネジメントシステムには、質の低いものが多い（Homel *et al.*, 2004、Boaz, 2006）。研究と評価研究を、関連するデータベースに入れて、プロジェクトの終了後も入手可能な状態にすることは、それらの知見が将来にわたって確実にアクセス可能なものとなる重要な方法である。

　ナレッジマネジメントに対する異なる戦略は混成することができるのか、もしできるのならどのようにできるのかという主要な問いは、研究活用に対しても意味を持つ。非常に魅力的な議論としては、研究活用改善戦略は、知識プッシュと知識プルの手法や、可能な場合は体系化の取り組みも、慎重に混成して使うべきであり、これらの協同それ自体を手段と目的として用いるべきだとするものがある。しかし、これを戦略化することに対しては、ナレッジマネジメントの文献は疑問を呈し注意が必要だとしている。少なくとも、知識の種類とサービスの文脈によって戦略は大きく異なるため、文脈に即した取り組みが必要だということが言えるだろう。

2.2　暗黙知と形式知

　暗黙知と形式知との間の相互作用のモデル化は、知識の創造と活用を理解する上で根本的なことである。相互作用を議論する上でナレッジマネジメントの文献の大半が引用しているのは、野中と竹内の研究である（Nonaka and Takeuchi, 1995）。彼らによれば、組織の知識は個人間の相互作用によって創られる。そのような相互作用は、次のような四つの知識変換のモードを生み出す。

- **共同化**：個人の暗黙知が集団の暗黙知に転換され、共感する知識を生み出す。
- **表出化**：暗黙知が形式知に転換され、概念的な知識を生み出す。
- **連結化**：ばらばらの形式知が組み合わされ、体系的な知識を生み出す。

第6章　主要な理論と概念：学習理論、ナレッジマネジメント、イノベーション普及理論

- **内面化**：形式知が暗黙知に転換され、いつでも使える知識を生み出す。

従って、組織の知識の創造は、暗黙知と形式知との間の継続する動的な相互作用によると見られ、野中と竹内はこれを**知識スパイラル**と称した（Nonaka and Takeuchi, 1995）。彼らによれば、これらの四つの知識転換のモードを引き起こす、以下のようなきっかけがある。

- **共同化**は、相互作用の場を築くことで始まる。
- **表出化**は、**意味深い対話**や**集団的な省察**によって引き起こされる。
- **連結化**は、ネットワーク作りによって引き起こされる。
- **内面化**は、**実地訓練**によって引き起こされる。

これらのきっかけの多くは、本章の最初で概観した効果的な個人の学習プロセスの特徴を反映している。これは、個人の学習が根本的に暗黙知と形式知の間の相互作用にもかかわることを考えると、驚くべきことではない。しかし、上述の**意味深い対話**や**集団的な省察**への言及は、企業のデジタル情報の管理に基づくナレッジマネジメントのモデルからは、遠くかけ離れている。それらは、社会関係の微妙なマネジメントに配慮したナレッジマネジメントのモデルへの重視に変化していることを表しており（Swan and Scarborough, 2001、Dopson and Fitzgerald, 2005）、このモデルでは、知識が組織内の社会的プロセスや学習プロセスと本質的に結び付いている（McAdam and Reid, 2001）。

野中と竹内の知識スパイラルは広く反響を得たにもかかわらず、彼らの知見には批判も絶えない（Nonaka and Takeuchi, 1995）。例えば、二つの誤りによって、ナレッジマネジメントに対して不安定な基盤を与えたとされる（Little and Ray, 2005）。一つ目の誤りとは、暗黙知から形式知への変換の可能性であり、二つ目は、ナレッジマネジメントの実践を日本企業から抽出し、これらの実践の深く埋め込まれている本質を無視して他の場所へ移転することの妥当性である。

とはいえ、ナレッジマネジメントと研究活用両方にとっての中心課題は、暗黙知と形式知との間の相互作用に対する理解を発展させる必要があることだ。

このことは、暗黙知と形式知を別々のカテゴリーとして扱う定義をやめて、この二つを**同じコインの表と裏**としての理解を必要としているのかもしれない（Tsoukas, 2005, p.122）。ナレッジマネジメントの文献の大半が、知識を固定化した抽象的な存在として見る傾向にあるが、別の見方をすれば、知識は行動とは切り離すことができないものである。そうすると知識は、現場のネットワークと実践コミュニティの中で起こる**状況に埋め込まれた行動**（Tsoukas and Vladimirou, 2001）だと定義される（「3.7 組織間の学習ネットワーク」参照）。これは、そもそも**マネジメント**に役割があるかという問いにつながる。その役割は、せいぜい実践コミュニティ（Bate and Robert, 2002）の推進ぐらいかもしれないが、これについては後で議論する。ここで、知識の性質を問題にすることは、研究知見はどの程度固定的だと見なすことができるのか、また、研究知見は実践者の行動に埋め込まれて初めて意味をなすのかという、研究活用の分野における議論と重なる。

2.3 阻害要因と促進要因

研究活用の文献と同様、ナレッジマネジメントの文献でも多くの課題や阻害要因、促進要因が挙げられているが、その多くが、主要な課題は文化と人々にかかわるとしている。これは、ナレッジマネジメントの取り組みがプッシュであれプルであれ、また強調しているのが体系化であれ協同であれ、同様である（Liebowitz, 2000）。ナレッジマネジメントの文献は、知識を重んじ、組織内での知識共有の重要性を認める組織文化の開発の重要性を強調している。しかし、批判的な文献は、文化の要因に集中することで、**ナレッジワークとナレッジマネジメント**が、社会的な政治化された意味システムの下で、どのように密接につながっているかを無視する危険性があるといち早く指摘し（Swan and Scarborough, 2001）、ここでも、第4章で概観したポストモダニズム主義者の批判が反映されている。

フェファーとサットンは、知識活用の阻害要因は、知識共有の問題よりもむしろ**知ること**と**行うこと**の不一致にかかわると論じた（Pfeffer and Sutton, 2000）。この不一致に対処するには、文化的な変化だけでなく、システムの変

第6章 主要な理論と概念：学習理論、ナレッジマネジメント、イノベーション普及理論

化が必要となる。さらに彼らは、典型的なナレッジマネジメントの実践は**知ること**と**行うこと**の不一致を悪化させると憂慮する。全体的に彼らの分析は、従業員とマネージャーが知っていることを行動に置き換えようとして起きる、ナレッジマネジメントの改善意図を持つどの組織にとっても無理な注文を提示している（コラム6.10参照）。同じような警告的な議論はマッキンレーによっても提起されている。それによると、「ナレッジマネジメントのシステムの導入は、現存の草の根ネットワークを広げるのではなく分裂させ、公的なシステムの成功の可能性を下げることになる」（McKinlay, 2005, p.255）。

コラム 6.10 「知ること」と「行うこと」の不一致

組織の中の従業員とマネージャーは、組織の実績を向上させる方法について多くの知識を有している。しかし彼らは、自分でも業績を下げるとわかっているようなやり方で働いているのである。複合的なケーススタディ分析に基づいて、フェファーとサットン（Pfeffer and Sutton, 2000）は、**知ること**と**行うこと**の不一致は、個人の心理学的な問題ではなく、組織の実践に責任があると論じた。典型的なナレッジマネジメントの実践は、**知ること**と**行うこと**の不一致を悪化させるのである。なぜなら、それらは、

- テクノロジーと、形式知の移転を強調する。
- 知識を触れることができる**もの**——その利用から切り離すことができる対象——として扱う。
- 公的なシステムが暗黙知を容易には蓄積できず、移転できないということを認識していない。
- 文書化されている実際の仕事を理解していない人々に知識の移転と実施の責任を負わせる。
- 特定の知識実践に焦点を合わせ、全体的な哲学の重要性を無視する。

知ることと**行うこと**の不一致に対処するためには、阻害要因を乗り越えるための行動が必要となる。主要な阻害要因としては、

- 行動する代わりに話すだけで済ませること。

- ●考える代わりに単に記憶すること。省察なしに、常になされてきたことをする。
- ●人々が知識に基づいて行動することを妨げる、怖れ。
- ●良質の判断を妨げることになる憶測。
- ●友人を敵に変える内部競争。

出典：フェファーとサットン（Pfeffer and Sutton, 2000）から作成。

　従って、ナレッジマネジメントの文献は、組織の中で知識がどのように創造、獲得、共有、活用されるかを理解するための組織文化の重要性に関する前述のコメントを強化している。また、なぜ組織内の個人が必ずしも自らの知識に基づいて行動しないのかについての洞察も提供している。全体として、研究活用を個人の学習の問題として理解する限界と、それに伴い、組織がどのように知識を**管理**し、個人と集団の学習を奨励し、その学習の結果としての新しい方法での行動を推進するかについて重要視する必要があるとする前述の結論を裏付けている。

第3節　イノベーション普及理論

　イノベーション普及理論の文献は、個人や組織の中でのアイデアやテクノロジー、実践の広がりに対する理解に関心が向けられている。研究活用の文献の関心も同様に、研究のアイデア、研究に基づくテクノロジーと実践の広がりに向けられているため、研究活用を理解するためにイノベーション普及理論の文献がすでに利用されていても驚くことではない（Sobell, 1996、Lia-Hoagbert *et al.*, 1999、Dopson and Fitzgerald, 2005）。これらの文献は、研究に基づくテクノロジーと実践の普及だけでなく、より良い研究活用をサポートする組織的再構成について理解する助けとなる。実際、イノベーション普及理論についての文献は、エビデンス活用のイデオロギーそのものが普及する必要があることを理解する助けとなる。

以下の短い文献レビューではまず、普及プロセスがどのようにモデル化されるかを考察し、次に、イノベーションの広がりに影響を与えることが明らかになった重要な要因の議論へ進む。それらは、イノベーション自体の性質、採用者の特徴、コミュニケーションと実施のプロセス、文脈、オピニオンリーダーと変化の仲介者の役割である。最後に、組織間の学習ネットワークに関する文献を考察するが、これは知識とイノベーションを普及させる可能性のあるメカニズムとして卓越したものである。

3.1 普及プロセスのモデル

古典的なモデルは、イノベーション普及のプロセスを一連の段階を経る決定プロセスとして見る（コラム6.11参照）。これは、第4章で概観した研究活用の直線的な「合理的・線形モデル」に非常によく似ている。研究活用の文献と同様に、イノベーション普及のプロセスの直線的な見方に対しては多くの批判がなされている。プロセス全体は、このモデルが示唆するよりもはるかに雑然としている（Van de Ven *et al.*, 1999）。例えば、エビデンスに基づくイノベーションは、その採用を左右する担当者との間の長々と続く交渉の時間を要するが、その間にそれらの意味が議論され、争われ、再構成されるのである（Greenhalgh *et al.*, 2004）。

コラム 6.11　イノベーション決定プロセス

ロジャーズは、イノベーション決定プロセスには五つの主要な段階があると論じた。
1) **知識**：個人または意思決定を行う集団は、イノベーションの存在に出合い、それがどのように機能するかについてのいくらかの理解を得る。
2) **説得**：採用を左右する担当者が、イノベーションに対して好意的あるいは否定的な態度をとる。これには、イノベーションを現在認識されている問題と合わせてみることや、採用した際の損益について何らかの評価を行う

> ことなども含まれることがある。
> 3) **決定**：採用を左右する担当者は、イノベーションを採用するか不採用にするかの選択につながる行動をとる。これには、決定に影響を与える支持者あるいは反対者との交渉が含まれることもある。
> 4) **導入**：採用者は、イノベーションを活用することにする。
> 5) **確認**：採用者は、すでに実施されたイノベーションを強化しようとするが、反対意見に出合った場合は、決定を覆す可能性もある。
>
> 出典：ロジャーズ（Rogers, 2003）から作成。

イノベーションを普及させるための規範的モデルは、比較的、中央に集中化されたものであった。そこでは、どのイノベーションが、誰に向けてどのように普及されるかを中央の権威が決定する。従って普及は、上から下へ、専門家から利用者へ、中央から周辺へ流れるものと考えられていた。数十年前、ショーンは、この**中央・周辺モデル**の妥当性に異議を唱えた（Schon, 1967, 1971）。ショーンは、明確な中央というものは実際には存在せず、普及プロセスは頻繁に分散化され、本質的に反復的なもので、イノベーションは普及プロセスを通して発展すると論じた。

現在では、普及プロセスは、非常に集中化された**集中型**から、非常に分散化された**分散型**まで、広い範囲にわたると認識されている（Rogers, 2003）。非常に集中化されたシステムでは、どのイノベーションを普及すべきかの決定について、政府などの中央によるコントロールが行われ、専門家から利用者に向けてのトップダウンのイノベーション普及となり、採用されるときには利用者に修正の余地は少ない。対照的に、非常に分散化したシステムでは、普及システムの関係者間で権力とコントロールの広い共有がなされ、水平型のネットワークを通した同僚内でのイノベーション普及となり、イノベーションが採用者の間に行き渡るにつれて現場での修正が大きく入ることになる。

研究に基づく介入プログラムの普及に対する集中型と分散型の問題については第7章で再び述べるが、ここでは、イノベーション普及理論に関する文献が普及の集中型にも分散型にもそれぞれに長短があると示唆していることを挙げ

ておこう(コラム6.12参照)。さらにグリーンハルら(Greenhalgh *et al.*, 2004)によれば、同僚間に影響を広げたり意味の構成や再構成をサポートしたりするには、水平型のネットワークがより効果的だが、体系化された情報を上から下へ伝えたり権威のあるエビデンスを伝えたりするには、垂直型のネットワークの方がより効果的だとされる。

コラム 6.12　普及システムの「集中型」対「分散型」

集中型の普及システム
- 普及させようとするイノベーションに対して、中央による質のコントロールが行われる。
- まだその必要性を感じていないところにもイノベーションを普及させることができる。

しかし、
- 中央からのコントロールに対して利用者の反発に遭うこともある。
- 現場の状況にあまり適応せず、不適切な採用という結果になることもある。

分散型の普及システム
- 利用者が、分散型の普及システムを好む傾向にある。
- イノベーションと利用者のニーズや問題が、より緊密に合致する。

しかし、
- 質のコントロールがないために、効果の低いイノベーションが普及することもある。
- 他の利用者の問題やイノベーションがその問題を解決できるかどうかは、知識を持っている現場の利用者に依存する。
- イノベーションが活用されているかどうかの現場視察がなされがちで、そのために現場の負担が大きくなる。

出典:ロジャーズ(Rogers, 2003)から作成。

ロジャーズは、イノベーションが高度な新しい技術的な専門知識を必要とせず、利用者が比較的均一でない場合、分散型のシステムが最適だと述べている（Rogers, 2003）。さらに、利用者が高度に教育を受け、技術的に優れた実践者の場合、利用者が自分自身の普及システムを実施する可能性が高い。イノベーション普及に対する分散型戦略は、集中型戦略よりも利用者の抵抗が少ないようである。また、結果的にかなり大きいレベルでの再発明がなされるかもしれないが、これが望ましいかどうかは、イノベーションの性質と再発明を行う者の知識・能力によって異なる。ロジャーズによれば、最も現実的なシナリオは混合の普及システムであり（Rogers, 2003）、これは例えば、どのイノベーションが普及するべきかに関して、中央の調整の役割と分散された意思決定を組み合わせたものとなるだろう。集中型と分散型の意思決定に関するバランスは、エビデンスに基づくイノベーションを普及させる際に必要な集中型の程度についての同様の議論と明らかに類似している（例えば、第7章の「埋め込まれた研究モデル」対「研究に基づく実践者モデル」、また実践に基づく変化に対する「卓越した組織モデル」の議論を参照）。

3.2　イノベーションの性質

　イノベーションについて認識されている特徴は、採用を左右する重要な影響力を持つと考えられる。一般的には五つのイノベーションの性質が迅速な普及のために重要だと認識されている。すなわち、相対的優越性、適合性、複雑性、試行可能性、観察可能性である（コラム6.13参照）。グリーンハルらによる、イノベーション普及理論に関する文献レビューでは、これらの性質それぞれの重要性を支持する頑強なエビデンスが明らかにされた（Greenhalgh et al., 2004）。ほかにも重要である可能性を認識された性質があり、それらは、イノベーションの適応性、組織の日常業務に対する重要性と関連性、採用にあたって明らかに追加のリソースが必要となる度合い、組織的文脈で実施する際の複雑性などである（Wolfe, 1994、Greenhalgh et al., 2004）。

コラム 6.13　迅速な普及に関係するイノベーションの性質

- **相対的優越性**：イノベーションが現在の別の選択肢よりもはるかに有利となると考えられる度合い。
- **適合性**：イノベーションが過去の実践や現在の価値観、既存のニーズと矛盾しないと見られる度合い。
- **複雑性**：イノベーションが容易に理解され、実施される度合い。
- **試行可能性**：全体での採用の前に低コストで試験的に実施できる新しいアイデアは採用されやすい。
- **観察可能性**：イノベーションの利用と利益が他者に明白で、その結果、他者が採用する刺激となる度合い。

出典：ロジャーズ（Rogers, 2003）から作成。

　これらの要因は、潜在的に、研究活用促進のための戦略設計と非常に関連が深い。そのような戦略は、研究に基づくイノベーションの相対的な優越性を強調し、複雑性が認識される点を少なくするべきだと提案する。しかし、**相対的優越性**は曖昧な概念である。いくつかの調査によれば、イノベーションの採用が本当に効果の改善につながるかどうかの強力なエビデンスは、採用を決定する際に影響を与える主要な要因ではない（Stocking, 1985、Westphal *et al.*, 1997）。重要なのは認識である（Greenhalgh *et al.*, 2004）。これは、研究活用を理解する上でも関係する。しかし、保健医療サービスでの**臨床的有効性に関する活動促進プログラム**（PACE）の調査では、エビデンスの強さは、他の要因が優先し得るにもかかわらず、研究活用を説明する重要な要因であった（Dopson *et al.*, 2001、第7章参照）。

3.3　イノベーションの採用

　個人やその他の社会単位でイノベーションを採用する際、どの程度革新的か、すなわち新しいアイデアを採用する時期に基づいて、社会システムのメンバー

の分類、つまり採用者のカテゴリー化が開発されてきた。これにより、採用者の五つのカテゴリーが特定された。すなわち、イノベーター（革新的採用者）、初期少数採用者、初期多数採用者、後期多数採用者、伝統主義者（採用遅滞者）である（Rogers, 2003）。これに続いて、採用者の社会経済的地位といったこれらのカテゴリーに関係する要因を明らかにしようとする試みもなされてきた（Rogers, 2003）。

しかし、これらのカテゴリーはかなり価値を付与された用語であり、採用者がイノベーションに対してどのような目的を持って創造的にかかわり合うのかについて十分な注意を払っていないとの批判もある（Greenhalgh *et al.*, 2004）。もしイノベーションの採用を考えている人が現在の利用者と社会経済的、学歴、専門的、文化的経歴の点で似ているなら、そのイノベーションの採用の可能性は高くなる（Greenhalgh *et al.*, 2004）。グリーンハルらはまた、イノベーションの採用と継続的活用は次のような場合に起きやすいことを明らかにした（Greenhalgh *et al.*, 2004）。

- 対象とする採用者が、イノベーションとその実施について十分な情報を持っている。
- 採用者が、イノベーションと十分な研修と業務の問題点へのサポートについての情報に継続的なアクセスを持っている。
- イノベーションの結果について適切なフィードバックがある。

これらの結果は、研究活用促進の戦略設計に対していくつかの示唆を含む。それらは、同僚の影響と、同僚の行動のモデル化の重要性についての前述の議論を強化し、普及の資料をどのように作成し、利用者の実施に対して目標を絞れるか、また、促進し強化するような介入が研修サポートとフィードバックについてどこに焦点を合わせるべきかを提案している。

しかしながら、結果をこのように要約すると、採用が、秩序だった合理的な意思決定プロセスであるかのように認識する危険が伴う。他の結果によれば、採用するか否かについての組織的な選択は、特定のブームや流行とかかわる制度上の圧力と関係している。つまり、イノベーションの初期の採用が、業績の改善につながるという期待からなされる一方、イノベーションが受け入れられ

るにつれ、その他の人々は正当性を求めるためにイノベーションを採用するかもしれない（DiMaggio and Powell, 1983、Westphal *et al.*, 1997、O'Neill *et al.*, 1998）。この行動パターンは、不確実性が高く、組織が他の組織、特に基準を決める存在と見られる組織を模倣しがちな時期に高まる（DiMaggio and Powell, 1983）。そのような傾向は、研究活用の増加のために**先進的**または**模範的**な現場を、流行創出者（後述の「3.7 組織間の学習ネットワーク」参照）として活用する新しい戦略機会があることを示唆している。

3.4　コミュニケーションと実施プロセス

　イノベーション普及の文献によれば、その採用の割合は、関係するコミュニケーションの経路、すなわちメッセージがある個人から次の個人に届く手段によっても影響される。一般的に、個人間のコミュニケーション手段と、マスメディアによるコミュニケーション手段に大きく区別されるが、社会的ネットワークを通じた個人間の影響の方がイノベーションの採用を促進する主要なメカニズムとして作用する（Rogers, 2003）。このことは、研究がたどる複数の経路の中で、主要なのは社会的影響と社会的ネットワークだという第3章の結果を確認するものである。

　普及の文献で取り上げられている中でも、特に研究活用の理解や促進に関係があるのは、イノベーションの採用の際に、重要な、時には再発明にも匹敵するような改変がかかわっているかということである。再発明のきっかけのいくつかは、コラム6.14にまとめられている。状況によっては、再発明のプロセスは知識の部分的な活用を反映しており、他の場合には、イノベーションの知識は変えられたり増大されたりしている。イノベーション普及の文献によれば、再発明は採用の可能性を増すだけでなく（Greenhalgh *et al.*, 2004）、中止の可能性を低下させることにもつながる（Berman and Pauley, 1975）。実際、イノベーションを再現するという概念そのものが、再発明の要素が不可避である以上、見当違いかもしれない（Rogers, 2003）。しかしながら、教育分野での研究のいくつかによれば、再発明のレベルが極めて高いとき、それは現状維持がイノベーションを飲み込むことを意味し、結果としてサービスはほと

んど変わらず、イノベーションの質が大きく変わることになる（Berman and Pauleym, 1975、Berman and McLaughlin, 1978）。

これらの問題は、研究に基づいたプログラムの効果的活用をどのように促進するかについての議論の中心となるものであり、第2章で論じたプログラムの忠実性の問題と関係している。従って、イノベーション普及理論の文献は、実質的な再発明が妥当な理由と時期を理解する助けとなり得る。

コラム 6.14　再発明のきっかけ

- 再発明は、イノベーションに対する採用者の十分な知識の欠如によって起こり得る。
- 比較的複雑なイノベーションは、再発明、または単純化されたりしやすい。
- 抽象的な概念や、多くの応用が可能な取り組みであるイノベーションは、再発明されやすい。
- イノベーションが、幅広い問題解決のために実施されるとき、再発明が起こりやすい。
- 現場担当者が自分の業務に当事者意識からのプライドを持っている場合、それが再発明の原因となりやすい。
- 再発明は、変化を仲介する人々によって奨励されることもある。
- イノベーションを採用する構造に合わせたイノベーションの改変は、再発明につながり得る。
- 再発明は、後期の採用者が早期の採用者の経験から学ぶ際に起こり得る。

出典：ロジャーズ（Rogers, 2003, pp.186-7）から作成。

3.5　文脈

採用の決定が行われる組織的な文脈もまた、採用の比率を方向づける。コラム6.15は特定のイノベーションに対する組織のレディネスに関係する文脈的な要因を要約したものである。これらは、内的な組織文脈と、政策環境を含む外

第6章 主要な理論と概念：学習理論、ナレッジマネジメント、イノベーション普及理論

的な文脈のどちらも重要であることを強調している。公的サービスとの関連で言うと、後者の要因は、研究活用理解のための政策ネットワークと政策の流れに関する第4章のメッセージを強化するものである。全体としてそれらの要因は、研究活用改善戦略と介入を計画する際に考慮すべき問題を強調しており、研究に基づくアイデアとイノベーションの受容力の理解を目的とする診断ツールの設計について情報を提供するだろう。

コラム 6.15 組織でのイノベーション採用の条件整備に関連する文脈的要因

組織的条件の整備
- **変化のための緊張**：現在の状況は我慢しがたいという認識。
- **イノベーションとシステムの適合**：既存の価値観、規範、戦略、ゴール、スキルの組み合わせ、技術、働き方との適合の程度。
- **実施の評価**：全体にわたるイノベーションに対する実施の評価（ドミノ効果を含む）。
- **サポートと擁護**：支持者が反対者を上回る度合い。
- **充てられる時間とリソース**：適切なリソースの配置。
- **イノベーションを評価する能力**：イノベーションの影響力に対する迅速で簡潔なフィードバックによる、イノベーションの理解と維持の確率の増加。

外的な文脈的要因
- **非公式の組織間ネットワーク**：いったん規範と見なされるとイノベーションを推進する助けとなるが、そうでなければ採用に対する阻害要因として作用することもある。
- **意図的な拡大戦略**：品質改善協力といった公式のネットワークは、採用を推進するかもしれないが、それが成功するかどうかには、ばらつきがある。
- **より広範囲の環境**：環境的な不確定性が採用を促進することもある。
- **政治的な命令**：イノベーションの採用は大きくなるかもしれないが、そのための組織の能力を大きくするわけではない。
- **政策の流れ**：イノベーションが広く行き渡っている価値観や認識されている

> 問題と合致することで、採用の確率は増すこともある（本書4章参照）。
>
> 出典：グリーンハルら（Greenhalgh et al., 2004）から作成。

3.6　仲介者の役割

　仲介者は、イノベーションの採用に向けて人々を説得する重要な役割を果たすと考えられている。彼らの役割は不可欠である。なぜなら、発明家や学者といった革新者は、通常、広範囲で多数の採用者とは異質の存在で、そのためにコミュニケーションと信頼性の点で問題が生じる。以下のような二つの仲介者のカテゴリーが明らかにされている。

- **オピニオンリーダー**は、利害関係者であり、イノベーションを採用または採用しないように人々を説得する重要な役割を果たす。オピニオンリーダーは同僚の信念と行動の両方に良くも悪くも影響を与える（Greenhalgh et al., 2004、Dopson and Fitzgerald, 2005）。グリーンハルらは、自らの権威と地位を通じて影響力を持つ専門家のオピニオンリーダーと、代表者としての存在と信頼性によって影響力を持つ同僚のオピニオンリーダーとを区別した（Greenhalgh et al., 2004）。真のオピニオンリーダーを明らかにし、特定のイノベーションにだけ影響力を持つ人と、幅広いイノベーションについて影響力を持つ人とを区別することが重要だと思われる。
- **変化の仲介者**は、イノベーションを促進、または拡大するために積極的に働く。彼らは、イノベーション採用に対する阻害要因を減らし、採用者を説得し、採用決定を支持することで、イノベーションに対する要求を創出する。文献によれば、変化の仲介者は技術的専門家と採用者のどちらにも属さずに両者間の架け橋となるので、両者と効果的に働く能力が不可欠である。彼らはオピニオンリーダーと協調して動くときが最も効果的だとされる（Rogers, 2003）。グリーンハルらは、擁護者と組織の内外両方に重要な社会的つながりを持ち橋渡し役をする者の重要性を指摘している（Greenhalgh et al., 2004）。

第6章　主要な理論と概念：学習理論、ナレッジマネジメント、イノベーション普及理論

　第5章では、オピニオンリーダーはすでに研究活用改善の際の社会的影響力の重要な源として認識されていると指摘した。イノベーション普及理論の文献は、オピニオンリーダーと、彼らの働き方に関する理解を深めてくれる。対照的に、変化の仲介者はイノベーションの採用を促すために働き、普及理論の文献に、彼らの**橋渡し**の役割に対する理解を助ける情報を提供する可能性もある。第3章で述べたように、そのような、境界を越える**橋渡し**の役割は研究活用を理解する上で鍵となるように思われる。

3.7　組織間の学習ネットワーク

　近年、民間セクター（Bessant *et al.*, 2003）や公的セクター（Currie, 2006）では、組織や職業の境界を越えたアイデアや知識、イノベーションの共有の推進のための学習ネットワークの可能性に対して非常に高い関心が寄せられている。これらをレビューすることで、研究に基づく知識の取り上げに関心を持つ人々に洞察を提供できるかもしれない。

　学習ネットワークはさまざまな形式をとり、幅広い目的に寄与する可能性がある（表6.2参照）。それらにはまた、正式に組織される公式のもの、非公式のもの、そして新興のものがある。多くの専門職ネットワークは非公式な自主的組織から始まったが、その後、時間を経て形式が整った。

　学習ネットワークの有効性はしばしば、参加者の個人的な学習向上の成功によって評価されるが、学習ネットワークについての研究の多くが、参加者の恩恵をどのように計測するかという問題について真剣に取り組んでいない（Armfield *et al.*, 2002）。民間セクターの研究で、ベッサンらは、核となるネットワークプロセスを明らかにしたが（Bessant *et al.*, 2003）、学習ネットワークの有効性は、これらのプロセスがどのように扱われるかによってさまざまな結果を示すとされる（表6.3参照）。

　公的サービス内では、職業的・組織的境界を越えて、知識とイノベーションを共有しようとするさまざまな動きがある。それらには、医療分野での共同研究、管理された臨床ネットワーク、教育と地方自治体でのビーコン・スキーム（先進自治体計画）が含まれる（コラム6.16参照）。これらの動きのレビューか

表6.2 学習ネットワークの分類

タイプ	学習目標	例
専門職	専門職上の知識とスキルの向上	専門職団体
分野別	競争上の業績の何らかの側面の能力の向上	同業者団体 分野を基盤にした研究団体
テーマ別	特定の分野の向上した意識／知識	ベストプラクティス・クラブ
地域別	地域のためのテーマ関連の知識の向上	集団と現場の学習共同組織
供給者または価値の流れ別	例えば品質供給のベストプラクティスの基準を達成するための学習	主要な顧客に供給する特定の企業または共有された価値の流れのメンバー
政府主導のネットワーク	能力の向上を提供する国の、または地域の取り組み	地域の開発機関
業務サポートネットワーク	職業的なネットワーク同様に、特定の業務を行う方法についての知識を共有、開発することを目的とする	実践者のネットワーク

出典：ベッサンら（Bessant et al., 2003, p.24）から作成。

表6.3 核となるネットワークプロセス

プロセス	根本的な問い
ネットワーク創設	ネットワークのメンバーはどのように定義され、維持されるか
意思決定	決定はどのように（どこで、いつ、誰によって）なされるか
葛藤解決	どのように（そして、そもそも）葛藤は解決されるのか
情報処理	情報の流れはどのように管理されるのか
動機／責任（約束）	メンバーはどのように、ネットワークに参加／とどまるように動機づけられるか
リスク／利益共有	リスクと利益はどのように共有されるか
統合	ネットワークの個人代表間の関係はどのように築かれ、維持されるか

出典：ベッサンら（Bessant et al., 2003, p.36）から転載。

らは、知識の共有を制約する多くの重要な問題、知識の競合的性質、組織内・組織間での関心の違い、暗黙で他者に明快に説明するのが難しいため共有が困難な専門知識の固着性が明らかになる（Hartley and Benington, 2006）。ドプソンとフィッツジェラルドによれば、医療専門職の教育と社会化が組織体制によって異なるため、それぞれの医療専門職で創り出された知識文化は、専門職を超えて共有されることはなく、しばしば、知識を一般的に共有・理解することに対する阻害要因として作用する（Dopson and Fitzgerald, 2005）。さらに、知識共有の目的はしばしば、それ以外の懸念に取って代わられる。例えば、ファーリーとアディコットが調査を行った臨床管理ネットワークの主要な焦点

第6章 主要な理論と概念：学習理論、ナレッジマネジメント、イノベーション普及理論

は、知識の共有と学習ではなく、構造の再構成になってしまった（Ferlie and Addicott, 2004、Addicott et al., 2006）。

コラム 6.16　知識共有の取り組みの例

保健医療分野のサービス改善のための「医療共同研究」

　米国ボストンの医療の質改善研究所（www.ihi.org）の研究に基づく**医療共同研究**は、サービス改善業務と組織を超えて共有される学習の開発に関するものである。これは時に**臨時学習組織**と呼ばれ、その目的は、多くの環境を越えて迅速に変更のプログラムをテストし実施することである（Øvretveit, 2002）。医療共同研究は、現場で生じた学習を広範囲にわたるサービス提供者のグループ全体を通じて共有するために、行動学習の迅速なサイクル、あるいはPDSA（計画（P）－実施（D）－研究（S）－行動（A））サイクルを活用した。医療共同研究の支持のために開発された構造は臨時のものであったが、その背後にあった考え方は、取り組みそのものの寿命を超えて継続しうる改善の文化を促進すべきというものだった。医療共同研究のレビューによれば、サービスに関する共同研究は、これが注意深く計画、管理され、チームが正しい条件を持っていれば、チームによっては重要な改善を迅速に行う助けとなることが、いくつかのエビデンスによって示された。しかし、そのような医療共同研究は費用がかかることも指摘されている（Øvretveit, 2002）。

臨床管理ネットワーク

　臨床管理ネットワークは、「一次診療、二次診療、三次診療から医療の専門家と組織が連結し、質の高い、臨床的に効果のある治療が公平に確実に提供されるように、既存の組織や職業上の境界によって制約されず、調整された方法で機能するグループ」と定義される（Baker and Lorimer, 2000, p.1152）。臨床管理ネットワークは、例えば、糖尿病やがんなどの特定の病気や、神経学のような特定の専門分野、救急医療入院などの特定の機能を扱い、保健医療分野に応用される概念は非常に柔軟である。しかし、ほとんどの臨床管理ネットワークは、エビデンスで裏付けられる形式知（例えば、医療方針、治療手続き、記録共有など）の開

発と共有が重要関心事になっている。

教育分野におけるネットワーク化された学習コミュニティ

学校指導者全国カレッジ (NCSL) は、教育分野におけるNCSLネットワーク化された学習コミュニティプログラムを推進・評価してきた。このプログラムは、専門知識の創造・共有の開発を目指し、結果として実践の変化と、究極的には学習に対する生徒の取り組みと成功に影響をもたらすものである。この取り組みに対して現在行われている評価では、学習ネットワークでも重要と思われる七つの主要な特徴を明らかにしている。それらは、1) 目的と焦点の明確な説明、2) 信頼に基づく学習関係、共有されたゴールに対する責任約束、社会的規範、3) 実践の開発での活発な協同、4) 組織的な調査（これは、問題解決のために研究専門家と協働する）、5) 広い視野を持ちつつ分散した実践的リーダーシップ、6) ネットワークの活動とそれに続く成果の質に対する相互的責任、7) 学校内・学校間での変化と改善のための能力向上の計画的な戦略、である（NCSL, 2005a, 2005b）。

ビーコン・スキーム

ビーコン・スキーム（**先進自治体計画**）は、地方政府、学校、警察を含む多くの公的サービス分野で設定されている。それらは、優れた実践を表彰し、同じサービス分野の他者と、実践についての知識を共有することを目的としている。例えば、英国地方自治体でのビーコン・スキームは、他者が学ぶことができる優秀なセンターを明らかにする目的で1999年に導入された。特定のサービス提供において卓越性が評価され、全体としての良好な業績と普及の効果的な計画が伴っている自治体は、先進事例（ビーコン）として認証される（*www.communities.gov.uk*）。

これらの動きの背景となる広い文脈もまた、知識共有の目標を弱める働きをしかねない。例えば、ビーコン・スキームの推進は、現場の学習や知識共有よりも全国基準への遵守に焦点を合わせようとする監査と検査への多大な投資によって妨げられている（Downe and Martin, 2005、Hartley *et al.*, 2005）。しかしながら、その改善策は、監督や比較業績評価を減らせばいいという単純なものでもない。なぜなら、セクター内部と外部の他の組織との明確な比較は、組

第6章 主要な理論と概念：学習理論、ナレッジマネジメント、イノベーション普及理論

織内でも組織間でも改善と学習の重要な要素として明らかになっているからである（Hartley and Benington, 2006）。

組織を超えた知識共有の動きは形式知の交換に焦点を絞る傾向があり、時にはウェブサイトなどの情報伝達テクノロジーを主要なコミュニケーション手段として頼ることもある。これは、現場を訪れて暗黙知を得る機会や、訪問先の相手との密接な協働や積極的な対話といった、これらのスキームにかかわる実践者が最も価値を置いているものとは対照的である。これは重要なことである。なぜなら文脈と暗黙の理解の重要性のおかげで、知識交換はしばしば知識の創出につながるからである。

医療共同研究、臨床管理ネットワーク、ビーコン・スキームといった知識共有の取り組みにとって主要な課題は（コラム6.16）、それらのすべてが自然発生した実践コミュニティではなく設計されたネットワークだということである。**実践コミュニティ**の概念（Wenger, 1998）は、実践の状況――組織や職業上の境界を越えるかもしれないが、往々にしてそうはならない状況――で、知識がどのように発生し、伝達・応用されるかを理解する上で重要な役割を果たしてきた。実践コミュニティは、共通の関心で非公式に結ばれ、共通の目的を持った相互依存の仕事を通して交流する専門家やその他の関係者の集まりと定義される（Davenport, 2001、Buysse et al., 2003）。交流を通して、彼らは実践上の問題について共有された理解を発達させる（Buysse et al., 2003）。実践コミュニティの信条では、知識は経験に位置づけられたもので、経験はこれを共有する他者との批判的な省察を通して理解されるものだとする（Buysse et al., 2003）。バラブとデュフィ（Barab and Duffy, 2000）によると、実践コミュニティの三つの本質的な特徴は、次の通りである。

- 実践コミュニティのメンバーは、共通の文化と歴史的遺産を共有するが、これは、特定の必要に対処するための特定の期間のミーティングの範囲を超えた目標と意味を教え込むものである。
- メンバーはより大きい何かの一部、またはそれにつながっている相互依存のシステムの中に位置づけられる。
- メンバーが去り、新しいメンバーがコミュニティに入るにつれ、自らを再生する

能力を持っている。

　実践コミュニティについての文献は、知識と専門知識がどのように実践の文脈で育つのかを理解する上での暗黙知や、**状況に埋め込まれた学習**とその行動の重要性を強調している。実践コミュニティは、組織内と組織間の両方の学習を高めるための強力な媒体だと見られる。しかし、そのような理論がどの程度活用されるか、そして、実践コミュニティが意図的に作られ、管理されることができるのかについては、意見が分かれている（Bate and Robert, 2002、Wenger et al., 2002）。

　組織間の学習ネットワークと実践コミュニティの概念は、研究活用を理解・推進するための戦略設計に直接関係している。例えば、ある学習ネットワークは、公衆衛生での研究からの教訓を普及するために採用された（コラム6.17参照）。研究が実践コミュニティの議論に入るようにすることで、研究活用を奨励しようとする方針も模索された。しかしこれらの動きによる結果は、現在に至るまで一様ではない。例えば、多数の機関を含む二つの実践コミュニティに関する研究によれば、関連する研究エビデンスが参加者の関心を引くように持ち出されたときであっても、集団としての意思決定に対して主要な影響を与えるのは、個人の持つ知識と経験であった（Gabbey et al., 2003）。もっとも、これらは計画されたコミュニティであって、自然に発生した実践コミュニティではなかった。

コラム 6.17　公衆衛生における学習ネットワーク

　2002年、スコットランド政府は、心臓医療、生殖医療、若者の健康、幼児の健康に関する全国的な学習ネットワークの設立に資金を提供した。その目的は、これらの政策優先事項を実践に移し、スコットランド全体に将来、発展する情報を提供することができる関係者の能力を開発するために、これらの分野のそれぞれについて、行動のためのエビデンス基盤を開発し、共有することであった。

　これらのネットワークの機能は、既存のエビデンス基盤、実践、経験を吟味、

第6章 主要な理論と概念：学習理論、ナレッジマネジメント、イノベーション普及理論

> 分析、共有すること、他の関連する学習ネットワークとの連携を育成すること、将来の実践のための結果を明らかにし、関連する戦略・計画を策定することであった。学習ネットワークは幅広い関係者と協働することが期待された。
>
> 　学習ネットワークのレビューが明らかにしたのは、各ネットワークはさまざまな方法で発展したということであった（Percy-Smith et al., 2006）。主要な影響は、ネットワークの個々のメンバーにおける、研究とその他のエビデンスに対する意識や知識、理解が増したことであった。ネットワークが本当に学習ネットワークとして運営しているかについては懸念が表明され、レビューは、学習ネットワークを、情報を提供するための連絡先のデータベースとして再指定するか、実践の変化を後押しするための活動の強化プログラムの一部として、学習共有の役割を再強調するかの、どちらかにするよう提案した。
>
> 出典：パーシー＝スミスら（Percy-Smith et al., 2006）から作成。

　実践コミュニティの調査は、集団での意思決定において関連する研究知識の体系的な活用をどのように奨励するかを理解するために、集団での意味解釈のプロセスのより明確な理解を発展させる必要があると述べている。研究によれば、人為的なネットワークよりも自然発生した実践コミュニティに注意を向けることが重要だが、その判別は簡単ではない（Bate and Robert, 2002）。

第4節　結語

　本章でレビューされた文献の多様な性質と、研究活用の問題に対する明快な解釈の仮定がなされる危険性ゆえに、本書の結論は必然的に暫定的であり示唆的なものである。とはいえ、これらの文献は、研究活用改善戦略に対する情報提供のための理論とエビデンスの豊富な源を提供している。文献は、実践の文脈での手段的活用の理解に大きくかかわっており、研究の概念的活用や、研究が政策的文脈でどのように活用されるかについての理解については、あまり識

見を提供していない。

　学習理論、ナレッジマネジメント、イノベーション普及理論の文献は、知識の産出、共有、実施をさまざまな角度から考察しているが、各分野の現在の考えは、これまでの章で見てきた「研究・知識プッシュ理論」の限界に関する議論を強化するものであった。三つの分野の文献はまた、「利用者・プルモデル」に含まれるものは何か、についても洞察を提供してくれた。また、知識がどのように既存の知識と理解によってフィルターにかけられて形成されるか、そして、これらの理解を形成する共同学習の役割についての理解を深めてくれた。組織文化に焦点を合わせる重要性も強調され、特に組織による学習に関する文献は、知識の共有、個人の学習、組織による学習を促進するために開発される必要がある文化的価値観についての知見を提供してくれた。

　レビューされた文献によれば、研究活用改善戦略は、特に第5章で要約された三つのメカニズム——相互作用、社会的影響、研究活用促進——について焦点を合わせなければならない。また、これらの仕組みの潜在的な作用についても知見を提供している。例えば、研究活用促進戦略において組織文化の問題を扱う必要性については、すでに述べた通りである。さらに、学習に関する文献は、協調学習による研修と開発の機会を設計することの重要性を強調しているが、それは経験に主導され問題に焦点を合わせたものである。これらの活動は、対話、省察、現場での実験を奨励したとき、最も効果的なものとなり得る。

　研究活用改善のための介入は、いくつか組み合わせて採用されることがよくあるが、重要な問いは、どの組み合わせが最もうまくいくかということである。この問題については第7章でさらに詳しく考察するが、ここでは、学習理論、ナレッジマネジメント、イノベーション普及理論の三つの分野の文献が、組み合わせた介入を行う前に慎重に分析が行われなければならないことを示唆していることに着目する。ナレッジマネジメントの文献は、知識プッシュと知識プルの理論は、両方を混ぜ合わせるのではなく、どちらかを選択する必要があることを強調している。同様に、イノベーション普及理論の文献は、研究に基づくイノベーションの手段的活用を促進することが目的の場合、集中型か、分散型か、それとも混成型が最もふさわしいかは、状況が決定するとしている。考慮すべき不確定要因には、サービスが標準化され、確立されている度合い、対

第6章 主要な理論と概念：学習理論、ナレッジマネジメント、イノベーション普及理論

象とする人々の教育レベルなどの多様性、イノベーションの技術的な洗練度などが含まれる。

　学習する組織論とナレッジマネジメントに関する文献が示唆する主要な点は、組織が研究活用の促進要因あるいは阻害要因に特に注意を払う必要があることである。前章までで見たように、研究活用改善戦略は、対象とする人々を、個人の実践者や政策の役割にある個人とする傾向がある。組織は、個人の学習や行動を抑制または促進する際の付随的、仲介的な役割を負うとしか考えられていない。しかし、ここでレビューした文献は、集団での意味解釈や行動、共有される記憶、協力的なシステムをより良く理解することの重要性を強調している。これらの文献は、研究活用改善戦略では、研究活用がチームや組織、組織間のレベルでどのように奨励され得るかについて、より注意を払う必要があると提案している。学習ネットワークと実践コミュニティについての文献は、集団的意味解釈のプロセスについての理解を深めてくれるかもしれないが、これらのコミュニティの中で研究活用がどれくらいより大きく奨励されるかについては依然としてまったくわからない。

　本章でレビューした文献には限界があるが、その限界には研究活用改善戦略の設計のための示唆がある。知識の手段的活用に対する限定的な焦点についてはすでに述べた。ナレッジマネジメントの文献は特に、既存の知識の手段的活用に関心が偏っている。さらに、知識活用の不足が問題の中心だと見られており、従って、これらの文献は、時代遅れとなった知識の活用や試験的な新しい知見の拙速な開発を避ける方法については、ほとんど何も言っていない。このことは長い間認められてきた次の事実が活かされていないことを意味する。「最大の困難は、人々に新しいアイデアを受け入れるように説得することではなく、古いアイデアを捨てるように説得することである」（ブコヴィッツとウィリアムズ（Bukowitz and Williams, 1999, p.321）によるメイナード・ケインズ（Maynard Keynes）の引用）。

　また、イノベーション普及理論の文献の中には、イノベーションへの賛同というバイアスが存在する。これは、優れた普及システムとは、イノベーションの迅速かつ広範囲での採用をもたらすという前提につながる。これらの文献もまた、非効果的な実践を中止する**学習棄却**や、あるいは不適切なテクノロジー

の取り上げを遅らせるということについては、ほとんど何も言っていない。同様に、個人の学習や組織による学習に関する文献は**学習棄却**のプロセスについて、いくらかの洞察を提供しているが、これは、これらの文献の最も発展の遅れている側面となっている。

　これらの文献の別の限界は、権力と葛藤の問題に対する関心が欠けていることである。**知識は権力である**という表現は、ほとんど自明の理と見られるまでに達したが、ここでレビューを行ったどの分野でも主流の文献はこの示唆に対してほとんど何の関心も払っていない。しかし、それぞれの分野でポストモダン的解釈からの批判はなされており、知識と学習が、社会的で政治化された意味システムと緊密に結び付いていることが強調されている。

　これらの文献の全体を通した要旨としては、学習、知識共有、イノベーション普及は複雑で社会的に不確実であり、文脈依存のプロセスだということである。これらの文献は、研究活用改善戦略もまた、文脈によって微妙に差異があり、文脈の影響を受けやすいことを示唆している。学習理論、ナレッジマネジメント、イノベーション普及の各理論に基づく戦略が、その主要な方法と、さまざまな状況に対するそれらの関連性について首尾一貫した見方に支えられる必要があるのと同様に、研究活用改善戦略も、研究活用に対する主要な方法とその妥当性について首尾一貫した見方にしっかり埋め込まれる必要がある。これが、第7章と第8章での焦点となる。

第7章

実践における研究活用の改善

はじめに

　これまでの議論から明白なように、本書は、研究が公共サービスの進展に積極的な役割を果たすという前提に立つ。それゆえ、実践の場面において研究活用を促進し可能にするという目的は、利にかなっていると思われる。特に、研究**活用**の手段的活用のみでなく、概念的活用をも包含する広いものとしてとらえ、また、その活用改善プロセスにおいて研究以外の他の形態の知識も尊重され、利用される場合にはそうと言える。しかし、どのように研究活用改善に努めるべきなのであろうか。第5章では、研究活用改善のために、過去に採用された主な仕組みや介入の有効性について、これまでわかっていることを論じた。そして、研究活用改善のための多くの取り組みは、複数のメカニズムを組み合わせていることを指摘した。一方、第6章では学習理論、ナレッジマネジメント、イノベーション普及理論といったより広い社会科学の文献と関連づけて、何を学ぶことができるかを検討した。しかしながら、これらの広範な見識に基づいて、複合的かつ整合的な研究活用改善の方法をどのように開発することが最善なのかは、未解決のままである。

　本章では、研究情報に基づく実践について考え、また、そのような実践を開発するための三つの主な複合モデル（「研究に基づく実践者モデル」「埋め込まれた研究モデル」「卓越した組織モデル」）を概説する（次の第8章では、政策形成のプロセスをよりエビデンス情報に基づくものとするために、どのような支援ができるかを取り上げる）。これら三つの考え方は帰納的に導かれたものであり、実践の文脈での研究活用改善のための方法の間の主な違いと考えられる事項を反映している。なお、これらの考え方は特に英国で実践されている取り組みに基づいている。三つの考え方の違いはしばしば明示的に存在するというよりは内在しているものであり、本章では、これらの違いを三つの複合モデルとしてとらえることで、その特徴や意味合いを表面化させ、強調することを目的とする。それぞれのモデルの主な特徴を明確にするにあたり、前章までの見識を用いるが、特に、それぞれのモデルにおいて研究活用が何を意味し、ど

のように達成されるべきととらえられているかに焦点をあてる。また、それぞれのモデルが、研究活用改善のための一貫性のある方法をデザインする際に何を示唆するかについても考える。これらのモデルについて議論した後、実践の場面において研究活用促進にあたって政府が果たし得る役割について検討し、これらの役割が各モデルとどのように結び付くかを考える。しかし、これらのモデルを紹介する前に、研究活用改善に向けた多面的方法の開発を試みた取り組みの効果検証の結果を論じる。そして、研究情報に基づく実践のどのモデルを促進しようとしているのかを明確にし、これらの取り組みの基盤を強固にする必要があることを指摘する。

第1節　多面的介入：研究活用改善のための組み合わせ

　より良い研究活用改善を目的とした取り組みの多くは、第5章で概説した五つのメカニズム（普及、相互作用、社会的影響、研究活用促進、インセンティブと強化）を単独で使用するよりも、組み合わせることで成り立っている。例えば、**研究活用促進のための**研究に基づくプログラムやツールの開発に焦点をあてた取り組みは、同時にこれらのプログラムやツールが確実に研究者と実践者の協力により開発されるように**相互作用のメカニズム**も使用するかもしれない。実際、研究活用促進や相互作用のメカニズムをこのように組み合わせることは、研究に基づくプログラムやツールのより広い運用に寄与すると考えられる（Buntinx *et al.*, 1993、Qureshi and Nicholas, 2001、Nicholas, 2003）。

　保健医療分野の調査のレビューは、圧倒的に、研究活用改善の多面的戦略の方が単独介入よりも成功する可能性が高いと結論づける（Bero *et al.*, 1998、*Effective Healthcare Bulletin*, 1999、Grimshaw *et al.*, 2001、Gross and Pujat, 2001、Hulscher *et al.*, 2002）。しかし、個々の介入を追加する効果は、おおむね限られていると報告されている。戦略を組み合わせることが、単にそれぞれの戦略の効果を足し合わせるだけのものなのか、異なる組み合わせの中でそれぞれの要素が特有の、かつ相乗的な方法で相互作用するかは明確ではない。さらに、中には有益でない組み合わせもあるという指摘もある。例えばグリムシ

ョーら (Grimshaw et al., 2004) の調査では、ガイドラインの運用に関連して、多面的戦略が単独介入よりも必ずしも効果的なエビデンスを見いだすことができなかった。前章までの研究活用プロセスについての見識から、これらの多面的戦略の複数の構成要素は、複雑な、驚くべき方法で相互作用する可能性が高い。

　研究情報に基づく実践を実施するための大規模介入に関するケーススタディは、多面的な戦略が成功したかどうかについて、より多様な結果を示す。まず、コラム7.1とコラム7.2に記述された事例は、このような介入がどのように機能するかの見識を提供する。これまでに引用した系統的レビューによれば、エビデンスに基づく実践の運用にあたって多面的戦略をとることが総じて効果的であると断言できるのに対して、これらのケーススタディは慎重である。概して、これらのケーススタディは多面的戦略の必要性を支持するが、同時に特定の状況に合わせて戦略を修正することの重要性を指摘する。

> **コラム 7.1** 保健医療分野における研究に基づく実践のための多面的介入に関するケーススタディ
>
> **北テムズの購入者主導の運用事業プログラム**は、17の小規模な取り組みから成り立ち、そして各取り組みは、保健医療サービスが研究に基づいて変わることを支援する多面的戦略を採用した。このうち、18カ月後に実践に変化が生じたのは三つの事業のみだったが、ほとんどの事業でスキル、知識、システム、サービスの向上や、新たなネットワークやつながりの形成が見られたと報告された。このプログラムの評価は、種々の事業の相対的な有効性を支えるものとして、四つの主だった特徴があることを示す。その四つの特徴とは以下の通りである。
> - 時間、資金、適切なスキルという点において十分なリソースがあること。
> - 現場のスタッフに関心を持つことの利点を示し動機づけをすること。
> - プロジェクトの立ち上げ時から、すべての主要な関係者が参加していること。
> - 研究を現在の実践と明確に結び付ける相互作用的な取り組みがあること。
>
> この事業の評価はまた、特定の仕組みが、ある場合では効果的であるのに、他

第7章　実践における研究活用の改善

の場合ではそうでないことの原因を理解する際に、文脈が重要であることも認めている（Wye and McClenahan, 2000）。

臨床的有効性に関する活動促進プログラム（PACE）では、16の地域保健サービスで、それぞれが異なる多面的な戦略を採用し、臨床的に有効な実践運用を試みた。このうちの半数が、学習や臨床において相当な変化を達成した。PACEのレビューは、成功の主な要因として、優れた事業管理、強いエビデンスに基づいていること、協力的なオピニオンリーダーの存在、および新しい活動が参加組織の中に統合されていることを挙げている。しかしながら、エビデンスが強い場合であっても、その活用がうまくいくかどうかは、現場に合わせた改変や当事者意識に左右される。あらかじめ文脈について分析することや、取り組みの試験的な実施と明確なコミュニケーション戦略の開発もまた、成功の可能性を高めていた（Dopson et al., 2001、Locock et al., 2001）。

コラム 7.2　研究に基づく薬物治療プログラムの運用に関するケーススタディ

リドルら（Liddle et al., 2002）は、研究に基づく薬物治療プログラムを、その文脈を対象とし分析することに焦点をあてて、地域実践に移した事業について説明している。この事業は、変化に関する明確なモデルに基づいており、実施の妨げとなる事項に明確に対処し、プログラムの採用を促進するような仕組みを有している。また、この事業は、研究者と治療を施す者とがパートナーとなる協力的な取り組みを基盤とし、特に専門家である研究者の参加によって、外部の指示を実践に押しつけていると思わせないように配慮されている。プログラムに参加するスタッフの訓練や継続的な監督は治療の実施を円滑化する。これは社会的学習理論および変化の「段階モデル」に裏付けられたものである。この事業の評価からの初期の知見は、スタッフがプログラムを肯定的に受け止め、実践において小さいながらも重要な変化が見られることを示唆している。

出典：リドルら（Liddle et al., 2002）から作成。

これらのケーススタディは、**変化**を計画するためのモデルが多面的介入の開発を裏付けることを示唆する。プリシード・プロシードモデル（コラム 7.3）は、変化を引き起こす要素、変化を可能にする要素、そして強化する要素の特定を目的とする（Green and Kreuter, 1992）。変化を引き起こす要素は、変化への動機づけとなり、介入は普及または社会的影響などの活動を通じて、信念や態度、認識を改めさせる。一方、変化を可能にする要素は、変化の実現を可能にし、研究活用促進のための介入はこれらの変化を対象にする。強化する要素は、変化を促し、その変化が維持されることを確実にし、インセンティブと強化の活動はこれを達成するのに役立つと考えられる。

> **コラム 7.3** プリシード・プロシードモデル
>
> グリーンとクルーターは、健康増進活動を企画するための枠組みとして、「プリシード・プロシードモデル」を開発した。この枠組みは次の二つの要素や段階からなる。
> - 教育・環境診断と評価における準備・強化・実現因子を考慮する評価の局面（プリシード, Predisposing, Reinforcing, and Enabling Constructs in Educational/environmental Diagnosis and Evaluation）。
> - 教育・環境開発における政策・法規・組織因子に対応する開発の局面（プロシード, Policy, Regulatory, and Organisational Constructs in Educational and Environmental Development）。
>
> 出典：グリーンとクルーター（Green and Kreuter, 1992）から作成。

どの仕組みをいつ組み合わせるかを理解することは重要である。しかし、どの仕組みがどの文脈において最も適切で、さまざまな仕組みがどのように相互作用するかについての知識は蓄積されてきてはいるものの、まだ不完全なままである。プリシード・プロシードモデルのように変化を意図する一般的なモデルは、研究活用の詳細な戦略を開発するのに有用ではあるが、本書のこれまでの議論には重要な要素が欠けているかもしれない。それは研究活用促進戦略す

第7章　実践における研究活用の改善

べての根本にある、研究情報に基づく実践のビジョンが何かという問題である。このことに関し、次のような問いが喚起される。例えば、研究の手段的活用とともに概念的活用は想定されているか（第2章）、各戦略は、どの程度、研究活用プロセスが直線的で合理的であることを前提としているか、あるいは「相互作用モデル」に基づいているのか（第4章）、もしくは、各戦略は、政策立案者や実践者が、チームや組織、制度よりも個人として研究を活用するととらえているか（第3章）である。次節以降、これらの問題について考えてみる。

第2節　研究情報に基づく実践とその開発に関する考え方

　研究活用改善に向けた多面的戦略のデザインは、研究活用プロセスおよび研究活用改善の方法についての理解に根づいていなければならない。第4章では研究活用のプロセスについてのモデルを紹介した。ここではこれらのモデルがどのような点で、どのように研究情報に基づく実践開発の取り組みに反映されているかをとらえることを試みる。はじめに、研究活用改善を目的とする三つのまったく異なる取り組みを紹介する。

　教育、保健医療、ソーシャルケア、刑事司法の各分野内あるいは分野横断的な研究活用促進のための取り組みは、これまでにも多数あった（第5章参照）。コラム7.4の英国における三つの取り組みの概説は、これらの取り組みがお互いにどのように異なるかに注目したものである。最初の事例は、**エビデンスに基づくソーシャルサービスセンター**で、これは研究の供給改善や、利用者の研究理解・自分たちの意思決定への研究の取り入れにかかわる能力向上により、ソーシャルワーカーやソーシャルサービス関係部局での、より良い研究活用を目指そうとしたものである。**保護観察サービスにおける効果的実践のための取り組み**の例では、主眼は、犯罪者を監督する際**何が有効か**についての系統的レビューによるエビデンスが、地方の保護観察部局による犯罪者更生プログラムや、これらのプログラムが置かれる広範な犯罪者管理システムの設計や提供に確実に活用されるようにすることにあった。その取り組みは非常に**集中型**で、つまり、本部において何が提供されるべきかが特定され、これが実施されるこ

とを確認する管理の仕組みが設定された。この例は、実践における研究活用が、いかに政策主導で行われるかを説明しており、従って、エビデンスを取り巻く政策および実践分野での取り組みについて、整然かつ簡単に線引きできないことも示している。最後の例である**研究のための学校コンソーシアム**では、現場の裁量と試みが強調された。この取り組みにおいては、教員が文献に関心を持つことを促すのと同時に、教員自身による新たな研究の実施も目的としていた。

コラム 7.4　研究活用促進を目的とする三つの異なる取り組み

エビデンスに基づくソーシャルサービスセンター

エビデンスに基づくソーシャルサービスセンター（CEBSS）は、1997年に英国の地方自治体のソーシャルサービス関係の部局、保健省、エクセター大学のパートナーシップの下に設立された。CEBSSは、エビデンスに基づくソーシャルサービスの実践の先駆的な取り組みの一つであり、エビデンスに基づくソーシャルサービスは、「ソーシャルサービスを必要としている人々の福利に関する意思決定を行う際に、現時点において最善のエビデンスを良心的、明示的、そして慎重に活用すること」と位置づけられた（Sheldon, 1998, p.16）。この事業は、系統的レビューを実施し、エビデンスの概観を把握し、研究知見をソーシャルサービスに広めることによって、研究エビデンスの供給改善を試みた。ソーシャルワーカーなどの実践者は、研究エビデンスにアクセスし、評価し、自らの実践に適用させるように研修を受けた。管理者は、チームミーティングや部局の評価の際に、研究知見の議論を必ず取り入れた研究活用促進の方法についての助言を受けた。CEBSSは2004年にその活動を停止したが、その事業を引き継ぐ組織として、「成人向け実践における研究」（*www.ripfa.org.uk*）が設立された。

保護観察サービスにおける効果的実践のための取り組み

1998年、英国政府は**保護観察サービスにおける効果的実践のための取り組み**に乗り出した。これは、犯罪者に対する**何が有効か**のエビデンスに基づく実践を目的に、**保護観察サービス**に体系的変革をもたらそうとする大胆な計画であった。研究に基づく新たな犯罪者アセスメント・ツールが設計され、試用を経て、すべ

第7章 実践における研究活用の改善

ての保護観察サービスでの利用が開始された。保護観察サービスでは、犯罪者の有するリスクや監督の必要性を評価するための手段として、このツールを使用することが義務づけられた。この評価の結果に基づき犯罪者ごとの監督計画が作成され、犯罪者が保護観察プログラムに参加する必要があるのか、あるとすればどれに参加する必要があるかについても判断された。**保護観察サービスにおける効果的実践のための取り組み**の趣旨は、薬物乱用やアルコール依存、犯罪に至る問題行動などの問題を重点的に取り扱うこれらのプログラムが、必ずエビデンスに基づくものにすることであった。保護観察プログラムが**何が有効か**の原則に確実に適合したものとなるように、これらのプログラムを承認し認定する中央の認定パネルが設置された。プログラムの提供がこれらの原則に忠実性を持ってなされるよう、サービス提供に関する条件が認定基準として明示され、これらに基づいて監査が行われた（Furniss and Nutley, 2000）。

研究のための学校コンソーシアム

1998年から2001年にかけて、英国の**教員養成研修局**および**英国教員センター**は、四つの**研究のための学校コンソーシアム**の設立への資金提供を行った。それぞれのコンソーシアムは、地元の初等学校または中等学校、地方教育当局、高等教育機関の三者間の連携を形成した。その目的は、教員が自らの研究を実施し、学校、大学、および地方の教育政策のチーム間の協力的な連携の下で成果を**試してみる**ことで、エビデンス情報に基づく教育と学習を発展させることであった。参加した四つのコンソーシアムの取り組みはそれぞれ異なったが、教員と研究者のペアリング、学校研究コーディネーター、意見交換を交えた昼食会、アクションリサーチやその他の研究プロジェクト、および新たな教育実践の開発などがあった（Cordingley *et al.*, 2002）。

これらの三つの事例は、実践での研究活用改善への多様な戦略を区別する少なくとも六つの要素を浮き彫りにする。これら六つの要素について、以下に個別に説明するが、それぞれ重複する部分もあり、また相互に強い関連性を有する。

- **どのような知識に重点を置くか**：それぞれの取り組みは、例えば、研究に基づく知識と実践の知恵の役割をどのようにとらえるかや、「問題について知る、**何が有効かを知る**、どのように実施するかを知る、誰を含めるかを知る、なぜかを知る」といった知識にどの程度重きを置くか、特定の知識の種類にどの程度焦点をあてるかという点において多種多様である（第1章コラム1.3参照）。例えば、**エビデンスに基づくソーシャルサービスセンター**や**研究のための学校コンソーシアム**の例では、実践の開発にあたり、研究に基づく知識と実践の知恵が織り交ぜられるのに対し、**保護観察サービス**の事例では、研究に基づく知識が前面に出ることが予想される。**何が有効か**についての知識は、すべての取り組みにおいて強調される傾向があるが、**保護観察サービスにおける効果的実践のための取り組み**の例ではその傾向が特に強い。
- **研究の手段的活用にどの程度重点を置くか**：研究活用促進のための取り組みの多くは、実践を変えるための研究の手段的活用に焦点をあてる。しかし、これまで見てきたように、一般的には研究は、概念的または啓発的な影響を与えることが多い。焦点を絞って手段的活用を優先する**保護観察サービスにおける効果的実践のための取り組み**の例と比較すると、**エビデンスに基づくソーシャルサービスセンター**や**研究のための学校コンソーシアム**の取り組みの方が、このような広範な概念的影響を押し進めるように見える。
- **研究の妥当性を判断するにあたり、現場の文脈をどの程度重視するか**：研究活用改善のための取り組みは、**エビデンスに基づくソーシャルサービスセンター**や**保護観察サービスにおける効果的実践のための取り組み**の例のように**全体に共通した**研究エビデンスの蓄積が重要だとの認識に強固に基づいているかもしれず、**研究のための学校コンソーシアム**の例のように現場の**状況に埋め込まれた**知識に同程度あるいは大きな重きを置くかもしれない。
- **研究の産出と活用がどの程度別個のものとしてとらえられているか**：研究活用が研究の産出と別個のものとしてとらえられている場合には、研究活用はアクセス、評価、適用という直線的プロセスとされる傾向にある。これは**エビデンスに基づくソーシャルサービスセンター**と**保護観察サービスにおける効果的実践のための取り組み**の両方の事例に反映されている。逆に**研究のための学校コンソーシアム**の例では、研究者と実践者が協力して研究成果にアクセスするだけでな

第7章　実践における研究活用の改善

く、現場の文脈における適用について評価を行う。さらに、新しい研究も共同で実施する。これは、何が知識と見なされるかや、知識が一般化できるか、それが状況に埋め込まれた知識なのかについての考え方にもかかわってくる。

- **研究知見の「適用」のための戦略の開発にあたり現場の文脈をどれだけ重視するか**：研究知見の幅広い適用を促すのにあたり、**保護観察サービスにおける効果的実践のための取り組み**の例のように、現場の文脈を限定的に考慮するものもあるかもしれない。または、**エビデンスに基づくソーシャルサービスセンター**や**研究のための学校コンソーシアム**の例のように、研究適用は、現場の文脈的要因を考慮した上で決定できる現場の決定権者の判断事項と見る取り組みもあるだろう。
- **誰があるいは何が研究活用活動の主な対象とされるのか**：この点については、**エビデンスに基づくソーシャルサービスセンター**の例のように、実践者個人が主な対象であるとする場合、**研究のための学校コンソーシアム**の例のように、組織が中心であるとする場合、**保護観察サービスにおける効果的実践のための取り組み**の例のように、全体的なサービスの制度設計が主な関心事項である場合と、さまざまである。

コラム7.4の事例からもわかるように、研究活用改善を目的とする取り組みは、上記の六つの要素について、それぞれに異なる考え方を採用している。では、研究活用改善の有力な戦略を特徴づけるような特定の組み合わせはあるのだろうか。英国のソーシャルケア分野で研究活用改善のために設計された活動レビューを通じて、研究情報に基づく実践を開発する際の三つの考え方を特定し（Walter et al., 2004b）、その戦略を三つのモデルとして要約した。

- **「研究に基づく実践者モデル」**：このモデルにおいては、研究活用は実践者個人の責任である。
- **「埋め込まれた研究モデル」**：このモデルにおいては、研究活用は、研究をサービス提供の制度やプロセスに埋め込むことで達成される。従って、政策立案者やサービス提供の管理者が重要な役割を負う。
- **「卓越した組織モデル」**：このモデルにおいては、研究活用の成功は、現場のサー

ビス提供組織の適切な構造やプロセス、文化の開発に依拠する。

この三つのモデルはコラム7.5に要約されており、この後の記述で詳細に説明する。

コラム 7.5　研究活用の三つのモデル

「研究に基づく実践者モデル」

このモデルの要約は以下の通りである。
- 主として実践者個人が研究について最新の情報を得たり、日常の実践にそれを活用したりする責任を負う。
- 研究活用は、研究へのアクセス、研究評価、主として手段的活用による研究適用という直線的プロセスと考えられている。
- 実践者は自らの研究成果の解釈に基づいて実践を変えるための高度な職業的裁量を有する。
- 職業教育訓練が、研究活用を可能にする重要な要素と考えられている。
- 知識のリソースへのアクセスの提供が一般的な関心事である。

「埋め込まれた研究モデル」

このモデルの要約は以下の通りである。
- 研究活用は、主として基準、政策、手順やツールを通じて実践の制度やプロセスに研究を埋め込むことにより達成される。
- 研究活用がされるかどうかの責任は、主として国、地方、あるいは地域の政策立案者および現場のサービス提供の管理者にある。
- 研究活用は、直線的でかつ手段的プロセスと考えられており、研究は直接的に計画的な実践の変化に結び付けられる。
- 研究に基づく手引きやツールの活用を促進したり強制したりするために、資金提供や業績評価、規制制度が利用される。

「卓越した組織モデル」

このモデルの要約は以下の通りである。

第7章　実践における研究活用の改善

- 研究活用が成功するかどうかは、現場のサービス提供組織のリーダーシップや管理、組織としての取り決めに大きく依拠する。
- 研究活用は、**研究志向**の組織文化の育成により支援される。
- 研究成果は通常、現場に合わせて大きく改変され、またチーム内や現場の組織内で継続的に学習が行われる。
- 地元の大学や仲介組織とのパートナーシップが、研究知識の創造および活用の円滑化に利用されることがある。
- 研究として考慮されるものの性質は、**何が有効か**といった研究成果の手段的活用よりもかなり幅広いものである。

　これらのモデルはそもそも、英国のソーシャルケア分野で研究活用改善のために、実際に何が行われているかをとらえるために開発されたものである。しかし、分野横断的な研究や国際的経験から、これらのモデルは保健医療、教育、刑事司法の各分野において、多くの国や場面で生じていることと重複することがうかがえる。コラム7.4で概説した取り組みはまさに、この三つのモデルを反映していると言える。すなわち、**エビデンスに基づくソーシャルサービスセンター**は「研究に基づく実践者モデル」、**保護観察サービスにおける効果的実践のための取り組み**は「埋め込まれた研究モデル」、そして**研究のための学校コンソーシアム**は「卓越した組織モデル」を反映している。

　次に、これらのモデルを支える前提や、関連する主な活動について考慮しながら、一つひとつ詳細に見ていく。これらの活動は価値と切り離されたものではなく、研究情報に基づく実践とは何か、どのようにして達成するのが良いかということについて、特定の考えを含んでいる。本書で提示するモデルは、これらの考えを表面化させるものである。研究活用促進戦略のどれか一つを採用することが、これらのモデルにとってどのような意味を有するかに焦点をあてる。例えば、誰がその活動について責任を負うこととなるか、財源や行動がどこに集中するかなどについてである。ここでは一貫して、第3章と第5章で言及された知見に基づき、各モデルの発展を妨げる障壁や、各モデルが、研究活用をより高い程度まで引き上げるために有効かどうかについてのエビデンスの

有無について取り上げる。

　もちろん、これらのモデルはあくまでも**典型**として示したものであり、それぞれの違いが強調されるように作成されている。こうすることで、それぞれのモデルが前提とする仮定や先入観がいかに多様かを引き出せると考えるからである。一方、現場でのこれらのモデルの運用は、必ずしも明確な線引きはなく、あるモデルが他のモデルに徐々に影響を与えたり、あるいは他のモデルの主要な要素の一部を取り入れたりすることもあるかもしれない。そして、これらのモデルの変形モデルや複合モデルが、一つの場面の中でも複数混在し、一貫性や干渉、不調和、相乗作用についての問題を引き起こすかもしれない。本章では、かなりはっきりとしたモデルを描写するが、特定の実践例を奨励していると受け止められることなく、実践における研究活用に関する戦略設計の際に、思考を明確化する助けとなることを期待する。

第3節　研究に基づく実践者モデル

　このモデルの重要な特徴は、医師、看護師、教員、ソーシャルワーカーなどの実践者個人が、日々の実践や判断に役立つような最新の研究についての情報を求め、把握する役割を担い、責任を有すると考えられている点である。つまりこのモデルは、第3章で言及した個人による研究活用についての一般的前提を反映している。実践者は、研究からの知識を自らが有する実践者としての知識、または**職人的**知識と統合することでベストプラクティスを特定する。従って、研究からの知識は実践者の知識と組み合わせて適用され、そのプロセスにおいては、サービス利用者の好みや意見もまた考慮され得る。

　このモデルは、日々の実践を行う上で実践者が高いレベルの裁量を有することを前提としている。また、実践者が既存の研究知見にアクセス、評価し、そのときに生じるある特定の問題について適用するという、研究活用についての直線的見方の上に成り立っている。研究者との積極的な対話の機会は限定的であることが多い。しかしながら、第4章で言及したように、ハーグリーヴズ（Hargreaves, 1998）は、研究からの知識と職人的知識との統合は、実践者が

実践上の課題や問題について**ティンカリング**（訳注：あれこれ改善のためにやってみる）という継続的な知識創造に寄与するプロセス自体を通じて生じると論じている。**ティンカリング**は、多くの場合、熟考や、現場での実験を伴う効果的学習プロセスと結び付けられてきたものである（第6章）。

　このモデルが念頭に置いているのは、主として手段的活用の類型である。つまり研究は、実践者が提供するサービスまたはケアについての日々の意思決定の材料となる情報として活用される。しかしながら、研究について把握する行為そのものが、多くの場合、研究に関する全般的な認識と理解をより高めることとなる。すなわち、概念的活用である。このモデルにおいて優先される研究の種類は、問題の本質や、ある特定の介入の効果に関する知識である。このモデルは、実践者の研究参加が研究知見そのものと同じように重要であるとする**プロセス活用**よりは、研究知見の活用そのものに重きを置く（第2章参照）。しかし、研究の批判的検証評価スキルの訓練は、このモデルに伴うものだが、考え方や行動の仕方について、一般的な**プロセス効果**を有するだろう。

　「研究に基づく実践者モデル」の前提や戦略は、エビデンスに基づく医療（EBM）の概念に由来しているようである。この概念では研究情報に基づく実践を次のように描写する。

　　患者個人のケアに関する判断を行う上で、その時点での最善のエビデンスを良心的に明確で思慮深く活用すること、……これには、外部の最善のエビデンスと個人の臨床経験および患者の選択を統合するボトムアップの方法が求められる（Sackett et al., 1996, p.71）。

　論者によっては、エビデンスに基づく医療（EBM）の取り組みは教育にも（Hargreaves, 1997, 1998、Davies, 1999）、ソーシャルケアにも（Macdonald, 2000、Sheldon and Chilvers, 2002）、同じようにあてはまるとしてきた。以下で議論するように、このモデルを他の分野にあてはめることには懐疑的な論者もいる（Hammersley, 2001）。また、この取り組みの医療分野での実用性についても疑問視されており（Dawson et al., 1998）、時には非常に批判的に議論されている（Miles et al., 2002、Holmes et al., 2006）。

「研究に基づく実践者モデル」に付随する活動や戦略は、実践者による良質の研究エビデンスへのアクセスや、エビデンスに対する批判的検証評価スキルを開発することを重視する傾向にある。研究へのアクセスを改善するための取り組みには、例えばソーシャルケア・オンラインデータベース（*www.scie-socialcareonoline.org.uk*）の開発や、ジョセフ・ローントリー財団（JRF）の『知見』シリーズ（*www.jrf.org.uk*）のような実践者向けの利用者にとって使いやすい研究知見の開発などがある。初任者研修は、実践者が研究への理解を深めるのに重要な役割を果たすと考えられており、これは医師や教員、ソーシャルワーカーの研修での要件にも反映されている。職業登録要件もまた、継続的な職業訓練についての責任を個人に課しており、研究に基づくその分野の進展について、常に知識を更新することもこれに含まれる。**エビデンスに基づくソーシャルサービスセンター**（コラム7.4参照）のような組織は、意思決定を行うにあたっての研究の妥当性や質評価ができるような実践者の批判的検証評価スキルの育成を目的とした研修を提供してきた。さらにまた、研究エビデンスが実践者の意思決定に必須となることを目的とした、実践者のための段階的な手引書もある（コラム7.6参照）。すなわち、「研究に基づく実践者モデル」は、概して第5章で強調された普及および研究活用促進戦略を強調するものである。

コラム 7.6　研究エビデンスを実践に統合するための五つの手順

1）直面する課題の明確な特定。
2）課題についての研究調査からの情報収集。
3）研究調査を読み、批判的分析をするための十分な知識の保有。
4）研究関連記事またはレビューに対し、関心のある課題と妥当性があるかどうかの判断。
5）実践での活用に用いる情報の要約。

出典：ロー（Law, 2000）から作成。

第7章 実践における研究活用の改善

「研究に基づく実践者モデル」は、表面上は職業的責任の概念とも適合し、それゆえ、理論上は、公共サービスの提供が専門家とサービス利用者との一対一の関係でなされる場面では適当なモデルと言えるかもしれない。医師と患者の関係はこの典型と考えられてきたが、この文脈においてさえ、このモデルへの反応はさまざまであった。医療の専門家が、エビデンスに基づく医療（EBM）の進展の初期段階を牽引し、エビデンスに基づく医療（EBM）が意味するところについては当初サケットら（Sackett et al., 1996）の考えが広く支持されていたが（Dopson et al., 2005）、時とともに衰退してきたようである。これは、一部には「原理としては聞こえが良いが、実践しようとすると難しい」（Dawson et al., 1998で引用された臨床医の発言をさらにDopson et al., 2005, p.39で引用したもの）というように、その実用性の問題によるが、職業上の裁量に関するマイナスの影響についての懸念が増していることもその原因である（Davies and Harrison, 2003、Dopson et al., 2005）。また評論家は、エビデンスに基づく医療（EBM）が本当に価値があるのか、つまり、本当により良い保健医療のアウトカムが得られるのかに疑義を差し挟んできた。一部に強い支持はあったものの（Chalmers, 2005）、エビデンスに基づく医療（EBM）が臨床上よりも有効であるという証拠はないという結論に達したケースもある（Miles et al., 2003）。エビデンスに基づく実践への継続的な支持がある場合でも、これは、医療実践者が、エビデンスに基づく実践によって、実践にもエビデンスや知識活用が必要であると再認識したからだとする説もある（Fairhurst and Huby, 1998）。

他の専門的職業は、実践に関する知識を得るために研究活用をするという考え方全般については、比較的前向きに考える傾向があるものの、ここでも「研究に基づく実践者モデル」の実用性には疑問を呈している。問題は、実践者が一日のうちに非常に多数の意思決定をしなければならない状況において、研究活用により、これらの判断を行う際の材料とすることが果たして実用的かということである。例えば、小学校の教員は、一日に1000回の意思決定を行うという示唆もある（Jackson, 1971）。さらに、実践者が新しい研究に後れをとらないようにするための時間や、実践の主要な分野に関連のある知見を探すための時間の問題、あるいは、これらのことを多くの実践者個人が行うことの非効

率さの問題もある。また、専門職の中には、研究活用を個人の責任とすることに疑問を感じる人もいるようである。多くの調査報告は、ソーシャルケアのスタッフは、研究情報に基づく実践の開発は、実践者単独の責任というよりは、所属部署との連帯責任と考える傾向にあることに言及する（Sheldon and Chilvers, 2000、Barratt, 2003、Hodson, 2003）。第3章では、研究に対する態度が研究活用を方向づける重要な要素であることを述べたが、この態度は非常に多様なようだ。調査結果によっては、サービス組織の中に研究に対する**嫌悪文化**を有する部分があり、これが「研究に基づく実践者モデル」を後押しするのに必要とされる文化や態度に逆行することを示すものもある（Tozer and Ray, 1999、Walter *et al.*, 2004b）。

　研究知見の提供や、実践者が研究知見にアクセスし、評価し、適用する能力を改善するなどの、「研究に基づく実践者モデル」に付随する活動が成功する可能性は、楽観視はできない。研究知見を利用者のニーズに合わせて提供しようとする努力にもかかわらず、調査結果は相変わらず研究情報に基づく実践の実施の障壁として、**利用者にとって使いやすい**知見へのアクセスの欠如を指摘する（第2章参照）。多くの実践者が、研究成果を読む時間は限られていると述べていることを踏まえると（第3章）、研究へのアクセスの改善が研究活用に大きな影響を与えるかどうかは疑わしい。同様に、実践者の多くは研究を解釈する専門性の欠如を報告するものの（第3章）、実践者が批判的検証評価スキル習得のための訓練を行うことは大きな効果を持たないかもしれない。第5章で言及したように、批判的検証評価スキルを教える介入についてのレビューによれば、保健医療分野の実践者については、この方法は総じて効果がないことが判明している（Shannon and Norman, 1995）。このモデルの有効性はまた、実践者の新たな知識習得と同様に、それまでの習慣や実践の**学習棄却**にも依拠している可能性が高い（Rushmer and Davies, 2004）。しかしながら、「研究に基づく実践者モデル」に付随した現行の活動の多くは、これらの広範な障壁にほとんど注意を払っていない。これを反映して、コラム7.7に詳述される調査は、実践者個人としての行動よりもむしろグループ・ディスカッションにおける研究活用に焦点をあてているが、これは「研究に基づく実践者モデル」の実用性あるいは弱点について、さらなる見識を与えてくれる。

第7章 実践における研究活用の改善

コラム 7.7　50歳代以上へのサービスの改善

　ギャベイらの研究では、多様な地元の関係者を含む二つのグループを組織し、50歳代以上への地域サービスの改善のための政策形成を依頼した。個々のメンバーは、グループで集まる際に、研究知見を含む関連情報を持参することを求められた。また、グループに所属する司書は、グループから要請のあった文献検索の結果を提供した。

　この調査によると、いずれのグループによる研究活用も、「研究に基づく実践者モデル」が前提とする直線的プロセスには合致しなかった。むしろ、研究からの知識よりも、主として職業上・個人的な経験といった特定の知識が容認された。既存の関連する研究の中には、グループによってはアクセスすらされないものもあり、会議で頑健な研究知見が発表されても、低い評価しか受けないこともあった。グループのメンバーは、提示された新たな情報の質を評価するために必要な批判的検証評価スキルも実践ツールも有していたが、これらはほとんど活用されることがなかった。研究は個人の経験やアジェンダ、あるいは経験知のような他の形態の知識と結び付く形で紹介され、また**変換**された。総じて、この調査によれば、文献検索のための訓練やリソースが提供されたとしても、研究に対する批判的検証評価がなされることなく、しばしば経験や権力が研究エビデンスに勝ることが示された。

出典：ギャベイら（Gabbay et al., 2003）から作成。

　最後になるが、第2章で述べたように、日々の業務の中で定期的に研究を探し出し、活用しているのは、限られた実践者のグループのように見受けられる。このことは、「研究に基づく実践者モデル」が適切で広く適用できるものかについて疑問を提示する。しかし、自身の実践上の問題に研究を適用するのみでなく、スタッフ全体の実践開発に役割を担う実践開発者にとっては妥当なモデルかもしれない。さらに、第6章の文献レビューが示唆するように、研究活用改善のための活動は、実践者の行動に対する組織の制約について、「研究に基づく実践者モデル」に示されている以上に注意を払うことが必要である。特に、

組織文化と集団での良識の形成プロセスの果たす役割に配慮する必要がある。

第4節　埋め込まれた研究モデル

　「埋め込まれた研究モデル」では、実践者が直接研究知見に接することはほとんどない。研究は、ケアの基準、監査の枠組み、国および地方の政策や手続き、介入プログラムや実践ツールなどのメカニズムを通じて、サービスの制度やプロセスに埋め込まれる形で実践に入り込む。研究からの知識は、国や地方の政策に携わる者やサービス管理者により、実践活動に置き換えられることで、間接的に実践者に入り込む。しかしながら、専門的な実践者やサービス利用者の双方の暗黙知や経験知など、他の形態の知識もまた手引書や実践ツールの作成に影響を与えるだろう。

　従って、このモデルで鍵となるのは、研究と実践の直接的な連携ではなく、研究と政策やサービスの管理部門、その先の実践の変化との間接的な連携である。このように、研究情報に基づく実践を開発し、確保することの責任は、研究からの重要なメッセージを管理の枠組みや手引き、実践ツールを形にする地方および国の政策立案者やサービス提供の管理者にある。ここで前提となる研究活用についての見方は、やはり、既存の研究がアクセスされ、プロセスや実践の設計に対し手段的活用がなされるという、どちらかと言えば直線的なものである。従って、ここで想定されている研究活用の類型は、圧倒的に手段的活用、つまり、研究が実践に関する意思決定や行動に直接的な影響を有するというものである。「埋め込まれた研究モデル」においてもまた、重要なのは研究のプロセス活用よりは研究知見を活用することであり、優先される研究の種類は、**何が有効か**という知識に関するものである。一方、「埋め込まれた研究モデル」は、実践上の広範囲の裁量を要しておらず、むしろこれを制約するものであろう。このモデルの理論が効果的であるかどうかは、研究情報に基づく手引きや実践ツールが広い範囲で採用されるかどうかに左右される。例えば業績評価や監査、会計監査、勤務評定の仕組みなどを通じて、これらの採用が促されたり、要求されたりするであろう。

第7章 実践における研究活用の改善

　保健医療分野のガイドライン作成の動向は、ある程度この「埋め込まれた研究モデル」を反映したものである。ガイドラインを用いたやり方は、英国の各医師会や政府が資金提供する機関やその他多数の職業的特定利益団体により採用されてきた。1990年代後半には労働党政権が実践のガイドラインの作成を公的なものとし加速させるために、国立医療技術評価機構（NICE）を設立した。しかしながら、多くのガイドラインについて、どの程度真にエビデンスに基づいたものであるかの懸念がある。ただし、こうした懸念が真実かどうかは、多くのガイドラインの作成を取り巻く透明性の欠如から判断が難しい（Miles *et al.*, 2003）。研究を実践に埋め込む手段としてのガイドラインの有効性は、部分的な利用や質の低い運用によっても限定的になるかもしれない。第5章で言及したように、主として保健医療分野では、エビデンスの多くが、手引きだけでは実践を変化させることはほとんどなく、研修のような追加的活動により補完されなければならないことを示す。そして、公平を期すために言うと、このことは、「埋め込まれた研究モデル」の理論自体が認めている。

　このような懸念にかかわらず、ガイドラインやチェックリスト、評価枠組みなど、研究に基づく実践ツールは、多くの公共サービス分野で急速に増え続けている。ソーシャルケア分野では、ソーシャルケア研究所（SCIE）が実践のための情報源の手引きを作成している。研究に基づく実践ツールやプロトコルは現場の文脈でも開発されている。保健省の児童保護の研究から開発された『10の落とし穴』という実践ブックレットと、その付属文書である参照用の図表がその例である（Cleaver *et al.*, 1998）。刑事司法分野では、内務省が車上犯罪、空き巣、アルコール関連犯罪や、安全な病院や学校といった分野で、20以上の犯罪抑制ツールキットを作成した。各ツールキットは、最新の状況、研究知見、特定の犯罪等を減少させる効果が高いと考えられる取り組みに関する情報を集めている。これらは、問題を特定し、対応を開発し、進捗状況を監視するツールを含み、それぞれが地域コミュニティを安全にするための実用的方法を明確にする（*www.crimereduction.gov.uk/toolkits/index.htm* 参照）。

　ガイドラインや実践ツールがどの程度効果的かについて、多くの場合、これらを作成する政策担当者の方が、実践者よりも研究へのアクセスが良いこと（Carratt, 2003および第3章参照）や、研究評価・解釈のための、このグルー

プへの支援の方が充実していることを示すエビデンスがある。研究が政策や手引きに埋め込まれると、実践者が研究にアクセスしたり、これを解釈したりすることについての障壁は無関係となるが、政策立案者の中にはこれらに直面する者もあるだろう。「埋め込まれた研究モデル」においては、実践者は政策や手引きが研究情報に基づいたものであることを認識している必要は必ずしもないことから、研究への消極的態度に起因する問題は最小限抑えることができるだろう。研究に基づくガイドラインや実践ツールを開発し、実施することは、実践を変えるのに有効であり、実践者の知識や態度をも変えることを一部のエビデンスは示す（第5章参照）。ナレッジマネジメントに関する文献（第6章）によれば、研究知見を制度や実践ツールに**焼きつける**ことができるかどうかは、サービスの提供がそれまでにどの程度標準化され、慣習化されているかによって異なり、標準化の程度が大きいほど、研究に基づく実践ツールの潜在力も大きくなる。しかし、このような実践ツールの多くは、実践を決定づけるよりはむしろ支援するために作成されており、特定の事例についてどのような行動をとるかの最終的な意思決定は実践者個人に委ねられている。この場合、研究活用促進の戦略は、「埋め込まれた研究モデル」と「研究に基づく実践者モデル」の両方の要素を含んでいると言えるだろう。

第5章では、利用者が相互作用プロセスや現場に合わせた改変を通じて研究についての当事者意識を有することが、研究情報に基づく実践を発達させる上で重要であると述べた。しかし、「埋め込まれた研究モデル」においては、当事者意識、相互作用、現場への改変のいずれもが、脇に置かれている。このモデルでは、実践者は、研究、あるいは研究から手引きや実践ツールを開発することに必ずしも直接参加していない。しかし、研究に基づく実践ツール開発の取り組みについての調査は、実践者の研究への関与が実践ツール開発の段階で生じ得ることを示唆している（コラム7.8参照）。さらに、一部の実践ツールは、その原点となる研究への参加を促すように作成されている（例えば、前述の内務省の犯罪抑制ツールキット）。これもまた、「埋め込まれた研究モデル」が「研究に基づく実践者モデル」と重複している例である。

第7章　実践における研究活用の改善

> **コラム 7.8**　「要保護の子供たち」に関する研究に基づくチェックリスト
>
> 　ブロックらは、**要保護の子供たち**（訳注：児童サービスなどでケアや宿泊施設の提供を受ける18歳以下の子供）に関する実践に基づくチェックリストがどのように作成され、実施されたかを報告した。これらのチェックリストは、**ダーティントン社会研究ユニット**の家に帰ろう研究から開発されたものである。これらのチェックリストは、九つの地方政府のソーシャルサービス部署に導入された。チェックリストは、当初は、その利用者との協議プロセスを経て開発されたものであるが、ほとんどの部署は、開発に参加することなく、チェックリストを**無条件**に取り入れた。ガイドラインの実施は、多様なレベルの研修により支援された。
> 　チェックリストの実施に関する評価によると、関連する九つの部署のうち、半数が実施を完了していたが、その程度はまちまちであった。また、時間とともにチェックリストの活用は減少していった。一般的には、より強い介入モデルの方が高い完了の割合に結び付いたが、例外もあった。チェックリストを完了したほとんどの人はそれが有用であると感じ、**要保護の子供たち**に関する問題についての知識が増したと感じた。
>
> 出典：ブロックら（Bullock et al., 1998）から作成。

　研究は、ガイドラインや介入プログラム、実践ツールに埋め込まれるようになるかもしれないが、これらが採用されない限りは、サービスの提供には埋め込まれない。多くの場合、採用は単に奨励されるだけだが、中には政府がより強い役割を担うものもある。**保護観察サービスにおける効果的実践のための取り組み**の事例（コラム7.4）は、この最たるものである。教育の分野においても、中央で作成された全国カリキュラムは、特定の研究に基づく実践の採用を要求する媒体となってきた。読み書きを教える際の**フォニックス**の理論の採用はこの例であるが、この場合の研究エビデンスは、結論が出ているというよりもまだ前途有望であることを示すものであった（*The Economist*, 2006a, pp.36, 41）。
　概して、「埋め込まれた研究モデル」は、第5章で主張した研究活用促進やインセンティブと強化による戦略を強調する傾向にある。そうすることで、特

に、実践者が研究に関心を持つ時間と意向、検索した情報を理解するスキル、何らかの研究知見に基づいて行動するだけの自由裁量を有することを前提とするなど、「研究に基づく実践者モデル」の欠点の一部に対処する。「埋め込まれた研究モデル」が実践を変えるのに有効であることを示すエビデンスはあるものの、中央主導の「埋め込まれた研究モデル」の実施は、少なくとも二つの問題に直面する。それは、**一つの基準がすべてを網羅する**というやり方をいかにして避けるか、そして、このモデルのより強制的形態に対する実践者の抵抗にいかに対処するかということである。研究に基づく実践ツールやプログラムのうち成功を収めたものの多くは、現場の実践の文脈に合わせて改良されたようである（Quereshi and Nicholas, 2001）。しかし、奇異なことに、より強制的形態のモデルはしばしば運用の忠実性を必要とする（第2章の議論を参照）。以上を踏まえると、「埋め込まれた研究モデル」は、現場のサービス管理者によって開発された場合に最も効果的であると言えるかもしれない。ただし、この場合、複数のガイドラインの作成を意味することから、効率性についての疑問は生じる。ある特定の研究に基づく介入プログラムや実践ツールについて、多様な文脈で有効であることを示す強いエビデンスがある場合には、広範な適用が正当化されることもあるだろう（Crane, 1998）。

第5節　卓越した組織モデル

「卓越した組織モデル」では、研究情報に基づく実践開発の鍵となるのは、国の政策立案者でも実践者でもなく、サービス提供機関であり、より詳細にはサービス提供機関のリーダーシップ、管理、および組織である。この理論では、専門資格を有する者であっても実践者個人の行動は、現場の管理やサービス体制、組織の方針、手続き、文化によって形成・制約されるものとする（Davies and Nutley, 2000, Davies *et al.*, 2000a）。このモデルでは、研究活用改善の取り組みは、サービス提供機関がどのように先導され、管理されるかといった組織文化や文脈を変えることに焦点をあてる。それゆえ、これらの取り組みは第5章で述べてきた研究活用促進の戦略に大きく依存する。

第7章 実践における研究活用の改善

「卓越した組織モデル」は、研究から学ぶ際に現場の状況や優先課題を十分に考慮する必要性を重視し、これは組織レベルで行うことが最善とする。「埋め込まれた研究モデル」とは異なり、このモデルは、組織を、外部で産出された研究知見を実践に変える単なる導線とは見ていない。代わりに、組織による学習が現場での実験や評価、研究情報に基づく実践開発を通じて強調される。こうして研究知識は、日常的監視データや経験知、実践者の暗黙の共通理解といった他の種類の現場の知識と統合される。これを円滑化するため、しばしば地元の大学や、他の媒介となる研究機関とのパートナーシップが推進される。

「卓越した組織モデル」が前提とする研究活用の見方は、従って、厳密に直線的というよりは、むしろ相互作用的で反復的である。焦点となるのは、研究知見を現場の状況に合わせて改変することであり、その取り組みは、研究者と実践者による共同の知識産出を伴う協調的なものが多い。研究知識は、研究知見を試行し、現場の文脈や経験に合わせ具体化する、ダイナミックで相互作用的プロセスを経て他の知識源と統合される。研究**活用**は、知識創造の広範なプロセスの一部であり、切り離されたものではない。

他の二つのモデルと同様、焦点となるのは研究知見の活用であるが、サービス機関は**何が有効か**という種類の知識のみを検討対象とするわけではない。**何が有効か**ということが優先されることはあるかもしれないが、多くの場合、現場の問題の本質や、なぜこのような問題が生じたかを考慮する。知見を試すプロセスには、現場での試行や評価が含まれることもあろう。このように、研究プロセスを考え方や行動様式を再形成する手段として活用する可能性もある。研究はまた、より概念的活用がなされ、共通理解や態度を変えることもあれば、より手段的活用がなされ、意思決定や行動に影響を与えることもある。また、研究と実践の協力やパートナーシップの中で研究者と実践者が対話をすることは、研究知見のみでなく研究者自身が有する暗黙知も活用されることを意味する。

例えば、研究アクセスのための設備改善や、研究と実践の**橋渡しをする**役職の創設など、「卓越した組織モデル」における研究活用の円滑化のための活動は、「研究に基づく実践者モデル」を反映したものでもある。しかしながら、「研究に基づく実践者モデル」が主として個人や個人のニーズに関するものであるの

に対し、「卓越した組織モデル」は、個人を支援するのみではなく、研究志向の文化の涵養の手段として、現場での活発な相互作用や議論、交流促進の総体的構造の開発をするものである。

　教育での研究活用の増加を目的とする共同的な取り組みの多くは、特に英国では、「卓越した組織モデル」を反映したもので、このモデルとよく適合する**研究のための学校コンソーシアム**の取り組みは、すでに紹介した通りである（コラム7.4）。この取り組みのように、実践者が自らの業務から一歩引いて、他者と一緒に、現在や過去の実践を、研究を含む広範な知識に基づいて批判的に検討するという形をとることは、共同の熟考プロセスを促すものである。共同的取り組みは、単に特定の研究の取り上げの促進だけではなく、より広い目的を有する。むしろ、研究エビデンスに対して内省的で受容的な政策および実践環境の発展を目的とした、より広範な、そして、より深い現場の文化の変化をもたらそうとする。そのような考え方は、つまり、研究の取り上げが対話的プロセスを通じて生じることのみならず、現場での新しい情報を**吸収する力**が研究活用の鍵であり、これは醸成できることを認める（Cohen and Levinthal, 1990）。

　コラム7.9は、「卓越した組織モデル」を反映した取り組みの別の事例を示している。この事例は、**保護観察サービス**での研究情報に基づく実践開発の方法を描写したものであり、**保護観察サービスにおける効果的実践のための取り組み**（コラム7.4）の方法とはかなり異なるものである。

コラム 7.9　「保護観察サービス」におけるプログラム開発への研究の統合

　ハリーらは、1990年代初めに、**ミッド・グラモーガン保護観察サービスの研究・政策ユニット**（RPU）が、現場の保護観察官とのパートナーシップの下に、**保護観察サービス**により保護観察される人々にとって効果的グループワークのプログラム開発、提供、評価に取り組んだ様子を説明している。プログラム開発は、性犯罪者、女性犯罪者、暴力的で攻撃的な犯罪者などの対象ごとにプログラム内容を分野別に設けた構造的な**プログラム活動グループ**（PAGs）で行われた。各プログラム活動グループには、研究・政策ユニット（RPU）からのスタッフと、それ

第7章 実践における研究活用の改善

> ぞれのフィールドワークのチームからの保護観察官、少なくとも1名が参加した。**プログラム活動グループ**はそのコミュニティの文脈で何が有効かについての最善の知識に基づき、グループワークのプログラム開発の責任を負った。また、これらのプログラムの提供と評価に関しても中心的役割を担った。評価制度は、サービスの提供と統合され、既存の情報システムや、プログラム提供の有効性に関する実践者やサービス利用者自身の評価を活用したものであった。研究・政策ユニットの役割は、評価業務が付加的なものと見なされることなく実践と融合するように、評価業務を円滑化し、コーディネートすることであった。モニタリングや評価活動からの結果は、プログラム活動グループを通じて実践開発や現場の方針の形成にフィードバックされた。その目的は、実践者や管理者が成功や失敗、得られた教訓を活用できるようにすることであった。研究・政策ユニットはまた、プログラム間あるいはプログラム横断的な重要テーマについて、その概観や適切な情報に基づいた批判を提供することで、より試行的な取り組みにも寄与しようとした。
>
> 　総じて、このアプローチは**ミッド・グラモーガン保護観察サービス**内の**好奇心の文化**を促したと評価された。総評すると、プログラム活動グループにより円滑化された実践者によるプログラムの評価は、サービス内で継続され、日常的な活動として熟慮と学習を促すものとなった。
>
> 出典：ハリーら（Harry *et al.*, 1997/98）から作成。

「卓越した組織モデル」は、前章までで明らかになった研究活用の複雑性をよく反映している。さらに、第5章で紹介した研究活用促進の戦略に関するエビデンスは、「卓越した組織モデル」に沿った形での研究情報に基づく実践開発を支持するものである。また、研究が確実にサービス提供プロセスに取り込まれることは、組織と個人の共同責任だとする、よく聞かれる実践者の見解にも合致するものである。また、第6章で概説した組織による学習の多くの原則も反映している。研究と実践のパートナーシップの評価の多くは、概して、共同的取り組みの成功が証明されたと結論づけており（Walter *et al.*, 2003c）、その成功の鍵となる要素は、研究者と研究利用者間の個人的接触の円滑化であ

るようだ。しかしながら、このようなパートナーシップは、その確立にも維持にもお金と時間がかかり、また、研究者優位にむしばまれることもあるだろう（第5章）。パートナーシップの下で働くには、特別なスキルが求められるが、往々にして、パートナーシップの参加者にはこのスキルが欠如している（Huberman, 1993、Cousins and Simons, 1996、Jaworski, 2000）。参加者の多くは、パートナーシップと自らが所属する組織との競合するアジェンダ間でバランスをとることが困難だと感じており、また、スタッフの入れ替わりの激しさが、うまくいくはずのパートナーシップを不安定にすると見ている（Cordingley and Bell, updated、Cousins and Simons, 1996）。パートナーシップの発展は、サービス組織内の**咎め立てする文化**によっても妨げられるかもしれない（Barratt, 2003参照）。なぜなら、このような文化は、「卓越した組織モデル」の前提となる実験やイノベーションを抑制するかもしれないからである。

　研究者と実践者間の協力は、研究の取り上げのためだけでなく、研究産出プロセスの一部としても奨励することができる。例えばアドバイザーや共同研究者、さらには積極的なデータ収集者などとして、実践者が多様な形態で研究に参加できるよう支援がなされている。このようにして研究に参加した実践者は、これらの研究から明らかになる成果を受容しやすい（第5章参照）。さらに、レビューの結果、内部的に実施された研究や委託研究は、利用者から妥当性があると見られやすいことが明らかにされた（Nutley *et al.*, 2003a、Walter *et al.*, 2005）。このような取り組みは、現場の**研究文化**を醸成する意味ではメリットがあるかもしれないが、研究委託のコストは大きな障壁となる可能性があり（Sinclair and Jacobs, 1994）、累積的成果に結び付くことのない、小規模で偏狭な調査研究の蓄積につながりかねない。このような懸念が、研究者と実践者間のパートナーシップと対話や、研究の実施に実践者が深く関与することが「卓越した組織モデル」の重要な要素であるという主たる教訓を損ねてはならない。

　総じて、「卓越した組織モデル」は第5章で概説した、相互作用と社会的影響の戦略を強調しており、「相互作用モデル」が研究活用プロセスを理解する最善の指針であり、相互作用的なやり方が現時点では研究活用の増加に最も有望との、第4章と第5章の結論とも合致している。しかしながら、このモデルは万能薬ではない。すでに述べたように、このモデルは、しばしば地域の大学

第7章　実践における研究活用の改善

または他の媒介となる研究組織との協力またはパートナーシップを伴うものであり、そのためにはお金も時間もかかり、継続して維持するのが困難なものである。また、こうしたモデルが構築された場合であっても、小規模で範囲が限定的である傾向にある。このような活動が、幅広い部門の大多数のサービス提供組織を包含するように、**規模の拡大**を行うことは、非現実的とされないまでも、困難であると判断される可能性が高い。また、必ずしもすべての状況において、このやり方に従うことが適当ではないかもしれない。これらの問題については、これから言及したい。

第6節　複合と典型

　これまで紹介した三つのモデルは、研究情報に基づく実践へのさまざまな取り組みの方法や、それぞれの取り組みの基盤となる前提や含意などを明確化するという点で有用である。しかし当然のことながら、現実はこれらのモデルが示すほど単純ではない。この三つのモデルは相互に排他的ではなく、その境界線が曖昧な部分もあり、さまざまな取り組みや提言は、複数のモデルの考え方を組み合わせる場合もある。さらに、これらのモデルはある程度は他の分野の状況も反映しているが、ソーシャルケア分野のレビューに基づいて作成されているため、それぞれの分野について特有のレビューをすることで、追加の、あるいは代替するモデルが特定されるかもしれない。

　これらの三つのモデルのすべてを組み合わせた方法が相乗作用をもたらすのか、あるいはモデル間の矛盾や緊張により、この相乗作用が妨げられるのかは明らかではない。しかし、それぞれのモデルの基盤となっている前提の分析からは、以下の事項の間には矛盾による緊張がある可能性が高いことが示唆される。

- 「研究に基づく実践者モデル」の前提となる職業上の自由裁量と、「埋め込まれた研究モデル」の中で生じ得る実践者個人に対する制約。
- 研究活用が直線的であることを強調する理論（「研究に基づく実践者モデル」「埋め込まれた研究モデル」）と、研究知識産出と活用への協力的・相互作用的理論

275

（「卓越した組織モデル」）。
- エビデンスの役割を概して普遍的なものととらえる理論（「埋め込まれた研究モデル」）と、エビデンスは柔軟で文脈に依拠するものととらえる理論（「卓越した組織モデル」）。

これらの緊張関係は、実践レベルにおいて最も強く感じられるであろう。さらに、会計検査や監査制度を設計する際に規制機関がこの矛盾によるジレンマに直面したり、研修戦略や学習機会の開発を行う研修機関が影響を受けるなど、広い範囲に影響を及ぼす可能性も高い。

それぞれのモデルが最も適している状況は、それぞれ異なるかもしれず、例えば以下のような事項により、モデルの妥当性が変わるかもしれない。

- スタッフが専門的な資格を有するかどうか。
- 研究、開発、実施のサイクルのどの段階にあるか。
- 研究課題・知見の差異。
- サービス分野の差異。
- 現場の文脈の差異。
- 例えば概念的活用対手段的活用のように、研究活用の種類への志向の差異。

これらのうちの最初の点については、専門的資格を有するスタッフには「研究に基づく実践者モデル」が、有しないスタッフには「埋め込まれた研究モデル」が最適のように見えるかもしれない。しかし、実際には、「研究に基づく実践者モデル」は、専門的資格を有しない実践者にとって不適当に見えるだけでなく、多くの専門的資格を有するスタッフからも拒絶されるようである。妥当なモデルであった場合でも、より選択的なモデル適用が必要かもしれない。それぞれのモデルの改変版は、すべての実践者にというよりは、全国および地方のレベルでのサービスの設計者にとって妥当であるかもしれない。または、実践レベルでは、モデルがより「卓越した組織モデル」に近づくように、協力的文脈や文化に組み込まれることが必要かもしれない。「埋め込まれた研究モデル」は、ある特定の実践について頑健なエビデンスが存在する場合や、実践

第7章　実践における研究活用の改善

ツールを現場の文脈に合わせて仕立てることができる場合など、特定の状況においては、専門資格を有する者にも、有しない者にも適しているかもしれない。しかし、このような状況は、本書を通じて言及してきた通り、エビデンスの解釈を取り巻く難しさを考慮すると、極めて限られたものかもしれない。

モデルによって、研究、開発、実施のサイクルのどの段階により適しているかが異なるかもしれないが（コラム7.10参照）、これらを開発用または実施用として区別・分類すべきとするエビデンスは十分ではない。「埋め込まれた研究モデル」と「卓越した組織モデル」との関係は、反復的なものであることが多い。

コラム 7.10　介護者の評価とレビュー

　ニコラスは、介護者の業績評価とレビューについてアウトカム重視の取り組みを行うため、二つの地方当局のソーシャルサービス部門のサービスの利用者、介護者、実践者、管理者に関する初期の研究成果を活用したプロジェクトについて述べている。プロジェクトの企画や説明、研修といったイベントは、協力的に実施され、サービス利用者も参加した。一つの地方当局につき14人のスタッフがその業績評価の形態を試験的に実施した。

　プロジェクト評価の際に、実践者は、その業績評価の形態が実践を支援し、実践に関連する問題についての認識や理解を深めるのに役立ったと回答した。また、彼らは実践が改善されたと報告し、これは文書の記録によっても裏付けられた。介護者は、新たな業績評価のプロセスについて前向きなコメントを数多くしたが改善の余地があることも指摘した。

　このプロジェクトは、広い意味では研究情報に基づく実践開発への「卓越した組織モデル」の代表的な事例の一つではあるが、このプロジェクトを通じて作成された業績評価の形態は、どちらかというと「埋め込まれた研究モデル」を反映しており、このツールを利用する実践者個人は、この業績評価の前提となる研究の場に参加することを必要とされてはいない。

出典：ニコラス（Nicholas, 2003）から作成。

表面上は、異なる研究課題や研究知見には、異なる研究活用モデルの適用が妥当に見えるだろう。警察活動の有効性を取り上げる研究課題やプロジェクトなどは、実践に関する教訓に容易に言い換えることができる。このような研究は、三つのモデルすべてにおいて、活用が可能である。しかし、サービス対象者についての問題の原因や本質を理解しようとする他の研究課題や知見をこのような手段的方法で活用することは容易にはできないかもしれず、この場合、研究活用は、より一般的な理解の再形成に結び付く。これは、「研究に基づく実践者モデル」や「卓越した組織モデル」には適合するが、「埋め込まれた研究モデル」でこのような概念的活用を扱うことは困難であろう。

　最後に、三つのモデルすべてについて、レビューされた保健医療、教育、ソーシャルケア、刑事司法といった四つのサービス分野それぞれに事例が見受けられたが、少なくとも英国では、分野によって、よく採用されるモデルの組み合わせが異なるようである。刑事司法分野での最も支配的アプローチは「埋め込まれた研究モデル」を反映しているようである。教育分野では、多くの取り組みは「卓越した組織モデル」を反映し、これは時として「研究に基づく実践者モデル」と組み合わされている。ソーシャルケア分野では、「研究に基づく実践者モデル」がしばしば最も好まれる明示的モデルであるが、実際の活動は、「卓越した組織モデル」や「埋め込まれた研究モデル」の組み合わせによっても裏付けられている。英国の保健医療には、三つのモデルすべてについて明白な事例が存在し、各モデルが、時代により変遷する保健医療分野の支配的な理論を反映している。最初は「研究に基づく実践者モデル」（エビデンスに基づく医療）が強調され、続いて「埋め込まれた研究モデル」（例えば、第6章のコラム6.16にある保健医療分野のサービス改善のための「医療共同研究」の開発など、ガイドライン策定の隆盛と**全国サービス枠組み**の設立）、そして、より最近になって「卓越した組織モデル」に焦点があてられるようになってきた。

第7節　実践の文脈における研究活用改善のための政府の役割

　研究活用改善に関して、特に「埋め込まれた研究モデル」を後押しするこ

第7章 実践における研究活用の改善

とを通じて政府が果たし得る役割についてはすでに取り上げてきた。本節では、英国政府に焦点をあてることで、この役割を詳細に議論していく。もちろん、より広い教訓を導くにあたって英国の文脈における二つの重要な特徴を念頭に置いておくことが必要である。つまり、1) 政府の単一構造、2) 公共サービスへの資金提供および政策の全体的方向性を決定するにあたっての政府が果たす中心的な役割、である。このような特徴はいずれも権限移譲、特にウェールズ、北アイルランド、スコットランドの各議会に地方サービスの財源や方針に関しより大きな権限を与えたことで、ここ数年間で大きな変化を遂げてきた。これらの変化は、大きく、そして新たな複雑性を引き起こし、英国の四つの構成部分がそれぞれ、特色のある政策や、独自のサービス形態を採用する余地を与えることになった。一方で、英国内で政策的取り組みを**借用し合う**ことも多く、一定の度合いの取り組みの共通性は維持されている。

英国における政府の取り組みは、その時々にこれまでに描写した三つのモデルを支援し促進してきた。ここでは、これらの支援的活動をいくつか例示する。また、政府の行動の一貫性や、広範な公共サービスの改革アジェンダとの関係についても論ずる。

政府は「研究に基づく実践者モデル」を直接的に後押しし、間接的に支援してきた。特に、実践志向の研究促進に加え、ソーシャルケアについてはソーシャルケア研究所、保健医療については国立医療技術評価機構などの研究知見を取りまとめ、普及し、実践者に伝達するための組織体への資金提供またはその設立の両方を通じて、研究供給の改善を図ってきた。また、政府は、エビデンスに基づく実践の重要性を強調することで、実践者の研究要請に影響を与えようとしてきた。職業基準を設定し、例えば、イングランド全国教員協議会などの就業規則の策定主体と協力し、研究活用を標準的な実践として促そうとしてきた。

これらの行動とともに、政府はまた、「埋め込まれた研究モデル」の支持について指導的役割を果たし、また研究エビデンスの抽出、特に**何が有効か**に関するものについて、中心的役割を担ってきた。その後、政府は、例えば、保健医療の分野の**全国サービス枠組み**などのサービス基準の設定や規制、また、サービス提供基準の充足を確認するための点検などを通じ、その知見を実践の文

脈に広めてきた。本章の最初で概説した**保護観察サービスにおける効果的実践のための取り組み**は、政府による指導的役割の好事例である。その他の場合には、政府はそれほど指導的ではない形で、「埋め込まれた研究モデル」を支持してきた。例えば、必須というよりは助言的性質のガイドラインや研究に基づく実践ツールの開発の支援である。

最後に、政府は「卓越した組織モデル」を支援するような、広く言えば円滑化の役割を担い、時には活動を直接的に、時には関連機関の活動を通じて間接的に支援してきた。概して、政府は共同作業の奨励を試み、特に保健医療や教育分野でさまざまなネットワークやパートナーシップ、共同作業への資金提供を行ってきた（例えば、コラム6.16で概説した知識共有の取り組みを参照）。これらの共同的取り組みは、研究活用促進だけに焦点をあてたものではないが、通常はそれが重要な目的の一つとなっている。政府はまた、リーダーシップ育成プログラムや、より広い研修や組織開発の取り組みへの支援を通じ、公共サービスの指導者や、サービス提供機関の能力開発を試みてきた。エビデンスの活用や、学習文化の形成の能力は、しばしばこれらの能力開発の取り組みの重要なテーマとなった。

これらの事例が示唆するように、政府の行動には、実践の文脈における研究活用の指導と奨励化の両方を交えた複数の流れがあった。このような取り組みの多様性を理解するには、これらの行動を政府の、より広範な公共サービス改革のアジェンダの中で検証してみることが有用である。英国の公共サービスの改革は、1）政府からの強い要請（トップダウンの業績管理）、2）市民からの強い要請（選択と発言）、3）競争的供給、そして、4）公務員の資質や能力を構築する手段の組み合わせ、によって特徴づけられてきた（Prime Minister's Strategy Unit, 2006, p.5）（図7.1参照）。一方でトップダウンの業績管理を、もう一方では資質や能力の構築を相対的に強調していることは、研究活用促進にあたっての政府の役割を理解するのに特に重要である。前者が指導的役割を示唆する一方、後者はどちらかといえば奨励的役割と結び付けられる可能性が高い。

公共サービス改革の四つの要素は、代替的というよりはむしろ補完的であるはずだが、その間には緊張関係があり、政府は今日まで、トップダウンの業績

第7章 実践における研究活用の改善

図7.1 公共サービス改革への英国政府の取り組み

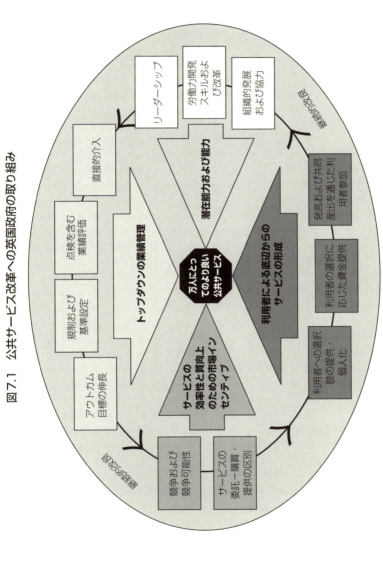

出典：内閣府戦略ユニット（Prime Minister's Strategy Unit, 2006, p.8）。
Copyright©Crown 2006。

管理に最も力を入れてきた。従って、政府が研究活用促進のために第三者と連携してきた方法が、多くの場合、中央からの指示によるトップダウンのものとして特徴づけられてきたことは当然であり、またこれは、「埋め込まれた研究モデル」にも沿ったものである。例えば、保健医療における政府の取り組みの特徴は、概して本質的にトップダウンで形式化されたものとして次のように説明される。

英国の研究政策は**ランダム化比較試験**（RCT）に参加する患者数を増やそうと試みてきた。知識基盤を抽出し、新たな治療法が臨床的に、あるいは費用面で効果的かどうかについて提言を行うために、例えば、国立医療技術評価機構のような新たな統合機関が設立され、全国サービス枠組みは、国内で一貫性あるガイドラインを促進してきた（Dopson, 2006, p.85）。

中央からの指導というのは、研究活用の欠如に対する魅力的対応に見える一方、第一線からの抵抗という観点から、その効果について懸念がある（Dopson and Fitzgerald, 2005、Dopson, 2006）。また、中央からの指導が標準化されたプログラムや介入の普及を伴う場合には、中央からの指導という考え方そのものに対する疑問もある。確かに、複雑な社会問題に対する最も賢明な方法は、**断片的な土木工事**ということかもしれない。なぜなら、一つや二つの特定の文脈において効果的であることが示された介入の規模を、単に拡大することで複雑で多面的な問題に取り組むことには問題があるからである（Albaek, 1995、Parsons, 2002, 2004）。最善の総合的なやり方は、現場の状況に合わせたミクロの解決方法の収集を促進することかもしれない（Gorman, 2005）。このことは、サービスが、ほかからのアイデアを改変し、自らのイノベーションにつなげられるよう、現場の裁量を弱くするのではなく、より強くすることの必要性を強調する。そして、これは「埋め込まれた研究モデル」から、「卓越した組織モデル」に基づいたものへの転換を意味する。

最近になって英国政府は、アウトカムを重視し、詳細なトップダウンの業績管理を弱めることで、公共サービス改革への取り組みの再均衡を図ると発表した。表面上は業績目標を達成すべきアウトカムとして定め、それを達成するた

めの最適手段の選択は専門職に委ねると述べた政府の趣旨は、「埋め込まれた研究モデル」から「研究に基づく実践者モデル」や「卓越した組織モデル」への転換を示唆するものである。しかし、公共サービス改革のアジェンダの他の観点は、後者のモデルの発展を促すよりも、むしろ阻害するかもしれない。例えば、「卓越した組織モデル」に関しては、トップダウンの指導や業績管理だけがイノベーションや現場の実験を抑制するわけではなく、多くの場合、トップダウンの管理の代替として用いられる競争の激化が、協力や情報共有を阻害するものかもしれない。

研究活用促進に関する一貫性ある方法の開発は簡単ではない。今まで過度に研究供給が強調されてきたように、「研究に基づく実践者モデル」への期待が高すぎるようにも、また、中央からの指導や「埋め込まれた研究モデル」が強調されすぎたようにも見える（これに関連する社会プログラムへの資金提供に関する事例についてはコラム7.11を参照）。

コラム 7.11　英国における社会プログラムへの資金提供

英国政府は、社会プログラムへの資金提供を、新たなエビデンス産出の方法として、また実践を研究に参加させる手段として用いてきた。第5章で論じたように、例えば、**犯罪減少プログラム**や**シュアスタート**のような社会プログラムへの中央政府の資金は、しばしば競争入札のプロセスを経て提供されてきた。資金提供の対象選定にあたり、明白でわかりやすく、研究に裏付けられた内容の入札を優遇するという政府の言明は、入札のプロセスが実践者の研究への参加を促すことを意図したものである。しかし、理論通りにはならず、政府があらかじめエビデンス基盤のレビューや抽出を行ったにもかかわらず（Goldblatt and Lewis, 1998）、落札者の提案の多くは、それほど研究に裏付けられていなかったことが複数の社会プログラムの評価で判明した（Coote et al., 2004、Maguire, 2004）。この結果を受けて政府は、**犯罪減少プログラム**の初期段階において、資金提供の対象となるプロジェクトや入札の類型をより詳細に特定した（Homel et al., 2004、Nutley and Homel, 2006）。

すべての状況に適合する研究活用改善の方法がないことは明白である。政府の公共サービス改革のモデルが、各サービスごとに利用者のニーズに合わせて策定されなければならないのと同様に、「研究に基づく実践者モデル」「埋め込まれた研究モデル」「卓越した組織モデル」の各モデルに相対的にどれだけ重きを置くのかは、それぞれ変える必要がある。政府の行動が、中央からの指導や「埋め込まれた研究モデル」を強調する傾向にあることを踏まえると、政府自身が研究活用の増加の役割を担うのが最適なのか、専門職団体やサービス提供者の団体などの第三者に委ねるのが良いのかという疑問が生じる。もちろん、「研究に基づく実践者モデル」および「卓越した組織モデル」が示唆する現場の裁量を踏まえると、これらのモデルに関して、政府は、特に現場での実施の阻害要因への対応に焦点をあてた奨励的役割を果たすべきであろう。

　最後に、これまで政府がサービス提供者の文脈に影響を与える方法に焦点をあててきたが、これが研究者の文脈にも影響を与えることに留意しなければならない。従来の学問的な業績評価の方法は、研究者が実践志向の研究に参加することに不利に作用するかもしれず、また査読付き雑誌に掲載された論文の公表以外の普及活動への参加は望ましくないこととされるおそれもある。この点については次章でさらに論ずる。

第8節　結語

　多様なメカニズムを組み合わせる多面的介入は、これまで実践の場面において研究エビデンスの活用を増進させる努力のための頼みの綱であった。しかしながら、**多面的**ということはあまりにも多くの場合、**散弾銃**と同等に考えられ、複合的な取り組みには、一貫性や変化を引き起こすためのメカニズムについての明確な理解が欠如していた。そのため、研究活用プロセスおよび提案されている変化のメカニズムについて、首尾一貫した見解に支えられ、主たる関心であるエビデンスの種類や活用される現場の文脈に合わせ、より慎重に組み立てられたパッケージが必要とされる。

　本章では、三つのモデルまたはその典型例を、実践の場面で研究活用を増進

第7章　実践における研究活用の改善

させる各理論を支える前提の組み合わせを際立たせるために用いた。これらのモデルは、帰納的に作成されたため、行動のための処方箋というよりはむしろ記述的分類となっている。研究を進めれば、間違いなく、追加のモデルやより明確にはっきりと描かれた複合モデルが特定され、練り上げられ、適用されるだろう。このようなモデルが明確化されることは、適切な研究の取り上げの戦略を考案するのに役立つだけでなく、将来的に、この分野で焦点を絞った研究および評価を行うのにも役立つであろう。

　どのモデルも、一般的な解決策を提示するものではなく、それぞれのモデルはそれぞれの前提や問題を有する。「研究に基づく実践者モデル」は、多くの分野で重大な批判的議論の対象となっており、常に運用上の問題を伴うが、しばしばエビデンスに基づく政策や実践のアジェンダを考える際の基盤となっている。「埋め込まれた研究モデル」は、エビデンスに基づく変化をもたらすのに効果を発揮することがある一方で、より広い研究活用を考慮するよりも、疑問の余地のない手段的な研究知見を好む傾向にある。そのまた一方で、「卓越した組織モデル」は、取り扱うことのできる研究の種類という点ではより広く、より適応性が高く、また、前章までに述べられた相互作用、状況に埋め込まれた知識、組織への着目、行動を通じた学習などのさまざまな考え方と明らかに調和が取れているものの、それでも重大な運用上の問題が生じる。このモデルにおいて想定されている文化的変化は、容易というには程遠く、デモ版のプロジェクトから、大規模な採択に**規模を拡大**するには多大なる困難を伴う。そのため、実際には、実践者の場面での包括的な研究活用改善戦略は、これらすべてのモデルの特徴を取り入れたものになるかもしれない。例えば、総体的には「卓越した組織モデル」において、専門家であり、研究に基づいて実践を行う者が変化をもたらす主体として活用され、実現および処理が可能な場合には、「埋め込まれた研究モデル」を活用するようなケースが考えられる。ブロックら（Bullock *et al.*, 2006）のエビデンスに基づく問題志向型警察活動の枠組みは、警察活動の改善への情報提供を行うにあたり、ここで紹介した三つのモデルの要素がどのようにして混合され得るかの一例である（コラム7.12）。このように、バランスの取れたパッケージの正確な性質や矛盾、財源、規模の問題のような課題をいかにして解決するかは、それぞれの公共サービスの分野によって異な

り、政府は研究活用を支援し、促進するにあたり、このことを理解する必要がある。

コラム 7.12 エビデンスに基づく問題志向型警察活動の枠組み

問題志向型警察活動は、警察やそのパートナーが注意を要するような、同様の問題や事件を抱えた家庭を特定しようとする活動である。エビデンスは、問題志向型警察活動において重要な役割を果たす。エビデンスは、これらの事件から生じる問題を特定し、分析し、対応を選択し、これらの対応の効果を評価するために活用される。しかしながら、問題志向型警察活動の原則が完全に実施されることは相対的に珍しい（Bullock *et al.*, 2006）。

エビデンスに基づく警察活動の開発にあたり、問題志向型警察活動は、問題解決のための通常の活動や日常的実践と並行して行われる必要がある。この観点からブロックら（Bullock *et al.*, 2006）は、これをいかに達成し得るかについての枠組みを提示する。この枠組みは、レベルに応じて、異なる機関や個人が参加する異なる活動を想定している。次の図はそれを要約したものである。

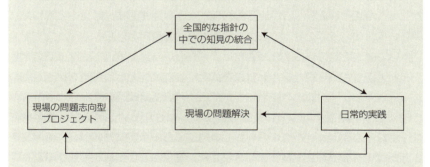

この枠組みにおいて重要な**より高度な**活動は、例えば、本章で触れた内務省犯罪減少ツールキットなどの警察活動についての問題志向型の指針による研究知見や評価知見の統合である。これらは、「卓越した組織モデル」とその活動が一部協働する特定の現場における問題志向型のプロジェクトや、「研究に基づく実践者モデル」の活動を部分的に反映するようなより一般的な問題解決、そして、「埋め込

第7章　実践における研究活用の改善

まれた研究モデル」にあるように、現場のプロトコルにガイドラインを埋め込むことを通じて、通常の実践に情報を提供すべきである。そして原則として、現場のレベルでは、問題志向型警察活動プロジェクトは、一般的な問題解決の活動に役立てられるべきである。さらに、これらのプロジェクトはまた、日常の実践に情報を提供し、日常の実践からの知識を活用すべきである。

　現時点においては、図示された四つの活動の間の交流は、**ほぼ運の問題**と表現されている(Bullock et al., 2006, p.182)。しかしながらブロックらは、これらの活動の間の連携やバランスには改善の余地があると論ずる。

出典：ブロックら（Bullock et al., 2006, ch7）から作成。

　第6章と本章では主に、実践の場面における研究活用に注意を向けてきた。政策立案者と実践者の関心事項には重大な類似点があり、また、実践に焦点をあてた本章の中に、政策の場面においても**あてはまる**重要な部分もあると信じているが、次は直接的に政策分野に注意を向け、次章では、政策分野でどのような戦略や介入を適用することができるかを検討する。

第8章

政策における研究活用の改善

はじめに

　第7章では、実践における研究活用・促進に関して、政府が果たす役割について検討した。ここでは、政策を開発・実施する上での政府による研究活用を考えたい。その際、政府における研究活用の改善について、これまでの各章から教訓を引き出す。章末に向けて、本章での分析が圏域レベルや地方レベルの政策に適切かどうかに言及することはあるとしても、ここでは、主として国レベルの政策立案に焦点をあてる。

　第5章で述べたように、政策における研究活用改善のために**何が有効か**についての良質な実証的エビデンスが現場では潤沢ではない。従って、本章では第5章で要約した研究活用に関し、実証され、評価された研究を参考にするだけではなく、これまでに試みられたことや、有効だと思われるものに関する経験知を得ることも目指す。われわれは、1990年代半ば以降、研究活用改善という核心的な問題に焦点をあてた一連のセミナーや会合、助言グループにかかわってきた。これらは、参考にできる豊富な経験知を明らかにしてくれた。ここでの議論から、政策を立案・実施する上で研究活用を奨励し増加させようとする数多くの活動があったことが明らかになった。そうした活動は、研究の有効性を改善し、いっそうエビデンスに基づく政策プロセスを開発しようという二つの目的によって動かされているものが多い（第1章での議論を参照）。

　実践での状況（第7章）と同様に、政策に研究活用を増やそうという取り組みの多くが、第5章で強調された戦略とメカニズム（普及、相互作用、社会的影響、活用促進、インセンティブと強化）の結合を参考にしている。これらの結合の理論的根拠を理解するために、それらを裏付ける前提や構造を明らかにする必要がある。本章ではこのことについて、想定されている研究の役割、およびこの広範な役割の中で研究を向上させる活動を方向づける枠組みを強調することから始める。これらの枠組みを検討する中で、第4章で概説した研究と政策の関係の多様なモデルが、どの程度、研究情報に基づく政策を開発するための処方箋に情報を提供し、あるいは裏付けてきたかを把握したい。

第8章 政策における研究活用の改善

　第1章で概説した合意的アプローチ、論争的アプローチ、パラダイム挑戦的アプローチ（コラム1.1参照）という研究の三つの役割から見ると、研究と政策の関係についての議論は、しばしば、改善が必要なのは合意に基づく研究活用であるという暗黙の前提によって裏付けられている。ここでは研究者は、主要な関心事項をめぐる既存のパラダイムの中で活動し、これらにどのように取り組むべきか考える存在である。その際に研究者は、どうすれば公共サービスの提供やサービスのアウトカムを最も良く改善できるのかについての知識を政策立案者に対して提供する。研究が政策に与える広範かつ長期的な概念上の影響力についてのしかるべき認識があるにもかかわらず（第2章参照）、このように、政策の方向性や政策行動に情報提供するための研究の手段的活用の改善に関心が集まることがある。このような合意に基づく考え方では、研究は十分には活用されていないと一般に見なされ、研究活用の際に、時として、誤用の一形態と解釈されがちな政治的な攻撃材料として使われる懸念がある（第2章参照）。

　英国では、研究の合意に基づく役割が、しばしば、政策立案における研究活用を改善させようという取り組みの開発に影響を与えてきた。本章では、研究供給をどうやって改善し、その研究に対する政策側の需要をどうやって増やすかということに焦点をあてながら、このような取り組みが、諸活動を体系化するために**供給と需要**の枠組みを典型的に用いてきた方法について検討することから始めたい。ここで研究活用改善のための活動について考える場合、暗黙のうちに研究と政策の関係の市場ベースモデルを参考にしている。そこで本章ではまず、この問題の枠組みに関連した取り組みを記述し分析するが、そこでは、考慮されるべき二つのコミュニティ、つまり研究の産出者と政策側の研究消費者があり、また両陣営の間で知識の流れが促進されることによって研究活用改善がなされ得ると仮定している。この問題の枠組みと、第4章と第5章で概説した「産出者・プッシュモデル」と「利用者・プルモデル」や、研究活用改善のための戦略との間には明らかな重なりがあり、研究活用改善に対する供給と需要の利点を検討する上で、このモデルや戦略を参考にする。供給と需要の間の相互作用について検討し、政府がこのプロセスを管理する上で主導的役割を果たす政治的意味合いについて言及する前に、まず供給者側の、次に需要者側

の課題を考えることによって議論を組み立てたい。その議論の中で、研究活用改善のための英国の取り組みは、研究者や政策立案者の望ましい行動を奨励することに基礎を置いた、抑制的で保守的理論をおおむね採用し、それらの理論が研究と政策の間の根本的に新しい関係を構築しようとする急進的なものではないことを述べる。

　次に、政策プロセスの広範なモデルを参考にする研究活用改善の戦略を議論する。第4章で議論したように、政策プロセスについての多元論的な見方は、研究と政策をどのように結び付けるかということに関して、幅広い政策ネットワークと政策コミュニティの役割を強調する。このような見方の中で、利益集団は研究が政策プロセスに入る重要なルートを提供し、これにより、研究がさらに議論の多いパラダイム挑戦的アプローチの役割を果たす可能性が広がる。それはまた、研究と政策の関係を単に政府の行政部門の問題として扱うことから焦点を引き離すことにもなる。この議論の中では、エビデンスに基づく政策への挑戦を支援することによって研究エビデンスを際立たせる一つの重要な手段として、監視活動の重要性に注目する。

　ここでの議論は、英国における政策上の研究活用改善のための活動に焦点をあてる。そのようにして、これらの活動に関する幅広い教訓を引用すると同時に、国レベルの政策立案が遂行される広範な文化や政体上の文脈で研究活用改善の取り組みが必然的に形成される方法について例証する。例えば、後で論ずるように、第1章で紹介した**政府の現代化**とエビデンスに基づく政策や実践のアジェンダは、研究と政策をより良く結び付ける英国の取り組みの多くに対して基本的枠組みを提供してきた。本章の最終節では、政策的文脈において研究活用を改善させようとする場合に可能かつ望ましいものは何かを考慮する中で、国家的文脈における重要な問題を探究する。特に、国家規模の相違、統治機構、既存の**知識調達のインフラストラクチャ**、メディアの方向性などの重要性について議論する。

第1節　研究供給側の取り組み

　すでに述べたように、研究と政策の関係を改善させようとする近年の英国の取り組みは、しばしば**供給と需要**の見地からなされてきた。供給側の課題を強調することは、政策プロセスへの研究の適切な流れが欠けていることに研究活用上の**問題**があることを明らかにする。研究は客観的で価値中立的な事実を提供するという研究知見の本質に関する無難な考えや、研究が十分に優れたものであれば活用されるという仮定が前提とされることがよくある。研究供給への取り組みは、研究に対する能力構築を求め、かつ、政策役割を担う人々によって研究が委託され、伝達される方法をも対象にしてきた。

　1990年代半ば以降、英国政府は、社会研究のインフラストラクチャに対し、かなりの投資を行い、その多くは高等教育機関に集中してきた。例えば、政府は、経済社会研究会議（ESRC）経由で、特に量的研究法における専門的技能の欠落に対応するために、社会科学の研究方法や社会科学者の能力開発にかなりの資金を提供して、また、健康面での社会的不平等の理解や新技術の社会的影響に関する知識開発分野における専門的知識の学際的センター開発への資金提供にも努めてきた。スコットランドでは、スコットランド高等教育助成会議（現在のスコットランド助成会議）が、スコットランド政府と共同で研究能力上の問題に取り組んでいる。この好事例としては、スコットランドにおける刑事司法での研究能力の欠如に取り組むことを目指した機関横断的で学際的な組織、スコットランド刑事司法研究センターに対する資金提供がある。当然ながら、このような研究への投資の多くが研究者によって歓迎されてきた（Commission on the Social Sciences, 2003）。とはいえ、特に研究の委託方法の変更と結び付けて能力構築が強調される場合、研究や研究者の独立性への脅威となるという懸念がある。例えば、研究者にとっては、実践者主導の研究は、研究者が研究を奨励される課題の種類や、これらの探究に受け入れられると考えられる手法の両方を制約すると感じられることがある。

　研究委託に大きく焦点をあてる理論的根拠は、重要な政策上の問題に取り組

む良質な応用研究の欠如によって、研究活用が妨げられるということにある。例えばヒレッジら（Hillage *et al.*, 1998）による英国での学校研究のレビューは、この分野が方法もさまざまで、小規模なその場限りの研究で占められ、知識の累積にも貢献していないことを明らかにしている。ヒレッジらによれば、研究アジェンダは、政策立案者や実践者のニーズに導かれるというよりも、産出者主導であった。このような知見に応えて、研究が頑健で、利用者との関連性があり、また適時性があることを確実にするために、研究や評価研究を委託する戦略に注意が払われてきた（コラム8.1参照）。このことは、省庁が研究や評価研究を委託する方法に影響を与えただけでなく、研究助成を行う協議会の方法にも影響を及ぼしてきた。今や経済社会研究会議は、研究者が研究計画を設定することの多い申請型の研究助成よりも、現在または将来、重大な知識のギャップが生じると確認された分野での研究事業に対し、多くのプロジェクト資金を提供している。これらの研究事業のいくつかは、同会議の教育・学習研究事業のように、特定分野の研究状況についての政府の関心に対する直接的反応であり、このような分野に焦点をあてるために、同会議は特別の追加資金提供を行ってきた。

コラム 8.1　応用研究委託戦略（改定版）

　応用医療サービス研究事業は、英国（サービス提供・組織（SDO）事業、医療技術評価（HTA）事業）とカナダ（カナダ保健サービス研究財団（CHSRF））の両国で、委託研究のための精巧な優先順位づけの仕組みの開発に多大な努力を注いできた。英国の医療技術評価事業は、評価のための優先技術を特定するために、それぞれ特色ある役割を持った、四つの独立したグループからなる。それらは、1）アイデアを生み出す研究利用者、2）ブリーフィングペーパーや背景情報を用意する大学の研究者、3）暫定的な優先順位リストを作成する専門家集団、そして最後に、4）評定の相互作用プロセスにおいて優先順位を決める基準を適用し、順位づけされたリストを完成させるために議論する多様な利害関係者集団、である。こうした経験を基礎に、サービス提供・組織事業やカナダ保健サービス研究財団

第8章　政策における研究活用の改善

> は、目的にかなった作業につながり、直接的関連性があり、研究利用者のニーズへのさらなる適合性を期待して、研究利用者からの意見を求める広範な**公聴運動**を実施してきた。
>
> 出典：ローマスら（Lomas *et al.*, 2003）から作成。

　英国では1990年代半ば以降、研究資金提供プロセスが変更されたが、産出された研究の形態や質に対して、これがどのように重要な影響を与えたか、いまだにはっきりしていない。依然として社会研究は、たいていの場合、比較的小規模な資金提供を受ける零細企業の傾向がある（Commission on the Social Sciences, 2003）。この傾向は変わりつつあるが、古くからの習慣は容易に消え去らない。例えば、スコットランド政府が委託した社会研究に関する直近のレビューによって、小規模なその場限りの研究が広く行われていることが明らかになった（SHEFC/USS, 2005による引用）。さらに、社会研究への資金提供を増加させることは一般的に支持されるかもしれないが、同時に、これに関連して、戦略的に焦点化された応用研究の委託を強調することは、大学の研究者の独立した立場や、彼らの**権力に対して真実を語る**能力を徐々に脅かす懸念がある。

　さらなる一連の取り組みは、省庁による委託研究や評価研究の質を改善しようとしてきた。これらは、例えば、政府における分析を概観した報告書『理解に向けて』（Cabinet Office, 2000）、政策評価・分析に関する手引きである『マゼンタブック』（Cabinet Office, 2003a）、『質的研究の評価に関するガイドライン』（Spencer *et al.*, 2003）、『実践された政策試行』（Cabinet Office, 2003b）などの一連の内閣府の報告書に結実した。『理解に向けて』は、他の報告書の土台となるとともに、省庁が内部の研究や分析の頑健性を向上させるため、それらを外部のピアレビューに供すべきであるという一般的な助言を含んでいた。ここでも、概して政策立案者は質が高いと認められた研究活用を望んでいるようではあるものの、このような取り組みの有効性に関する証拠はほとんどない（第3章参照）。

既存の研究や評価研究のエビデンス基盤を利用しやすくすることにも力点が置かれてきた。第7章で取り上げた**ソーシャルケア・オンラインデータベース**（*www.scie-socialcareonline.org.uk*）のような、研究のオンラインデータベースが広範な政策や実践上の課題をめぐって構築されてきた。英国政府も、研究や評価研究の大規模で累積されたストックへのアクセスのしやすさなど、自らの知的資源の管理方法を改善しようとしてきた。これには、過去の成功や失敗を容易に参照できるよう、かつての内閣府管理・政策研究センターによって唱えられた**知識のプール**や、パイロット事業報告書の中央電子リポジトリが設立されるべきという勧告などのナレッジマネジメントの取り組みや提言がある（Cabinet Office, 2003b）。このような取り組みは、これまでのところ限定的にしか成功していないが、それは、オンライン情報源創設に基づく体系化戦略の限界に関するナレッジマネジメントの文献からの知見を考慮すると驚くべきことではない（第6章参照）。

　個々の研究プロジェクトやプログラムの性質、品質、アクセスのしやすさを超えて、英国における研究活用改善のための供給側のアプローチは、政策利用者のために研究を統合する方法にも取り組むよう努めてきた。国際的な二つの共同計画——コクラン共同計画とキャンベル共同計画（第1章参照）——は、系統的レビューの方法を促進し改善することにかなりのエネルギーを投入してきた。この理論的根拠は、保健医療におけるスクリーニング技術の有効性や若年犯罪者に対する更生プログラムの影響力のように、特定課題についてエビデンスのバランスがどこで取れているかについて、政策立案者による考慮が必要とされる点にある。単一の研究成果では誤解を生む可能性があり、政策立案者が特定課題に関するエビデンスを自ら通覧する限界は明らかである。その上、特異な研究レビューは、単一の研究と同様に誤解を生じ得る（Sheldon, 2005）。そこで系統的レビューの方法論は、調査戦略が包括的で、文献を網羅し、再現でき、さらに研究の選択と統合の手法が頑健で正当化できることを保証することによって、これらの課題に取り組むことを目指している（コラム8.2参照）。このように、供給側の取り組みが専念する中心的事柄は、研究の統合とコミュニケーションに関するこのような厳密な方法の開発である。

第8章 政策における研究活用の改善

> **コラム 8.2** 系統的レビューの主な特徴
>
> 　系統的レビューは、与えられた評価課題に関連するすべての研究調査を確認し、これらを方法論的な質の観点から評価し、関連性と頑健性があるものとして選択された研究を基礎に統合しようとする。系統的レビューの顕著な特徴は、前もって合意された一連の基準に沿って実施されることにある。その主な基準は次の通りである。
> 　1）特定課題への解答の重視。
> 　2）レビューのプロセスを導くプロトコルの使用。
> 　3）できるだけ多くの関連研究を確認しようとする努力。
> 　4）レビューに含まれる研究の質の評価。
> 　5）包含された調査における研究知見の統合。
> 　6）関連性維持のための更新。
>
> 出典：ボアズら（Boaz et al., 2002）から作成。

　英国では近年、その取り組みが注目を浴びた保健医療分野のみならず、他の社会政策分野でも系統的レビューの水準が顕著に向上してきている。例えば、**エビデンスによる政策と実践のための情報連携センター**（EPPI-Centre）は、特に保健医療や教育分野における、社会的介入の厳密なレビューを裏付けるために設立された（http://eppi.ioe.ac.jp）。多くの人々が、このような仕事を、政策と実践により良く情報提供できる、頑健で、累積的で、統合された知識基盤に向けた動きにおける前進と見ている。しかしながら、特に保健医療以外の分野では、系統的レビューの知見が、他の形態のレビュー活動の知見はおろか、単一の研究の知見よりも利用されていることを示唆する証拠はほとんどない。政策研究の消費者は、系統的レビューのアウトプットについて、しばしば十分な関連性や有用性を見いだしてはいないようだ（Lavis et al., 2005、Sheldon, 2005）。このことは、研究活用を供給と需要の観点から見るという制約の中で、多数の系統的レビューの知見の期待はずれな性質によるものとされる。レビューは、費用がかかる割には、検討中の課題に関連する頑健な研究がほとんどな

く、政策立案者が求めるような確固とした知見を引き出すことができないという結論をあまりにも頻繁に下すように思われる(Young *et al.*, 2002、第3章参照)。

これは、頑健な一次研究が増えれば改善される一時的な問題だという希望的観測がある。系統的レビューの方法論は、幅広い政策と実践上の問題に取り組むことができるよう、広範な研究知見を統合するべく発展途上でもある (Mays *et al.*, 2005)。レビュー活動への現実主義的方法からは、ある研究が一定の成果を生み出す介入を発見したかどうかだけでなく、これが状況によってなぜどのように異なるのかという、政策に従事する者の主要な関心事項に直接取り組む研究統合の産出が期待できる (Pawson *et al.*, 2005)。政策立案者に対する聞き取り調査からは、例えばレビューの現場での適用可能性に影響を与える文脈や要因、介入の利益、損失やリスク、費用についての情報といった、彼らの意思決定に関連する情報提供をもたらす研究レビューから利益が得られること示唆する (Lavis *et al.*, 2005)。

最後に、能力構築、研究委託、系統的レビュー活動に加えて、研究活用改善への供給側のアプローチは、研究コミュニケーション活動、特に、政策側の受け手に向けて研究知見が提供され、わかりやすく説明される方法に焦点をあててきた。ここでは、活動の多くが、政策の文脈において研究者が知見の伝達・普及を改善できる方法を確認することに集中し、良好な実践上のガイドラインが豊富にあるのだが(コラム8.3参照)、これらは第5章で示したエビデンスによってある程度まで裏付けされている。そこで本書では、対象となる題材の提供によって研究知見に対する認識を高め、知見についての議論を可能にする、セミナーやワークショップが研究の直接的な活用を奨励し得るということを述べてきた。研究と政策の関係を改善しようという供給側の取り組みに焦点を絞っているにもかかわらず、研究者がこのような普及活動を実施するためのインセンティブについて実際何もなされてこなかったことが問題なのである。社会科学委員会が言及しているように、研究者には、「コミュニケーションという、時として緊張に満ちた手間のかかる業務」に従事するインセンティブが与えられるべきである (Commission on the Social Sciences, 2003, p.90)。実際、英国の学術システムでは、研究者が広範な普及やコミュニケーション活動に時間を割くためのインセンティブはほとんどない。

コラム 8.3　普及の改善：重要な勧告

研究委託者に対する勧告
- 政策立案者や実践者が直面する特定の問題に対して適時に解決策を伝えるために研究のタイミングを図る。
- 現在の政策アジェンダに対する関連性を確保する。
- 研究助成の中で、普及や開発に目的を特定した資源を割り当てる。
- 当初から、明確な普及戦略を包含する。
- 委託プロセスへ専門的研究者を関与させる。
- 研究利用者を研究プロセスに関与させる。
- 研究の統合や評価のための研究レビューを委託する。

研究者に対する勧告
- 利用しやすい研究の要約を提供する。
- 研究報告書を簡潔にする。
- 利用者のニーズに応じたジャーナルや出版物を刊行する。
- 興味を引く言葉や表現スタイルを使用する。
- 受け手のニーズに合った題材を追求する。
- 政策や実践に対する研究の意味合いを抽出する。
- 対象とする受け手に普及イベントを合わせ、それを評価する。
- 普及方法を組み合わせて利用する。
- メディアを活用する。
- 関連する政策・供給機関と積極的に接触する。
- 研究活用に影響を与えそうな外部要因を理解する。

出典：ジョセフ・ロウントリー財団知見集（JRF Findings, 2000）から作成。

　従って、英国内では、研究と政策の関係における**供給側**の問題への取り組みに強く焦点があてられてきた。概してこれらは、政策側の消費のために産出される研究の関連性、有効性、信頼性、そして利用者の使いやすさを向上させることによって、研究そのものの本質に関連した研究活用上の障壁に取り組もう

としている（第3章参照）。このような取り組みは、それによって、研究が政策立案者の目に留まり、さらに行動の根拠となるような機会を増やすかもしれないが、このことを確認する頑健な評価作業はまだほとんど存在しない。しかしながら、供給側のアプローチは、政策コミュニティに向かう一方向の研究の流れと、研究活用プロセスにおける政策立案者の受け身の役割は当然とする普及メカニズムを信頼する傾向がある。この種のアプローチを支えている合理的かつ直線的な「産出者・プッシュモデル」は、研究が政策の文脈において実際に活用される方法をほとんど反映していないので、批判に晒され続けてきた（第4章で詳述）。その結果、全体として、供給側の取り組みは、現在まで限定された影響しか与えてこなかったし、研究と政策の関係に対するわれわれの理解（第4章）や知識プッシュ戦略についてのわれわれの分析（第5、6章）に想定外のものを提供しなかったように思われる。

　このような供給側の取り組みは、単独で実行されることはなく、英国では、それらは需要側の補完的な活動と連結されてきた。以下で検討するのはこうした課題である。

第2節　研究需要側の取り組み

　第1章で述べたように、研究エビデンスに対する政策立案者からの需要は、1960年代から一進一退してきた。1990年代末の英国におけるエビデンスに基づく政策プロセスを求める動きは、研究供給側のいくつかの活動を刺激した。加えて、おそらく単に良質な研究を供給するだけでは政策立案者の研究活用を保証するには十分でないと認めることで、需要側の問題に特別の関心が集まった。ここでは、エビデンス情報に基づく審議を鼓吹するために政策プロセスを改革することが強調され、このような改革は、**現代化された、より良い**政策立案という旗印の下に実施された（Cabinet Office, 1999、Bullock *et al.*, 2001）。政府報告では、1）エビデンスに基づく拠出金の要求、2）政策決定のための理論的根拠やエビデンスの公表への傾倒、3）エビデンス活用に関する政策スタッフ研修、などエビデンスに対する需要を増加させる多数の取り組みや勧告を

第8章 政策における研究活用の改善

概説している（コラム8.4参照）。1998年に行われた財務省主導の包括的歳出見直しのプロセスは、ある程度までは、前述の勧告の中の一つ目のものを採用しており、また、**2000年情報自由法**は二つ目に対する刺激となった。二つ目の勧告に留意した省庁は、食品基準庁（FSA）であり、情報への開かれたアクセスがエビデンス活用にいかにプラスの影響を与えるかについての好事例を提供した（コラム8.5参照）。内閣府は、公務員研修所（現在の公務大学校）を介して、エビデンス活用に関する職員研修という三つ目の勧告に基づいて研修を行っている。最後に、内閣府は、「全国展開に先立って政策のインパクトをテストするために実験的試行をより多く、より良く活用」することを求める上で率先して行動している（Cabinet Office, 2000, p.6）。

コラム8.4 政策プロセスにおいてエビデンスの需要を増加させる取り組み

このような取り組みは、
- 裏付けとなるエビデンス基盤を提供するために省庁ごとの拠出金を要求する。
- 政策決定のためのエビデンス基盤の公表を要求する。
- 職員がエビデンスに対する態度やその活用能力を向上させるよう、エビデンス活用に関する研修を行う。
- 政策の開発や実施において評価済みの実験的試行をもっと活用するよう奨励する。

出典：内閣府（Cabinet Office, 1999, 2000）、ブロックら（Bullock *et al*., 2001）から作成。

コラム8.5 食品基準庁

英国食品基準庁（FSA）は、自らの決定のためのエビデンスや理論的根拠を包み隠さず公表している。同庁は、透明性のある取り組みの主要な原動力となった牛海綿状脳症（BSE）危機の余波の中で誕生した（Phillips Report, 2000）。同庁は、政策基盤を**利用可能な最善のエビデンス**に置くことを目指し、部内での研究

> や調査と、庁内に置かれている科学的諸問委員会のネットワークを通じた外部の専門的意見の双方を参考にしている。同庁は、公開性とアクセスのしやすさを中心に据えて、決定されたすべての記録や、これらが基礎としたエビデンスや解釈を入手できるようにしている。情報の公表は規範であり、すべての助言や情報、研究は、政治的影響抜きに公表される。同庁はまた、消費者を含む利害関係者の意見を幅広く聴いており、決定を開発し実施する際に異なる情報源のエビデンスをいかに活用するかについて、すべてのグループが確実に理解できるようにしている。
>
> 出典：食品基準庁ホームページ（*www.food.gov.uk*）から作成。

　政策プロセスを改革する上でこのような取り組みが望んだ通りの効果をもたらしたかは、議論のあるところだ。英国政府によるレビュー『より良い政策立案』（Bullock *et al.*, 2001）は、さまざまな省庁、取り組み、政策分野から130の好事例を提供しているにもかかわらず、これらの事例は、必ずしも代表的でも評価されたものでもない。その代わり、これらの諸事例は、例えば、大臣向けの研究セミナーの開催、新しい政策の開発に関して助言する外部専門家の活用、モデル化や予測のための技法の利用、利害関係者との公式・非公式の**協議**や**市民ワークショップ**からのエビデンスの参照、研究者を巻き込んだ政策諮問・運営グループの創設、新しい政策が実施される際の評価の組み入れなど、政策立案の現代化に向けた興味深く革新的な取り組みを例証しようとしている（Bullock *et al.*, 2001）。このような事例は、何が可能かを示しているが、政策立案における研究活用の継続的な増加についての確かなエビデンスは実際にはない。

　政策のより実験的試行への要求は、特段の注目に値する。政府の実験的試行のレビュー『実践された政策試行』は、米国に比べれば広がりもなく規模も小さいものの、1997年以降、英国における実験的試行の数や規模が急増していることを明らかにした（Cabinet Office, 2003b）。このレビューは、政策が展開されるべきか、また、その場合どのように展開されるべきなのかについての情報提供のために、**実験的精神**で実施された試行のケーススタディ的事例を提供

第8章 政策における研究活用の改善

している。しかしながら、これらの試行の実際の効果は、評価が難しい。米国での福祉政策の試行についての研究は、その主要な効果が、政策それ自体の問題よりも運用上の問題に対して及んでいると結論づけている（Greenberg et al., 2003）。『実践された政策試行』のレビューが注目するのは、英国では、政策展開の決定が行われる前に、政策の実験的試行が遂行されて知見を産出することがほとんど許されてこなかったことである。そのことは、ここでもまた、試行が、政策の方向性についての戦略的選択よりも、政策実施についての運用上の決定に役立ちそうなことを示唆している。

　大臣や行政当局はたいてい政策実施を遅らせることを好まないので、結果として、時にはわかっているのだが、厳密な社会研究のかなり扱いにくい過程は自然に扱われないことになってしまうかもしれない。……彼らの暗黙の立場は、実際上、事後確認で事足りる場合には、エビデンスに基づく政策に対し先行エビデンスを必要としないというものである（Cabinet Office, 2003b, p.27）。

しかしながら、試行が遂行される前に政策決定が行われると思われたときでさえ、**評価のための実験的試行**が**先行的事業**になるほどに評価研究は政策の方向になおも影響を与え、政府の政策に180度の転換さえ引き起こしてきた（コラム8.6）。

コラム 8.6　コネクションズカード

　英国教育技能省によって創設された**コネクションズサービス**は、若者の抱える主要な問題に対して独自のガイダンスやアドバイスを提供することによって、大人への移行支援を目指している。2001年に、継続教育に参加する若者に対して、レジャー施設・設備・書籍の割引、そして、情報ウェブサイトを利用できる**ポイントカード**システムであるコネクションズカードが英国全土で導入された。このカードの主要目的は、多くの若者が勉学を継続し、学習への経済的障壁を低くし、キャリアと人生の選択を改善するよう促そうとするものである。試験的・実験的意図を有していた現場での実証プロジェクトは、早くも1999年にはコネクショ

ンズカードの考え方を論証するために使われ、すぐに拡張されて四つの**先行的事業**に形を変えた。カードの全国展開は、これらの事業の結果についての最終的というよりも暫定的評価に基づいて行われた。幅広い実施を支援する上で役立つ多くの実際的知識とともに、雑多ではあるが将来有望な知見が報告された。続いて計画の全国的評価が委託され、事業が提供するものに対する期待を変化させた。2005年に発表された最終評価報告書（Rodger and Cowen, 2005）では、カードがその主要な目的に適うことに全体としては失敗したことを明らかにしている。カード廃止という政策決定が、2006年に行われた。これは、実験的試行の暫定的なエビデンスが展開計画に対していくらかの影響力を持ちはしたものの、カードを展開するという政策選択が試行よりもかなり前に行われた事例と言える。しかしながら、全国的な評価報告書の否定的な知見により、2006年のカード廃止という重大な決定は、影響を受けてなされたのである。

出典：CRG（CRG, 2001）、会計検査院（NAO, 2004）、ロジャーとカウエン（Rodger and Cowen, 2005）から作成。

　これまで議論された政策の改革や取り組みの目的は、エビデンスに対する政策立案者の態度や理解を含む、政策立案の文化を変えようとするものだった。全般的に、需要側の取り組みにとって、これは、より大きな手段的合理性を政策プロセスに導入することを意味した。政府文書は、政策プロセスが、必ずしも合理的な主張のみに基づいて取り決められた整然とした段階から構成されているわけではないということを説明する一方で、それにもかかわらず、「合理的・線形モデル」を追求すべきものとして推奨している（Reid, 2003、第3章も参照）。実際、研究活用が合理的な風土によって促進されることを示唆する研究は、この方法の有効性を支持している（Weiss, 1999、Nutley et al., 2002）。

　このことが実現されていると思われる好事例は、**医療技術評価**（HTAs）を制度化・組織化するための取り決めの導入にある。医療技術評価の広範な目的は、政策立案者や臨床医に対して、特定の薬品、医療器具、療法の臨床上の効果や費用対効果についての信頼性のある頑健なエビデンスを提供することにある（Sackett et al., 1996）。英国では、特定の医療技術をイングランドとウェー

第8章 政策における研究活用の改善

ルズの**国民保健サービス**（NHS）であまねく利用できるようにすべきかを決定するために、1999年に政府によって**国立医療技術評価機構**（NICE）が設立された。創設以来、同機構は、広範な医療技術評価を行ってきており、これらの決定の多くは幅広い注目を集めてきた。例えば、ハーセプチン（初期乳がんに使用される抗がん剤）の有効性をめぐる論争にメディアは関心を持った。このような決定が政治的にデリケートなことが多いとすれば、同機構の決定がエビデンスや合理的な論拠によるよりもロビー活動によって形成されたとしても、驚くことではないだろう。しかし、同機構の意思決定に関する研究によれば、評価プロセスはロビー活動から影響を受けてはいたが、数量的で実験的に得られたデータに基づく意見が支配的であった（Milewa and Barry, 2005）。これらのデータはまた、主観的で経験的な見方に勝るが、留意すべきは、このことが、このような意思決定プロセスにおいて、社会的エビデンスよりも医療的エビデンスが注目を浴びる事実をある程度反映していることである。ソーシャルケアや教育のように、エビデンスの性質については論争があり、主として実証的データに基づいて決定することに合意がない他の文脈では、**合理的な**議論モードを維持することはさらに困難なことかもしれない。

そこで、要するに英国では、研究の供給と政策に基づく需要の双方に取り組むことによって、政策における研究活用改善のためのかなり重要なレベルの活動が行われてきた。このような取り組みは、供給側の普及活動と、研究に対する需要を増やそうという研究活用促進戦略やインセンティブと強化による戦略に結び付けることに焦点化してきた（第5章参照）。しかしながら、その結果、取り組まれた取り組みのうち、独立して評価を受けたものがほんのわずかしかないため、成功しているのか失敗しているのかについて自信を持って論評することができない。これまでのところ供給側の活動の効果は限定的であったと思われると述べてきたが、需要側の取り組みは、政策立案上エビデンスをより意識する文化を生む上で何らかの役に立っていると考えられる。

第3節　供給と需要に埋め込まれた前提

　供給と需要の取り組みを通した、政策による研究活用改善のためのメカニズムの特別な**結合**は、そのアプローチが本質的に合理的基盤に基づくゆえに、効果が限られそうだ。**供給と需要**の取り組みは、構造やプロセスの改革と、主要なアクターに対して合理的な熟慮を強化するよう勧奨することを通して、政策に大きな手段的合理性を導入することを基盤としがちである。しかし、研究活用と政策プロセス自体の双方ともに、この考え方はほとんど反映されていない。政策プロセスと研究の取り上げを方向づける要素は、両方とも数多くある（第3章参照）。例えば、**犯罪減少プログラム**のような**エビデンス**に基づく政策プログラムの計画や実行の詳細な分析は、政治上の重要課題、官僚的な無定見、限定的な能力によって、手段的合理性に基づく計画がすぐに中断され得ることを例証している（Homel *et al.*, 2004参照）。

　すでに詳述した成功例、例えば、いくつかの医療技術評価プログラムや国立医療技術評価機構が証明するように、追求すべき理想として研究活用の合理的モデルの輪郭を描くことにはいくらかの価値があるだろう。しかしながら、ウェイス（Weiss, 1979）は、供給と需要の取り組みの根拠となる知識主導型で問題解決的な研究活用モデルが、実際のところ現場ではむしろまれであるということに注目している。手段的・問題解決的な研究活用は、研究知見が論争的でなく、政策やサービスの限定的な変更のみを要求し、支援的な環境で実施される状況で、言い換えれば、現状を大きくは変えない場合に、生じがちである（Weiss, 1998）。このように、供給と需要の取り組みが十分に有効となるような限定された環境があるように思われる。さらに、このような環境が整えられる際に、政策立案は、漸進的で本質的に保守的なプロセスとなりがちであり、それゆえ研究が果たすことのできる役割は極めて限られたものとなるかもしれない（第4章）。

　結論として、供給と需要の取り組みの根拠となる合理主義的枠組みは、研究からのエビデンスについての特定の見方、すなわち比較的議論の余地がなく、

第8章 政策における研究活用の改善

客観的で、価値中立的なエビデンスの見方を当然視する。研究は、政策立案者が特定の行動指針を比較考量するために使用可能な比較的紛れのない事実を提供すると思われている。このことは、供給サイドの取り組みと需要サイドの取り組みが、政策プロセスにおける研究の合意に基づく役割を最もよく支持することを示唆している。そこでは、目標は合意済みであり、それをいかに最もよく達成するかについての決定にエビデンスが用いられる。これらの方法は、研究の概念的活用の形態をあまり支持しないようであり、研究が政策のアジェンダそのものに挑戦し、作り直す現実的な可能性を提供しない。

そうは言うものの、研究者と政策立案者との結び付きを改善することに焦点をあてたもう一つの取り組みは、研究と政策プロセスの新たな関係を構築し始めている。これらが次に、政策の舞台における研究の新しい役割を提供するかもしれない。このような結び付きを改善する取り組みについては、次節で検討する。

第4節　供給と需要の間

供給と需要という言葉遣いは、研究の市場を連想させる。仮にこの分野でうまく機能する市場があるとすれば、そこでは供給と需要が結合して、競争の規律が両者間のバランスの取れた相互作用を保証するので、供給と需要の間の結び付きを改善しようとする取り組みについて議論する必要性は少ないだろう。しかしながら、研究と政策の**市場**は多くの欠陥を示し、市場の失敗が起こりやすいように見える。実際、市場のアナロジーは、研究が政策の世界と行き来する道筋の多様性を反映する最善の方法ではないかもしれない（第3章参照）。であれば、政策環境における研究の取り上げの取り組みが、市場よりもネットワークに基づく方法を使って供給と需要の間の結び付きを改善してきたことは驚くにあたらない。これは、研究活用**問題**のもう一つのとらえ方によって部分的に支持される。すなわちこれは、供給あるいは需要の課題に第一義的に関連するのではなく、両者間の連絡の欠如に関連する。この前提は、英国に限ったものではない。「供給は確かに控えめだが、米国では社会科学の影響を妨げる

のは、その知識の控えめな供給ではない。……むしろ、米国における専門家や識者の位置づけである」(Wilensky, 1997, p.1254)。この見方に対応して、第一に政策プロセスの中に研究者を統合する活動、第二に研究の供給と政策活用側の需要との間の仲介者として行動する媒介的な組織や機関を設立する取り組み、の二つの活動形態が普及しているようである。

4.1 政策プロセスへの研究者の統合

供給と需要の間の結び付きを改善しようとする取り組みの多くは、研究者が政府内部か大学や研究機関の在籍かを問わず、研究者の位置づけと政策プロセスへの彼らの関与に焦点をあててきた。まず、内部の研究者に向けた取り組みについては、英国では近年、政府内の研究者の能力と位置づけや彼らの政策へのかかわりについて多くの議論が行われてきた。一般に、これらの研究者は、研究や評価事業の委託や管理において、また、政府内政策スタッフのための知見の要約や伝達を保証する上で果たす役割を通して、研究活用改善を可能にさせる重要な促進者と見られている。実際には、社会研究者は、内部の仲介者、あるいはある報告書が表現したように**学説を知る仲介専門技術者**(Clark and Kelly, 2005, p.32)と見なされている。彼らの幅広い役割が認識されて、英国政府に雇用される社会研究者の数は1997年の2倍以上となり、社会研究の前史を持たない省庁に新しい社会研究部門が設立された(Government Social Research, 2002)。これらの研究者のための専門的な指導的地位は、英国政府の主任社会研究官の任命を通じて確立された。

政府の社会研究者が、課題を認識する初期の段階から政策実施や評価までの間、政策プロセスにかかわることを保証することがかなり重要であるとされてきた(コラム8.7参照)。これを達成する方法の一つは、研究者を政策担当の同僚と一緒に配置することだが、このような取り組みの有効性に関するエビデンスはほとんどない(Nutley *et al.*, 2002、第5章も参照)。しかし、部内者とのインフォーマルな議論によると、今では政府の研究者が、従来よりも政策プロセスの早い段階において、特に特定分野の政策をレビューしたり開発したりする明確な決定がある場合には、相談がなされる傾向にある。もちろん、実践は、

第8章 政策における研究活用の改善

省庁や政策分野によって異なっており（Bullock *et al*., 2001）、早期からの関与が必然的に持続的な相互作用につながるかどうかは明らかではない。

> **コラム 8.7　政策プロセスへの政府分析官の関与**
>
> 　スコットランドの生涯学習戦略（Scottish Executive, 2003）の開発は、政策立案プロセスの全段階での政府分析官が緊密に関与する事例を提供している。この戦略は、スコットランド政府の企業・生涯学習省によって開発されたもので、統括・運営委員会によって監督されるのではなく、協調的方法が採用された。プロセスは全体的に政策担当部門に主導されたが、分析官はチームの明確な一員であり、エコノミストや社会研究者などの政策・分析の同僚は、広範な見通しを保持するために、戦略開発の早い段階で同時に招集された。政策開発の全過程を通じて、主要課題をめぐる情報や専門的意見を共有するために、政策立案者や研究者、その他の利害関係者が一堂に会した。そのプロセスは、関係者が互いの時間的尺度や見通し、必要性に応えてアイデアを洗練させ、適合させるという、学際的な共同作業を通した相互調整によって特徴づけられた。プロセスの早い段階での研究スタッフの関与と、妥協への心構えがなされ、いずれもが戦略の成功に貢献する相互理解と信用を築く上で役立ったようである。
>
> 出典：スコットランド政府関係者からの聴取。

　他の取り組みは、多様な利害関係者や他の形式のエビデンスとの相互作用といった観点からの政策活用プロセスの複雑さを認識している（第4章参照）。この種の枠組みにおいて、より良い研究の活用促進は、供給と需要の取り組みがしばしば暗示するような、一方の**政策立案者**と他方の**研究者**という二つのグループを一カ所に集めることほど、単純なものではない。英国政府内では近年、エコノミスト、社会研究者、統計専門家と協働する、省庁の分析サービス・チームが創設された（コラム8.8参照）。このような取り組みは、政策立案のための知識の産出者や供給者の多様性を認めるものである。このような人々はまた、社会研究が影響力を持つように、政策のための他の形態のエビデンスと統合さ

れる必要性があるかどうかという課題にも取り組んでいる。しかしながら、ここでも、これらのチームの創設が社会研究の取り上げや影響に効果を持ったかどうかについての体系的なエビデンスはない。

> **コラム 8.8** 薬物・アルコール研究部門：英国内務省の分析サービス・チーム
>
> 2002年に、英国内務省の**薬物・アルコール研究部門**（DARU）は、薬物・アルコールの乱用をめぐるエビデンスを調査するために、社会研究者、エコノミスト、統計専門家を意図的に同時に招聘した。そのスタッフは、政策立案者のためにエビデンスを検討し伝達する際に、研究からの知見を他から出されたデータや情報と統合することを目指した。彼らは、公式評価のエビデンス、監視データ、日常的に収集した統計、調査から得られた情報を含む、**研究**を構成するものを広範に定義して作業した。一方、内務省とは対照的に、保健省では、同様の薬物乱用問題を扱う分析官が、研究管理者、統計専門家、エコノミストという職務の違いに従って別々の部門で働いていた。
>
> 出典：ナトリーら（Nutley et al., 2002）から作成。

外部の研究者に目を向けると、政策プロセスへのこれらの研究者の関与に的を絞った取り組みが存在する。一般的用語では、この取り組みは、政策アドバイザーの役割を果たすために学術研究者が政府に派遣されることを意味し、彼らはまた、助言・諮問グループへの臨時的な参画や一定分野での政策行動チーム（PATs）の構成員の立場を通じ、政策プロセスに関与もしている（コラム8.9参照）。特別な研究プロジェクトに関して、研究委託される方法は、状況によって、委託者と受託者という関係から、外部の研究者と政策側の委託者がパートナーとして、研究プロジェクトを通じて相互作用する協働関係に変わってきた。

外部の研究者を関与させるためのこれらの方法の有効性の評価は、現場では脆弱だが、第5章で議論したように、研究者と政策立案者の間の持続的な相互作用を進展させる利益についての、政策と実践の両方の環境からのエビデンス

はある（Walter *et al.*, 2003a）。その上、どの程度研究者や専門家の参画の結果によるか明確ではないものの、政策行動チームに対する政府監査によって、それらが有効であることが明らかにされている（コラム8.9参照）。しかし、一般に研究者がこのような詳細な政策作業に従事するインセンティブは高くはなく、彼らがそうする際に生じる特別の葛藤があるかもしれない。例えば、研究アジェンダを開発する初期段階で助言する人々は、自らの先行的な関与ゆえにその後の研究を請け負う資格がないと考えるかもしれない。研究者の独立性の欠落についての懸念もまた存在する（後述参照）。

コラム 8.9　政策行動チーム

　イングランドでは、**社会的排除防止局**が、近隣再生のための国家戦略の一環として18の**政策行動チーム**（PATs）を設置した（SEU, 1998）。各チームの目的は、広範な利害関係者に対し政策開発上の知識や専門的意見を同時にもたらすことにあり、それは、政府の政策立案の通常のモデルからの重要な新展開であると考えられている（SEU and CMPS, 2002）。どのチームも、仕事（PAT1）、近隣マネジメント（PAT4）、青年（PAT12）、財政的支援（PAT14）など、社会的排除の特定の局面に焦点をあてた。どれも上級公務員が議長を務め、主務官庁と擁護してくれる大臣を有していた。構成員は20～46人であり、「実践者、大学人、研究者、政策立案者の創造的混合」であった（SEU and CMPS, 2002, p.16）。しかし、スコットランド議会に対する研究ブリーフィングによれば、その構成は恣意的と批判されてきた（SPICE, 1999）。影響力という点では、2000年に実施されたあるチームに対する監察では、その勧告の85％が政府によって採択されてきたことがわかった（SEU, 2001）。一方で関与した者の視点に立ったチームの評価は、「チーム設置に先立つ集中的な研究の収集と、個別のチームによって実施された、地方における実地調査を含む継続研究の双方を通じた」エビデンスに基づくものとして、政策の分析や形成のすべてのプロセスを描いている（SEU and CMPS, 2002, p.9）。

4.2 仲介者組織の開発

　供給と需要を架橋する二つ目の主要アプローチは、学術コミュニティと政策コミュニティの間の仲介者として機能する中間的機関や個人を設ける取り組みである。第3章で、政策の環境において、個人であれ機関であれ知識仲介者は、活用者に研究が届く重要なルートであると論評した。政府部内の研究者が知識仲介者として果たす役割についてはすでに言及した。加えて英国には、特別の政府機関、公益財団、シンクタンク、専門職機関を含む、広範な仲介機関が存在する。非政府機関の役割は後ほど探究するが、研究・政策・実践の三者間の仲介任務を引き受けるために政府によって設立された**国立医療技術評価機構**（NICE）、**ソーシャルケア研究所**（SCIE）、**国立薬物乱用治療局**（NTA）などの政府機関は特に注目に値する。**国立医療技術評価機構**、**ソーシャルケア研究所**が果たす役割については本章やこれまでの各章ですでに検討しており、コラム8.10では、**国立薬物乱用治療局**の活動を要約している。これらの機関は、研究、実践、メゾレベルの政策決定、すなわち地方におけるサービス提供機関による一定の介入や治療の提供に関する決定の間を仲介する重要な役割を演じてきた。しかし、政策方針に関する幅広い論点に対する国立薬物乱用治療局の影響力は、限定的だった（Nutley et al., 2002）。これは主として、サービス提供側のアジェンダに応え、提供者向けの指針を用意するために国立薬物乱用治療局が設立された状況を反映している。国家機関に加えて中央省庁や地方のサービス提供組織は、児童保護や少年司法のような公共サービス提供の特定分野に関する、より現場的な知識仲介機関やネットワークを設立するための財政的支援も行ってきた。しかし、フェルドマンら（Feldman et al., 2001）が米国における介護に関連させて言及しているように、これらの仲介活動は、断片化され、不安定な財政支援に大きく影響を受ける。同様の問題は、英国でも報告されている（Commission on the Social Sciences, 2003）。

> ### コラム 8.10　国立薬物乱用治療局
>
> 　2001年に設立された**国立薬物乱用治療局**（NTA）は、薬物乱用とその治療といった特定の政策領域を専門とし、政策プロセスへ研究を供給する準政策組織の例である。それは、特別の保健当局としての地位を持っているが、英国の内務省と保健省の間の共同の取り組みである。同局は、イングランドにおける薬物治療プログラムの提供を監督するとともに、このようなプログラムの質や有効性を高めることも目指している。そして、この目的のために、薬物乱用の効果的治療に関連するエビデンス基盤をレビューすることを主要な役割の一つとしている。同局は、これらのレビューに基づく要約やブリーフィングを産出しており、これらが今度は、治療の委託や取り組みについての基準や訓練・開発プログラムを提供している。
>
> 出典：ナトリーら（Nutley *et al.*, 2002）から作成。

　今述べたような連携活動は、公式に認められてはいるが、研究活用プロセスの異なる枠組みを示唆している。研究活用プロセスは、伝統的な「合理的・線形モデル」が考えるよりも、反復的でダイナミックなものとして観察される。連携活動による枠組みは、研究と政策の関係の複雑さ、特に複数の流れを持つ性質を認識するようになり、また研究が活用される鍵として研究者と政策立案者の相互作用に焦点をあてている（第4章）。このように、研究者と政策立案者は、研究エビデンスが、政策決定を行う上で比較考量されるべき単純な**事実**としては届かず、研究産出者との現在進行形の対話を通じた活用プロセスの中で解釈、再構築されることに気づいている（第4章）。政策行動チームの取り組みは、研究と政策の間の相互作用が日常的なレベルでどのように作用するかは不明だが、この相互作用が重要で役立つという認識が増大していることを反映している。

　この種の相互作用は、研究からの影響に向け政策プロセスを開き始める。供給側や需要側の取り組みは、政策における研究活用のために、方程式のどちら側においても増大する変化を作り出すことに焦点をあてるが、さらに相互作用

的取り組みが両者の間に新しいダイナミックな関係を構築している。このような関係は、今度は、政策プロセスにおける研究に対し、伝統的な供給と需要の取り組みよりもさらに概念的で、論争的な役割を支持するかもしれない。しかしながら、研究からの影響が合意に基づく役割を超えて実際に到達することができる範囲は、おそらく政策プロセスとの関連の中で研究者が確保し維持できる独立性の程度に依存するだろう。これは、次節で注意を向けるべき課題として取り扱う。

　これまで議論してきた供給と需要の両者間の連携についての政府主導の取り組みは、概して、合意に基づく研究の役割を一般的に想定してきた。そこでは研究者が、公共サービスの提供についての既存の考え方に異議申し立てをするよりも、その考え方の中で活動する。それらはまた、政府の行政部門の中で起こること、または、少なくとも政府によって是認され支持された活動に焦点をあててきた。本章以降の議論においては、現状を支持すると同様にこれに挑戦し、社会政策に関する研究者や政策立案者に限らず、幅広いアクターを含むもっと広範な国民的議論において研究活用を刺激することを目指す取り組みの検討に向けてその範囲を拡大していく。まずその前に、研究側の供給と政策側の需要の関係があまりにも居心地が良いものとなりすぎることの危険性についてもう少し詳しく述べよう。

第5節　供給と需要の管理、研究の政治問題化

　応用研究の供給と活用を管理することが強調されるようになって、研究の政治問題化についての深刻な問題が起こっている（Walker, 2000）。研究の独立性と政府に説明責任を果たさせる上での研究の役割を保護するために、研究と政策の分離を追求する必要性についての議論が長らく行われてきた（Campbell, 1969、Rein, 1976）。エビデンスに基づく政策と実践の動き（第1章）は、この独立性に対する脅威と見なされている。ホープ（Hope, 2004）は、社会生活を形成、または管理する上で大きな役割を演じる体系的エビデンスを通して、政治が**科学的原理を適用**されたようになるので、研究と政策の双方の環境におけ

る権力構造が自律性を失うと主張してきた。科学が政治の合理的な案内者と見なされるのみならず、政治もまた科学の中に、どのような研究が承認され支持されるか、また、どのようにこの研究が実施されるかにさえ発言権を有している。「科学の価値は、その方法論だけから得られなくなり、今やその適応性や有用性の見込みから引き出されもする」(Hope, 2004, p.291)。

より焦点化された応用研究戦略を開発することの望ましさも、応用研究が基礎研究よりも影響力が大きいかどうかについての不確定さのゆえに問われ続けてきた。ウィレンスキーは、応用研究の実践的価値を空売りする誘惑に抵抗すべきであると次のように主張している。

> 社会科学における応用研究が、基礎研究に対立するものとして、公共のアジェンダや公共政策との関連性が高いという概念は誤っている。それは、文化、社会構造、政治に関する知識集積を発展させる仕事から、資金、才能、注意をそらせがちである。……良質な基礎研究は、人間のありようについて常に生じる課題を扱い、それゆえに最も広い意味での公共政策研究である(Wilensky, 1997, p.1242)。

英国では、この問題は特に、社会的・経済的課題に関する研究の主要な資金提供機関である経済社会研究会議(ESRC)の役割に関連して提起されてきた。近年では、政府のための応用的で政策関連の研究と研究者自身の主導による研究との間における資金提供のバランスに関連して、同会議の目的をめぐる意見の相違が浮上してきた。**社会科学委員会**(Commission on the Social Sciences, 2003)は、経済社会研究会議が、英国政府から資金提供に値することを示し、政策が依拠するエビデンスを供給できるようにすべきだという圧力と、また、学術コミュニティからも、先端研究を後援する責務に関して、圧力を受けていることに注目してきた。この問題に関する議論を通して、同会議の研究の独立性だけでなく、その質についても、これら共同の圧力によって、被害を被っていることが示唆された。社会科学委員会は、英国における研究資金提供に果たす経済社会研究会議の役割をめぐって率直な公開討論を行うことを勧告した(Commission on the Social Sciences, 2003)。

前述の供給と需要の取り組みは、この種の問題を明確に提起する。例えば、研究委託のための新しいプロセスは、**何が**研究されるのかだけでなく、**いかに**研究されるかについても、何が質の良い研究と見なされるかを含め、政府が定義することを意味している。その上、結合した取り組みが研究と政策の関係を開発してきたところでは、例えば独立の研究者を政策審議に招き入れるプロセスの中で研究者が独立性を**維持**できるのか、また、政策による研究の**捕獲**から研究者がどの程度被害を受けるのかという課題が生じる。

　研究者が政策に影響を与える役割を持つときにはいつでも、研究者の伝統的な独立性の侵害に対し懸念があるが、研究者が政府の事業に実際に巻き込まれるときには特に懸念される。おそらくこの理由から、過去20～30年、研究者は影響力を保持しつつ公式な政策立案から距離を置いて仕事をする機会を急増させてきたように思われる。以下、この幅広い機関や組織と公式な政策立案機構との相互作用について探究する。

第6節　政策の影響の広範なモデルを参考にした研究活用の改善

　第3章と第4章で見たように、研究は、政策ネットワーク、イッシュー・ネットワーク、唱道連携のような、多数の非公式なルートを通じて、直接的・間接的に政策に影響を与える可能性があり、このことはエビデンスやその解釈、活用を政府がコントロールする可能性を事実上限定する。このようなルートはまた、魅力的な方法、すなわち限定された合意に基づく研究の手段的活用を超える方法で、研究が政策に影響を与える機会を提供するかもしれない。さらに、第4章で概説した政策プロセスについての文献の多くは、どのように政策が形成され実行されるかを理解するために、政府の行政部門を超えて考えることの重要性を例証してきた。これら両方の観察に従って、本節では、政策における研究活用改善のための幅広い取り組みの概説を始める。その際、まず行政執行部門から一歩隔たっている監視機能に関連する活動、次に多様で独立したアクターや機関を包含するような、より広範な政策ネットワークの働きに関連した活動を考慮する。

第8章 政策における研究活用の改善

6.1 研究唱道者としての監視組織

政策開発とサービス提供の監視は、実質的には1980年代から発達した（Martin, 2002、Kelly, 2003）。公的監視は、政府の正当性と有効性の双方を増大させる手段と見なされている（Centre for Public Scrutiny, 2005）。それは、議会特別委員会や、地方当局の政策評価委員会などの非専門の監視組織の活動と同様に、監査・監察組織などの専門的監視機関の活動も含む。専門的監査・監察組織は、研究エビデンスの利用者であり産出者でもある。研究はしばしば基準設定を裏付けるために専門的監査・観察組織によって活用され、彼らによる公共サービスの業績分析が非専門の監視委員会の活動やそれを超えたところに供給されるエビデンスの重要な流れとなっている。

英国では、下院の議会特別委員会が、長らく行政活動の監視において重要な役割を果たしてきた。それらは、**議会科学技術室**（POST）で働く議会職員と、最近設立された監視部門に支えられている。1997年以来、いくつかの横断的な委員会と同様に、省庁別特別委員会が置かれてきた。省庁別特別委員会は、当該省庁や関連組織の支出、運営、政策を審査する。省庁別特別委員会には、調査項目を選択する権限があり、そのことは、行政によって提起された政策に応えるだけにとどまらず、彼らが論議を主導できることを意味する。それらのレビュー作業の大部分は、多様な情報源から口述ないし記述されたエビデンスを獲得することを含んでいる。それらは近年、立法前の監視においていっそう大きな役割を切り開いてきた（Centre for Public Scrutiny, 2005）。上院にもいくつかの特別委員会が置かれている。上院議員は、往々にして、下院議員よりも政治的に党派性が強くないと見られており、このような理由から、彼らの行政に対する監視は時折、独立的で熟慮を重ねたものと見なされる（Centre for Public Scrutiny、2005）。

2000年地方自治法以来、地方政府の監視機能の実質的な発展もあった。同法の下で議会は、行政的な政策決定と当該決定に対する監視の役割を形式上分離することを目指した新しい取り決めに着手するよう求められた。特に彼らは、執行メンバー以外から選出されたメンバーからなる政策評価委員会を一つ以上

設置するよう求められた（コラム8.11参照）。これらの委員会は、委員以外の人々が見解を述べたりエビデンスを提出することができるように、彼らを委員会に招致できる。地方当局における、この新しい政策評価権限の実施形態は、かなり多様である（Centre for Public Scrutiny, 2005）。その有効性について判断を下すには時期尚早だが、リソースが十分与えられなかったり支援されなかったりすれば、その潜在能力は土台を崩されてしまう懸念がある。研究に基づくものを含め、エビデンスは重要なリソースであると見なされ、エビデンスに基づく議論はこれらの委員会に対して権限や正当性を付与するものであることが、多くの参加者に理解されている（Centre for Public Scrutiny, 2006）。

コラム 8.11　地方当局の政策評価委員会

政策評価委員会は、次の権限を与えられている。
1) 行政や議会によってなされた決定や他の行動のレビュー・監視。
2) 地域住民に対してサービスが適正に提供されていることを確認するため、2001年以降、地方の健康サービス組織などの他の機関の外部レビューの企画。
3) 特定サービスの提供に関する詳細な研究の企画により、政策や開発の広範な問題や、その前提の検証。
4) 目標に照らして地方当局の業務を検討することによる業績評価への着手（ベストバリュー（訳注：強制競争入札に替わり、行政サービスの効率を求めて英国で導入された制度）の要件を含む）。

出典：公的監視センター（Centre for Public Scrutiny, 2005, p.21）から作成。

監視プロセスは、研究が政策に影響をもたらすような代替ルートを提供するが、重要なのは、政府の執行部門の中で開発され、あるいは執行部門に主導されたやり方よりも決定的に、より独立的かつ魅力的な方法で政策に影響をもたらすことである。このプロセスは、研究の伝統的で合意に基づく役割を超越した方法で、研究が政策プロセスに影響を与える積極的な機会を提供する。監視

第8章　政策における研究活用の改善

プロセスは時として、政策の開発や供給について議論するために、伝統的な手段的活用に焦点をあてる一方で、現場レベルの課題についての理解を提供することで、政策立案者に責任を負わせる上で研究の概念的活用を含む場合もある。1990年代の日帰り手術について監査委員会によって行われた作業が、このことの一つの事例であり、このようなやり方を支持するエビデンスに病院が注意を払うよう奨励するのに大きく影響した（Audit Commission, 1990）。監視組織は、このように、現場で生み出されたデータや研究知見を含む広範な研究エビデンスが、政策プロセスに引き込まれ議論されるようにする。特に、強力な研究エビデンスは、専門的監査・監察組織に対して既存の物事の進め方に挑戦する正当性と権力を提供できる。

しかし、矛盾するようだが、監視体制もまた、研究活用を制限するかもしれない。例えば、目標追求型のアプローチは、業績のうちの測定された側面のみに焦点をあてるため、他のサービス分野が不利になることがあり得る（Bevan and Hood, 2006）。また、特定の活動や成果に努力を集中させるようサービスを後押しすることによって、監視が政策とサービス提供の双方において研究に基づく実験やイノベーションを妨げることもあり得る。このように、監視機関は、その世界観の中に埋め込まれたエビデンスの取り上げを促進するかもしれないが、同時にその世界観の外で起きるエビデンスとの広範なかかわりを抑制することもある。

6.2　政策ネットワーク、知識提供者、唱道連携

政府諸機関を超えて、政策アジェンダや政策立案を形成する多数のアクター機関を横断する政策ネットワークなどの公式・非公式の関係があり、多くの主要課題をめぐって、政策形成上の長期的関心や知識を有する公式・非公式双方の機関やネットワークが出現してきた。これらのうちいくつかは、強力な研究機能や明確な唱道の任務を持つ公益団体であり、他は、大学人や研究者自身によって主導されている。例えば英国では、**英国心理学会**や**王立経済学会**が、正式の公表にかなり先行して、政策の顧客のために研究を説明することを支援する専門的な仲介の役割を創造してきたし、また彼らは、研究にとってより良い

影響を追求するためにメディアを活用することに精通している（Commission on the Social Sciences, 2003）。

　シンクタンクや公益団体は、役割、職員配置、資金提供、研究や政策双方との関係の観点から相当多様で、重要な影響力を持ち得る。シンクタンクや公益団体は、政策分析の開発や彼ら自身の内部研究の実施、それらの他者への委託のために、既存の研究を参考にするかもしれない。彼らは、他の研究委託者よりも柔軟で革新的である傾向にあり、プロセスの一部として研究産出者と研究利用者を引き合わせることを試みる。また、シンクタンクや公益団体は、専門的職業人や他の**専門家**とともに、サービス利用者、顧客、介護者の見方が確実にキャンペーン活動に反映されるようにするため、これらの人々を重用する。典型的には、公益団体やシンクタンクは、出版、会見、政策報告会や他の形態の普及、市民集会、ロビー活動を含む幅広い影響ルートを活用する（Commission on the Social Sciences, 2003、研究に基づくシンクタンクの成功事例としてはコラム8.12を参照）。このように、研究エビデンスが政策ネットワークの中で周知され、議論される主要な方法の一つは、広範で多様なシンクタンク、公益団体、他の利害関係グループによる唱道のプロセスを通してである（Sabatier and Jenkins-Smith, 1993）。これらの利害関係グループは、データや分析の重要な提供者でもある。「それは知識のために行われるのではなく、唱道の副次効果としてである」（Weiss, 1987, p.278）。この方法で活用される研究エビデンスが、啓発のためよりも戦術上の強みのために利用される傾向があるにもかかわらず、「研究が政策プロセスの全参加者に利用可能であるとき、政治的な攻撃材料としての研究は、活用の立派なモデルであり得る」（Weiss, 1987, p.429）。

コラム 8.12　シンクタンク：経済政策研究センター

経済政策研究センター（CEPR）は、欧州通貨制度や単一欧州市場のような重要な展開に対して影響力を持つ、英国の成功しているシンクタンクである。同セ

第8章 政策における研究活用の改善

> ンターは、非営利の教育公益組織として設立され、多様な財源から資金を集めている。内部で多くの研究を行っており、その成果が、政府や報道に向けたブリーフィングと同様に出版、会見、ワークショップ、市民集会を含む多様なルートを通じて広範に普及される。同センターは、自らのスタッフと同様に、主として大学人650人以上の会員からなるバーチャル大学のような国際的ネットワークを支援している。その核心的焦点は、英国や、ヨーロッパを主とする海外の両方で研究者が依拠する質の高い作業にあてられる。
>
> 出典:社会科学委員会 (Commission on the Social Sciences, 2003) から作成。

　シンクタンク、公益組織、研究仲介者、キャンペーン機関などの研究唱道にかかわっている機関は、エビデンス基盤の開拓・開発にかなりの資源を充てており、エビデンス情報に基づく唱道が政策に対して持ち得る影響力を増大させる多数の戦略を展開しているように思われる(コラム8.13参照)。非公式の分析によって、エビデンスが聴取される少なくとも三つの重要な活動分野が示唆される。

　第一に、このような機関は、政策の文脈を所与のものとしてはめったに見なさないが、代わりに、その文脈を積極的に作り直そうと努める。主流のメディアを活用した、説得力のある、専門的に産出された素材による宣伝キャンペーンは、世論形成とともに政策形成の風土を変えることができる。大臣や政策立案者たちとの直接的な接触は、専門的助言やロビー活動を通して追求される。学術研究者と比較して、このような活動は、第4章で紹介した類の**政策起業家**によって、精力的で根気良く創造的に遂行される。このような活動家はまた、政治的プロセスに関する勘の良さを示し、政治的サイクルや幸運な状況によってもたらされる一瞬の好機を生かすよう、活動を微調整する。

　第二に、独立したエビデンスの唱道者は、広く浅い(例えば、共通課題についてのキャンペーンを支援する広範な体制)、また、狭く深い、戦略的で持続的な共同を求めて、同じ見方をする他の人々との同盟やネットワークを構築する。

最後に、これらの機関のいくつかは、**活動の中のエビデンス**を示す実証プロジェクトを開発するためのリソースを持っている。このような作業プロジェクトは、広範な政策プロセスに従事する人々を納得させる上で助けとなり得る具体的な手本を提供する。実証プロジェクトは、**実施上の失敗**についての不安を和らげる助けとなり、うまく機能する実行プロセスに関して有意義な知見を提供することができる。これらの戦略ごとの事例は、コラム8.13で概説される**保健財団**（www.health.org.uk）の患者の安全のための取り組みにおいて瞥見できる。これらの戦略は、全体として考えると、個々の研究者主導の唱道よりも深くかつ広範なものになる、実質的な**知識調達のインフラストラクチャ**を開発する可能性を示唆している。

コラム 8.13　広範な唱道役割の一部としてのエビデンス

　英国の主要な公益組織、**保健財団**は、特に患者の安全をめぐって、エビデンスの唱道者と見なすことができる。この財団は、患者の安全をめぐる議論を形成するよう多くの方法で活発に活動してきた。第一に、円卓会議や専門家セミナーを通じて政策立案者、保健医療専門家、研究者間の対話を支援し、エビデンスについて要約・論評する多様なブリーフィングペーパーや研究報告書を刊行してきた。第二に、英国の内外で諸機関との同盟を構築しており、最も有名なのは米国の主要なエビデンス唱道機関であるマサチューセッツ州、ボストンの医療の質改善研究所（www.ihi.org）との同盟である。第三に、保健や医療サービスにおける質や業績を改善する組織的努力に対して多額の資金（約430万ポンド）を投入してきた（患者の安全のための取り組み）。これらの投資は、幅広い政策に影響を持つよう明確に設計された実証プロジェクトを支援している。保健財団のステファン・ソーントン最高執行役は、「われわれのビジョンは、病院が患者の安全を改善するために有効な優れた手本として行動し、それらの成功や経験を、まず地元で次に遠く離れたところとも共有することである。……知見は、全国的な政策の開発にとって貴重な教訓を有するだろう」と語った（www.health.org.uk）。

出典：保健財団ホームページ（www.health.org.uk）から作成。

第8章 政策における研究活用の改善

　研究唱道に従事する機関や、研究唱道を政策ネットワークや政策コミュニティに埋め込むことに焦点をあてることは、研究のさらなる活用のために政策プロセスがどのように改善され得るかについての異なる見方の可能性を強調する。これにより、中央統制や合理性を強調した政策プロセスの**現代化**の考え方から、代わりにそのプロセスを開放ないし**民主化**する考え方に移行するので、もっと多様な声や考え方を聞き取ることができる（Parsons, 2002、Sanderson, 2006）。実際、政治学は、政府の制度やメカニズムを政策分析への直接参加的、熟議的、ボトム・アップのやり方を促進するように変えられるかを観察することに長らく関心を持ってきたし、エビデンス唱道において高まりつつある興味はその関心事項の一部である。このような改革は、新制度の設計と同様に権力や権威の移行を含むことになるだろう。また、ベル（Bell, 2004）は、このことが、全国的よりも地方や圏域の方で起こりやすいことを示唆している。より大きなネットワークやコミュニティの関与に向けて政策プロセスを**開放する**見込みについては、次のように述べている。

　　政策プロセスを開放することは、観念的には、帰納的推論・学習にかかわるものである。それは、ガバナンスの知識形態としては、政治的に中道性を支持する演繹的推論・学習以上に手間取るやっかいなものではあるが、すぐれた知識の獲得とより強い正当性を保証するであろう（Bell, 2004, p.28）。

本章で先に強調した、知識仲介組織の設立、研究利用者との協議の促進、研究概要をもっと利用しやすくすることをめぐる取り組みの多くは、エビデンス情報に基づく政策論議への着手を容易にするだろう。先に議論した政策行動チームや政策唱道ネットワークのような取り組みは、政策開発にかかわる人々の幅を広げることにも役立ってきた。もし政策プロセスが民主化**されている**とすれば、その時、政策論議は、いろいろ特色のある研究者、さまざまな実践者、多様な顧客や利用者の種々の声を幅広く含むことになりそうだ。しかし、この取り組みは、問題なしではあり得ず、このような多元的な議論における研究活用が本質的に乱雑で政治的なプロセスであるということを必然的に認識することになるだろう。社会研究からのエビデンスは、議論の余地があり、安定

せず、政治プロセス自体のように深く価値観を注入されている。アールベック（Albaek, 1995）は、政策立案と研究（そして、実践もここに付け加えたい）が、価値、選択、前提を含んでいること、そして、このような見方や利害が政策プロセスの一部として、さまざまな利害関係者間の相互作用や学習や、科学的論争と政治的論争の間の流動的な境界とにかかわる必要があることを次のように主張してきた。

研究は、相対立する利害が、選択肢や目標に対する賛否両論を精査する政策決定プロセスの過程で、社会全体の省察が深まることに寄与する（Albaek, 1995, p.95）。

このことから、政策開発へのエビデンスに基づくアプローチと、より包含的で参加可能なアプローチとの間にはかなりの緊張関係があることに留意することが重要である（Quinn, 2002参照）。課題としては何がエビデンスと見なされるかの定義が拡張され、特権的なエビデンスとしての研究の優位が反対に遭うこともある。積極的かつ生産的な方法でこのような論争を扱うことは、政策決定における良質な審議の特徴に注意を払う必要があることを意味する（コラム8.14参照）。

コラム8.14　熟議プロセスの核となり得る特徴

エビデンス活用について議論するために**カナダ保健サービス研究財団**（CHSRF）によって集められた国際的な専門家グループは、熟議プロセスの中核的特徴には以下のものが含まれるべきだということを示唆した。

- 強力な議長の存在
- さまざまなタイプのエビデンスの考慮
- 科学者、政策決定者双方のコミュニティ間のかかわり
- 明示された包含プロセス
- 対面の議論

第8章 政策における研究活用の改善

- 適切な質問期限
- 参加者の価値観を引き出すメカニズム
- 少数意見が表明され考慮される場所やプロセス

出典：カナダ保健サービス研究財団（CHSRF, 2006）から作成。

　コラム8.14で概説されたような熟議プロセスは、課題が広範な議論や解釈に晒されていれば、たいていの場合望ましいものと見なされる。しかしながら、形式化された熟議プロセスに伴う限界は、討論がある種の共通利益によって支えられると仮定されがちなことにある（Culyer and Lomas, 2006）。それは、さまざまな利害集団が協議に参加する場合には、その事例から程遠いようだ。実際、多様な既得権集団は、共通の目標を追求する中で自らの党派的な利害を忘れることは難しいと思うかもしれず、代わりにウェイスによる研究の戦術的活用（Weiss, 1979）の変形に戻ることも考えられる。その上、このようなプロセスの利用がそれ自体有益であるかどうかにもかかわらず、形式化された熟議プロセスが実際により良い審議の成果に帰するかについて利用可能なエビデンスはまだほとんどない（Culyer and Lomas, 2006）。特に、熟議プロセスの開かれた参加可能な性質は、研究が政策立案過程で聴取される発言権を持つよう奨励でき、また、さまざまな研究活用の文脈中に固有な権力の特定の行使が表面化され、明白になるというポストモダンの批評家からの要求に応えることができるかもしれない（第4章）。しかし、このような熟議プロセスは簡単ではない。結果は予想できないもので、少なくともある人たちにとっては心地良くないだろう。そして、将来の適切な方法に関する合意が、手に負えない意見の相違よりも起こりやすいと予測する根拠はほとんどない。政策プロセスの**民主化**は魅力的だが、そのプロセスの**無政府状態化**はあまり関心を持たれないだろう。それでもなお、このような包含的で多元的な取り決めは、政策選択のみに焦点化した成果としての研究の手段的活用よりもむしろ、拡大され、作り直され、時に共有された理解につながるプロセスとしての研究活用の重要性を強調する。

　要するに、政策立案の広範なモデルは、研究が影響力を持つための根本的な

機会を広げ、研究が現行政策上の重大関心事を単に支持したり洗練したりするという期待を超えてその優先事に挑戦し、思考のパラダイム転換を刺激するという希望をもたらす。そして、このような役割を引き受けることによって、エビデンスの出所や性質がもっと包含的で折衷的になると期待される。これは、厳密で、しばしば学術研究に基づくものとして、エビデンスの狭く限定的な定義を支持する人々に対して問題を提起するかもしれない。それはまた、価値、選択、経験、そして暗黙知が対話の領域の中にもっと頻繁かつ公然と入るにつれて重要な新しい挑戦を提起する。

　エビデンスや研究をめぐる学習プロセスや相互の影響にかかわるアクター間のダイナミックなネットワークについてのこのような見方は、ネットワークが自然で新たに現れ出たものかどうか、あるいは、それらが熟慮した行動によって創造、奨励、刺激され得るかどうかについての重要な問題を提起する。これに続いて、活動がどのように、また誰によって遂行されるかという問題がある。政府活動と第三者の取り組みとの間で、何が適切なバランスなのかはまったく明確ではない。これらの課題のいくつかについては、第10章で扱う。加えて、政府あるいは独立したいかなる活動も、広範な国レベルの文脈によって必然的に影響を受けるだろう。これは、唱道連携の広がり、活動、活気と、研究や他のエビデンスにもっと包含的、多元的にかかわる機会に大きく影響するだろう。そこで、次節では、政策の中で研究が演じる役割に影響し得る政策活動や研究唱道が起きる国レベルの文脈について暫定的な検討を行う。

第7節　国レベルの政策の文脈

　研究活用を理解する上で文脈が極めて重要だということを本書の中で数次にわたり述べてきた。これは、特別の政策分野や特定の研究をめぐるかなり特別な文脈の場合もあるし、あるいは国や地域のもっと一般的な文化的・制度的文脈の場合もある。本節で焦点をあてるのは、後者の国レベルの文脈である。第1章で述べたように、大規模な政策実験に対する姿勢といった文化的要因や、単一あるいは連邦の国家構造のような政体上の課題を含む、国レベルの文脈上の

第8章 政策における研究活用の改善

取り決めを理解することは、研究活用をするか否かについて理解しようとする上で役に立つ。時には、これらの国レベルの特色は、単なる**与件**であり、研究活用促進戦略が開発されるプロセスで考慮されるべきエビデンス活用の可能性に影響する要因ではあるが、大部分は指示された変更に従順ではない。またある時には、これらの文脈上の要因自体、研究活用促進戦略の一部として変革の対象になるだろう。本章の他の部分でも述べたように、これらの文脈上の要因とその研究活用への影響についての体系的調査は大きく欠落している。出版された調査は、数も少なく、ほとんど例外なく裏付けに乏しい。本節での記述についても同様に評価されるであろうから、注意深く扱われるべきである。

　どこから始めるべきか。規模は、確かに重要だと思われる。各国は、地理的にも人口でも規模において多様であるが、もっと重要なのは、経済発展の段階や統治機構の規模や範囲の観点である。これらのすべては、研究活用にとって最も重要だろう。もちろん多くの大国は、統治を容易にするために、連邦制度の採用や地域圏の設定またはその他の方法で地区割りがなされており、このような制度の影響については、この後すぐにコメントする。一方、言うまでもなく、人口が300〜600万人のより小さな国は、研究者が大臣や公務員に接近しやすいという点や、多様な政策分野でどのような鍵となる人物が働いているかということに関して持ち得る知識レベルという点で有利であるかもしれない。こういった事情で、大国よりも小国において、これらのグループ間の相互作用や、結果的に研究と政策のかかわり方の拡大の可能性が高いことを期待してよいだろう。しかしながら、小国においては、研究や政策の両方の観点から能力の欠如の影響を被ることもあるし、大国で可能な規模での研究産出や研究仲介活動の支援はできそうにない。結局、行動的で活発な政策ネットワークの重要性とともに、広範で多元論的な研究への取り組みの重要性に注目してきたが、小さな国家規模が、より集中した唱道と、能力不足による効果が少なく持続的でない連携のどちらを意味するかは明らかにはできていない。

　従って、国家規模は重要かもしれないが、その規模と政府の形態は密接に関係しているので、その相違を識別することはかなり難しいだろう。また、地理および政治的統合の程度がより重要な影響力を持っていると思われるので、規模は相互連結性の尺度としては十分なものではないかもしれない。例えば、日

本のような人口稠密な国では、オーストラリアのように人口が希薄で広大な国土を持った国よりも連携が容易だろうが、政治的統合の程度や情報通信技術の利用可能性もまた、このような関係を紛らわしくさせる重要な要素であろう。

国家の規模や地理は所与のものなので、より関心が向けられるのは、政府の形態の影響、あるいは、もっと広義の言い方をすれば統治機構の支配的形態であろう。第3章で、連邦型の統治構造は、より分散型で相互作用的な政策立案プロセスに研究者が関与できる大きな機会を用意し、逆に中央集権的な統治構造では、公務員が強大な役割を持つことに注目した。連邦主義の程度だけが問題だというのではなく、このような統治構造の内部で政策がどのように形成されるのかも問題なのである。

> ヨーロッパでは、政策は圧倒的に公務員によって、あるいは階級的で中央集権的な政党によって形成される。一方、米国では、独立した政策起業家が政策立案に影響を与える機会が多い。それは、一つには公務員が弱体であることにもよるし、また一つには州から連邦政府まで、ホワイトハウスから議会まで、政治プロセスに多数の入り口があることにもよる（The Economist, 2006b, p.64）。

『エコノミスト』誌は、このようにコメントした上で、政策立案やそのプロセスに対する研究者や知識人の影響力に関しては、米国の連邦構造にはっきりと利点を見いだしている。しかしながら、ウィレンスキー（Wilensky, 1997）は逆に、連邦制の米国における社会科学の影響は、連邦政府の性質、政策の分断状態、研究者と政府の執行部門との間の限られた相互作用ゆえに、実際には限定的であると主張している。彼は、日本、ノルウェー、スウェーデン、オーストリア、そして少し程度は弱まるがベルギーとオランダのような国々において、知識と政策の強固な統合が存在すると主張している。

> 交渉のための構造における国家間の相違が、影響を及ぼす知的経路を決定する。……もし米国の社会科学者が、相互作用的な一連の中央集権的な労働者連合、中央集権的な雇用者連合、強力な政党、少なくとも適度に政策実行能力を持った中央集権的な政府の中に位置していたとすれば、海外の同僚と同様の影響力を持っ

第8章　政策における研究活用の改善

ていただろう（Wilensky, 1997, p.1254）。

　このような逆説的見地から、連邦や中央集権という政府の形態は重要ではあるが、例えば検討中の政策課題、現地の知識機関の利害、または広範な社会的価値基準の具体化次第では、それらは違った形で作用するかもしれないと結論づけられるだろう。英国を構成する四つの国々に対する社会政策に関する重要な権限移譲という英国内部の政府間関係の近年の変更は、変化しつつある一連の国家的文脈におけるこのような偶発事件を調査する新たな機会を提供してきた。それにもかかわらず、研究活用に対する政府の形態の影響の解明に役立つという理由でこのような作業がいかに興味深いものであっても、根本的に新しい変革手段を提供することはなさそうであり、新しい政府の形態が、エビデンス活用を増加させる欲求のみによって動かされることもありそうにない。

　政府の形態の問題のほかに、サービスがどのように組織され提供されるかという、より広範な関心もある。サービス提供に責任を持つ公的機関を統制する国家官僚制は、市場システムに埋め込まれた多様な供給者よりも、エビデンスに影響された変化に弱いだろう。これまで見てきたように、統括と監視の体制はまた、関与の条件によっては、国家的インフラストラクチャの有力な部分であるかもしれない。繰り返しになるが、研究活用を増やすための手段として、このような政府の形態の変更を求めることは不可能ではないが、必ずしも現実的ではないだろう。にもかかわらず、このような文脈上の影響を理解することは、合理的な範囲内の研究活用のための期待を少なくとも維持するかもしれず、より効果的な研究活用改善戦略を形成する上で役立つであろう。

　サービス提供の取り決めを超えて、国内で発達し、研究の有効性や利用に影響を与える非政府機関やネットワークの問題もある。より根本的な研究活用の形態の可能性について本書ですでに述べた議論が、活発な唱道連携によって動かされるとすれば、この**知識調達のインフラストラクチャ**の検証は実り多いものかもしれない。その上、政府や非政府の機関間の相互作用の性質、取り決め、機会は、変革のための潜在的ターゲットとして当然視され得る。シンクタンクや公益団体が研究活用プロセスの中で仲介者として行動する可能性や、これらの数や規模が国によって途方もなく多様であることについてはすでに述べてきた。

特に、米国は、莫大な数の資金豊富なシンクタンクを誇っている。リッチは、シンクタンクの数が増加するにつれてその影響力が蝕まれるというアイロニーがある（Rich, 2004）と言っているが、近年その数は爆発的に増加している。彼はこの理由を、シンクタンクが研究に基礎を置く中立的な組織から特定のイデオロギーを唱道するものに変貌を遂げたという事実に見いだしている。米国のシンクタンクはまた、積極的に自己宣伝を行っており、このことは、彼らの研究が政策立案者、他の利害関係者に届くことを意味する一方で、そのイデオロギー的性質ゆえに、受け手が懐疑的になるようにも思われる（Rich, 2004）。新たに参入するシンクタンクの仕事の多くが、決定済みの政策立案の最終段階のみに向けられるという別の展開によっても、シンクタンクの潜在力は損なわれるように思われる。

　対照的に、米国以外の国は、かなり少数のシンクタンクしかなく、あるにしても英国の場合はロンドンに集中している。ある意味、国レベルの政策立案にとってロンドンに所在することは理解できるが、このような配置は、分散した地域的な政策立案やその影響力には無頓着である。従って、適切な仲介機関が十分に存在するのか、これらが適切な相互作用の機会を与えられているのかという重要な問題がある。例えば、スコットランドの権限委譲された政府という文脈においては、研究活用の増加や政策の討議・熟議の活発化のために、これらの媒介機関を発展させるニーズがあると主張されてきた（SHEFC/US, 2005）。

　より一般的に、中央や地方の政府は、このような仲介機関を育成したり、彼らを政策チームへ接近させたり、生産的な関与のための基礎的ルールを作ったりする上で重要な役割を果たすだろう。ここには研究情報に基づく対話の進展を目指した多様なパートナーシップの創造や再活性化のための十分な余地がある。少なくとも、大学またはその他の研究グループ、シンクタンク、公益団体、研究仲介機関、全国や地方の政策環境などの異なる機関・環境の間におけるかなり大規模な人事交流など、今後の展開が期待される。本章で提示された分析から、互いの世界を体験した経験豊富で見識のある参加者からなる、濃密で良好に機能するネットワークは、研究活用に貢献する国レベルの文脈を育成する上で助けになるかもしれない。ウィレンスキーが次のようにコメントしている

通り、他の選択肢は、研究エビデンスにあまり執着しないことである。

　政治家、官僚、専門家の効果的連携の不在と、関心を結集し、コンセンサスを獲得し、社会計画と経済計画を統合するシステムの欠如によって、……研究のメッセージどころか学問的分析さえ、雑音によってかき消されてしまう（Wilensky, 1997, p.1248）。[しかしながら、われわれは、効果的連携のニーズについてウィレンスキーに同意する一方で、コンセンサス獲得の可能性やその必要性すらさほど確信してはいないことをここで注記しておきたい]

　最後に、国レベルの文脈を検討する上で、特に全国的なメディアがどの程度調査的で敵対的かという点で、メディアが演じる役割もまた重要となるかもしれない。英国では、メディアが、政府の計画を伝達することのみならず、政府に異議を唱えたり公共サービスの履行や失敗の責任を問う上でも重要な役割を演じる。英国の印刷メディアでしばしば見られる政府に対する敵意の程度は、著しく鋭いものであったり、少々の独特な異議申し立てをするかもしれないが、関心を政策のアジェンダに移す上では一定の助けになり得る。そして、先に検討した研究唱道機関の多くは、広範な文脈を形成するのを助け、新しい国民的コンセンサスを形成し、また、政治的行動を煽ったりする上でメディアを使うことに精通している。実際、メディアは、研究の戦術的活用や政治的活用のための導線として特に重要であり、そのことは、本書で先に示唆したように、必ずしも常に非難されるべきものではない。

　研究に耳を傾けさせる手段としてのメディアの有益なインパクトにもかかわらず、そのアプローチには問題もある。研究知見の公表は、特に方法論上の考慮が公表されなければならない場合には、非専門的メディアを通じて伝えることは難しいかもしれない。知見をまったく無批判的に報じたり、あるいはもっと悪く、魅力的なアイデアを笑いものにしたりする傾向もあり得る。2003年に英国の**社会科学委員会**が報告したように、「新聞においてさえ、ある種の反知性主義が優勢であり、……社会政治的現状を批判する知見を嫌う」（Commission on Social Sciences, 2003, p.88）。結果として、「多くの社会科学者と、良かれ悪しかれ、彼らの業績が公衆の領域に入る通路で門番をしているジャーナリスト

の間に悪感情が存在している」(p.91) のであろう。このような状況は、本章の分析で必要とされた多元論的対話の利益をもたらさない。

第8節　結語

　英国では、全体的に、特に、政府によって率先された政策プロセスにおける研究活用改善のための取り組みは、応用研究の供給の向上、政策立案者によるこのような研究に対する需要の促進、そして、時折これら二つを同時にもたらす手立てを生み出すことに焦点をあててきた。このような取り組みは、研究からのエビデンスを政策決定で考量すべき明白な事実として見るモデル、すなわち研究活用プロセスの直線的、合理的、手段的モデルによって裏付けられている。しかし、供給と需要の問題への焦点化は、研究と政策の関係の複雑性、政治的文脈、研究エビデンスの論争的な性質を捕捉することに完全に失敗している。このように、供給と需要をめぐって築かれた取り組みは、研究の影響を合意に基づく役割に限定する傾向がある。そして、それらはしばしば、研究と政策のプロセスに対して小規模でむしろ保守的な変更のみをもたらしてきた。

　研究活用改善のための代替的方法は、対照的に政策プロセスを開発し、研究と政策の間のさまざまな関係を築き上げることに着手している。これらのうちで最も根本的なものは、行政部門を超越して作用する政策ネットワークによって、草の根的な活動を伴ってきた。それらは、ダイナミックかつ相互作用的で、研究と政策プロセスそのものの双方に注入する価値観と関心の相互作用を包含し、研究活用のまったく異なるモデルを予想する。このように、むしろ経験知や暗黙知などの他の形態の知識との対話、文脈化、同化を通じて、研究の価値が示されるという考え方に賛成して、研究知見が固定的で不変のものだとする予断に異議を唱えるかもしれない。このような相互作用的で多元的なアプローチは、価値観を政策論争の脇に置くのではなく、中心に押し出す。それらはまた、開かれた対話や概念上の再構成、**啓発**といった、研究関与の非手段的利益を強調する。このように、これらのアプローチは、相互作用的な研究活用を政策の環境に埋め込むことに関する、多様で創造的な思考方法や、研究と政策の

第8章 政策における研究活用の改善

関係の複雑性をより良く反映する方法を提供する。その際、これらの根本的な方法は、研究が政策に影響を与える際のより論争的でパラダイム転換的である役割のための機会を浮かび上がらせる。

　エビデンスに影響された政策へのこれらの根本的なアプローチは、まったく新しいものではない。しかし、エビデンスと政策の関係を理解する新しい方法がそれらをいっそう可視化した。これに対する反応は、例えば、十分に管理された政策プロセスをさらに管理することによって魔人を元の壺に戻すような試みから、活気に満ちた政策コミュニティを利用するもっと創造的な方法の開発にまでわたっている。前者が**わかりやすい**政策立案のある分野、例えば、新しい医療技術の承認または認可などに対してふさわしいかもしれない一方で、後者は、今までのところでは、社会政策の多くに見られる**たちの悪い**問題に対する根本的で革新的なアプローチを刺激する可能性を、ほとんど開発していない状態にある。しかしながら、それは楽な道のりではないだろう。これらのよりオープンで相互作用的な政策プロセスは、時間がかかり、しばしば結論に達しないものだ。それらは、不安定になるに違いない中央統制の緩和を要求し、意見の相違を収斂させるよりも拡大させるかもしれず、それらの参加者の間に幻滅あるいは燃え尽き感をもたらすだろう。活気に満ちた政策コミュニティの創設や維持は、それゆえに、文脈媒介的であるとともにかなり魅力的でもあるだろう。国レベルの政策の文脈に関する本書での簡潔で暫定的なコメントは、これらの根本的なアプローチを成し遂げる能力に対して影響を与え得る、現場環境の重要で媒介的な特徴を示唆し続ける。それらはまた、このようなアプローチを促進することに興味を持つ者よりも先んじて、ある種の挑戦や機会を指摘する。このテーマについては、第10章で取り上げる。

　増大する研究の政策活用についての取り組みの中で、同じ活動がかなり違った方法で利用されるかもしれない。例えば、研究の抄録集は、現在の政策課題に対する解決策を略述するかもしれないし、あるいは、持続した討論や支配的な政策パラダイムにおける根本的変化を要求する新しい概念やアイデアを詳述するかもしれない。しかし重要なのは、さまざまな活動を形作り、まとめる方法を支える研究活用モデルである。これは、政策あるいは研究活用のさまざまなモデルが共通した活動によって供給されるときに、緊張や矛盾があることを

意味するかもしれない。例えば、**供給と需要**タイプの枠組みの下では、研究の統合は、行動のための適切な選択に関する思考の収斂を促進すると見なされるかもしれない。また、多元論的な枠組みの下では、同様の統合が、結局はまさにそのレビューの基盤となるものを崩してしまう広範な議論に向けた単なる出発点と見なされるかもしれない。これは、戦略の折衷的な混合が、重大な緊張と不適合を含みがちであるため、将来、最善の方法を提供できない可能性を意味する。それゆえ、政策における研究活用を裏付けるさまざまなモデルやメカニズムについて正確に理解することで、いかにさまざまな研究活用改善戦略が混合され、あるいは強調されるかについての弁別力を高め、また、あまり管理されていないシステムにおいて、緊張点の原因や性質を洞察する力を養うことが期待される。

　本書での見解では、複雑で、反復的で予想できないプロセスとして研究活用を見るような取り組みは、政治的な文脈、あるいは政治に利用された文脈の中で必然的に生起するが、それらは、研究活用がどのように最も頻繁に現場で起きるかに関して知られていることを反映しているので、将来いっそう有望である（第4章）。このような取り組みは、政策プロセスの中で過度に単純化され合理的でコンセンサスに基づいた役割を超えて研究を動かしそうであり、また、個々の研究利用者の先入観を超えて、組織上の文脈、プロセス、文化を等しく重要だとする見方に思考を動かしそうである。このことは、研究と政策の対話を求める合理的な理想を促進することの価値を否定しない。そして、このような取り組みと、政策での研究活用に対するオープンで相互作用プロセスの許容との間に、均衡のとれた調整が見いだされる必要性を示唆するのである。

第9章

研究インパクト評価

はじめに

　本書では一貫して、研究活用が複雑であることや、研究活用を概念化する方法が多様であることを示そうとしてきた。さらに、このような理解の上に立って、公共サービスの広範で多様な環境において、どのように研究活用が改善され、あるいは強化されるかを説明しようと努めてきた。本章では、研究活用の複雑さ、多様さ、雑然さを考慮に入れた場合、研究活用プロセスとその研究インパクトの双方を、どのように評価できるかを問うことによって、議論を先へ進める。これから見ていくような、研究インパクトを十分に評価する作業、特にこれまでの章で強調したような研究活用の複雑性と意外性を考慮に入れる作業は、これまでのところあまり展開は見られていない。従って、本章で提示する題材は、当然のことながら暫定的である。十分発達した評価研究分野の探究や概説よりも、むしろここでは、この種の仕事に固有の懸念や困難に注意を向けるとともに、今後の作業を進める上で、熟考すべき課題を提供する。その際には、これまでの章で説明した研究活用の複雑で微妙な理解を参照する。

　そこで本章は、第1章で最初に提起した、研究活用は変化をもたらすかという、核心的な課題に取り組む。研究活用の分野で仕事をする誰もが知っている逆説は、エビデンスの推進者による、「エビデンス活用の拡大が結局は公共サービスのためになる」という確信を支える頑健なエビデンス基盤は、限られていることである。本章における結論は、包括的なエビデンスを手際よく研究や研究活用、研究インパクトと結び付けることは直ちにはできそうになく、むしろそのような探究を通して何が達成できるかについては、控えめな期待を持つべきということである。それゆえ本章の主たるテーマは、どのようにして研究活用の精緻な理解を研究インパクトのより良い調査に結び付けられるかということである。

　本章ではまず、**研究の見返り**とも呼ばれる、研究インパクトについてのエビデンス産出に対する多方面からの原動力を詳細に探究する。次に、研究インパクト評価の作業の枠組みを作る方法と、この多様な枠組みから出てくる方法論

的な取り組みについて検討する。そこから、いくつかの土台となる概念的、方法論的、そして実践的問題への取り組みに移るが、その際、これまでの章で詳しく述べた理解を参照する。結論として、研究インパクト評価への多様な方法の必要性を注視し、そのような活動から逆機能の結果が生じる可能性に注意を払い、今後の方向のための大枠の提案をする。

第1節　研究インパクト評価が必要な理由

　研究者は常に自分の知見によって他の研究者に影響を与えることに関心を有しており、新しい研究が既存の知識の上に築かれることは、学術研究にとって当然のことである。このように、学術コミュニティにおいて、研究の作用や研究インパクトは、数多くの方法で支持・奨励され、学術的実践に織り込まれている。しかし、ここで焦点を合わせるのは、学術領域外において研究知見が作用し、活用され、影響力を有するかどうか、またその場合、どのようにかということである。すなわち、ここでの影響力とは、学術以外のものであり、特に政策と実践における影響力である。

　1990年代半ば以降、このような学術以外の影響力の理解に関心が高まり、そうした関心は、より良い研究マネジメントを可能にする手段的意図を持つ。この原動力になるものは多いが、核となる二つの仕組みは政治的および実践的なものである。政治的原動力は、研究資金提供団体、研究推進者、およびそれ以外の関係者が、研究の統合、解釈、普及、およびその他の研究推進活動を支援する資金を正当化するだけでなく、研究への直接支出を**弁護する**必要性を強調する。この正当化の一部として、支出、特に国庫からの歳出は、見込まれる研究インパクトや将来の社会的便益の文脈に位置づけられる必要がある。

　このことに関連して、より実践的には、研究活動の優先順位をつける際の厳密性への要求は増大している。この優先順位づけは、研究対象の社会的側面などの研究課題の方向性のみならず、プロジェクト、プログラム、センターなど、多様な形態の研究能力構築のさまざまなモード間の研究資金提供のバランスや、利用者の参加を奨励する戦略、研究終了後の研究活用に関する活動などの研究

活動の組織化に及んでいる。研究活用、特に研究インパクトの評価に焦点があてられるのは、このような選択を裏付けるエビデンスを探すためである。

　本書では、研究の流れ、研究活用、研究インパクトについての優れた情報が、社会研究が提供できるものをより役立たせることに投入されることは妥当であると同意するが、あらゆる研究活動が本当に研究活用や研究インパクトにかみ合わされるべきかについては、疑問を持つべきであろう。研究が長期間にわたって、公共的・専門的議論に浸透する、複雑で予期しがたい経路は、どのような種類の研究が遂行するに**値する**かについての、手段主義に傾く見方に警告を与える。実際、社会研究に関与する人々、すなわち生産者、資金提供者、仲介者、利用者は、研究、研究活用、研究インパクトを結び付ける記述的または規範的で単純なモデルの限界に気づき始めている。研究インパクト評価は、この広がりつつある考えを考慮に入れる必要があり、狭すぎる鋳型にはめるべきではない。

　現在行われている多くの社会研究の評価の狭さに対する懸念には、もっともな理由がある。これらは、研究プログラムのピアレビューや書誌統計、引用といった、学術コミュニティ内の影響力に焦点を合わせがちである。評価が学術界の外に出る場合でも、それらは概して政策や実践への研究の直接的応用をめぐって評価しようとするのみであり、それ以上は難しい。なぜなら、社会研究の多様性、および研究活用される方法の複雑性のために、広範な研究インパクトの理解と評価は骨の折れる仕事になるからである。しかし、そうであってもこのような広範な研究インパクトは、社会研究の価値評価に組み入れられる必要がある。

　これに加え、政府、資金提供団体、研究評価機関、研究提供組織、研究利用者コミュニティなどの関係者は、研究インパクトについての情報をそれぞれ異なる目的で求めるであろう。そして、まさにこれらの異なる目的を考慮した上で、研究インパクトに関する情報がどのように概念化、収集、提供されるかについての選択に情報が与えられるべきである。

第2節　研究インパクト評価の目的と焦点

　研究インパクト評価は、単一であれ組み合わせであれ、多くのさまざまな理由で実施されるであろう。研究インパクト評価を実施する典型的な目標には次のようなものがある。

- **説明責任**：資金提供機関、研究プログラムあるいは研究仲介組織などの評価対象の活動と達成状況の説明。
- **金額に見合う価値**：社会研究から生じる便益が、その費用に釣り合うことの証明。
- **学習**：将来的な研究インパクトを強化するために、研究活用および研究インパクトプロセスについての理解の発展。
- **エビデンスに基づく政策と実践についての監査**：英国および他の地域での政策と実践が、実際に意思決定や行動を裏付けているか、あるいは異議を唱えるために社会研究が活用されているかの評価。

　これらの目標によってそれぞれが異なる研究インパクト評価の戦略を必要とし、それゆえ研究インパクト評価をなぜ行うかについて最初から目的を明らかにすることが重要となる。また、研究インパクト評価の焦点をどの単位に置くのが最も適切かについての明確さも重要である。組織レベルでの研究インパクト評価は、資金提供機関、研究産出施設、研究活用組織およびその職員、あるいは国の研究体制全体の活動についても焦点を合わせるであろう。また、研究それ自体のレベルでは、個々のプロジェクト、研究の統合や要約、あるいは事業プログラム全体の研究インパクトに対する考慮は可能としても、これらのそれぞれが異なる研究インパクト評価のやり方を必要とするであろう。

　研究インパクト評価のいずれにあっても、さまざまなタイプの社会研究と、それらが果たす多様な役割を考慮に入れることが重要である（第1章と第2章を参照）。このことは、よく知られた基礎研究と応用研究との区別の問題だけでなく、必然的に、研究形態が異なれば、導かれる知識のタイプも異なること

を認めることでもある。例えば、**何が有効か、どのように効果があるのか、なぜ起こるのか**をそれぞれ知る際、すべてにおいて研究インパクトのありようは異なるように思われる。政策コミュニティと実践コミュニティは、評価研究とともに、優れた記述や分析、批判にも関心を持っており、これらの研究活動の効果も追跡される必要がある。優れた理論、特に新たな認識枠組みや検証可能な新しい仮説につながるものは、時には重要な影響力を持ち得る。追跡することが比較的難しいのは、確立された方法に異議を唱えたり、さらに現在の決定がなされている基礎そのものを覆したりするような研究インパクトについてである。このような論争的な、またパラダイム挑戦的アプローチ（第1章で紹介した）による研究の役割は、研究利用者による研究活用の議論において、少なくとも短中期的には、抵抗を受けたり、割引いて受け取られたり、主流から外されたりしがちであるため、その影響を評価することはかなり難しい。

　このため、評価の方法論は、研究による知識のそれぞれの形態の影響力を把握できる形で必要とされるであろう。すなわち、**何が有効か**に関する研究知見を念頭に置くだけでなく、どうすれば**啓発**（Weiss, 1979）のプロセスにおいて、最も幅広くとらえた莫大な数の研究を概念的活用できるかについて、深い理解によって構想されるべきである。もちろん、これに並行して、どんな研究インパクト評価も、研究に何ができ何ができないかについての現実的な期待に基づく必要がある。第1章で議論したように、研究は知識の一つの形態にすぎず、それは注目の対象として、明示的であれ暗黙的であれ他の形態の知識と競合するのである。

　加えて、このような影響力を持ち得るのは、社会研究の知見のみならず、研究が実施されるプロセスにもある（第2章参照）。例えば、研究助手を雇用するプロジェクトの重要な効果は、新しい世代の研究者養成である。さらに、特定の政策コミュニティまたは実践コミュニティと共同で実施されるプロジェクトは、それらのコミュニティにおける研究プロセスに対する理解や重視という結果（Huberman, 1990, 1993）や、政策プログラムから得られる成果の再考をもたらすかもしれない（Patton, 1997, 1998）。このように、研究インパクト評価の包括的プログラムは、単に成果に焦点を合わせるだけでなく、そのようなプロセスにも取り組む必要があるだろう。

第3節　研究インパクト評価の方法

　評価のさまざまな目的と焦点から生じることであるが、研究インパクト評価に取り組むためのいくつかの出発点がある（図9.1）。第一の方法は、明らかには、追跡調査の利用である。すなわち研究から研究活用そして研究インパクトへと追跡するものである。そのような調査は、個別研究、レビュー、あるいは研究プログラム全体からの研究成果物や知見が、どのように研究利用者コミュニティに入っていくかに焦点を合わせ、また、それらのインパクトや、どのようにして公共サービスの設計において最終的に成果が現れるかを、評価する。第二の方法としては、振り返り調査がある。すなわち、関係者の行動から、先行する研究へさかのぼる仕事である。この場合には、研究利用者コミュニティ自体、例えば、政策立案者、サービス組織、あるいはサービス提供実践者の方に関心があり、彼らの決定や行動が、研究などの大量の知識に影響される程度とプロセスを理解しようとしている。第三の方法は、重要な視点を提供するのだが、研究活用を増やそうとする近年の努力を前提に、研究強化の取り組みの評価を成功や失敗の観点から行うことである。この例には、研究者のアウトリーチ活動（訳注：サービスや援助を通常行われている限度を超えて行うこと）のような具体的介入の有効性の評価、あるいは、研究仲介組織のインパクトの分析が含まれ、そのような仕事は、第5章で概観したエビデンス基盤に寄与するであろう。研究インパクト評価の仕事の枠組みを作るこれらさまざまな方法は、かなり異なる視点を持ち、それぞれの中心にはさまざまな核心的課題がある。

　概略を述べた三つの方法のおのおのは、異なる難問を提起する。研究から研究インパクトへと追跡調査をする第一の方法は、何を、どこを、どんな時間的枠組みで探究するかという重要な課題を提起する。研究に基づく影響を確認するために、決定や実践行動から振り返り調査をする第二の方法は、複数の影響と複数の研究の構成要素の研究インパクトを分解することを要求する。最後に、第三の方法である研究活用の強化の取り組みの評価は、評価される取り組

図9.1　研究インパクト評価の出発点

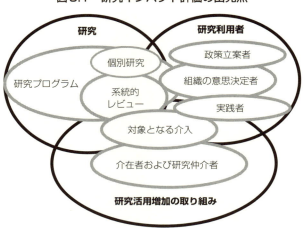

みに関する因果関係の確認、あるいは一般化の例証に苦労するであろう。さらに、研究インパクト評価についてのこれら三つの方法は、いくらか相互に依存しており、プロジェクトやプログラムの研究インパクトは、知見を吸収し利用する研究利用者の能力と切り離して理解することはできない。また、研究利用者コミュニティ間の研究活用の評価は、活用可能な研究知見の有効性やあるいはそうでない状況に注意を払う必要がある。それゆえ次のように問うことができよう。研究から研究インパクトへと追跡調査を行うことや、あるいは介入結果から先行する研究へと振り返り調査を行うことの長所と短所は何であろうか。また、知識の移転と活用を促す取り組みが存在しない場合に、これらのどちらを選択すべきであろうか。そのような課題に答える助けとなるように、以下ではこれらの三つの方法論のそれぞれに内在する問題について詳述する。

3.1　研究から結果への追跡調査

　伝統的には、学術研究の成功や失敗は、通常は査読を受けた刊行成果物の評価といった限られた方法で、判断されてきた。この考え方の延長として書誌統計的分析が現れ、それは刊行成果物の量だけでなく、その質、例えば、同じ分

第9章 研究インパクト評価

野における高い評価、あるいは掲載誌の影響力での判断、および出版後どのくらい引用がなされたかの追跡調査などにより成果物が同じ分野の他の学術研究者に影響を及ぼした程度を評価している。そのような方法は長い間、個々の研究者やプロジェクトまたはプログラムの**生産性**を評価するため、同じ分野や分野がまたがる研究者間や研究者と政策立案者や実践者との間の関係のネットワーク図を描くのに用いられてきた（Lindsey, 1989、Hicks, 1991）。

さらに近年では、単に研究の成果物を調査することを超えて研究インパクトを記述・計量化する試みがなされており、時には**投資収益**あるいは**研究の振り返り**を指摘するモデルが用いられている（Buxton and Hanney, 1996、Hanney et al., 2002、Wooding et al., 2004）。これらの理論は、成果物や研究インパクトなどの、研究から期待されると思われる数多くのカテゴリーを、例えば次のような形で確認している。

- **知識生産**：例えば、査読を受けた論文、普及用の報告書。
- **研究能力構築**：例えば、卒後研修やキャリア開発。
- **政策または作成物の開発**：例えば、公式ガイドラインやプロトコルへのインプット。
- **部門別便益**：例えば、特定の受給者グループに対する研究インパクト。
- **幅広い社会的便益**：例えば、人々の健康や生産性の向上による経済的便益。

これらの各カテゴリーにおける評価は、複数の情報源から得られ、それらは文献上のエビデンス、日常的に得られるデータセット、特別に実施される調査やインタビューを含む。集められたデータは時にはさらに各カテゴリーにおいてスコア化され、たいてい関係する専門家会議が協議を繰り返すことを通して評価を共有するデルファイ型の方法が用いられる。研究インパクト評価に対するこのような方法は、各カテゴリーを横断してスコアのプロファイルを提供することができ、時には**振り返り調査**の尺度として参照される（Buxton and Hanney, 1996、Wooding et al., 2004）。また、これらのデータは、研究インパクトのプロファイルを、プロジェクトやプログラムあるいはその他の研究活動の**単位**を横断して、比較するために用いることもできる。

必ずしもすべての事例で研究インパクトをスコア化するとは限らないが、多くの調査や報告は、研究の便益や研究インパクトを評価する、同様に広範で包括的な方法をとっている（これらの事例の説明についてはコラム9.1を参照）。例えば、経済社会研究会議（ESRC）によって行われた調査（Molas-Gallart *et al.*, 2000、コラム9.1参照）では、研究インパクトを評価するいくつかの追跡調査の方法が開発されている。一つは、「ネットワークとフローモデル」と名付けられ、**研究者とノンアカデミックな関係受益者とのネットワーク**の図をあらかじめ描き、これらの間の相互作用の研究インパクトを、質的記述を強調した多くのさまざまな方法でたどる。別の方法である**研究後の追跡調査**は、資金提供を受けたプログラムの研究インパクトを、資金提供を受けた研究者の当該研究の後の活動を通して検討するのであるが、それらの活動には、当該研究者の大学以外での仕事、コンサルタントやアドバイザーとしての役割や、さらなる研究活動の深化発展を含む。例えば、ウッディングら（Wooding *et al.*, 2004）はいくつかの研究を比較対照して、寄付金から資金提供を受けた関節炎研究からの振り返り調査による評価を行う際に、五つのカテゴリーについて研究インパクトの具体的なスコアを開発しているが（コラム9.1参照）、これは、追跡調査方法において適合し得る、広範囲の詳細な調査設計をうまく例証している。このように、詳細な調査設計は、量的方法の利用により、研究産出物と研究インパクトの間の他と比べて直線的な線形の経路を強調することもあるし、それよりも詳細な質的調査を通して記述される、非線形で相互作用的な影響のメカニズムを強調することもある。実際、ある程度のトライアンギュレーション（訳注：質的研究と量的研究を組み合わせた方法論）を考慮して、変形であれ混合であれ、複数の方法を組み込んでいる調査もあるが、このような調査はまた、異なる方法が一見調和しない、あるいは矛盾さえする知見をもたらしたりすれば、厄介な難問を提起するかもしれない。

第9章　研究インパクト評価

> **コラム 9.1**　研究インパクト評価の事例

「富の全量」：国民の富に対する芸術、人文学、社会科学の寄与

　これは芸術、人文学、社会科学による幅広い寄与を確認する方向への最初の一歩であるが、これらの分野における研究の成果物や研究インパクトに必ずしも十分に焦点を合わせたものではない。次の五つの核となる領域が確認されている。すなわち文化と知識の興隆、経済的繁栄と福祉、英国と世界が直面する主要課題、公共政策と討論、教育の便益である。中でも便益の例が数多く示されているが、これらの多くは定式化された方法論よりも、広範な協議を通して生み出されたものである（訳注：「富の全量」とは、アダム・スミスが『国富論』で述べた言葉で、ある国が社会経済的潜在力の開発を達成した状態を指す）。

ブリティッシュ・アカデミー（British Academy, 2004）

関節炎研究からの振り返り調査による評価

　この評価は、大規模な非営利の資金提供による関節炎研究キャンペーンの一環としての関節炎研究が、どのように**研究室から臨床へ**移されるかについての理解増進を試みている。これは五つのカテゴリーにおける研究インパクトの確認とスコア化のために、「振り返りモデル」を用い、16のケーススタディを横断してデータを収集し、カテゴリーのスコア作成のためにデルファイ型プロセスの一つを用いている。

ウッディングら（Wooding et al., 2004）

産業界の業績に対する学術的な研究インパクト

　産業界の五部門の業績への学術研究の寄与に関する評価である。対象部門は、ネットワークシステムとコミュニケーション、医療機器、航空宇宙、運輸・配送・物流、金融サービスである。研究は五つの産業界すべてに対して、業績に対する重要な影響を含め、実質的な寄与を行っていると結論づけている。この結論に至るのに用いられたデータとして、詳しい情報に基づく利用者の意見、専門家の判断、文献レビュー、Eメール調査、ワークショップにおける議論、専門家会議による討議などが収集された。

全米工学アカデミー（National Academy of Engineering, 2003）

応用保健研究の社会的インパクト：質の評価システムに向けて

　研究機関やグループによる自己評価と実地訪問に基づいて、応用保健研究の社会的インパクトの全国的評価に関する方法論が述べられ、研究の成果物の科学的な質の評価を補充するものと考えられている。研究チームには、a）社会的研究インパクトに関する使命、b）その使命に関係する実績、に基づく自己評価が要請される。報告書は、多くの関連する成果物のカテゴリーを挙げている。それらには、専門的なコミュニケーション、ガイドラインの開発、新たなプログラムやサービスの開発、対象となる受け取り手による研究成果物の活用が含まれる。

オランダ王立学士院医科学会議
(Council for Medical Sciences, The Netherlands, 2002)

政策立案における保健研究の活用：概念、事例、評価方法

　保健政策立案の性格と、政策立案における研究活用に関する国際比較調査の可能性を探究する。この分野の先行研究がレビューされ、いくつかの考えられる方法論と利用可能なツールが示されているが、新たな実証的適用は行われていない。

ハネーら（Hanney *et al.*, 2002)

アルバータ州保健研究基金の成果物と効果の評価

　活動的な研究費受給者に対する郵送調査は、自己申告によるプレゼンテーション、出版、研修などの広範囲の成果物と政策と実践に対する影響、保健制度の便益、さらなる知識の発見などの効果を確認している。これらのデータは、主要な応用保健研究資金提供者の活動を支持し、また方向づけたりするのに用いられた。

マニャンら（Magnan *et al.*, 2004)

学術界以外の受け取り手に対する研究インパクト評価

　社会科学の学術界以外の受け取り手に対する研究インパクト調査として、経済社会研究会議の資金提供による二つのプロジェクトの研究インパクトを調査するパイロットプロジェクトが開発され、次の方法が探究された。「ネットワークとフローモデル」、利用者パネルによる評価、研究後の追跡調査（本文参照）である。この報告書は、研究インパクト評価の**ツールボックス**の開発や提供もしている。

モラス＝ガラートら（Molas-Gallart *et al.*, 2000)

3.2 研究利用者コミュニティにおける研究活用の理解

　研究利用者コミュニティから始める研究インパクト評価は、通常、事例に基づく方法をとるが、多様に組み込まれた方法を伴う（第2章と第3章を参照）。概してこれは、政策立案者に対して研究活用について尋ねる単純な調査からなるが、詳細で精緻な調査も可能である。例えば上述の経済社会研究会議の調査（Molas-Gallart et al., 2000）は、**利用者パネル**に対する追加的調査によって、追跡調査を拡大した。このパネルの構成員は、研究結果を参照することが期待される個人であり（Molas-Gallart et al., 2000）、総括的ワークショップへの参加だけでなく、縦断的要素を提供するため、プロジェクトの期間中、何度かインタビューを受けた。この取り組みにより、研究成果物の研究活用の現状だけでなく、研究者と利用者の間の相互作用の形態を追跡する方法が提供された。追跡調査がなされることにより、コミュニケーションの具体的な経路の探究ができるだけでなく、予想できない経路、相互作用、および効果の確認もできるようになり、それは調査方法に柔軟さを与える。

　ハネーら（Hanney et al., 2002）は、保健政策の立案における研究活用を探究して、同様の考え方を発展させた。彼らは、特定の政策テーマをめぐる保健政策の開発に影響を与える研究の役割を明らかにする方法として、文書分析、関係者分析に基づくインタビュー、および尺度構成法を用いた質問紙調査を行うことを提案した。ハネーらの期待は、この方法が「特定の文脈において何が活用の契機になるかについて、その方法独自の話や物語を生み出す」（Hanney et al., 2002, p.vi）ことであったが、彼らはまた、「概念枠組みをめぐるあらゆる研究の構造化」の必要も強調している（Hanney et al., 2002, p.v）（この研究においてハネーら（Hanney et al., 2002）は「フロー・インターフェイスモデル」を採用した）。この方法論の適用の例が、ユング（Jung, 2005）によって刑事司法分野で採用されたものである。ここでは事例に基づく方法論によって、研究活用が他の影響とともに、性犯罪者情報の地域社会への通知をめぐる著名新聞による法改正キャンペーンに対する政策の反応をどのように方向づけたかが調査された。この調査は、最終的には不成功に終わったが、性犯罪者情報の通

知を受ける権利を地域社会に与える米国の**メーガン法**と同等の法律を英国で制定させようとして、『ニューズ・オブ・ザ・ワールド』紙が長期にわたってキャンペーンを張った事例である。

　より強いエスノグラフィー的要素のある研究もまた、研究応用の複雑性を探究するために用いられている。例えばギャベイと同僚による、保健医療の専門家間の研究では、利用者を**実践コミュニティ**として概念化している（Gabbay et al., 2003、第7章参照）。この研究と、同じチームによるもう一つの研究（Gabbay and le May, 2004）の重要性は、第3章と第4章で詳しく議論した多くの研究インパクトのプロセスの予測不能性、非線形性、偶発性に対して注意を喚起した方法にある。そのようなエスノグラフィー的な方法論は、明らかに研究インパクトのダイナミクスについての豊かな記述を、どんな総括的評価よりもうまく生み出すことができる。

3.3　研究インパクトの増大に向けた取り組みの評価

　第5章でレビューしたように、研究インパクトを増大させる多様な戦略の有効性を検証する研究基盤が、今ではかなり作られている。そのような作業は、例えば、ガイドラインの実施を通した特定の研究知見の取り上げや活用の増大に焦点を合わせた研究の解釈活動に従事する知識仲介者の役割の調査、あるいは研究と実践との接続の増大をねらいとする機関や仲介者の効果測定までに及ぶであろう。これらすべての領域の調査をつなぐものは、実験的および準実験的なプログラム評価戦略の活用に加えて、アクションリサーチや質的またはエスノグラフィー的な仕事である。研究インパクト評価のこのような局面、すなわち研究活用の強化に関する取り組みの効果の評価は、それ自体が詳細な調査に値することはもちろんである。しかし、本書が効果的な研究活用の強化に関する取り組みのデザインに寄与することは希望するところであるが、さらに続けてこれらを評価することは、本書の視野を超える（広く一般的にプログラムの研究インパクト評価を探究している以下のような文献があるが、ここで繰り返すことはしない。Chen, 1990、Pawson and Tilley, 1997、Clarke, 1999、Davies et al., 2000bなどを参照）。研究インパクト評価についての見通しに言

及するのは、完全を期すためであるが、そのほかにも、影響力の検討が研究活用の文脈から切り離せないためでもある。すなわち、研究活用に対する重大な障壁に関する既存の知識に基づくと、重要な研究活用の強化に関する取り組みがない中で研究インパクト評価を行うとすれば、その正当化は注意深くなされる必要がある。

　研究インパクトに対する以上の考え方は、それぞれ区別されるが、いくつか共通する方法論上の課題がある。これらを確認する前に、これまでの章で扱った研究活用と研究インパクトに関する考え方を裏付けるいくつかの鍵となる概念上の論点を要約し、特に、適切なやり方で精緻化された研究活用プロセスのモデルの必要性を強調する（第4章参照）。

第4節　研究インパクトの探究にあたっての研究活用の概念化の重要性

　研究活用とは何を意味するか、またその活用はどのようにモデル化されているかといった研究活用を取り巻く核心的な概念上の論点の多くについては、すでに紹介した（第2章から第4章参照）。ここではこのような論点の、研究インパクト評価に関する研究のデザインにとっての具体的な意味合いに関して、再度簡単に取り上げる。幅広い研究インパクト評価とは、政策や管理、サービス提供・実践、あるいは政治的および公共的議論に対する、研究の影響を確認しようとすることである。すでに見てきたように、そのような研究インパクトは、政策、実践、行動の変化に影響を与える手段的なものかもしれないし、あるいは人々の社会問題に対する知識や理解、態度を変化させる概念的なものかもしれない。これらの異なるタイプの研究インパクトとそれらが生起する多様なプロセスの両者をとらえようとするモデルには、多様なものがある。このようなモデルが重要であるのは、研究インパクト評価に対するさまざまな方法論を具体化し、その適切性を評価する手段を提供するからである。

4.1 研究の取り上げに関する段階モデル

　いくつかのモデルは、研究活用のミクロなプロセスに焦点を合わせている（詳細については第4章を参照）。これには、研究の伝達および活用のさまざまな段階を記述したものが含まれ、例えば、ノットとウィルダフスキーが開発し（Knott and Wildavsky, 1980）、とりわけランドリーらが詳説したものがある（Landry *et al.*, 2001a, 2001b）。このモデルは、研究インパクトを増大させると考えられる七つの段階の特徴を記述するものである。それは、1）研究の伝達、2）知見の認識、3）重要な研究の参照、4）知見を実行に移すためになされる活動、5）知見の政策への採用、6）実践上の決定に対して見られる影響、7）最終段階の成果に対する研究インパクト、である。このような段階モデルは、評価の直接の枠組みを提供する点で魅力的かもしれないが、しかしながら、概念的な効果を不問にして研究の手段的活用に過度に重点を置きがちである。またこのモデルは、暗黙のうちに線形の仮定に過度に依存し、すべての段階は順次的に移行するもので、各段階は等しく重要で累積的であり、また、各段階を移るのに同様の努力が必要と示唆する傾向がある。

　段階モデルは普及しているにもかかわらず、これまで見てきたように、研究インパクトが生起するプロセスは、このモデルが意味するようにシンプル、あるいは直接的であることはまれである（第4章参照）。そのプロセスの複雑性をとらえて研究インパクト評価を行う枠組みを提供するためには、研究インパクトのプロセスの精緻なモデルも重要であろう。適したモデルは状況に応じて異なり、また、単一のモデルでは、研究のタイプや、研究インパクトがとり得る形態、また研究インパクトに関心が持たれる理由の多様性を、正確にとらえることはできそうにない。

4.2 複雑なタイプの研究活用のモデル化

　多くの実証的研究によると、第2章で検討したように、研究が直接的に具体的な政策選択に結び付いたり、ガイドライン、プロトコル、組織プロセスのよ

うなツールや手段として、手際よくとらえられ体系化されたりするように、研究インパクトは直接的かつ手段的に、また明確に確認できることは極めてまれである。むしろ、多くの重要な**意思決定**は拡散的で確認が困難であり、また、**非決定プロセス**および新たな手順の漸進的な確立によって特徴づけられるものである（Weiss, 1980, 1982）。このことが事実であるとすると、研究は「実証的な一般法則の予備知識や政策の検討にいつの間にか入り込む考え方」（Weiss, 1980, p.381）を提供する。研究はまた、経験、逸話、一般に認められている知恵、素人の知識などの他の多くの知識の源泉とともに混ざり合いながら、実践者の暗黙知の中に吸収され内部化される。その場合、その経路や役割、あるいは研究インパクトの明らかな証拠はほとんど残らないであろう。このように研究は、意思決定時の選択のみならず、価値観の形成や、新たな理解や可能性の創造、さらに公共的または専門的な論説や議論の質にも寄与することができる。これらの微妙で多様な研究インパクトを把握しようとすることは、概念上、方法論上、実践上のかなりの難問を提起する。

　これらの難問に答えるため、いくつかのモデルは研究者と研究利用者との相互作用の性格に注意を集中している（第4章と第5章）。例えばラヴィスら（Lavis et al., 2003）は、研究と利用者との相互作用に関する三つの基本的タイプ、すなわち「産出者・プッシュモデル」「利用者・プルモデル」「交流モデル」の特性を述べている。これらは第4章で詳細に説明し、第8章で政策の文脈において例示したが、簡単に述べると、第一のタイプである「産出者・プッシュモデル」は、研究者が研究からメッセージを伝達する場合に果たす能動的役割を重要視する。第二のタイプである「利用者・プルモデル」は、研究利用者が、研究が積極的に評価され、追究され、活用される環境を創出する必要を強調する。第三のタイプである「交流モデル」は、研究を規定し、創造し、確認し、活用する共同作用を強調する、研究者と利用者間の相互作用のモデルを描く。このような分類をした上でラヴィスら（Lavis et al., 2003）は、それぞれのケースで、研究インパクトがどこでどのように探し出され測られるかを確認している。

　ラヴィスら（Lavis et al., 2003）が描いた三つのモデルは、研究と政策との関係の理解に用いるためにウェイス（Weiss, 1979）が最初に開発した類型論

に対応し、それを敷衍しているのだが、他の研究者によっても広く用いられている (Molas-Gallart *et al*., 2000、Hanney *et al*., 2002)。研究活用の六つのモデルが一般に認められているが (コラム9.2参照)、最初の三つはラヴィスら (Lavis *et al*., 2003) によるものをおおむね写したものである。これらのモデルは、研究活用のさまざまなタイプおよびプロセスを要約したもので (その意味合いについての詳細は第2章を参照)、それぞれが研究インパクト評価の作業のさまざまな方法論を含意している。特に政策における研究インパクトを調査する場合に、このような分類は、データ収集と解釈の双方を構造化するのに有益である。しかしながら、これらの類型の静的性格に関する注意事項のいくつかには、留意しておく必要があり、このことについてはすぐ後で触れる。

コラム 9.2　研究活用に関する典型的な政策モデル

1) **「知識主導モデル」**：研究知見が行動を促すために伝達されるとする線形の見方。
2) **「問題解決モデル」**：第二の線形「利用者・プルモデル」の見方であり、研究の最終利用者および彼らが直面する問題に始まり、その後で有益な研究知見をさかのぼって探索する。
3) **「相互作用モデル」**：このプロセスは、研究者と利用者の間の、非線形で予測可能性の低い一連の相互作用としてモデル化され、研究インパクトは**持続的相互作用**の複雑な社会的プロセスによって起こる。
4) **「政治的モデル」**：ここでは研究知見は、敵対関係にある意思決定システムにおける武器の補強としてのみ考えられる。
5) **「戦術的モデル」**：研究は複雑な公的問題についての行動圧力がある場合に参照されるリソースとなり、意思決定を支持するのみならず、行動圧力を引き延ばしたり、そらせたりするのにも用いられる。
6) **「啓発モデル」**：研究インパクトはシンプルで手段的であるという理解を事実上避ける。むしろ、研究は「洞察、理論、概念、考え方の緩やかな堆積」(Hanney *et al*., 2002, p.12) を通してインパクトを与えると考えられる。

4.3 実践の環境におけるエビデンス活用のモデル化

さらに、特に実践の環境における研究活用に関する有益な考え方は、第7章で説明したように、ウォルターら（Walter et al., 2004b）によって提案されている。研究活用のモデル化は、マクロな政策にはかかわらず、むしろサービス提供に責任を有する組織での研究活用に焦点を合わせている。研究が実践の環境においてどのように取り上げられ、活用されるかについて、三つのおおまかなモデルが提案されている。

1) **「研究に基づく実践者モデル」**：研究可能な問いの形で知識の必要性を表現でき、その必要性に合致する研究基盤を探し吟味することができる、熟練した個人の実践者の役割を強調している。
2) **「埋め込まれた研究モデル」**：研究は、抽出され体系化された後に、組織的なプロセス、手続き、プロトコル、ガイドラインに組み込まれる。この見解では、研究エビデンスの組み込みは、適切な遵守制度の構築や維持とともに政策と管理の責任である。
3) **「卓越した組織モデル」**：この理解は、研究と現場の実験の双方を参照して継続的な改善を図る現場の戦略の重要性を強調する。ここで最も重要なことは、変革への意思とともに組織内の省察的な性格と研究への関心の高さである。

この分類の妥当性は、研究活用環境のカテゴリー化にとって有益であり、研究の取り上げや活用の主な形態に伴ってカスタマイズされた研究インパクト評価の方法論の必要性を示唆している。例えば、「研究に基づく実践者モデル」によって特徴づけられる環境では、研究インパクト評価は、個人の知識、技能、行動に焦点を合わせることになる。対照的に、「埋め込まれた研究モデル」が機能する環境は、組織的プロセスおよび日常業務における研究インパクトを探すことを要求する。さらに重要なことは、各モデルとも、実践環境における重要な研究インパクトは、それを促進する実質的な組織の取り組みが存在しなければ生じないことを強調している。これらのモデルは、まだ研究インパクト評

価の開発において明示的には用いられてはいないが、明らかに、今後用いられる可能性がある。

4.4 相互作用モデルへの移行

研究活用の概念化において広く普及しているのは、活用のプロセスを考慮する前に研究活動が完了しており、そしてその知見は利用可能であるという考え方である。しかしながら研究インパクトが、完了後に達成されるべき最終段階の活動として見られることは、次第になくなっている。むしろ研究者は、自分の研究の主たる利用者になると見込まれる人々と、研究プロセスの進行中一貫してかかわろうとするであろう。それゆえ、研究者が多くの段階、つまり、研究課題を開発し、研究デザインを明らかにし、研究データを解釈し、研究の意味合いを伝える段階において、利用者とかかわる活動を目標とすることはまれなことではない。研究の後期の段階では、成果のインパクトの方が前面に来るが、初期の段階においてはプロセスの研究インパクトは特に重要である。このように、研究インパクト評価は、活動や研究インパクトのこのような多様性を把握した上で構造化される必要があり、研究インパクトは一回限りの出来事としてよりも進行中のプロセスや積み重ねとして見る必要がある（Huberman, 1994）。

ヒエラルキーとネットワークの比喩は、研究者と研究利用者との間の接続性について二つのかなり異なった見方を提供しているが（第8章参照）、次第にネットワークの方が、相互作用と活用が起こるプロセスをよく反映していると考えられるようになっている。しかしながら、ネットワークを、単に普及の経路として定義することと、知識が共有され開発される複雑な社会的舞台として見ることの間には相違がある（実践と政策の文脈の議論については第7章と第8章を参照）。ネットワークを、学習にとっての複雑な社会的舞台として理解することは、実践コミュニティに関する現在の理解を反映しており、それは状況に埋め込まれた知識の重要性を強調するものである（第6章参照）。この見解では、知識は、それが開発されるコミュニティから切り離すことのできる客体とは見なされない。むしろ強調されるのは、通常、複数の当事者を巻き込

む、状況に埋め込まれた認識のプロセスである。一度このような知識の共同生産のモデルに向かうと、研究インパクトの考え方は、知識移転といった言葉で容易に把握することはできなくなる。少なくとも知識交流、知識仲介、知識相互作用、知識統合といった言葉で考える必要がある。考え方をこのように転換すると、影響力を政策および実践に対する研究インパクトという単一の方向性を持つものとして考えることは意味をなさず、むしろ相互インパクトを考慮する必要がある。そのような見方はまた、事象ではなくプロセスとしての研究活用、すなわち明瞭な始まりや明確な終わりのない研究活用に注意を喚起する。

　これまで概説してきたような概念的考察は、研究活用や研究インパクトの単純化された概念を問題化する必要に注意を喚起し、また関心の対象である研究インパクトの多様さと微妙さを把握できる研究活用モデルを適用する重要性を強調する。さらに、どんな概念化も適切であるかどうかは、研究インパクト評価の活用や目的から容易には分離できない。本章の議論も第2章から第4章で述べた議論とともに、このことを強調し、また、よく構想され、注意深く対象に向けられた研究インパクト評価の開発を可能にすることが期待されている。

第5節　研究インパクト評価についての方法論上の考察

　研究インパクト評価の全体的な方法論や提案されている研究活用の基礎となる概念化やいくつかのモデルを含むすべての調査は、方法論が展開される中で広範な実際上の課題に直面する。それらをここで考察する。

5.1　一般的な方法論上の関心事項

　研究インパクトは、元となる研究から時間がたって生じるかもしれない。そこで重要な課題の一つは、研究インパクトは**いつ**評価されるべきかということである。研究インパクトが無理なく起こり得るほど十分長く、しかし研究への情熱が冷めてしまうほど長くはなく研究が行われるべきという相反する要求を考えると、どのような時間枠が最も適切であろうか。これに関連して、研究イ

ンパクトを探すにあたってどのくらい広い範囲を網羅するかという問題があり、さらにまたこのことを複雑にする要素として、研究利用者そのものが必ずしも明確に定義されず、容易に確認されないということがある。ショヴとリップが評しているように、「研究者と研究資金提供者は、**自分たちが作り出した利用者**の存在を描き、そしてそれを信じる誘惑に負けてしまう」（Shove and Rip, 2000, p.175、強調は付加）。現実的および潜在的利用者は、実際には、研究チームや研究資金提供者あるいは研究インパクト評価者によって事前に確認された人々とは対応しないかもしれない。このことは、研究インパクトを探究する人々に、このような研究利用者コミュニティがどのように確認されるかについて、創造的に考えることを要求するが、これは、研究から研究インパクトへとたどる追跡調査にとっても研究利用者コミュニティから始める振り返り調査にとっても同様の課題である。

さらに方法論上の課題には次のものが含まれる。どのようにすれば、主観的および客観的双方の判断を考慮に入れて、質的記述と量的測定のバランスがとれるのか。どのようにすれば、異なるカテゴリーの中で研究インパクトはスコア化あるいは価値づけされ得るか、または実際、されるべきであるのか。また、どのようにすれば、さまざまな種類を超えて研究インパクトを統合できるのか。これらの難しい課題に対する容易な解答はなく、実際には、あらゆる研究インパクト評価調査は全体として満足のいかない妥協を含みがちである。

5.2 追跡調査における方法論上の難問

追跡調査あるいは振り返り調査の方法論をとる研究インパクト評価は、重大な方法論上の難問に苦労することがよくある。第一に、種々のプロジェクトやプログラムなどからの研究インパクトは多様で特異であろうし、そのような研究インパクトが必ずしも規則正しい、あるいは認識できる分布に従っているという根拠はない。実際よくあることだが、プロジェクトやプログラムによっては、一見して研究インパクトを持たないのに、他方では、おそらく思いがけない偶然の理由で、大きなかつ予期せざる影響を及ぼすように思われるものがある。そうだとすると、事例抽出のやり方は、不均質なあるいは誤解を招く説明

を提供するかもしれず、研究インパクトの全範囲を把握するためには全事例を含む必要性を示唆する。従って深刻な財源への影響を伴う。第二に、「追跡調査モデル」および特に「振り返り調査モデル」は、研究成果物の確認から研究インパクト評価へと移る場合に、線形性および比例性を強調する傾向がある。そのような見解は、進行中のプロセスの複雑性を単純化して詳述せず、その研究が本当に主たる要因かといった起因性やその研究の寄与は他の要因と比べてどうかといった追加性という複雑な問題を前面にもたらす。最後に、研究強化の取り組みの事例に基づく方法論は全体的な評価を試みるかもしれないが、追跡調査は一般に、研究が伝達され機能する文脈をかなり無視する傾向がある。

　この文脈は重要である。研究の取り上げとその後の研究インパクトは明らかに、研究知見自体の機能であるのみならず、少なくともこれらの知見が伝えられ、考慮される現場の環境に強く関係しそうである。それゆえ、研究インパクト評価がどのように組み立てられようと、研究が伝達され機能する文脈を考慮に入れる必要がある。考慮が必要な文脈の核心は、研究の受容性の程度や、新しい情報に対する現場の**吸収力**の度合い（Cohen and Levinthal, 1990）を増すために行われる付随的活動、また注目される対象として政策や組織の競合する問題点が浮上したり再浮上したりするような予測できない**政策の渦**についての理解を含んでいる。

5.3　研究利用者コミュニティに焦点を合わせるときの方法論上の難問

　研究利用者コミュニティに焦点を合わせた研究は、活用の非線形性、複雑性などの繊細な効果を探究でき、またその活用の文脈を考慮することが可能であろう。それにもかかわらず、研究利用者コミュニティについての調査には、これまでに概説したのと同様の抽出性、起因性、追加性などの方法論上の難問がある。主要な難問は、研究知見に特有の効果を、政策決定者に対する他の無数の影響を見極め特定することである。とりわけ、重要な政策選択に対する研究インパクト評価は、政策選択に投入される研究が、統合され、他の研究や知識、専門家の意見と組み合わされ、さまざまな方法であらかじめ簡略化され、また専門的あるいは政治的介在者を通して仲介されるため、特に問題をはらむかも

しれない（Jung, 2005）。さらに困難なことには、鍵となる政策決定者が明確でないことや、鍵となる政策上の役割を果たすスタッフの速い交代、また、差し迫った現時点の問題と思われるものの焦点の変化が含まれ得ることであり、結果として研究インパクト評価が向けられるべきところが曖昧になる。

　実際上の考慮もまた方法論上の選択に重要な影響を及ぼし得る。研究インパクトを直接に追究することは、コストがかかりやすいため、研究インパクトの代替尺度を開発することが可能かつ適当であろう。そのような代替尺度は、具体的なプロジェクトやプログラムあるいは機関の目標の文脈において定義される必要がある。それらは優れた構造の論理モデル、すなわち要求される研究インパクトが達成される主要なメカニズムとプロセスを確認できるモデルに依存する。研究活用に関する知識の連携と交流の枠組みの場合、研究活用に関するこのようなモデルを反映する活動を追跡することができよう。代替尺度には、研究利用者の研究計画への参画や、研究利用者との対話型研究の会議の評価が含まれるであろう。代替尺度の有用性は、論理モデルにおける研究活用のメカニズムに対するエビデンス基盤に依存する。そのエビデンス基盤が頑健であるほど、現実的であれ潜在的であれ研究インパクト評価に置かれる信頼性は、プロジェクトやプログラム、あるいはその機関が研究インパクト評価を達成するのに正しいとされ、増すことになる。このようにして信頼できる連携関係を構築することは、重要な方法論上のハードルであるが、研究インパクト評価の仕事を扱いやすくする。

　全体として考えると、このような概念的・方法論的考察は、頑健で実際的な研究インパクト評価の設計に重大な難問を提起する。次節ではこれらを参照して、研究インパクト評価のデザインにおいて考慮すべき主要事項と、同時には成立しない要因との兼ね合いを把握することを試み、熟考すべき課題をまとめる。

第6節　研究インパクト評価の設計における課題

　広範な課題が、研究インパクト評価の目的と方向性の枠組みを作るのに役立

つ(コラム 9.3)。このような課題は、重要なことであるが、学習のための評価と、判断を下すことを意図した評価とを区別することに有用であり、また質的調査と量的調査の間のバランスをとることに役立ち得る。研究インパクトの本質をめぐる課題においては、研究活用支援・促進が存在しない環境における研究活用やその期待される程度について、基本的前提の明確化が必要とされる。

> **コラム 9.3** 研究インパクト評価にあたっての重要な枠組み
>
> - 研究インパクト評価にとって鍵となる利害関係者は誰か、また彼らが学術以外の影響力を特に評価する情報を欲するのはなぜか。
> - 研究インパクト評価は、第一義的に**学習**のためか、そうであれば、プロセスの考察が強調される必要がある。あるいは評価は第一義的に、下すべき**判断**を可能にするためか、そうであれば、成果物と効果の考察が必然的に優先される。
> - 評価の主要な方式は**量的**か**質的**か、またこのことの意味は何か。このバランスは研究インパクト評価の目的によく適合しているか。
> - 評価されるべきものは、研究によって生み出される**成果物**か、研究成果物の活用のされ方としての研究インパクトの**プロセス**か、さまざまな決定における研究活用の最初の結果である**研究インパクトそのもの**か、決定における変化に引き続く、受益者または一般の人々にとっての結果である**効果**か。
> - 研究活動のプログラムにとって、どんな研究インパクトが望まれ、期待され、あるいは合理的なのか。あらゆる研究には、確認できる研究インパクトが**存在する**のか。個別研究は第一義的に他のアカデミックな活動や研究統合に送り込まれるべきか。
> - 研究インパクトは、研究の取り上げを増大させる取り組みがない場合にも評価されるべきか、それとも重要な研究活用を促す活動との連携がある場合にのみ評価されるべきか。
> - 研究インパクト評価を行う場合、財源への影響はどのようか。研究インパクト評価においてどのレベルの投資に価値があるかをどうすれば知ることができるか。

研究インパクト評価の全体的設計についてのいくつかの課題をコラム 9.4 に

示しておく。これらは研究インパクト評価の焦点すなわち、研究自体、利用者の環境、あるいは研究取り上げの取り組みや、適切な時間枠、漠然としてとらえどころのない現象を計量化する試みの有益性またはその問題点を扱っている。また、研究はその**現実的**あるいは**潜在的**影響のどちらによって評価されるべきかという関心事項を強調する課題に加え、研究インパクト評価が、研究の**誤用**のような、逆機能的インパクトとも呼ばれるものに取り組む度合いを高めるべきかという問題も示している。

コラム 9.4　研究インパクト評価の全体的な設計の論点

- 研究インパクト評価は、どの方向に向けられるか。焦点は研究自体か、利用者の環境か、あるいは研究取り上げの取り組みのどれに合わせられるか。
- 研究からインパクトへと追跡調査を行ったり、あるいは変化から先行する研究へと振り返り調査を行うことの長所と短所は何か。
- 研究インパクトはいつ評価されるべきか。研究インパクトが無理なく起こり得るほど十分長く、しかし研究への情熱が冷めてしまうほど長くはなく研究を置いておくという相反する要求を考えると、どのような時間枠が最も適切か。
- 研究インパクトの質的記述と量的測定とのバランスをどのようにとることができるか。主観的および客観的評価はどのように用いられ、調和されるか。
- 研究インパクトの程度をスコア化することは、どの段階で有益なツールとなるか、また、その潜在的危険性は何か。さらに、さまざまな種類の研究インパクトをどのように統合できるか。
- 研究インパクトはどのように、研究の費用便益比の一部として評価することができるか、あるいは実際するべきか。
- 研究の判断や評価は、調査時点ではかなり限定的であるが、**現実的**インパクト、あるいはその**潜在的**インパクトについても行うべきか。その潜在的インパクトは、かなり大きいかもしれないが、その評価は、研究の取り上げとそれに続くサービスの変化について仮定するモデルを必要とする。
- 研究の**誤用**のような、非意図的あるいは逆機能的インパクトの確認や検証も試みるべきか。

第9章　研究インパクト評価

　最後にコラム9.5で、これまでの章で紹介した、研究活用の複雑で微妙な概念化を参照する課題を詳しく述べる。ここでの関心事項は、個人に焦点を合わせた単一、線形、一方向のインパクトの探究から、組織的あるいは集合的効果への配慮と相まった、より複雑な知識の統合や知識の共同生産のプロセスの考慮へと思考を拡大することである。

> **コラム 9.5　研究活用に関するより複雑な考え方から生じる課題**
>
> ● どんなタイプの研究活用やインパクトが最も関心を持たれるか（例えば、手段的／概念的、即時的／長期的、合意的／論争的／パラダイム挑戦的）。また、最も手段的、直截的または確認が容易なインパクトを優遇する方向へのバイアスを防ぐために、どんなステップがとられ得るか。
> ● 誰が現実的および潜在的な研究利用者か。予期されない普及の道を追跡しつつ、すべての利用者を確認できるか。
> ● 政策選択に対する研究インパクトを評価することは、政策選択に投入される研究が、しばしば統合され、他の研究や知識、専門家の意見と組み合わされ、また**簡略化**されているために、特に問題となるかもしれない。どのようにこれに取り組むか。
> ● このような複雑な環境において、どうすれば研究に**特有のインパクト**を解きほぐし、効果の**非線形性**に注意を払い、**起因性**の問題に取り組み、研究の寄与の**追加性**を確認できるか。
> ● 研究活用を、個人のレベルだけではなく、組織および制度のレベルでも確認することができるか。
> ● 特に知識の共同生産の観点を重視する際に、どうすれば隠されたあるいは暗黙の研究活用にアクセスすることができるか。
> ● 研究の取り上げを増加させるのに伴って用いられる戦略の観点だけでなく、知見の政治における許容度、あるいはメッセージやタイミングの適宜性の観点において、どうすれば文脈の受容性を考慮に入れることができるか。
> ● 研究インパクトについて判断をする場合に、どのように偶然の果たす思いがけない役割や、そのとき以外にはない好機の到来を認めることができるか。

全体として考えると、この広範囲にわたる課題は、研究活用と研究インパクトに関する新たな注意深い目標を定め、また微妙な調査を開発する際の考え方を導く。また、このように広範囲で膨大な難問の数々に立ち向かうためには、研究インパクト評価の設計の巧妙さだけでなく、方法論の多様さが要求されることも明らかである。

第7節　結語

　現在のところ、研究活用と研究インパクトに関する調査は、研究活用に対して多くの興味深い解決の道を示しているが、研究インパクトに対してはさらなる取り組みが求められる。実際、ここで議論した概念的、方法論的、実践的な問題の広がりと多様さは、研究の広範なインパクトの包括的評価を完全かつ頑健な方法で達成することが困難であることを示唆している。それよりも達成可能なのは、研究インパクトがどのように仲介され、どのように促進されるのかについての、より優れた洞察に到達することである。

　そのような洞察が得られるかどうかは、かなりの部分、今後の調査を支える研究活用モデルの適用範囲と精緻さに依存するであろう。本書での一貫した考察は、このようなより精緻化された、状況に応じた方法論に寄与することを望んでいる。それでもやはり、単一のモデルや方法論では、幅広い研究インパクト評価に対して、十分でないことは明らかであろう。むしろ研究インパクト評価の方法論の適切性は、とりわけ評価の目的、研究の種類、環境の文脈、主たる関心対象のインパクトのタイプを含む多くの要素の相関関係で決まる。もし研究インパクト評価が研究から活用への追跡調査を用いる場合、一つの主要な関心事は、資金提供を受けた研究がインパクトを及ぼす見込みのあるときには、その方法について、研究者と研究評価者があらかじめ合意し、そして評価がその観点で計画される必要があることであろう。評価はまた、そこから引き出される結論が過剰に悲観的なメッセージをもたらさないとしても、いずれにせよ良い結果に導く文脈で行われることが必要である。

　本書では一貫して、研究インパクト評価が実施される前に、明確な目的を打

第9章　研究インパクト評価

ち立てることに注意を向けたいと考えてきた。このことが重要であるのは、一つには研究活用の複雑性と多様性のためであるが、研究インパクト評価による知見自体が、研究の一類型として戦術的かつ政治的方法で用いられる可能性があるためでもある。この場合の一つの危険は、不完全にならざるを得ない頑健性に疑問がある研究の知見によって、社会研究の政策自体が方向づけられるかもしれないことである。それゆえ、研究インパクト評価にどんな欠点があろうと、そこから合理的な研究政策への示唆を引き出す方法を見いだすことが重要であろう。また例えば、研究インパクト評価へのどのレベルの投資に価値があるかを、どうすれば知ることができるかといった、研究インパクト評価を行う際の財源への影響という重要な課題もある。

　それゆえ本書では、研究インパクト調査による知見が、研究活用へのさまざまな関係者によって、どのように用いられるのかについて、もっと知る必要があるとしている。研究インパクト評価の多様な戦略を開発することが、意図せざる、また逆機能の可能性のある結果を招きかねない危険もある。また、**研究インパクト**を例証しようとする要求や必要は、資金提供団体に、研究の優先度や資金提供しようとする研究の種類までをも変えるような影響を与えることもある。研究者が研究インパクト評価の役割を認識することは、提起される課題の種類や適用される方法に影響を与え、ほとんど議論を喚起することなく、容易に研究インパクトを追跡調査でき、吸収が容易な**政策メッセージ**の生産を確保するよう現状を動かすのであろうか。そのような反応は、研究インパクト評価が、研究の重要性や価値について総括的に判断するように調整される場合には、特に起こりそうなことである。研究者は特に、自らの業績の追加的精査に直面した場合に、完全に受け身であることはなく、時には予期せざる、もしかすると自分に都合の良い方法で反応するであろう。例えば、経験豊富な研究者は、研究インパクトを確保する手段として、専門的な情報伝達者だけでなく、メディアに働きかけるコンサルタントを利用するかもしれない。仮にそうであれば、それは必ずしも悪いことだと言えるだろうか。もちろん、そのような反応が、研究事業を強化したり損ねたりすると考えられるかどうかは、研究の戦術的活用に関して、また手段的活用と概念的活用との間で求められる相対的なバランスに関して、採用される見通しに依存するであろうが、間違いなく、そ

のような反応の範囲と射程は調査されるべきである。

　このようなあらゆる困難の可能性があるにもかかわらず、幅広い研究インパクト評価は、これまでに詳しく述べた政治的・実践的理由により重要性を増すであろう。それにもかかわらず、研究インパクト評価が、うまく実施されたときでさえ、常に信頼するに足る指針であると期待することには慎重でなければならない。そして、最も問題をはらむのは、かなりの研究インパクトがあったとしても、必ずしも、社会的意味における研究の長期的な**価値**を反映しないことである。以下の二つの対照的な研究例が、直接的**研究インパクト**と長期的**価値**が融合しないことを例証している。ウェイクフィールドらによる麻疹・流行性耳下腺炎・風疹（MMR）ワクチンと自閉症スペクトラム障害（ASD）の関連を示唆した最初の研究（Wakefield *et al.*, 1998）は、疑いなく非常に大きな影響をもたらした。対照的に、ブラックによる健康の不平等の特質と原因に関する綿密な調査『ブラック報告』は当初、ほとんど賛同を得られず、固く閉じられた政策の扉を十年以上も叩き続けた（Whitehead *et al.*, 1992）。しかし、後の多くの研究がウェイクフィールドの仮説を支持できず（Demicheli *et al.*, 2005）、一方、『ブラック報告』は今日では大きな影響力を持つものと考えられている（Berridge and Blume, 2002）。すでにこの二つの研究を比較した場合の価値に関して一般的な意見は一致している。価値と研究インパクトの関係の中心にある問題は、多くの社会研究自体の論争的な性格にある。研究インパクトはおそらく、それを有する鍵となるメッセージによって説得される場合にのみ、価値があると考えられ、そのような支持は、われわれが一貫して主張してきたように、方法論的であるだけでなく政治的でもあり得る。

　研究インパクトはまた、ややとらえどころのない概念であり、操作化が困難で、本質的に政治的であり、頑健で広く受け入れられる方法で評価することは難しい。実現できる評価は、研究の役割と価値の洞察にいくらか寄与する可能性を有するが、それ自身、疑問を持たれやすく、また誤用される可能性がある。とらえどころがないにもかかわらず、立証可能な研究インパクトを強調しすぎることは、逆に価値形成、問題再構成、道徳批判をするものとしての研究の極めて重要な役割を無視することにつながる可能性がある。これらのことから、結論は、研究インパクト評価は、価値の総括的評価よりも、研究活用プロセス

とその改善に対する洞察のために、より直接向けられるべきということである。このように、政策と実践における研究の中心的役割を主張する人々は、議論の余地のない有益な研究インパクトを立証する一連の重要な機能自体を巧みに示すことよりも、研究の重要性についての理論的かつプロセスに基づく主張で満足すべきであろう。エビデンス情報に照らした政策と実践についての手段的活用の枠組みにおいては、このような状況は明らかに極めて不満足なものであるが、研究の影響についてのわれわれ自身の幅広く対話的な見解では、このことは、現実的に期待できる最善のものとして受け入れることができよう。

第10章

結論

はじめに

　本書では、研究がインパクトを持つこともあれば、また持たないこともあることに注目して議論を始めている。その議論にあっては、政策と実践における研究に基づく知識の影響プロセス、つまり、このような影響がどのように仲介され、妨害あるいは増幅されるか、そして研究が深く関与することで政策形成とサービス提供の実践がどのように変化するかを理解することに対する関心を明らかにした。また、このこと以上に、積極的に検討すべき課題、すなわち研究活用プロセスを理解することは、研究活用の規模、範囲、効率性を増大させるという信念を示した。ここで明確に期待されることは、このような包括的に定義された研究活用の改善が、多くの場合、民主的な言論、公共政策形成、サービス組織、公共サービスの質の向上につながることである。

　もちろん、これまで、研究活用の増加が実際に世の中をより良くしてきたとするどのようなエビデンスも、せいぜい部分的で、論争の的となり、さらには、まったくそのような事実は存在しないとさえされる予期せぬ結果に言及してきた。その上、研究活用**プロジェクト**に対する根本的な批判が、論争の終始変わらぬ特徴であったことを認識し、一貫して配慮した記述を心がけてきたつもりである。実際、専門家によっては、政策や実践の環境からよりもむしろ、主に学術的判断基準や、また、しばしば研究**活用**が何を意味するかについての限定的な概念化に突き動かされてではあるが、そのような取り組みを有害で、状況を悪化させる、けしからぬ横暴なものとして非難するだろう。例えば、ホームズらは、「健康諸科学におけるエビデンスに基づく運動は、ミクロファシズムの好事例となる」(Holmes *et al.*, 2006, p.180) と主張する。

　本章では、持続的で理論的な批判と、実証的エビデンスの欠落という二つの難問を前提として、公共政策やサービス提供における、研究に基づくエビデンスの特権的な役割に関する論拠を作り直すことから、本書の主張をまとめる。研究がいかに貢献するかについて探究するに際し、**社会研究**の範疇に入る研究の多様性に注目する。そして、何が実際に研究と見なされるかに関する厳格な

第10章 結論

基準の定義には関心はなく、むしろ包括的な折衷主義を選ぶことをあらためて明確にする。また、研究の**啓発的な**概念的活用は手段的活用と同様に重要であり、**活用**が多くの形態をとることを強調する。このような包括性から生じる確信は、読者が得たいと思うような本書からの教訓が、狭義の学術的研究から生じる知見だけに限定されず、多様性に富んだ**エビデンス**を取り上げ、活用することに適応できるということを意味する。

本章では、前向きな試みとして研究活用の探究について概説した上で、本書の核心部分で発展させた議論を要約、統合する。政策や実践の中で研究、そして他のエビデンスが実際にどのように活用されるのかを調べることで、研究活用の複合的で偶発的な性質を強調する。このことは、多重の経路があり、多面的、相互作用的、反復的、そして変形力のあるプロセスの性質に注意を向けることになる。それはまた、研究活用を個別化されたプロセスとして理解することから、社会的・組織的に位置づけられたものと見なすことへ視点を移すことを意味する。さらに、研究活用改善戦略は、これらの新たな理解を十分に認識した上で、実際にそのような理解を役立たせるべきだということを述べる。このような前提に立って、対話の機会に多様な意見を奨励する研究活用改善戦略が、公共サービスに関する討論の中で実質的、持続的、そして時に批判的な役割を研究に対して与えることを示唆したい。最後に本書を通して提示した検討課題について、いっそうの議論によって情報豊かに詳述され得る将来の研究の方向性を描き出す。

第1節　研究はやはり重要である
　　　——しかし、研究とその活用は多様である

研究活用の増加にもかかわらず、公共サービスの改善を実証する、強力で説得力のあるエビデンス基盤が欠けていることは、驚くにあたらない。本書では、研究活用の多様性や複雑性を明示することで、研究インパクト評価を行うことが難題であることを立証した。第9章では、これらの複雑性が学術環境の外での研究活用の**価値**の単純な実証をいかに妨げているかについて探究している。

にもかかわらず、多くの人々にとって、少なくとも質の高い研究には、研究に基づく知識が特別な注意を払うのに値する何かがある。少なくとも、今、話題となっている研究やエビデンスをめぐる修辞や言説は、特別のタイプの知識として、研究が注目されることを正当化する。

第1章で詳述したように、本書での研究についての見方は、「批判的な調査・評価、理論構築、データ収集、分析そして体系化などの、系統立ったプロセス」に及ぶ。このように、観察や推論がどのように行われるかに関する熟慮において、また、頑健性や再現の程度に対するニーズの認識において、さらに、同僚による吟味や評価に対する率直さにおいて、研究は他の知識の認識方法と異なっている。これらが達成される程度や方法について、質問や批判が残る一方で、それらが熱望され、論争され、異議を唱えられるという事実だけでも、多くの人々によってこの種のタイプの知識に特別の重要性が付加されるということが示唆される。言うまでもなく、本書の見方では、研究に基づく知識に注目することは、他の認識手法の軽視を必ずしも意味しない。実際、これらの多様な認識方法が、お互い調和しないにしても少なくとも適応させられて、まとまって取り扱われるという、研究活用にとって重要な課題を抱えながらも、その役割の重要性を理解していることは、本書の多くの部分から明らかである。

研究に対して特別の注意を払うことで、多くの潜在的な利益が得られるだろう。研究は、顧客のニーズがどのように概念化されるかといった思考方法と、サービス提供の代替方法のもたらす潜在的アウトカムといった意思決定方法の両方を明らかにする上で役立つ。しかし、研究についての本書での見方は、**エビデンスに基づくものであれば何でも**扱おうとする場合、中心の考え方となる**何が有効か**という研究の手段的活用に関する先入観よりも幅広い。そのことにより、例えば、入念な研究によって、前提を明るみに出して異議を唱え、暗黙知に挑み、そして問題枠組みや問題解決の**当然視される**側面を厳密に調べることができ、経済学や社会学の基礎研究によって、最広義の社会の構造や作用を解明することもできる。また、応用的で深く掘り下げたインタビューやエスノグラフィー調査によって、業務を行う際の活動やダイナミックスに新しい理解を与えることもできる。さらに、エスノメソドロジーの方法によって、顧客や利用者の日々の成果に重要な見通しを提供できるようにもなる。

第10章　結論

　また、社会研究は、実証的認識に関するものだけではない。理論化、再概念化、推断にはすべて、見通しを加えることができ、現行の思考方法の問題化や時の経過に伴うゆるやかな再構成に貢献できる。しかしながら、実証的・理論的研究のどちらも、少なくとも現実社会では明確な解答を用意すると期待はできないし、成果は時として、明らかに矛盾したものになるだろう。再帰性を特性とする社会科学は、すべての成果を部分的で、偶発的で、暫定的なものと見ることによって、このような論争や矛盾を調整する。このような不確定性は、人によってはエビデンスに基づく検討課題を損うように見なされるが、その一方で、本書で示唆された相互作用的で対話的な方法は、これらの不確定性をより容易に調整することができる。

　社会研究はまた、社会的所産についての体系化された知識に関するものだけでもない。価値観を明瞭に表現することもでき、時が経つにつれて、これらの価値観を疑うことや、作り変えることさえ始めるかもしれない。社会政策において重要な役割を担う人々の間で、このような価値の転換が見られるときには、広範囲に及ぶ変化が現実のものとなるかもしれない。研究は、対話や省察への刺激として作用し、また、このようなプロセスを通じて、形式知と同様に暗黙知を拡張したり作り直したりできる。

　従ってここでは、研究が、公共の言論を増やし、実際の論争に形を与えることで、どのレベルにおいても議論を豊かにできると主張したい。その貢献は、現実社会を単に記述、分析することを超えて、前提、確信、価値観が試されるような対比点を与えることができる。時には理解を改め政策を変更するための強力な原動力として研究が使われることに留意し、研究の論争的な性質によって、探究的な形での関与がなされ、またそれが、場合によっては奨励されることも主張したい。このように、質の高い研究は、互いを尊重した対話を刺激するものとして考えられ、どんな議論も断ち切ってしまう切り札としては考えられるべきでない。そして、また、研究がこのように注意深く用いられることによって、利用者主導の研究を通じ、事情が違えば無視されてしまう考え方にも発言権を与えることで、多様な関係者間の力関係を再度均衡させるのに役立つことを示唆したい。このことは、重要な社会政策上の課題について、利用者の経験を前面に出し、**専門家**の見方に挑戦する上で特に重要である。総合すれば、

研究の役割の脱構築にもかかわらず、これらの潜在的利益は、公共サービスの文脈の中で研究によるエビデンスをさらに、そしてより良く活用することに十分な考慮を払うべき強力な理由である。

　研究に対して払われた特別な注意を裏付けるためにこれらの説明を行うことで、本書を通じて提示された分析を明確に述べ、統合する段階に移る。まず、現場で実地に観察される研究活用の複雑性や偶発性に注意を向け、次にこれを基礎に、より多くの研究活用を促す効果的戦略のために、すでに得られている見通しを探究する。

第2節　研究活用は複雑で偶発的である

　本節では、特に第1章から第4章にかけての議論を統合し再考するとともに、政策や実践の環境の中での研究活用についてわかっていることを要約する。

2.1　研究活用は、複雑かつ多面的でダイナミックな社会的プロセスである

　第2章と第3章で強調したように、**研究活用**は、複雑で多面的な現象である。文献上、また実際にも、政策や実践の場では、多くの注意が手段的活用に集中してなされてきた。そこでの研究エビデンスは、政策立案者や実践者の行動や選択に対して具体的で目に見えるインパクトを有する。しかし研究は、意思決定における知見の直接的活用を超えて、はるかに多様な方法で活用される。実際、もし政策や実践上の課題についての簡単な解答を見つけることを研究に期待するなら、社会研究はこのような明確なエビデンスをほとんど提供しないので、過剰な期待ゆえに社会研究が提供できるものについて失望することになるかもしれない。現場では、知識や理解の変化、あるいは認識、態度、確信に変化をもたらすために、すなわち、政策立案者や実践者が何をどのように、そしてなぜ行うかということについての考え方を変えるために、微妙なかたちで研究の概念的活用がなされる。研究、特に社会研究は、課題に単純に答える代わ

りに、課題自体に光をあてることができ、また、最初に**課題**として見なされるものに異議を唱えることもある。時に明確化が難しい一方で、このような研究の概念的活用は、非常に強力である。明らかに研究を**活用**する人々の視界からさえ隠されるにもかかわらず、このような**啓発的な**概念的活用の影響は、知的な言説、政策パラダイム、社会的な思潮を大規模に変更させ、時が経つにつれて重要なインパクトを及ぼす。

一方、特に政策が決定される高度に政治化された文脈の中では、研究の戦略的活用や戦術的活用がなされる。研究は、政治姿勢を支持しあるいは反対者を批判し、また、既往の決定や現行の政策や実践を維持することの正当化に使われる。研究のこのような戦略的活用は、研究当事者がまったく意図せず、また必ずしも支持しないやり方で知見を不当に展開するため、概して、特に研究者からは**研究の誤用**として見なされる。しかし、研究自体の恒常的な議論や研究のこのような戦略的活用は、民主的な議論を支援したり、実質的な研究インパクトの可能性をもたらすことによって、研究の推進者がその恩恵を受けて成功するような政治の場では重要な役割を果たす（Weiss, 1979）。研究の誤用を明らかにする試みは、簡単ではなく、倫理、権力、**合理的な**知識を構成するものとは何かという研究活用と密接に結び付く課題に常に直面するだろう。

同時に、研究活用がとり得る異なった形態を区別することが、記述的、分析的に役立つ一方、実地の研究活用は、この種の分類が意味する以上に流動的で、反復的なプロセスであり、このような**タイプ**の活用の間での継続的で反復的な流れとして最も良く特徴づけられる。そして、政策コミュニティと実践コミュニティを貫くこのような研究の流れは、多数の異なる経路を通して、ほとんど直接に、また途中で解釈や変形を伴って生じる。政策と実践における同僚間または直接的に研究者間での人間関係や社会的相互作用は、通常、研究活用の鍵となる。このことから、研究活用は単純な応用を超え、研究に基づく知識の複雑な社会的加工を含むかもしれないのである。このように、研究活用は単純な出来事としてではなく、入念かつダイナミックなプロセスとして出現するものであり、簡潔な定義、安易な分類、過度に単純化された解説からはかけ離れたものである。

2.2 個人による研究活用に焦点をあてるだけでは、研究活用プロセスの潜在的な範囲について十分に理解できない

　第2章から第4章では、研究活用は主として個人に着目したプロセスとして扱われる傾向があることを明らかにした。実証的な実地調査だけでなく、概念的な作業のための研究活用の支配的なモデルは、個々の政策立案者や実践者が研究を意識的に求め、研究の最新情報に注意を怠らず、また、日常業務の中で集めたエビデンスを適用することを想定している。このことは、個人が気づかない方法で、研究が組織または制度レベルで政策や実践に入り込む可能性について、ほとんど知られていないことを意味する。研究活用がどのように生じるか、また、そのプロセスに対する阻害要因と促進要因は何かなど、研究活用について知られていることの多くは、個人レベルのプロセスだけに関係している。研究が組織や制度レベルで果たす役割は、あまり探究されないままだが、われわれが得ているエビデンスは、組織や制度レベルでの研究活用が重要であることを示唆している。同時に、研究活用の場合の人間関係の持つ影響力は、今まで説明されている以上に、研究活用が社会的で集団的なプロセスであることを示唆している。しかし、このような集団的な研究活用もまた文献上比較的顧みられることなく、これらのプロセスについての知識は脆弱なままになっている。個人による研究活用に偏った、このような不均衡は、研究活用に関する歪んだ理解を助長する。このため、研究活用プロセスの個人に着目した枠組みを超えて、広範な組織やシステムの中で、また集団やコミュニティにとって、研究活用が意味するものをとらえる必要がある。

2.3 研究活用は、高度で偶発的、かつ文脈依存的である

　第2章から第4章までの分析は、研究が活用されるかどうか、そしてどのように活用されるかということを決める多元的な影響に注目してきた。現場に実在する知識は、その主要な要素に、研究そのものの本質、研究を実際に活用する人々の特性、そしてこの双方が結び付けられる方法が含まれることを示唆し

ている。しかし、特に、いつどのような方法で研究が活用されるかを理解する上での核心としては、研究活用のための文脈がある。第2章と第3章で述べたように、研究活用は、環境によって、また時が経れば変化する、高度で偶発的なプロセスである。個人は独自の方法で研究に携わるが、その方法は、研究活用プロセスに持ち込む個人の世界観、知識、経験によって形作られる。このことを理解し、研究活用が、現場組織の優先事項、文化、意味の体系と、高度に政治問題化されたダイナミックで予想できない政治というものとどのように相互に影響し合うかに留意してみると、研究活用がプロセスとして作用する多様な文脈上にあって、いかに偶発的であるかがわかる。

　このように、研究活用プロセスは、まったく孤立的なものではない。研究活用は、その環境と相互に深く関係しており、通常、複雑で不規則な研究活用の形態は、文脈的なレンズを通してのみ十分に理解され得る。これらの偶発性にもかかわらず、本書では、多様な、環境を通じて用いられる洞察をうまく引き出している。だが異なる文脈によって研究活用がどのように、またどの程度影響されるかについての知識は、部分的で応急的である。研究活用が異なる政策や実践の環境を通じて、なぜどのように変化するのかについて十分に理解するための徹底的な調査が必要である。

2.4　研究は、単純に取り入れられるよりも改変されがちである

　これまで詳述してきたように、研究活用は真空の中では生じない。それは常に特定の文脈の中に組み込まれており、その特定の文化や構造、政治は、研究が取り上げられる方法を左右する。そして、研究エビデンスがこのような文脈の中に単純に取り入れられることはまれである。研究は、頻繁に現場の関心や需要に合うように改変される必要がある。研究から得られる知識は、生産された文脈の所産であり、それを活用する現実の文脈の中で新たな意味を獲得するだろう。このことは、研究の忠実性を再現し推進する枠組みが、ほとんどの状況で役立ちそうにないことを示唆している。その上、研究の厳密な忠実性に固執することは、政策や実践の環境の中で研究が果たし得る役割についての広範な見方を禁ずるのと同様に、研究に基づくイノベーションを抑圧してしまう。

忠実性を推進することはまた、研究活用において、現場の、状況による、暗黙知といった研究以外の形態の知識の役割を無視、または抑圧しがちである。

これを避けるために、効果的な研究活用は、研究に基づくエビデンスと研究以外の形態の知識との間の相互作用を必要とするだろう。研究活用は、個人であれ集団であれ、人々が自身やその組織の信念、価値観、物語、知識、経験を持って、研究に関与することを必要としている。このように、政策立案者や実践者は、研究からの最新の知見を書き込まれる単純な**白紙状態**ではなく、研究活用プロセスにおける能動的な説明者や参加者である。第2章と第4章での検討からは、研究活用が、構成主義的学習理論を通して最も適切に理解されることが示唆された。そこでは、研究から得られた知識が、先行の知識や経験のフィルターにかけられ、形作られ、さらに現場的、暗黙的、逸話的、経験的な研究以外の形態の知識と融合されると思われる。このように研究は、その活用プロセスの中で単純に移転されるだけでなく、翻訳され、改変されるのである。

2.5 研究活用プロセスの相互作用的で社会的なモデルは、見通しのきいた理解を提供する

第4章で述べた伝統的な研究活用モデルは、研究活用を合理的、直線的、手段的なプロセスとして性格づける傾向があった。このようなモデルは、実証主義的な基盤によって根拠づけられており、特定された**事実**を供給しながら、研究によるエビデンスを単純なものとして説明する。加えてこのようなモデルは、政策立案者や実践者を研究の受動的な**対象**として見る傾向がある。その上、これまでの議論で強調したように、研究活用の性質が乱雑で、議論のある、ダイナミックなものであるために、このようなモデルは、現場での適合に失敗している。伝統的な研究活用モデルは、研究活用の理想形を表しており、潜在的には規範モデルとしての価値を持っているが、日常の文脈の中で研究活用を性格づける複雑性や偶発性を理解しようとするとあまり役には立たない。

研究活用の解釈主義的枠組みは、研究活用を理解するためのより良い方法を提供するように思われる。それらは、かなり反復的、相互作用的、社会的な方法で活用される研究の可能性を予想し、また、研究が他の形態の知識とともに

その活用プロセスにおいて解釈され、改変され得ることを確認する。しかしながら、それらの論理上の極論を述べると、解釈モデルが示唆するのは、研究知見を含むすべての知識が、単に**真実**の社会的構成を説明するにすぎず、研究が政策や実践のために役立つ知識を提供しているとの主張を精査するための明確な基準が存在しないことである。従って、このような枠組みは、われわれが進めようとしている研究活用プロジェクトを阻害する危険を冒している。

翻って、第4章で検討しているように、研究活用プロセスの「相互作用モデル」における、実証主義と解釈主義という二つの枠組みのバランスをとることは、生産的であるように思われる。このモデルは、研究が活用されるかどうか、またどのように活用されるかということを理解するための鍵を握るのが、研究と研究利用者コミュニティとの間のつながりであるということを示唆している。このモデルは、研究活用を、政策立案者や実践者と研究者との間のダイナミックで複雑な仲介された相互作用として考える。このように、研究活用は直線的に延びるよりも双方向の知識の流れを含んでおり、研究者や研究利用者は、現場の文脈にとっての研究やその意味を解釈するために、各自の経験や価値観、理解を加味している。研究活用は、単なる個人的プロセスではなく、複雑な相互作用を通じて起こる社会的、集団的なプロセスとして現れるが、このことはまた、研究の手段的活用だけでなく、より象徴的な概念的活用につながる。

研究活用の性質を調べた上で、以下では、研究活用促改善戦略を開発する最善の方法を探究する。その際、これらの課題に関して第5章から第8章までに明らかとなった主要な結論を強調する。

第3節　研究活用改善戦略を開発するための見通し

3.1　相互作用的で社会的な手法は、最も有望であるように思われる

研究活用プロセスの相互作用的で社会的モデルが最も有望な見通しや理解を提供するという第2章から第4章までの結論は、研究活用の強化に関して何がわかっているかを検討する初期の段階においても揺らぐことはない。第5章に

おいては、成功した研究活用改善戦略に関するエビデンスを調べた結果、以下のような結論に達した。すなわち、研究活用の質を高めるための「相互作用モデル」——たとえこれが、政策立案者、実践者、研究者の間の正式なパートナーシップの取り決めまで含むのか、あるいは、もっと簡単に、双方向の交流促進のための研究セミナーやワークショップにおける討議や討論を高めるだけで良いのかのいずれであっても——を参考にするのが、最も有効であると結論づけた。さらにまた、研究活用の典型的な社会的、集団的性質を認める戦略は、さらなる成功を導きそうに見える。このような戦略は、例えば、現場で研究を推進する人々を特定することによって、社会的影響や社会的学習を支援することを伴うか、もしくは研究とその活用を支援する現場組織の構造・文化の開発の奨励を目指して、促進されるだろう。

　第6章においては、個人的・組織的な学習理論、ナレッジマネジメント、イノベーション普及理論など、研究活用プロセスに焦点を置く上で助けとなる文献レビューを通して、これらの知見を裏付けた。これらの文献から改めて強調できることは、集団的な学習やその意味づけ、そして、組織的な文化や行動は、知識活用において重要な役割を持つことである。それらの文献は、相互作用、社会的影響、研究活用促進に焦点をあてた研究活用改善戦略を開発する必要性についての本書の結論を裏付ける。このように、優れた研究活用改善戦略の創造により、相互作用的で社会的なプロセスとしての研究活用について、本書での理解に最適なものが確認され、さまざまな方法論に内在する暗黙のメカニズムや理論、つまり、それらがどのように研究活用を確実に行うかについて、明確にされる。

3.2　研究活用改善戦略は、個人的な研究活用よりも幅広く目標を設定する方が有益である

　第7章と第8章では、政策と実践の双方における研究活用改善のための現場での活動の多くが、研究活用プロセスの個人に着目した枠組みによって暗黙裏に支持されていることを論証してきた。ここでの主たるモデルでは、個々の政策立案者や実践者は、自らの日常業務の中でエビデンスを探し出して応用しよ

第10章　結論

うとする研究活用の重要な原動力と見なされており、個人レベルに焦点をあてる研究活用改善戦略を奨励する。この枠組みの下で、研究活用改善戦略は、ある程度の解釈や翻訳を伴ったり伴わなかったりするが、主要な政策立案者への普及の強調、研究者と研究利用者の間の一対一の接触、実践者間の研究評価技能の開発を含んでいる。しかし、第6章でレビューした文献は、知識が活用される集団的方法や、知識の共有・適用が起きる本質的に社会的な文脈に焦点をあてている。このことは、組織が研究の個人的活用を形作り、制約する方法を単に認識するにとどまらない。研究活用と意思決定の双方が、単なる個人的なプロセスではなく、集団的で組み込まれたものとして認識されることも必要である。

　研究活用改善戦略や研究活用上の阻害要因と促進要因についての研究が、しばしば研究活用とは何を意味するのかについての個人的な理解によって形作られてきたとすれば、研究活用のおおむね個人的なアプローチの開発に間違って駆り立てられるかもしれないので、これらの知見は注意して活用されるべきである。一方で、個人よりも広範に注目される研究活用改善戦略の種類については、新しくかなり異なった方法で考える必要がある。第7章と第8章は、このような戦略が必要とするものを探り出すことに着手した。例えばより社会的な学習の形態や**研究熱心な**現場文化の開発を支援する方法をとることで、研究に共同してかかわるグループやチームが創設され得る。組織横断的な学習もまた重要であり、ネットワークがここで新しい方法を提案するかもしれない。一方で、戦略、手順、実践ツールの中や、基準、監視プロセスの中に研究を組み入れる方法を見つけるなどの、制度レベルでの研究活用を開発することにはあまり注意が向けられてこなかった。唯一のというよりも共有されがちな問題の解決のために、個々の実践者が研究にアクセスするよう奨励することもできる。しかし、それよりも、第7章で述べているように、制度レベルでのアプローチは、エビデンスの形態や公共サービスの環境によっては、効率的・効果的戦略であることが明らかになるかもしれない。しかしながら、組織による、あるいは、制度レベルの効果的な研究活用改善戦略の開発に関して得られるエビデンスは出てきてはいるが、依然として数はかなり限られている。

3.3 研究からの手段的インパクトを超えて焦点をあてるとき、強化された研究活用改善戦略が明らかになる

　第7章と第8章で詳述しているように、現存の研究活用改善戦略は、研究の手段的活用を達成するようほとんどの場合調整される。エビデンスが、政策あるいは実践上の決定に何らかの直接的なインプットを投入するとき、研究は大方価値あるものだと思われがちである。また、本書で述べてきたように、知識、理解、言説においてとらえにくいが潜在的に重要な変化に貢献する研究の概念的活用は、研究からの手段的インパクトのための手立てとしてではなく、それ自体を目的として、政策や実践の環境で極めて重要となり得る。これは知見に対してだけでなく、現実社会を理解するための新しい概念や考え、枠組みに対しても重要な導線である社会研究にとっては、特に真実である。研究活用改善戦略は、研究のこの実質的で潜在的役割を看過すべきではない。第5章から第8章までで見てきたように、相互作用アプローチは、より研究の概念的活用を支持する有望な方法のようである。それらはまた、研究の**プロセス**活用が現れる機会を提供する。そこでは、例えば主要な利害関係者間のコミュニケーションを増やすことや、あるいは、公共のサービスや事業の成果についての考えを先鋭化することによって、研究を実施し考慮する活動自体が政策や実践の変更を導くこともできる。研究プロセスとその利用者との間の密接なかかわりから生じる影響力の可能性を認め、そこに近づくことができる戦略の開発には、多くの価値がある。

　第8章では、政策の場において研究における手段的活用に関する戦略を超えることがなぜ特に重要なのかを確認した。このことは、非常に重要だが、研究の手段的活用に焦点を合わせることは、政策目標が所与のもので、合意がなくとも当然視されている場合、効果的・効率的方法についてのエビデンスを事前に準備することで、研究を政策立案における合意に基づく役割に追いやりがちである。しかし、社会研究の主要な役割は、特定の方法の適切さや価値に踏み込んで問い、政策上の課題が形作られる方法を変更し、道徳的批評家として行動し、代替的検討課題や目標を提出するなど、公共政策に対して積極的に異議

第10章　結論

を唱える能力にある。研究の政策活用を増加させるための現行の戦略は、ここで想像し得る研究の潜在的役割を頻繁に限定するように思われ、それによって社会研究が政策手順を開発し政策論争を豊かにする可能性を弱めてしまう。研究の戦術的活用や戦略的活用は、研究が特定の行動方針を推進するために活用されるところでは、しばしば解決の鍵となる。これらの政治的な類の活用を正当化し、可能とする研究活用改善戦略が必要となるかもしれない。もちろん、このようなアプローチは問題がないわけではなく、特に研究の戦術的活用や戦略的活用がより丁寧な形態の対話や討論の可能性をいつの間にか損ねてしまう危険もある。そうだとすると、何よりも研究活用改善戦略は、研究が多数の方法でかつ多数のルートを通して政策に影響し、さらなる熟議プロセスの中で多数の利害関係者とかかわる可能性を閉じるのではなく開発する必要がある。

3.4　効果的な研究活用改善戦略を開発することは、それらが実行される文脈に良く注目することを意味する

　第2章から第4章にかけて行った分析からは、研究活用を支援しようとするどのような環境においても、研究活用に対して多面的な影響力が作用することがわかっている。研究活用改善戦略の開発においては、通常の範囲での阻害要因と促進要因など、あらゆる文脈的・文化的媒介要因を分析、考慮する必要がある（第3章参照）。

　その上、第7章で述べたように、例えば相互作用、あるいは社会的影響などのどのような戦略もそれだけで効果的になることはなさそうだ。このように、実施される現場的文脈に敏感で微妙な差異のある方法で、異なる戦略が組み合わされる必要があるだろう。このような戦略がどのように最も良く実行されるかということに関する知識は限定されたままだが、第7章で論じたように、このような**多方面にわたる**戦略は、研究活用プロセスの明確な理解やモデル、そして、これがどのように具体的文脈の中で強化されるかということにしっかりと定着する必要がある。考慮すべき課題には、以下が含まれるだろう。

- 重要な研究活用の種類（手段的活用と概念的活用）。

- 研究の再現とある程度の改変のどちらを追求するのか。
- 研究活用の焦点をどこにあてるべきか——個人、組織およびまたは制度レベルか。
- トップダウンとより分権的なアプローチのどちらが適切か。
- 研究活用の対話的・プロセス的便益と、意思決定の具体的なアウトカムとを対比した利害のバランス。
- 予想される研究活用プロセス——より直線的で合理的、あるいはより反復的、動的、相互作用的か。
- 何が研究活用のための**エビデンス**を構成するのか。

これまで述べてきたように、合理的、手段的、直線的方法で研究活用を形作るモデルは、研究活用を促す上での可能性を限定してきた。しかし、第7章と第8章で、このような枠組みが適切であり、成功する環境があり得ることも見てきた。例えば、研究エビデンスに議論の余地がない場合や、有用な答えが期待できる明確で合意のある問題がある場合には、このことはあてはまる。同じく一般的に研究活用改善戦略を促進する相互作用的な枠組みを推進したいが、これらは万能薬ではない。例えば、研究活用のために相互作用の戦略を**拡大する**ことは難しく、それらにはまた、大がかりな資源が必要になりがちである。

より広い視点に立てば、特定の公共サービス分野において、あるいは政策の場を横断して、バランスのとれた戦略の**パッケージ**を創造することに関してさらなる課題がある。異なるモデルや前提によって裏付けられた異なる研究活用改善戦略が、互いにどの程度十分に適合するかの問題である。また、本書では決定的な答えを持ち合わせていないが、異なる戦略の間には相補性とともに対立関係もありそうだ。例えば実践の環境では、活用する文脈に研究を適合させようとする相互作用戦略が、元々の研究に対して注意深い忠実性を求める合理的で再現可能な戦略とやや居心地悪く同席している。ここでは、何がエビデンスを構成するのか、それがどのように活用されるのかといった、このプロセスの中での実践者の役割や自由裁量についての根本的に異なる見方が働いており、それらは適切に解明されはしない。第6章で述べたように、ナレッジマネジメントについての体系化と個人化の戦略などの他分野の関連文献でも同様に、結論として、異なるモデルは、必ずしも容易には融合されない。構成主義的学習

理論には、実施される文脈の注意深い分析や、異なる理論が組み合わされた場合に生じる緊張が明らかにあり、それらを管理する試みが必要となるだろう。ここで求められているのは、研究活用改善促進のための方法を支えるモデルの種類についての明快さなのである（これらのモデルのいくつかは、第7章で詳述されている）。

3.5 研究活用における知識、政治、権力の相互作用を認識することによって、適切でうまくいく研究活用改善戦略の開発が可能となる

　多様な研究活用改善戦略を比較して述べた対立関係は、研究活用プロセス、またインセンティブと強化による戦略の開発に作用する、政治や権力の課題を強調する。研究は、権力の多角的関係が組み込まれた構造を通して産出され、議論される知識である。さらにまた、研究活用促進戦略のどのような試みも、公共サービスや公共政策の開発において活用することがふさわしい種類のエビデンス、そしてどのような方法でそのエビデンスが展開されるかに関して、固有の前提を必然的に含んでいる。このプロセスの中でさまざまな個人や機関が果たす役割の種類についても指摘がなされている。

　第4章と第6章で論じられた、研究活用に関する批判的なポストモダン的解釈は、研究活用行動に伴う権力の構造と関係の相互作用に注意を向けさせ、研究活用を増大するための方法自体が政治的プロジェクトであることに気づかせてくれる。このような解釈は、どのような所与の文脈であっても研究活用における、権力や影響、イデオロギーの問題を明らかにすることを促す。この批判的レンズを採用することは、研究活用に関する将来の研究や理解のための重要な検討課題である。しかしまた、研究活用を高める戦略の開発についてどのように考えるかも重要であり、それによって、研究活用プロセスの中でもたらされる関心事項を明らかにするよう、後押しされる。そのことはまた、**研究活用を高め**たいということは何を意味するのかを問うことにもなる。最後になるが、そうした考えを持つことは、公共サービスを考え開発する上で、研究エビデンスに特権を与える際に除外され得る多角的で多様な他の知識や見方に留意することを促し、また、これらの代替的な意見に対して、沈黙ではなく傾聴できる

研究活用改善戦略の必要性に気づかせてくれる。第8章で紹介されたような特別の熟議プロセスを使うことは、これを取り上げる一つの方法だが、他の革新的取り組みも試され、評価される必要があるだろう。

要するに、これまでの議論から、研究活用プロセスや、これらがどのように高められるかということについての多くの知識が明らかになった。この知識から、研究利用者、あるいは研究活用の改善にかかわっている多様な個人や組織の関係者にとってたくさんの意味を有する、多くの実際的価値を得ることができる。次節では、こうした点について取り上げる。

第4節 研究活用を増加させる実際的示唆

前述の議論からは、わかりやすく決定的な実践的処方を引き出すことはできない。広範多岐にわたる要因次第で、引き出すことができる示唆は必然的に変化するだろう。この場合の要因としては、例えば、主要関心事項についての研究のタイプ、研究と研究以外の形態の知識との関係、想定された研究の役割、活用の文脈、最も利害関係がある政策やサービス部門、そして、全国や現場レベルのサービス提供の取り決めなどが挙げられる。しかし、このような偶発性にもかかわらず、研究活用の増加のために何がなされるべきかについて、かなり説得力のある包括的メッセージが**存在する**。これは特に政策の文脈よりも、行動のためのエビデンス基盤がかなり強固で異論の少ない実践の文脈においてである。

実践の文脈では、第5章におけるレビュー、第6章で調査した文献と第7章での実用モデルの考察は、まとめてみると、異なるサービス部門を通して生じる一貫したテーマに注意を払うようになってきている。例えばコラム10.1で要約した所見は、指針の範囲を概説している。そのどれもが現場の文脈で成功しているし、エビデンスに基づく実践の可能性に貢献している。これらは、コラム10.2で要約した、どのような種類のメカニズムが実践の文脈での研究活用の増加に最もよく役立つかということに関して明らかになってきたエビデンスに基づいている。もちろん、これらの原理やメカニズムが異なるサービスの環境

第10章　結論

や文脈の中でどのように運用できるか、また、どの指針に最も重点や注意が置かれるかは、研究活用の増加という課題がどのように構成されるかによって部分的には変化するし、また、変化すべきである。第7章では、実践の文脈の中でエビデンスの流れと活用を促そうとする際に、思考を研ぎ澄ます上で役立つ「研究に基づく実践者モデル」「埋め込まれた研究モデル」「卓越した組織モデル」といった三つの関連する枠組みについて概説した。つまり、これらの原理やメカニズム、モデルは、研究活用の改善を通じて明確な思考方法を提供する。このうちのどれも成功のための簡単な青写真あるいはレシピを提供せず、すべての局面においてさらなる開発と評価を要求しているものの、それらは、実践が多様な方法でエビデンスを意識したものとすることができるという楽観主義の根拠を提供している。

コラム 10.1　実践において研究活用を支援する指針

- **研究を翻訳する必要性**：研究は、活用されるために現場の実践の文脈に応じて改変され、その中で再構成される必要がある。単に知見を提供するだけでは不十分である。改変の形態には、対象とする集団のニーズに合わせて研究結果を調整すること、それらの示唆について討論を可能にすること、実際面で研究を**ティンカリング**すること、あるいは研究に基づくプログラムや実践ツールを開発することを含む多面的なものがあり得る。

- **当事者意識の重要性**：研究自体、研究に基づくプログラムや実践ツール、あるいは研究実行のためのプロジェクトにかかわる当事者意識は、研究を取り上げる上で極めて重要である。しかしながら、例外は、実施が強制的プロセスとして受け取られ、理解されるところで生じる。

- **熱心な推進者の必要性**：個人としての熱心な推進者あるいは**研究成果物の擁護者**は、研究活用プロセスを進める助けになる。彼らは、新しい考えや実践を売り込む上で重要である。個人的つながりが、ここでは最も効果的である。

- **文脈的分析の実施**：成功する取り組みは、研究実施のための文脈を分析し、変化のための特別な阻害要因と促進要因を対象とする。

- **信頼性の確保**：研究の取り上げと活用は、信頼できるエビデンス、専門家と同僚双方のオピニオンリーダーからの保証、プロセスに対する明白で高度な関与がある場合に高められる。
- **リーダーシップの供給**：マネジメントとプロジェクトの双方のレベルでの強力で明確なリーダーシップは、動機づけ、権威、組織統合をもたらす上で役立つ。
- **適切な支援の提供**：進行中の変化を実行させるものへの支援は、成功のチャンスを増加させる。財政的、技術的、組織的、心理的支援は、すべて重要である。献身的なプロジェクトコーディネーターが、多くの取り組みの成功にとって核心のようである。
- **統合の開発**：研究活用を支援、維持するために、現存する組織的制度と実践の中に活動が統合され、すべての主要利害関係者がかかわり合う必要がある。現場や全国的な政策要求との一致もまた、研究活用を支援することになる。

コラム 10.2　研究活用の増加に役立つメカニズム

- **利用者のニーズに合わせた普及のやり方**によって研究の概念的活用を促進し、その普及方法が知見についての議論を可能にするところでは、手段的活用を支援するかもしれない。
- **相互作用戦略**、つまり研究者と政策立案者あるいは実践者の間のより多くのコミュニケーションや連携を助長するパートナーシップなどのアプローチは、個人が、その現場の文脈において、概念的活用または手段的活用を支援する方法で研究知見を改変させ、**試してみる**ことを可能にする。
- **社会的影響戦略**は、有望だが、たいていは研究活用を促進する上で幅広くその有効性が明示される必要性が依然としてある。
- 技術的、財政的、組織的、心理的支援を提供する**研究活用促進戦略**は、研究に基づくプロトコル、ツール、プログラムの実施を支援できる。
- **リマインダー（注意喚起）とインセンティブ**は、状況によっては、研究に基づく実践を助長し、研究活用改善の上で成功しているようだが、それ以外では、

第10章 結論

強化介入の有効性に関するエビデンスはあまり明確ではない。
- **多角的な介入**は、効果的かもしれないが、どのような文脈でどんなメカニズムが最もよく作用するかについての、また異なるメカニズムがどのように相互に影響し合うのかについてのさらに多くのエビデンスが必要である。

　コラム10.1における諸原則の多くもまた実践の文脈から導き出されたものであるが政策の文脈においても役立つ行動指針を提供すると思われる。このことは、第8章で強調したように、政策の文脈における研究活用活動の多くが、研究供給の、そしてある程度までは研究需要の課題に取り組むことに向けられる場合は、特にそうである。しかし、本書での分析の結論の一つは、研究と政策の間の関係を増加させる**供給と需要**の理論には限界があるということだ。実際に研究供給が、特に研究統合やその解釈と伝達の質に注意を払うことによって、多くの方法で改善されることは事実である。また、修正された政策プロセスが、研究需要と受容性を増加させる力を持っていることも事実である。多くの分野で現在進行中であるように、これらの問題双方に対する関心は、多分限定的なものだが、いくらかの有益な影響を与えることになりそうだ。しかし、供給と需要の間の相互作用にもっと注意を払うことも必要だと思われる。すでに述べたように、相互作用や仲介は、政策審議における、広範多様な研究活用にとって鍵になると思われる。

　政策審議に多様な声や機関を引き込む相互作用や仲介は、社会研究が政策言説の一部になる上でさらに多くの機会を提供する。必然的に生じる論争や討論は、研究の魅力的な役割を助長するだろう。すなわち、現在の政策や取り組みのパラダイムの中で単に開発を支援する役割を超えて、これらのパラダイムを問い、挑戦するに至る役割である。あらゆる意味で要求されるものは多いが、このようなオープンで、多元主義的、相互作用的な政策コミュニティは、刺激的な可能性や民主化の可能性を持っている。

　広範多様な機関や仲介者をカバーする活動的な政策ネットワークを含む、力強い政策プロセスに対するこのような見方は、研究情報に基づく政策を開発するための、中央で管理された戦略を調べようとする人々にとって最も魅力的で

ある。それは、政策討論やそれらを形作るエビデンスの多数の**開放**を含むだろう。政府側には、その後に起こるすべての困難、緊張、遅滞のために、広範な関係者を活動的に関与させる意思が必要となる。政府の外側では、政策理解、メディア認識、唱道志向的であることを通じて、何が達成されるかについての認識が徐々になされつつある。これらの非政府機関のいくつかは、創造的で雑多な戦略によって政策の文脈を形作る強健な試みを含む方法、重要課題をめぐる活発な連携の創造、そして実地に何ができるかを示す実証プロジェクトの開発を示しつつある。従って、研究に無関心なことによる非生産的な衝突よりも、生産的な研究情報に基づく相互作用が有望な環境を形成する上で役立つよう、政府機関や非政府機関にできることがたくさんある。

　このように、研究活用をいかにより良く可能にするかに関して、引用できる積極的なメッセージが多数ある。以下の議論ではさらに進んで、研究活用に関して収集した知識が、他の形態のエビデンス活用を理解する上で役立つ幅広い適応性を持ち得ることに注目する。このため、次節では、単なる研究に基づくエビデンスよりも広範なエビデンスの見方にとってわれわれの分析が持つ意味の探究に着手する。その後、研究活用のさらなる研究や研究活用改善戦略のための手段を展開する。

第5節　研究の包括的な見方：広範なエビデンスの持つ意味

　第1章において早い段階で引用し詳述した**「批判的調査などの系統立ったプロセス」**という研究の定義は、大学や他の伝統的な研究機関の研究者による定義を超えて、他の形態の体系的な探究を含むものとして容易に理解されるだろう。例えば、監視機関による体系的な調査、日常サービスの管理データの分析、質問紙あるいはフォーカスグループを通じた関係者協議は、すべて公式な研究とほとんど違わないものと見なされ、区別は難しいと考えられる。このことから引き出される結論は、異なるカテゴリーの知識の間に、堅固で明確な区別はほとんどなく、曖昧さや流動性が普通であり、**研究**あるいは**エビデンス**のような知識のラベルは技術的説明というよりもむしろ政治的価値判断だということ

である。このことは、伝統的な研究が特別の注意に値する非常に重要な知識形態であることの重要性を減じるものではないが、研究に基づくものであろうとなかろうと、**すべての**知識の出所、性質、活用を調査する必要性に気づかせてくれる。

　このような研究やエビデンスの包括的な見方によれば、次に来る大きな問題は、考慮中の**知識**の解釈や意味が何か、そして多様な関係者に対してそれがいかに説得力があるかということである。もちろん、これらの解釈と説得性の双方は、高度に文脈化され、異なる関係者では異なる結論に達するかもしれない。このような分析はまた、いつ観察が研究になるのか、いつ研究がエビデンスとしてのラベルを獲得するのかなどの言語の雄弁な説得力と同様に、何に説得力があり、何がそうでないのかを誰が決めることになるのかなどの権力と正当性の問題にも注意を引く。これらの難問は、研究分類を広げるに従って深刻になる一方で、本書を通じて、意図的に注意を喚起してきた研究の変わりやすさへの多くの懸念と、本質的に異なるものではない。すなわち、研究の限定的で排他的な定義に忠実であることは問題を避けることにならず、こうした難問は、研究行為が完結する場所以外の文脈でさまざまなグループが研究を議論するときには必ず生じる。その上、どんな文脈も静止してはいない以上、これらさえ、時の経過とともに異なったものとなる。

　そこで本書では、研究と、体系的に集められた他の形態の情報との間に明確な境界線はなく、あったとしても程度の問題であって、しかもその種類の変更でもないことを主張したい。このような見方は極端な場合、研究の比較的特権的な立場の推進を損ねるものとして見られかねない。しかし控えめに扱われれば、研究を含むすべての知識の、文脈に依存し議論のある性質を認識するものにすぎない。研究やエビデンスの本質に関するこの包括的な見方は、本書が含むメッセージから広範な教訓が引き出される余地を切り開く。研究と研究活用に対する見通しを最大限に引き出し、さらに、その活用を理解、あるいは促進する研究以外のエビデンスや知識の出所に対し、本書の分析が本書の読者に幅広く用いられることを期待している。

第6節　研究活用のために求められるさらなる研究

　本書では研究活用について多く取り上げたが、明らかにすべきことはまだ多い。これらの知識のギャップの多くは、これまでの各章の議論の中で取り上げてきた。特に第9章では、研究インパクトについての総合的研究を開発することの難しさを強調した。これらの難しさにもかかわらず、これまでの分析を十分に参照すれば、さらなる研究は、研究活用プロセスについての理解を促進するとともに、研究活用改善戦略を開発する上での、豊かで微妙な差異のあるエビデンス基盤を提供する潜在力を持っている。本書の立場からは、新しい研究は、公共政策や公共サービスだけに対する研究活用インパクト全般を評定する総合的評価よりも、学習のための見通しを探究するのが最善である。しかし、このことは、研究活用改善戦略自体を評価できないという意味ではない。それどころかこのような戦略は、研究活用を支えるエビデンス基盤に貢献する手段として形成的にも総括的にも研究されることが可能であり、そうされるべきである。従って、この分野でさらに作業することは、どのようにして研究活用が実際に効果を生じることができるのかを明らかにすることであり、また、この作業がいかに研究活用に対して効果を生じさせることができるのかを示す上で重要な貢献となる。

　本書を通して、研究活用を、相互作用的で反復的、集合的で社会的なプロセス、そして解釈主義的あるいは社会構成主義的な見方を通して最もよく理解されると考えることの重要性を強調してきた。従って、これらの見通しを盛り込んだ多くの研究が、これまでの各章で概説した研究の蓄積に加えて、役に立つ新しい知識を提供しそうである。このような方法は、自然にそして正確に、重要な媒介要因として文脈の重要性を強調するが、文脈依存的な知識は必ずしも細分化された不整合な研究を意味するわけではない。ナラティヴ統合、リアリスト統合、そしてメタエスノグラフィー（Mays *et al.*, 2005）のような研究要約上の発展は、政策と実践のための研究統合を向上させるだけでなく、研究活用それ自体に関する知識を照合する上で役立つ潜在力を持っている。**研究活用**

に関する研究の分野の成熟につれて、このような先行研究の有益な統合の調査がすでに始まりつつある（Dopson and Fitzgerald, 2005）。

　これまで議論してきた潜在的な研究活用の多様性や、プロセス活用の効果の重要性が所与のものとすれば、今後の研究にとってこれらの多様な側面をもっと詳細に考察することは価値があるだろう。特に、概念的、啓発的、挑戦的、かつパラダイム転換的でさえある研究役割を考察するために、エビデンスの手段的で合意された応用についての先入観を取り去るような、研究活用に関する研究をさらに行う必要がある。その上、研究活用がなされる文脈が高度に政治化されるとすれば、研究の戦略的活用、政治的活用、そして、戦術的活用の調査は、概して研究の誤用として軽視されるが、このような活用がどのようにしてオープンで情報に基づく政策論争や政策決定の不可欠な部分になり得るかを見る上で役立つだろう。加えて、研究活用に関する研究は、研究と研究利用者の関係においては、研究の側から始められることが多すぎるように思われる。研究活用が現場での多くの多様な影響の一部として正しく文脈化され探究されるためには、今後の研究は、研究から研究利用者に重点を移してなされるのが望ましいだろう。

　政策形成において、第8章の分析が示したように、仲介者や政策ネットワークがよりオープンで熟考的な政策プロセスの中でどのように作用するか、彼らがどのように研究などのエビデンスを活用するか、これがどのように助長されるか、また、逆機能の規模と範囲は何かに関して、明らかになっていないものが多い。このような作業によって、どのような種類の仲介者や知識仲介者が効果を生むか、どうやって彼らが相互作用するように奨励されるか、これらの環境の中でどの程度多様な声が実際に奨励され聞き入れられるか、そして組み込まれた立場や既得権益に対して研究知見が実際にどの程度挑戦するようになるのかということが考察されるだろう。そして、このような作業のすべてによって、権力の巧妙な運用や意図せざる結果の存在や効果を幅広く探すことも重要だろう。

　第7章では、実践の文脈において研究の取り上げの増加を目指した活動を描写するために活用できる重要なモデルのいくつかについて言及した。「研究に基づく実践者モデル」「埋め込まれた研究モデル」、そして「卓越した組織モデ

ル」である。これらのどれもが、おそらく、第6章で概説された文献を参考にするか、例えばソーシャルマーケティング（訳注：社会的問題の解決のため、従来のマーケティングの考え方を用いた手法）、コミュニケーションプロセス、あるいは実践の新たな概念化に関する文献をもっと幅広く採用することに着手することによって、それ自体さらなる研究に値する。エビデンス活用の他のモデルが異なる文脈で明白かどうか、混合モデルがどの程度開発されてきたか、あるいは開発され得るか、そして重要なのは、多様なモデルの同時運用から生じる意味や矛盾について知るためにも、さらなる研究が必要である。

　しかし、政策と実践の文脈の間には、これまで無視されるか、これらのどちらかのカテゴリーにひとまとめにされてきた多くの重要な取り組みがある。特に、個々の実践者と顧客の相互作用に関してではなく、また、**政策**として十分に描写されることもできない多くの論争や活動がサービス機関で生じている。このような組織的な意思決定、そして広範なマネジメント行動は、エビデンスをおそらく含んでいるにちがいない。しかし、それらが作用する手段やプロセスについては、これまであまり研究されてこなかった（Walshe and Rundall, 2001、Tranfield *et al.*, 2003、Pfeffer and Sutton, 2006）。だが、これまで活動が比較的少なかったにもかかわらず、このような状況でのエビデンスの役割もまた激しく争われるようになっている（Learmonth and Harding, 2006）。研究活用の集団性やその文脈依存性の重要性を考え合わせると、このメゾ組織レベルでのエビデンス活用に取り組む研究が比較的欠けていたことが示唆するのは、研究上重要な隔たりがあるという事実であり、これらが埋められる必要性である。

　研究活用を理解する上でおろそかにされてきたさらに重要な点は、一般の人々およびまたは研究利用者の視点をいかに多く、効果的に活用するかについての手段である。利用者主導の研究は、利用者の関心を前面に出す一つの手段と見られてきたが、それは未熟なままである。第7章で紹介された「研究に基づく実践者モデル」はまた、研究エビデンスと顧客の価値観や選好との統合に熱心であるが、その完成はそれほど簡単ではない。サービス提供の具体化に関して、サービスの中で研究利用者からの声が、少なくとも英国ではよく聞かれる一方で、往々にしてこのような研究利用者からのインプットは、エビデン

スに関する論争から断ち切られてしまっている。実際、研究利用者の見方とエビデンスが接触する際に、これらを不整合なものとして見る傾向がありがちで、これに対応して、見通しを共有していく努力もほとんどされていない。オープンな政策プロセスや、感度の良いサービス提供は、こうした意見や見方、知識の大多数を効果的に一つにまとめる方法を発見できない限り達成不可能である。知識の混合や対話プロセスの研究は、異なる知識をどのように調和するかに関し、有益な理解のために果たすべき重要な役割があるだろう。

　最後になるが、研究活用プロセスへの関心は国際的現象である。本書の多くが英国の視点から観察し、言及してきた一方で、折に触れて国際的文献も広範に参照してきた。国際的文献を体系的に参照することは、新たな見通しに影響を与えるだろうし、国際的な類似や相違についての新たな体系的研究から得るものが多くあると確信している。文脈の特殊性について常に存在する警告にもかかわらず、このような国際的研究が、現場での理解を豊かにし、研究活用を促すための創造的戦略に向けた可能性を開いてくれるだろう。

第7節　結語

　最後に、本書で示されたエビデンスや議論から、また、筆者らの幅広い経験を通じて、いくつかの結論を導き出したい。研究用語において何が**良質**を構成するのかということは、その存在論的・認識論的な前提、その方法、理論、環境の中で多様であり、折衷主義的であるが、良質な社会研究は重要であるにちがいない。もちろん研究の質の評価は、研究活用の文脈から容易に切り離すことはできず、これらの文脈もまた多種多様である。それゆえ、ここ数十年の社会研究の大きな成長と、その活用のための無数の可能性は、この知識の源泉と公共サービスとの間のより大きな関連性を求める人にとって、機会と挑戦の両方を意味するものである。

　研究活用に関する研究は、手段的活用よりも、現存の思考方法に挑戦する概念的活用を含む確認可能な政策や実践上の変化に関して広範にわたるはずである。実際われわれは、多くの社会的利益が、政策の方向あるいは実践の転換に

おける確認可能な変化から直接的に生じるのと同様、広範多様な意見が交わされ、進展した、見識のある対話のような研究活用プロセスからも間接的に生じると信じている。その上、本書での見解では、文脈を認識しそれとかかわるモデル、他のタイプの知識のための役割を許容するモデル、そして研究活用を単なる個人的な行動以上のものと見るモデルなど、研究活用の相互作用的、社会的、解釈モデルは、研究が実際どのようにして活用されるかを理解する上で役立ち、さらに研究活用されるよう介入する際に支援してくれると考えている。

今や、これらの結論を裏付ける信用可能なエビデンスがある。実際、そのエビデンスを収集・分析して共有することは、ひき続き本書の中心的使命である。とはいえ、そのエビデンスの中に多くの隔たりや不十分なところがあることもわかった。それゆえに、より構造的な問いによってこれらのエビデンスの不十分さに取り組むことを促すべきだということが本書の第二の目的となるであろう。

本書の結びとして、社会研究が公共サービスにおける関係者間の**相互を尊重した対話**の一部となる可能性について、本書の数カ所にわたって言及してきた。このような活用は研究が影響力を持ち得る唯一の方法ではないが、われわれは全体として、研究を参考にする建設的な議論や対話が、公共サービスにおいて知識と実践の集合的な向上を図る最善のチャンスを提供すると確信している。本書が、研究活用と研究活用促進戦略の偶発性を引き出すことによって、この分野において、同様の効果を持ったさらなる対話に貢献できることを期待している。

参考文献

Abbott, M., Walton, C. and Greenwood, C.R. (2002) 'Research to practice: phenomic awareness in kindergarten and first grade', *Teaching Exceptional Children*, vol 34, no 4, pp 20-7.

Addicott, R., McGivern, G. and Ferlie, E. (2006) 'Networks, organizational learning and knowledge management: NHS cancer networks', *Public Money & Management*, vol 26, no 2, pp 87-94.

Albaek, E. (1995) 'Between knowledge and power: utilization of social science in public policy making', *Policy Sciences*, vol 28, pp 79-100.

Anderson, M., Cosby, J., Swan, B., Moore, H. and Broekhoven, M. (1999) 'The use of research in local health service agencies', *Social Science and Medicine*, vol 49, pp 1007-19.

Antil, T., Desrochers, M., Joubert, P. and Bouchard, C. (2003) 'Implementation of an innovative grant programme to build partnerships between researchers, decision makers and practitioners: the experience of the Quebec Social Research Council', *Journal of Health Services Research and Policy*, vol 8, supp 2, pp 44-50.

Antman, E.M., Lau, J., Kupelnick, B., Mosteller, F. and Chalmers, T.C. (1992) 'A comparison of results of meta-analyses of randomized control trials and recommendations of clinical experts: treatments for myocardial infarction', *Journal of the American Medical Association*, vol 268, no 2, pp 240-8.

Argyris, C. and Schon, D.A. (1996) *Organizational learning II*, Reading, MA: Addison-Wesley.

Armfield, G., Armistead, C. and Kiely, J. (2002) *The COE learning network: Final Report*, Bournemouth: Centre for Organisational Effectiveness, Bournemouth University.

Armistead, C. and Meakins, M. (2002) 'A framework for practising knowledge management', *Long Range Planning*, vol 35, pp 49-71.

Audit Commission (1990) *A short cut to better services: Day surgery in England and Wales*, London: Audit Commission.

Auspos, P. and Kubisch, A. (2004) *Building knowledge about community change: Moving beyond evaluations*, New York: Aspen Institute Round Table on

Community Change.

Ausubel, D.P., Novak, J.D. and Hanesian, H. (1986) *Educational psychology: A cognitive view* (2nd edition), New York: Werbel and Peck.

Baker, C.D. and Lorimer, A.R. (2000) 'Cardiology: the development of a managed clinical network', *British Medical Journal*, vol 321, pp 1152-3.

Balas, E.A., Austin, S.M., Mitchell, J.A., Ewigman, B.G., Bopp, K.D. and Brown, G.D. (1996a) 'The clinical value of computerized information services', *Archives of Family Medicine*, vol 5, pp 271-8.

Balas, E.A., Boren, S.A., Brown, G.D., Ewigman, B.G., Mitchell, J.A. and Perkoff, G.T. (1996b) 'Effect of physician profiling on utilization: meta-analysis of randomized clinical trials', *Journal of General Internal Medicine*, vol 11, no 10, pp 584-90.

Barab, S.A. and Duffy, T.M. (2000) 'From practice fields to communities of practice', in D.H. Jonassen and S.M. Land (eds) *Theoretical foundations of learning environments*, Mahwah, NJ: Lawrence Erlbaum Associates, pp 25-55.

Barker, K. (1994) 'Strengthening the impact of R&D evaluation on policy making: methodological and organisational considerations', *Science and Public Policy*, vol 21, no 6, pp 405-13.

Barratt, M. (2003) 'Organizational support for evidence-based practice within child and family social work: a collaborative study', *Child and Family Social Work*, vol 8, no 2, pp 143-50.

Bate, P. and Robert, G. (2002) 'Knowledge management and communities of practice in the private sector: lessons for modernizing the National Health Service in England', *Public Administration*, vol 80, no 4, pp 643-63.

Bell, S. (2004) 'Appropriate policy knowledge, and institutional and governance implications', *Australian Journal of Public Administration*, vol 63, no 1, pp 22-8.

Bemelmans-Videc, M.-L. (1989) 'Dutch experience in the utilization of evaluation research: the procedure of reconsideration', *Knowledge in Society*, vol 2, no 4, pp 31-48.

Bergmark, A. and Lundstrom, T. (2002) 'Education, practice and research: knowledge and attitudes to knowledge of Swedish social workers', *Social Work Education*, vol 21, no 3, pp 359-73.

Berman, P. and McLaughlin, M. (1978) *Federal program supporting educational change, volume 8: Implementing and sustaining innovations*, Santa Monica, CA: Rand Corporation.

Berman, P. and Pauley, E. (1975) *Federal programs supporting educational change, volume 2: Factors affecting change agent projects*, Santa Monica, CA: Rand Corporation.

Bero, L.A., Grilli, R., Grimshaw, J.M., Harvey, E., Oxman, A.D. and Thomson, M.A. (1998) 'Closing the gap between research and practice: an overview of systematic reviews of interventions to promote the implementation of research findings', *British Medical Journal*, vol 317, pp 465-8.

Berridge, V. and Blume, S. (eds) (2002) *Poor Health: Social Inequality before and after The Black Report*. London: Frank Cass Publishers.

Bessant, J., Kaplinsky, R. and Morris, M. (2003) 'Developing capability through learning networks', *International Journal of Technology Management and Sustainable Development*, vol 2, no 1, pp 19-38.

Bevan, G. and Hood, C. (2006) 'Have targets improved performance in the English NHS?', *British Medical Journal*, vol 332, pp 419-22.

Blackler, F., Crump, N. and McDonald, S. (1998) 'Knowledge, organizations and competition', in G. von Kogh, J. Roos and D. Kleine (eds) *Knowing in firms: Understanding, managing and measuring knowledge*, London: Sage Publications, pp 67-86.

Blunkett, D. (2000) 'Blunkett rejects anti-intellectualism and welcomes sound ideas', *DfEE News*, www.dfes.gov/uk/pns/DisplayPN.cgi?pn_id=2000_0043 accessed 20 December 2006.

Boaz, A. (2006) 'Systematic reviews as a source of evidence for policy: an in-depth exploration of a review of mentoring', PhD thesis, Queen Mary College, London.

Boaz, A., Ashby, D. and Young, K. (2002) *Systematic reviews: What have they got to offer evidence-based policy and practice*, Working Paper 2, London: ESRC UK Centre for Evidence-Based Policy and Practice (www.evidencenetwork.org).

Bogenschneider, K., Olson, J.R., Linney, K.D. and Mills, J. (2000) 'Connecting research and policymaking: implications for theory and practice from the Family Impact Seminars', *Family Relations*, vol 49, no 3, pp 327-39.

Bolam, R. (1994) 'The impact of research on policy and practice in continuing professional development', *British Journal of In-Service Education*, vol 20, no 1, pp 35-46.

Booth, S.H., Booth, A. and Falzon, L.J. (2003) 'The need for information and research skills training to support evidence-based social care: a literature review and survey', *Learning in Health and Social Care*, vol 2, no 4, pp 191-201.

Bradley, P., Nordheim, L., De La Harpe, D., Innvaer, S. and Thompson, C. (2005)

'A systematic review of qualitative literature on educational interventions for evidence-based practice', *Learning in Health and Social Care*, vol 4, no 2, pp 89-109.

Brechin, A. and Siddell, M. (2000) 'Ways of knowing', in R. Gomm and C. Davies (eds) *Using evidence in health care*, Buckingham: Open University Press, pp 3-25.

Bridgman, P. and Davis, G. (2003) 'What use is a policy cycle? Plenty, if the aim is clear', *Australian Journal of Public Administration*, vol 62, no 3, pp 98-102.

Brown, G. (1995) 'What is involved in learning?', in C. Desforges (ed) *An introduction to teaching: Psychological perspectives*, Oxford: Blackwell, pp 11-33.

Bruner, J. (1990) *Acts of meaning*, Cambridge, MA: Harvard University Press. (J・ブルーナー（著）、岡本夏木、仲渡一美、吉村啓子（訳）『意味の復権：フォークサイコロジーに向けて』1999年、ミネルヴァ書房)

Bukowitz, W.R. and Williams, R.L. (1999) *The knowledge management fieldbook*, Harlow: Financial Times Prentice Hall.

Bullock, H., Mountford, J. and Stanley, R. (2001) *Better policy making*, London: Cabinet Office, Centre for Management and Policy Studies.

Bullock, K., Erol, R. and Tilley, N. (2006) *Problem-oriented policing and partnerships: Implementing an evidence-based approach to crime reduction*, Cullompton: Willan.

Bullock, R., Gooch, D., Little, M. and Mount, K. (1998) *Research in practice: Experiments in development and information design*, Dartington Social Research Series, Aldershot: Ashgate Publishing Ltd.

Bulmer, M. (1986) 'The policy process and the place in it of social research', in M. Bulmer (ed) *Social science and social policy*, London: Allen & Unwin, pp 3-30.

Buntinx, F., Winkens, R., Grol, R. and Knottnerus, J.A. (1993) 'Influencing diagnostic and preventive performance in ambulatory care by feedback and reminders: a review', *Family Practice*, vol 10, pp 219-28.

Buxton, M. and Hanney, S. (1996) 'How can payback from health research be assessed?', *Journal of Health Services Research & Policy*, vol 1, pp 35-43.

Buysse, V., Sparkman, K.L. and Wesley, P.W. (2003) 'Communities of practice: connecting what we know with what we do', *Exceptional Children*, vol 69, no 3, pp 263-77.

Cabinet Office (1999) *Professional policy making for the twenty first century*, London: Cabinet Office, Strategic Policy Making Team.

Cabinet Office (2000) *Adding it up: Improving analysis and modelling in central government*, London: Cabinet Office, Performance and Innovation Unit.

Cabinet Office (2003a) *The Magenta book: Guidance notes for policy evaluation and analysis*, London: Cabinet Office, Government Chief Social Researcher's Office.

Cabinet Office (2003b) *Trying it out: The role of 'pilots' in policy making: Report of the review of government pilots*, London: Cabinet Office, Government Chief Social Researcher's Office.

Campbell, D. (1969) 'Reforms as experiments', *American Psychologist*, vol 24, pp 409-29.

Caplan, N. (1979) 'The two-communities theory and knowledge utilization', *American Behavioral Scientist*, vol 22, no 3, pp 459-70.

CfPS (Centre for Public Scrutiny) (2005) *The Scrutiny Map: Charting the range and reach of scrutiny bodies across the public sector*, London: CfPS.

CfPS (Centre for Public Scrutiny) (2006) *CfPS Annual Conference*, London, 28 June (www.cfps.org.uk/events/indexphp - accessed 20 December 2006).

Chalmers, I. (2005) 'If evidence-informed policy works in practice, does it matter if it doesn't work in theory?', *Evidence & Policy*, vol 1, no 2, pp 227-42.

Chassin, M.R. (2006) 'Does paying for performance improve the quality of health care?' *Medical Care Research and Review*, vol 63 no 1, pp 122S-25S.

Chen, H.-T. (1990) *Theory-driven evaluations*, London: Sage Publications.

CHSRF (Canadian Health Services Research Foundation) (2000) *Health services research and evidence-based decision making*, Ottawa: CHSRF.

CHSRF (2006) *Weighing up the evidence, making evidence informed guidance accurate, achievable, and acceptable: A summary of the workshop held on September 29 2005*, Ottawa: CHSRF.

Clarence, E. (2002) 'Technocracy reinvented: the new evidence-based policy movement', *Public Policy and Administration*, vol 17, no 3, pp 1-11.

Clark, G. and Kelly, L. (2005) *New directions for knowledge transfer and knowledge brokerage in Scotland*, Edinburgh: Scottish Executive, Office of the Chief Researcher.

Clarke, A. (1999) *Evaluation research: An introduction to principles, methods and practice*, London: Sage Publications.

Cleaver, H., Wattam, C. and Cawson, P. (1998) *Children living at home: The initial children protection enquiry; Ten pitfalls and how to avoid them; What research tells us/Assessing risk in child protection*, London: NSPCC.

Cohen, M., March, J. and Olsen, J. (1972) 'A garbage can model of organizational choice', *Administrative Science Quarterly*, vol 17, pp 1-25.

Cohen, W. and Levinthal, D. (1990) 'Absorptive capacity: a new perspective on learning and innovation', *Administrative Science Quarterly*, vol 35, no 1, pp 128-52.

Colebatch, H.K. (2005) 'Policy analysis, policy practice and political science', *Australian Journal of Public Administration*, vol 64, no 3, pp 14-23.

Commission on Social Sciences (2003) *Great Expectations: The social sciences in Great Britain*, London: Academy of Learned Societies for the Social Sciences (www.the-academy.org.uk).

Conrad, D.A. and Christianson, J.B. (2004) 'Penetrating the "black box": financial incentives for enhancing the quality of physician services', *Medical Care Research & Review* vol 61, no 3, pp 37S-68S.

Coopey, J. (1995) 'The learning organisation: power, politics and ideology', *Management Learning*, vol 26, pp 193-214.

Coopey, J. and Burgoyne, J. (2000) 'Politics and organisational learning', *Journal of Management Studies*, vol 37, no 6, pp 869-86.

Coote, A., Allen, J. and Woodhead, D. (2004) *Finding out what works: Building knowledge about complex, community-based initiatives*, London: King's Fund.

Cordingley, P. and Bell, M. (undated) *School-Based Research Consortia Initiative: An overview report* (unpublished).

Cordingley, P., Baumfield, V., Butterworth, M., McNamara, O. and Elkins, T. (2002) 'Lessons from the School-Based Research Consortia', Paper presented at the British Educational Research Association Annual Conference, University of Exeter, 12-14 September.

Council for Medical Sciences, The Netherlands (2002) *The societal impact of applied health research: Towards a quality assessment system*, Amsterdam: Council for Medical Sciences.

Court, J. and Young, J. (2003) *Bridging research and policy: Insights from 50 case studies*, London: Overseas Development Institute (ODI).

Court, J., Hovland, I. and Young, J. (2005) *Bridging research and policy in development: evidence and the change process*, Rugby: ITDG Publishing

Cousins, J.B. and Leithwood, K.A. (1986) 'Current empirical research on evaluation utilization', *Review of Educational Research*, vol 56, no 3, pp 331-64.

Cousins, J.B. and Leithwood, K.A. (1993) 'Enhancing knowledge utilization as a strategy for school improvement', *Knowledge: Creation, Diffusion, Utilization,*

vol 14, no 3, pp 305-33.
Cousins, J.B. and Simon, M. (1996) 'The nature and impact of policy-induced partnerships between research and practice communities', *Educational Evaluation and Policy Analysis*, vol 18, no 3, pp 199-218.
Crane, J. (ed) (1998) *Social programs that work*, New York: Russell Sage Foundation.
Crewe, E. and Young, J. (2002) *Bridging research and policy: Context, evidence and links*, London: Overseas Development Institute (ODI).
CRG (2001) *Evaluating the Connexions Card Demonstration and Pathfinder Projects*, Department for Education and Skills Research Report 318, London: DfES.
Crow, I., France, A., Hacking, S. and Hart, M. (2004) *Does Communities that Care work? An evaluation of a community-based risk prevention programme in three neighbourhoods*, York: Joseph Rowntree Foundation.
Culyer, A. and Lomas, J. (2006) 'Deliberative processes and evidence-informed decision making in health care: do they work and how might we know?', *Evidence & Policy*, vol 2, no 3, pp 357-71.
Cumbers, B.J. and Donald, A. (1998) 'Using biomedical databases in everyday clinical practice: the Front-Line Evidence-Based Medicine project in North Thames', *Health Libraries Review*, vol 15, no 4, pp 255-65.
Currie, G. (ed) (2006) 'Managing knowledge across organisational and professional boundaries within public services', *Public Money and Management*, vol 26, no 2, pp 83-130.
Dahler-Larsen, P. (2000) 'Surviving the routinization of evaluation: the administrative use of evaluations in Danish municipalities', *Administration and Society*, vol 32, no 1, pp 70-92.
Daley, B.J. (2001) 'Learning and professional practice: a study of four professions', *Adult Education Quarterly*, vol 52, no 1, pp 39-54.
Davenport, E. (2001) 'Knowledge management issues for online organisations: "communities of practice" as an exploratory framework', *Journal of Documentation*, vol 57, no 1, pp 61-75.
Davenport, T.H. and Glaser, J. (2002) 'Just-in-time delivery comes to knowledge management', *Harvard Business Review*, vol 80, no 7, pp 107-111.（マクドナルド京子（訳）「ジャスト・イン・タイム型ナレッジ・マネジメント：最先端の医療システムが実践する」Harvard business review（27巻12号）、ダイヤモンド社）
Davey Smith, G., Ebrahim, S. and Frankel, S. (2001) 'How policy informs the

evidence', *British Medical Journal*, vol 322, pp 184-5.

Davies, H.T.O. and Harrison, S. (2003) 'Trends in doctor–manager relationships', *British Medical Journal*, vol 326, pp 646-9.

Davies, H.T.O. and Nutley, S.M. (1999) 'The rise and rise of evidence in health care', *Public Money and Management*, vol 19, no 1, pp 9-16.

Davies, H.T.O. and Nutley, S.M. (2000) 'Developing learning organisations in the new NHS', *British Medical Journal*, vol 320, pp 998-1001.

Davies, H.T.O., Nutley, S.M. and Smith, P.C. (1999) 'What works? The role of evidence in public sector policy and practice' *Public Money and Management*, vol 19, no 1, pp 3-5.

Davies, H.T.O., Nutley, S.M. and Smith, P.C. (eds) (2000a) *What works? Evidence-based policy and practice in public services*, Bristol: The Policy Press.

Davies, H.T.O., Nutley, S.M. and Tilley, N. (2000b) 'Debates on the role of experimentation', in H.T.O. Davies, S.M. Nutley and P. Smith (eds) *Evidence-based policy and practice in public services*, Bristol: The Policy Press, pp 251-75.

Davies, H.T.O., Nutley, S.M. and Walter, I. (2005) 'Approaches to assessing the non-academic impact of social science research', Report of the ESRC symposium on assessing the non-academic impact of research, 12-13 May, Research Unit for Research Utilisation, University of St Andrews (www.ruru.ac.uk/publications.html).

Davies, P. (1999) 'What is evidence-based education?', *British Journal of Educational Studies*, vol 47, pp 108-21.

Davies, P. (2004) 'Is evidence-based government possible? Jerry Lee Lecture 2004', Paper presented at the 4th Annual Campbell Collaboration Colloquium, Washington, DC, 19 February.

Davis, D. (1998) 'Does CME work? An analysis of the effect of educational activities on physician performance or health care outcomes', *International Journal of Psychiatry in Medicine*, vol 28, no 1, pp 21-39.

Davis, D., O'Brien, M.A.T., Freemantle, N., Wolf, F.M., Mazmanian, P. and Taylor-Vaisey, A. (1999) 'Impact of formal continuing medical education: do conferences, workshops, rounds, and other traditional continuing education activities change physician behavior or health care outcomes?', *Journal of the American Medical Association*, vol 282, no 9, pp 687-874.

Davis, D.A. and Taylor-Vaisey, A. (1997) 'Translating guidelines into practice: a systematic review of theoretic concepts, practical experience and research evidence in the adoption of clinical practice guidelines', *Journal of the Canadian Medical Association*, vol 157, no 4, pp 408-16.

Dawson, S., Sutherland, K., Dopson, S., Miller, R. and Law, S. (1998) *The relationship between R&D and clinical practice in primary and secondary care: Cases of adult asthma and glue ear in children: Final Report*, Cambridge and Oxford: Judge Institute of Management Studies, University of Cambridge and Saïd Business School, University of Oxford.

De Corte, E. (2000) 'High-powered learning communities: a European perspective', Paper presented at the First Conference of the Economic and Social Research Council's Research Programme on Teaching and Learning, Leicester, 9-10 November.

Demicheli, V., Jefferson, T., Rivetti, A. and Price, D. (2005) 'Vaccines for measles, mumps and rubella in children', *Cochrane Database of Systematic Reviews 2005*, issue 4, art. no.: CD004407. DOI: 10. 1002/14651858. CD004407. pub2.

Denis, J.-L. and Lomas, J. (2003) 'Convergent evolution: the academic and policy roots of collaborative research', *Journal of Health Services Research and Policy*, vol 8, supp 2, pp 1-5.

Denton, C., Vaughn, S. and Fletcher, J.M. (2003) 'Bringing research-based practice in reading intervention to scale', *Learning Disabilities Research & Practice*, vol 18, no 3, pp 201-11.

Department of Health (1995) *Child Protection: messages from the research*, London: HMSO.

Desforges, C. (2000) 'Putting educational research to use through knowledge transformation', Keynote lecture to the Further Education Research Network Conference, Coventry: Learning and Skills Development Agency, December.

Dickey, L.L., Gemson, D.H. and Carney, P. (1999) 'Office system interventions supporting primary care-based health behavior change counseling', *American Journal of Preventive Medicine*, vol 17, no 4, pp 299-308.

DiMaggio, P. and Powell, W. (1983) 'The iron cage revisited: institutional isomorphism and collective rationality in organisation fields', *American Sociological Review*, vol 48, pp 147-60.

Dodgson, M. (1993) 'Organisational learning: a review of some literatures', *Organization Studies*, vol 14, pp 375-94.

Donald, A. (1998) *The Front-Line Evidence-Based Medicine Project*, London: NHS Executive North Thames Regional Office (Research and Development).

Dopson, S. (2006) 'Debate: Why does knowledge stick? What we can learn from the case of evidence-based health care', *Public Money & Management*, vol 26, no 2, pp 85-6.

Dopson, S. and Fitzgerald, L. (eds)(2005) *Knowledge to action: Evidence-based healthcare in context*, Oxford: Oxford University Press.

Dopson, S., Locock, L., Chambers, D. and Gabbay, J. (2001) 'Implementation of evidence-based medicine: evaluation of the Promoting Action on Clinical Effectiveness programme', *Journal of Health Services Research and Policy*, vol 6, no 1, pp 23-31.

Dopson, S., Locock, L., Gabbay, J., Ferlie, E. and Fitzgerald, L. (2005) 'Evidence-based health care and the implementation gap' in S. Dopson and L. Fitzgerald (eds) *Knowledge to action: evidence-based health care in context*, Oxford: Oxford University Press, pp 28-47.

Downe, J. and Martin, S. (2005) 'Inspecting the inspectors: an empirical analysis of the external inspection of local government services', Paper presented at the International Research Symposium on Public Management, Milan, April.

Dror, Y. (1983) *Public policymaking reexamined*, New Brunswick, Canada: Transaction Books.（イェヘッケル・ドロア（著）、足立幸男（監訳）、木下貴文（訳）『公共政策決定の理論』2006年、ミネルヴァ書房）

Drummond, M. and Weatherly, H. (2000) 'Implementing the findings of health technology assessments: if the CAT got out of the bag, can the TAIL wag the dog?', *International Journal of Technology Assessment in Health Care*, vol 16, no 1, pp 1-12.

Duke, K. (2001) 'Evidence-based policy making? The interplay between research and the development of prison drugs policy', *Criminal Justice*, vol 1, no 3, pp 277-300.

Duncan, S. (2005) 'Towards evidence-inspired policy making', *Social Sciences*, News from the ESRC September 2005, issue 61, pp 10-11. Eagar, K., Cromwell, D., Owen, A., Senior, K., Gordon, R. and Green, J. (2003) 'Health services research and development in practice: an Australian experience', *Journal of Health Services Research and Policy*, vol 8, supp 2, pp 7-13.

Effective Health Care Bulletin (1994) 'Implementing clinical guidelines: can guidelines be used to improve clinical practice?', *Effective Health Care Bulletin*, vol 1, no 8, pp 1-12.

Effective Health Care Bulletin (1999) 'Getting evidence into practice', *Effective*

Health Care Bulletin, vol 5, no 1, pp 1-16.

Eisenstadt, M. (2000) 'Sure Start: research into practice; practice into research', *Public Money & Management*, vol 20, no 4, pp 6-8.

Ekblom, P. (2002) 'From the source to the mainstream is uphill: the challenge of transferring knowledge of crime prevention through replication, innovation and anticipation', in N.Tilley (ed) *Analysis for crime prevention*, Crime Prevention Studies, Volume 13, Monsey, NY: Criminal Justice Press, pp 131-203.

Estabrooks, C.A., Floyd, J.A., Scott-Findlay, S., O'Leary, K.A. and Gushta, M. (2003) 'Individual determinants of research utilization: a systematic review', *Journal of Advanced Nursing*, vol 43, no 5, pp 506-20.

Everton, T., Galton, M. and Pell, T. (2000) 'Teachers' perspectives on educational research: knowledge and context', *Journal of Education for Teaching*, vol 26, no 2, pp 167-82.

Fairhurst, K. and Huby, G. (1998) 'From trial data to practical knowledge: qualitative study of how general practitioners have accessed and used evidence about statin drugs in their management of hypercholesterolaemia', *British Medical Journal*, vol 317, pp 1130-4.

Fear, W. and Roberts, A. (2004) *The state of policy in Wales: A critical review*, Cardiff: Wales Funders Forum.

Feldman, P.H., Nadash, P. and Gursen, M. (2001) 'Improving communication between researchers and policy makers in long-term care: or, researchers are from Mars; policy makers are from Venus', *The Gerontologist*, vol 41, no 3, pp 312-21.

Fennessy, G. (2001) 'Knowledge management in evidence-based healthcare: issues raised when specialist information services search for the evidence', *Health Informatics Journal*, vol 7, no 1, pp 4-7.

Ferlie, E. (2005) 'Conclusion: from evidence to actionable knowledge?', in S. Dopson and L. Fitzgerald (eds) *Knowledge to action? Evidence-based health care in context*, Oxford: Oxford University Press, pp 182-97.

Ferlie, E. and Addicott, R. (2004) *The introduction, impact and performance of cancer networks: A process evaluation*, London: Centre for Public Services Organizations, Royal Holloway.

Finch, J. (1986) *Research and policy: The use of qualitative methods in social and educational research*, London: Farmer Press.

Fisher, T. (1997) 'Learning about child protection', *Social Work Education*, vol 16, no 2, pp 92-112.

Foucault, M. (1977) *Discipline and punish*, Harmondsworth: Penguin. (ミシェル・フーコー（著）、田村俶（訳）『監獄の誕生：監視と処罰』1977年、新潮社)

Freemantle, N., Harvey, E.L., Wolf, F.M., Grimshaw, J.M., Grilli, R. and Bero, L.A. (2002) 'Printed educational materials: effects on professional practice and health care outcomes', *The Cochrane Library*, no 2, Oxford: Update Software.

Fulop, N., Protopsaltis, G., King, A., Allen, P., Hutchings, A. and Normand, C. (2005) 'Changing organisations: a study of the context and processes of mergers of health care providers in England', *Social Science & Medicine*, vol 60, pp 119-30.

Fulop, N., Protopsaltis, G., Hutchings, A., King, A., Allen, P., Normand, C. and Walters, R. (2002) 'Process and impact of mergers of NHS trusts: multicentre case study and management cost analysis', *British Medical Journal*, vol 325, p 246.

Funk, S.G., Tornquist, E.M. and Champagne, M.T. (1995) 'Barriers and facilitators of research utilization: an integrative review', *Nursing Clinics of North America*, vol 30, no 3, pp 395-407.

Furniss, J. and Nutley, S.M. (2000) 'Implementing What Works with Offenders – The Effective Practice Initiative', *Public Money & Management*, vol 20, no 4, pp 23-8.

Gabbay, J. and le May, A. (2004) 'Evidence based guidelines or collectively constructed "mindlines"? Ethnographic study of knowledge management in primary care', *British Medical Journal*, vol 329, p 1013.

Gabbay, J., le May, A., Jefferson, H., Webb, D., Lovelock, R., Powell, J. and Lathlean, J. (2003) 'A case study of knowledge management in multi-agency consumer-informed "communities of practice": implications for evidence-based policy development in health and social services', *Health: An Interdisciplinary Journal for the Social Study of Health, Illness and Medicine*, vol 7, no 3, pp 283-310.

General Teaching Council for England (2004) *The impact of collaborative Continuing Professional Development (CPD) on classroom teaching and learning*, London: General Teaching Council for England.

General Teaching Council for England (2005) *Continuing Professional Development*, London: General Teaching Council for England.

Gibson, B. (2003) 'Beyond "two communities"', in V. Lin and B. Gibson (eds) *Evidence-based health policy: Problems and possibilities*, Melbourne: Oxford University Press, pp 18-32.

Giddens, A. (1987) *Social theory and modern sociology*, Cambridge: Polity Press. (アンソニー・ギデンズ（著）、藤田弘夫（監訳）『社会理論と現代社会学』1998年、青木書店)

参考文献

Gill, P.S., Makela, M., Vermeulen, K.M., Freemantle, N., Ryan, G., Bond, C., Thorsen, T. and Haaijer-Ruskamp, F.M. (1999) 'Changing doctor prescribing behaviour', *Pharmacy World and Science*, vol 21, no 4, pp 158-67.

Gira, E., Kessler, M.L. and Poertner, J. (2004) 'Influencing social workers to use research evidence in practice: lessons from medicine and allied health professions', *Research on Social Work Practice*, vol 14, no 2, pp 68-79.

Glasziou, P. and Haynes, B. (2005) 'The paths from research to improve health outcomes', *ACP Journal Club*, vol 142, no 2, pp A8-A10.

Goering, P., Butterill, D., Jacobson, N. and Sturtevant, D. (2003) 'Linkage and exchange at the organizational level: a model of collaboration between research and policy', *Journal of Health Services Research and Policy*, vol 8, supp 2, pp 14-19.

Goh, S.C. (1998) 'Toward a learning organisation: the strategic building blocks', *Advanced Management Journal*, vol 63, no 2, pp 15-22.

Goldblatt, P. and Lewis, C. (1998) *Reducing offending: An assessment of research evidence on ways of dealing with offending behaviour*, Home Office Research Study 187, London: Home Office.

Golden-Biddle, K., Reay, T., Petz, S., Witt, C., Casebeer, A., Pablo, A. and Hinings, B. (2003) 'Toward a communicative perspective of collaborating in research: the case of the researcher–decision maker partnership', *Journal of Health Services Research and Policy*, vol 8, supp 2, pp 20-5.

Gomm, R. (2000) 'Would it work here?', in R. Gomm and C. Davies (eds) *Using evidence in health and social care*, Buckingham: Open University Press, pp 171-89.

Gomm, R. and Davies, C. (eds)(2000) *Using evidence in health and social care*, Buckingham: Open University Press.

Gorman, D. (2005) 'Complexity, evaluation and evidence-based practice in the 21st century', *The Evaluator*, Winter, pp 12-14.

Government Social Research (2002) *Annual report 2001-2*, London: Government Social Research Heads of Profession Group.

Granados, A., Jonsson, E., Banta, D.H., Bero, L.A., Bonair, A., Cochet, C., Freemantle, N., Grilli, R., Grimshaw, J., Harvey, E., Levi, R., Marshall, D., Oxman, A., Pasart, L., Raisanen, V., Rius, E. and Espinas, J.A. (1997) 'EUR-ASSESS project group subgroup report on dissemination and impact', *International Journal of Technology Assessment in Health Care*, vol 13, no 2, pp 220-86.

Green, L.W. and Kreuter, M.W. (1992) 'CDC's Planned Approach to Community Health as an application of PRECEDE and an inspiration for PROCEED', *Journal of Health Education*, vol 23, no 3, pp 140-7.

Greenberg, D., Linksz, D. and Mandell, M. (2003) *Social experimentation and public policymaking*, Washington, DC: The Urban Institute Press.

Greenberg, D.H. and Mandell, M.M. (1991) 'Research utilization in policymaking: a tale of two series (of social experiments)', *Journal of Policy Analysis and Management*, vol 10, no 4, pp 633-56.

Greenhalgh, T., Robert, G., Bate, P., Kyriakidou, O., Macfarlane, F. and Peacock, R. (2004) *How to spread good ideas: A systematic review of the literature on diffusion, dissemination and sustainability of innovations in health service delivery and organisation*, London: National Co-ordinating Centre for NHS Service Delivery and Organisation R & D (NCCSDO).

Greenwood, C.R., Tapia, Y., Abbott, M. and Walton, C. (2003) 'A building-based case study of evidence-based literacy practices: implementation, reading behavior, and growth in reading fluency, K-4', *Journal of Special Education*, vol 37, no 2, pp 95-110.

Grilli, R. and Lomas, J. (1994) 'Evaluating the message: the relationship between compliance rate and the subject of a practice guideline', *Medical Care*, vol 32, no 3, pp 202-13.

Grilli, R., Ramsay, C. and Minozzi, S. (2002) 'Mass media interventions: effects on health services utilisation', *The Cochrane Library*, no 2, Oxford: Update Software.

Grimshaw, J.M., Eccles, M.P., Walker, A.E. and Thomas, R.E. (2002) 'Changing physicians' behavior: what works and thoughts on getting more things to work', *Journal of Continuing Education in the Health Professions*, vol 22, no 4, pp 237-43.

Grimshaw, J.M., Shirran, L., Thomas, R.E., Mowatt, G., Fraser, C., Bero, L.A., Grilli, R., Harvey, E., Oxman, A. and O'Brien, M.A. (2001) 'Changing provider behavior: an overview of systematic reviews of interventions', *Medical Care*, vol 39, no 8, pp II-2-II-45.

Grimshaw, J.M., Thomas, R.E., MacLennan, G., Fraser, C., Ramsay, C.R., Vale, L., Whitty, P., Eccles, M.P., Matowe, L., Shirran, L., Wensing, M., Dijkstra, R. and Donaldson, C. (2004) 'Effectiveness and efficiency of guideline dissemination and implementation strategies', *Health Technology Assessment*, vol 8, no 6, pp 1-351.

Grol, R. and Grimshaw, J.M. (1999) 'Evidence-based implementation of evidence-based medicine', *Journal on Quality Improvement*, vol 25, no 10, pp 503-13.

Gross, P.A. and Pujat, D. (2001) 'Implementing practice guidelines for appropriate antimicrobial usage', *Medical Care*, vol 39, no 8, pp II55-II-69.

Haas, P.M. (1992) 'Introduction: epistemic communities and international policy coordination', *International Organization*, vol 46, no 1, pp 1-35.

Hagell, A. and Spencer, L. (2004) 'An evaluation of an innovative method for keeping social care staff up to date with the latest research findings', *Child and Family Social Work*, vol 9, pp 187-96.

Halladay, M. and Bero, L. (2000) 'Implementing evidence-based practice in health care', *Public Money & Management*, vol 20, no 4, pp 43-51.

Hammersley, M. (2001) 'Some questions about evidence-based practice in education', Paper presented at the Annual Conference of the British Educational Research Association, University of Leeds, 13-15 September, available at www.leeds.ac.uk/educol/documents/00001819.htm

Hannan, A., Enright, H. and Ballard, P. (1998) 'Using research: the results of a pilot study comparing teachers, general practitioners and surgeons', EDUCATION-LINE, available at www.leeds.ac.uk/educol/documents/000000851.htm, accessed August 2004.

Hanney, S.R., Gonzalez-Block, M.A., Buxton, M.J. and Kogan, M. (2002) *The utilisation of health research in policy-making: Concepts, examples and methods of assessment. A report to the World Health Organization, Health Economics Research Group*, Uxbridge: Brunel University.

Hansen, M.T., Nohria, N. and Tierney, T. (1999) 'What's your strategy for managing knowledge?', *Harvard Business Review*, March-April, pp 106-16. (「コンサルティング・ファームに学ぶ『知』の活用戦略」Diamond Harvard business（24巻5号）、1999年、ダイヤモンド社）

Hargreaves, D.H. (1997) 'In defence of research for evidence-based teaching: a rejoinder to Martyn Hammersley', *British Educational Research Journal*, vol 23, no 4, pp 405-19.

Hargreaves, D.H. (1998) *Creative professionalism: The role of teachers in the knowledge society*, London: Demos.

Harry, R., Hegarty, P., Lisles, C., Thurston, R. and Vanstone, M. (199798) 'Research into practice does go: integrating research within programme development', *Groupwork*, vol 10, no 2, pp 107-25.

Hartley, J. and Benington, J. (2006) 'Copy and paste, or graft and transplant? Knowledge sharing through inter-organizational networks', *Public Money & Management*, vol 26, no 2, pp 101-8.

Hartley, J., Radnor, Z., Rashman, L. and Morrell, K. (2005) 'Rich aunts and poor cousins: a comparison of service improvement through audit and inspection and through sharing good practice', Paper presented at the International Research Symposium on Public Management, Milan, April.

Harvey, J., Oliver, M. and Smith, J. (2002) 'Towards effective practitioner evaluation: an exploration of issues relating to skills, motivation and evidence', *Educational Technology & Society*, vol 5, no 3, pp 3-10.

Hatton, N. and Smith, D. (1995) 'Reflection in teacher education: towards definition and implementation', *Teaching and Teacher Education*, vol 11, no 1, pp 33-49.

Hayes, S. (1981) 'Single case experimental design and empirical clinical practice', *Journal of Consulting and Clinical Psychology*, vol 49, pp 193-211.

Heclo, H. (1978) 'Issue networks and the executive establishment', in A. King (ed) *The new American political system*, Washington, DC: American Enterprise Institute for Public Policy Research, pp 87-124.

Hedberg, B. (1981) 'How organizations learn and unlearn', in P. Nystrom and W. Starbuck (eds) *Handbook of organizational design vol 1*, Oxford: Oxford University Press, pp 3-27.

Heisig, P. and Vorbeck, J. (2001) 'Benchmarking survey results', in K. Mertins, P. Heisig and J. Vorbeck (eds) *Knowledge management: Best practices in Europe*, Berlin: Springer, pp 97-126.

Hemsley-Brown, J. and Sharp, C. (2003) 'The use of research to improve professional practice: a systematic review of the literature', *Oxford Review of Education*, vol 29, no 4, pp 449-70.

Hicks, D. (1991) 'A cautionary tale of co-citation analysis', *Research Evaluation*, vol 1, pp 31-6.

Hildebrand, C. (1999) 'Making knowledge management pay off', *CIO Enterprise Magazine*, 15 February.

Hillage, J., Pearson, R., Anderson, A. and Tamkin, P. (1998) *Excellence in research on schools*, London: The Institute for Employment Studies/Department for Education and Employment.

Hodson, R. (2003) *Leading the drive for evidence based practice in services for children and families*, Totnes: Research in Practice.

Hollin, C.R. (1995) 'The meaning and implications of "programme integrity"', in J. McGuire (ed) *What works: Reducing reoffending – guidelines from research and practice*, Chichester: John Wiley & Sons Ltd, pp 195-208.

Holmes, D., Murray, S.J., Perron, A. and Rail, G. (2006) 'Deconstructing the evidence-based discourse in health sciences: truth, power and fascism', *International Journal of Evidence Based Healthcare*, vol 4, pp 180-6.

Home Office (1999) *Reducing crime and tackling its causes: A briefing note on the crime reduction programme*, London: Home Office.

Homel, P., Nutley, S.M, Webb, B. and Tilley, N. (2004) *Investing to deliver: Reviewing the implementation of the UK Crime Reduction Programme*, Home Office Research Study 281, London: Home Office.

Hope, T. (2004) 'Pretend it works: evidence and governance in the evaluation of the reducing burglary initiative', *Criminal Justice*, vol 4, no 3, pp 287-308.

Howard, C. (2003) 'The policy cycle: a model of post-Machiavellian policy making?', *Australian Journal of Public Administration*, vol 64, no 3, pp 3-13.

Huberman, M. (1987) 'Steps towards an integrated model of research utilization', *Knowledge: Creation, Diffusion, Utilization*, vol 8, no 4, pp 586-611.

Huberman, M. (1990) 'Linkage between researchers and practitioners: a qualitative study', *American Educational Research Journal*, vol 27, no 2, pp 363-91.

Huberman, M. (1993) 'Linking the practitioner and researcher communities for school improvement', *School Effectiveness and School Improvement*, vol 4, no 1, pp 1-16.

Huberman, M. (1994) 'Research utilization: the state of the art', *Knowledge and Policy: The International Journal of Knowledge Transfer and Utilization*, vol 7, no 4, pp 13-33.

Hughes, M., McNeish, D., Newman, T., Roberts, H. and Sachdev, D. (2000) *What works? Making connections: linking research and practice*, Ilford, Essex: Barnardo's (Research and Development Team).

Hulscher, M.E.J.L., Wensing, M., van der Weijden, T. and Grol, R. (2002) *Interventions to implement prevention in primary care*, The Cochrane Library, no 2, Oxford: Update Software.

Hunt, D.L., Haynes, R.B., Hanna, S.E. and Smith, K. (1998) 'Effects of computer-based clinical decision support systems on physician performance and patient outcomes: a systematic review', *Journal of the American Medical Association*, vol 280, no 15, pp 1339-46.

Hutchinson, J.R. (1995) 'A multimethod analysis of knowledge use in social policy', *Science Communication*, vol 17, no 1, pp 90-106.

Innvaer, S., Vist, G., Trommald, M. and Oxman, A.D. (2002) 'Health policy-makers' perceptions of their use of evidence: a systematic review', *Journal of Health Services Research and Policy*, vol 17, no 4, pp 239-244.

Jackson, P. (1971) 'The way teachers think', in G. Lesser (ed) *Psychology and educational practice*, Chicago, IL: Scott Foresman, pp 10-34.

Janowitz, M. (1972) *Sociological models and social policy*, Morristown, NJ: General Learning Systems.

Jaworski, B. (2000) 'Collaborating with mathematics tutors to explore undergraduate teaching', Paper presented at the Economic and Social Research Council Teaching and Learning Research Programme Conference, Leicester, November.

Jenkins-Smith, H.C. and Sabatier, P.A. (1994) 'Evaluating the Advocacy Coalition Framework', *Journal of Public Policy*, vol 14, no 2, pp 175-203.

Jenkins-Smith, H.C., St Clair, G.K. and Woods, B. (1991) 'Explaining change in policy subsystems: analysis of coalition stability and defection over time', *American Journal of Political Science*, vol 35, no 4, pp 851-80.

John-Steiner, V. and Souberman, E. (1978) 'Afterword', in M. Cole, V. John-Steiner, S. Scribner and E. Souberman (eds) *Mind in society: The development of higher psychological processes*, Cambridge, MA: Harvard University Press, pp 121-34.

Johnston, M.E., Langton, K.B., Haynes, R.B. and Mathieu, A. (1994) 'Effects of computer-based clinical decision support systems on clinician performance and patient outcome', *Annals of Internal Medicine*, vol 120, no 2, pp 135-42.

JRF (Joseph Rowntree Foundation) *Findings* (2000) *Linking research and practice*, September, York: Joseph Rowntree Foundation (www.jrf.org.uk).

Jung, T. (2005) 'Networks, evidence and lesson-drawing in the public policy process: the case of Sarah Payne and the British debate about sex offender community notification', PhD thesis, University of St Andrews.

Kelly, J. (2003) 'The Audit Commission: guiding, steering and regulating local government', *Public Administration*, vol 81, no 3, pp 456-76.

Kingdon, J.W. (1984) *Agendas, alternatives and public policies*, Boston, MA: Little, Brown.

Kitson, A., Harvey, G. and McCormack, B. (1998) 'Enabling the implementation of evidence based practice: a conceptual framework', *Quality in Health Care*, vol 7, pp 149-58.

Kitson, A., Ahmed, L.B., Harvey, G., Seers, K. and Thompson, D.R. (1996) 'From research to practice: one organizational model for promoting research-based practice', *Journal of Advanced Nursing*, vol 23, pp 430-40.

Klein, S.S. and Gwaltney, M.K. (1991) 'Charting the education dissemination system', *Knowledge: Creation, Diffusion, Utilization*, vol 12, no 3, pp 241-65.

Kluge, J., Stein, W. and Licht, J. (2001) *Knowledge unplugged*, Basingstoke: Palgrave.

Knott, J. and Wildavsky, A. (1980) 'If dissemination is the solution, what is the problem?', *Knowledge: Creation, Diffusion, Utilization*, vol 1, no 4, pp 537-78.

Knowles, M., Holton III, E. and Swanson, R. (2005) *The adult learner* (6th edition), London: Elsevier Butterworth Heinnemann.

Landry, R., Amara, N. and Lamari, M. (2001a) 'Utilization of social science research knowledge in Canada', *Research Policy*, vol 30, no 2, pp 333-49.

Landry, R., Amara, N. and Lamari, M. (2001b) 'Climbing the ladder of research utilization', *Science Communication*, vol 22, no 4, pp 396-422.

Lavis, J., Ross, S., McLeod, C. and Gildiner, A. (2003) 'Measuring the impact of health research', *Journal of Health Services Research and Policy*, vol 8, no 3, pp 165-70.

Lavis, J.N., Davies, H.T.O., Gruen, R.L., Walshe, K. and Farquhar, C.M. (2006) 'Working within and beyond the Cochrane Collaboration to make systematic reviews more useful to healthcare managers and policy makers', *Healthcare Policy*, vol 1, no 2, pp 21-33.

Lavis, J., Davies, H.T.O., Oxman, A., Denis, J.-L., Golden-Biddle, K. and Ferlie, E. (2005) 'Towards systematic reviews that inform health care management and policy-making', *Journal of Health Services Research and Policy*, vol 10, no 1, pp S1: 35-48.

Law, M. (2000) 'Strategies for implementing evidence-based practice in early intervention', *Infants and Young Children*, vol 1, no 2, pp 32-40.

Laycock, G. and Farrell, G. (2003) 'Repeat victimization: lessons for implementing problem-oriented policing', *Crime Prevention Studies*, vol 15, pp 213-37.

Learmonth, M. and Harding, N. (2006) 'Evidence-based management: the very idea', *Public Administration*, vol 84, no 2, pp 245-66.

Leicester, G. (1999) 'The seven enemies of evidence-based policy', *Public Money & Management*, vol 19, no 19, pp 5-7.

Levitt, R. (2003) *GM crops and foods: Evidence, policy and practice in the UK: A case study*, Working Paper 20, London: ESRC UK Centre for Evidence Based Policy and Practice, Queen Mary, University of London (www.evidencenetwork.

org, accessed August 2004).

Lia-Hoagberg, B., Schaffer, M. and Strohschein, S. (1999) 'Public health nursing practice guidelines: an evaluation of dissemination and use', *Public Health Nursing*, vol 16, no 6, pp 397-404.

Liddle, H.A., Rowe, C.L., Quille, T.J., Dakof, G.A., Mills, D.S., Sakran, E. and Biaggi, H. (2002) 'Transporting a research-based adolescent drug treatment into practice', *Journal of Substance Abuse Treatment*, vol 22, no 4, pp 231-43.

Liebowitz, J. (2000) *Building organizational intelligence: A knowledge management primer*, London: CRC Press.

Light, S.C. and Newman, T.K. (1992) 'Awareness and use of social science research among executive and administrative staff members of state correctional agencies', *Justice Quarterly*, vol 9, no 2, pp 299-324.

Lindblom, C.E. (1968) *The policy-making process*, Englewood Cliffs, NJ: Prentice Hall. (チャールズ・E・リンドブロム、エドワード・J・ウッドハウス（著）、藪野祐三、案浦明子（訳）『政策形成の過程：民主主義と公共性』2004年、東京大学出版会／原著第3版（1993年）の翻訳）

Lindsey, D. (1989) 'Using citation counts as a measure of quality in science: measuring what's measurable instead of what's valid', *Scientometrics*, vol 15, pp 189-203.

Little, M.E. and Houston, D. (2003) 'Research into practice through professional development', *Remedial and Special Education*, vol 24, no 2, pp 75-87.

Little, S. and Ray, T. (eds) (2005) *Managing knowledge*, London: Sage Publications.

Locock, L., Dopson, S., Chambers, D. and Gabbay, J. (2001) 'Understanding the role of opinion leaders in improving clinical effectiveness', *Social Science and Medicine*, vol 53, pp 745-57.

Lomas, J. (1991) 'Words without action? The production, dissemination, and impact of consensus recommendations', *Annual Review of Public Health*, vol 12, pp 41-65.

Lomas, J. (1997) *Improving research dissemination and uptake in the health sector: Beyond the sound of one hand clapping*, Policy Commentary C97-1, Hamilton, Ontario: McMaster University, Centre for Health Economics and Policy Analysis.

Lomas, J. (2000) 'Using "linkage and exchange" to move research into policy at a Canadian foundation', *Health Affairs*, vol 19, no 3, pp 236-40.

Lomas, J., Fulop, N., Gagnon, D. and Allen, P. (2003) 'On being a good listener:

setting priorities for applied health services research', *Milbank Quarterly*, vol 81, no 3, pp 363-88.

Louis, K.S. (1998) 'Reconnecting knowledge utilization and school improvement: two steps forward, one step back', in A. Hargreaves, A. Lieberman, M. Fullan and D. Hopkins (eds) *International handbook of educational change: Part two*, Dordrecht: Kluwer Academic Publishers, pp 1074-95.

Lovell, R. and Kalinich, D. (1992) 'The unimportance of in-house research in a professional criminal justice organization', *Criminal Justice Review*, vol 17, no 1, pp 77-93.

McAdam, R. and Reid, R. (2001) 'SME and large organisation perceptions of knowledge management: management comparisons and contrasts', *Journal of Knowledge Management*, vol 5, no 3, pp 231-41.

Macdonald, G. (2000) 'Social care: rhetoric and reality', in H.T.O. Davies, S.M. Nutley and P.C. Smith (eds) *What works? Evidence-based policy and practice in public services*, Bristol: The Policy Press, pp 117-40.

McGuinness, C. (2000) 'ACTS (Activating Children's Thinking Skills): a methodology for enhancing thinking skills across the curriculum (with a focus on knowledge transformation)', Paper presented at the First Conference of the Economic and Social Research Council's Research Programme on Teaching and Learning, Leicester, 9-10 November.

McKenna, H., Ashton, S. and Keeney, S. (2004) 'Barriers to evidence based practice in primary care: a review of the literature', *International Journal of Nursing Studies*, vol 41, no 4, pp 369-78.

McKinlay, A. (2005) 'Knowledge management', in S. Ackroyd, R. Batt, P. Thompson and P. Tolbert (eds) *The Oxford handbook of work and organization*, Oxford: Oxford University Press, pp 242-62.

Magnan, J., L'Heureux, L., Taylor, M. and Thornley, R. (2004), 'Assessing the outputs and outcomes of Alberta's Health Research Fund', Poster presented at the *First annual conference of the Canadian Association for Health Services and Policy Research*, Montreal, QC, Canada (May 2004).

Maguire, M. (2004) 'The Crime Reduction Programme in England and Wales', *Criminal Justice*, vol 4, no 3, pp 213-37.

Mannion, R., Davies, H.T.O. and Marshal, M.N. (2005) 'Impact of "star" performance ratings on English NHS Trusts', *Journal of Health Services Research and Policy*, vol 10, no 1, pp 18-24.

March, J. and Olsen, J. (1976) *Ambiguity and choice in organisations*, Englewood Cliffs, NJ: Prentice Hall. (J・G・マーチ、J・P・オルセン（著）、遠田雄志、アリソン・ユング（訳）『組織におけるあいまいさと決定』1986年、有斐閣）

Marston, G. and Watts, R. (2003) 'Tampering with the evidence: a critical appraisal of evidence-based policy making', *The Drawing Board: An Australian Review of Public Affairs*, vol 3, no 3, pp 143-63.

Marteau, T.M., Sowden, A.J. and Armstrong, D. (2002) 'Implementing research findings into practice: beyond the information deficit model', in A. Haines and A. Donald (eds) *Getting research findings into practice*, London: BMJ Books, pp 68-76.

Martin, S. (2002) 'Modernisation of UK local government: markets, managers, monitors and mixed fortunes', *Public Management Review*, vol 4, no 3, pp 291-307.

Mays, N., Pope, C. and Popay, J. (2005) 'Systematically reviewing qualitative and quantitative evidence to inform management and policy-making in the health field', *Journal of Health Services Research and Policy*, vol 10, supp 1, pp 6-20.

Megginson, D. and Pedlar, M. (1992) *Self-development: A facilitator's guide*, Maidenhead: McGraw-Hill.

Mihalic, S., Fagan, A., Irwin, K., Ballard, D. and Elliott, D., (2004a) *Blueprints for violence prevention*, Boulder, CO: Centre for the Study and Prevention of Violence, University of Colorado/Office of Juvenile Justice and Delinquency Prevention, US Department of Justice, available at www.ojjdp.ncjrs.org/publications/PubAbstract.asp?pubi=11721, accessed August 2004.

Mihalic, S., Irwin, K., Fagan, A., Ballard, D. and Elliott, D. (2004b) *Successful program implementation: Lessons from Blueprints*, Washington, DC: US Department of Justice, Office of Juvenile Justice and Delinquency Prevention, available at www.ojjdp.ncjrs.org/publications/PubAbstract.asp?pubi=11719, accessed August 2004.

Miles, A., Grey, J., Polychronis, A. and Melchiorri, C. (2002) 'Critical advances in the evaluation and development of clinical care', *Journal of Evaluation in Clinical Practice*, vol 8, no 2, pp 87-102.

Miles, A., Grey, J., Polychronis, A., Price, N. and Melchiorri, C. (2003) 'Current thinking in the evidence-based health care debate', *Journal of Evaluation in Clinical Practice*, vol 9, no 2, pp 95-109.

Milewa, T. and Barry, C. (2005) 'Health policy and the politics of evidence', *Social

Policy and Administration, vol 39, no 5, pp 498-512.

Mintzberg, H., Ahlstrand, B. and Lampel, J. (1998) *The strategy safari*, New York: Free Press. (ヘンリー・ミンツバーグ、ブルース・アルストランド、ジョセフ・ランベル（著）、齋藤嘉則（監訳）、木村充、奥澤朋美、山口あけも（訳）『戦略サファリ：戦略マネジメント・ガイドブック』1999年、東洋経済新報社）

Molas-Gallart, J., Tang, P. and Morrow, S. (2000) 'Assessing the nonacademic impact of grant-funded socio-economic research: results from a pilot study', *Research Evaluation*, vol 9, no 3, pp 171-82.

Moulding, N.T., Silagy, C.A. and Weller, D.P. (1999) 'A framework for effective management of change in clinical practice: dissemination and implementation of clinical practice guidelines', *Quality in Health Care*, vol 8, no 3, pp 177-83.

Mukherjee, S., Beresford, B. and Sloper, P. (1999) *Unlocking key working: An analysis and evaluation of key worker services for families with disabled children*, Bristol/York: The Policy Press/Joseph Rowntree Foundation.

Mulgan, G. (2003) 'Government, knowledge and the business of policy making', *Canberra Bulletin of Public Administration*, vol 108, pp 1-5.

Mulhall, A. and le May, A. (1999) *Nursing research: Dissemination and implementation*, Edinburgh: Churchill Livingstone.

Musson, G. (undated) *Qualitative evaluation of the facts Aspirin Programme*, Sheffield: facts/Centre for Innovation in Primary Care, www.innovate.org.uk/library/aspquarep/GillsQualRep.html (accessed 16 July 2002).

NAO (National Audit Office) (2004) *Connexions Service: Advice and guidance for all young people*, London: The Stationery Office.

National Academy of Engineering (2003) *The impact of academic research on industrial performance*, Washington, DC, United States: National Academies Press, http://books/nap.edu/catalog/10805.html?onpi_newsdoc10092003.

NCDDR (National Centre for the Dissemination of Disability Research) (1996) *A review of the literature on dissemination and knowledge utilization*, Austin, TX: NCDDR.

NCSL (National College of School Leadership) (2005a) *International perspectives on networked learning: Key messages emerging from Phase 1 of the external evaluation of the NCSL Networked Learning Communities*, Nottingham: NCSL.

NCSL (2005b) *Evaluating the NCSL Networked Learning Communities Programme: Summary of the overall approaches to the evaluation*, Nottingham: NCSL.

Neilson, S. (2001) *IDRC supported research and its influence on public policy:*

Knowledge utilization and public policy processes: A literature review, Ottawa: International Development Research Centre.

NESS (National Evaluation of Sure Start) (2005) *Early impacts of Sure Start local programmes on children and families*, Sure Start Report 13, London: HMSO.

Newell, S., Edelman, L. and Bresnan, M. (2001) 'The inevitability of reinvention in project-based learning', Paper presented at the 17th EGOS Conference 'The Odyssey of Organising', Lyon, 5-7 July.

Nicholas, E. (2003) 'An outcomes focus in carer assessment and review: value and challenge', *British Journal of Social Work*, vol 33, no 1, pp 31-47.

Nonaka, I. and Takeuchi, H. (1995) *The knowledge-creating company: How Japanese companies create the dynamics of innovation*, Oxford: Oxford University Press. (野中郁次郎、竹内弘高（著）、梅本勝博（訳）『知識創造企業』1996年、東洋経済新報社)

Norman, L. (2004) *Research-policy interaction: A study of a series of DfES convened seminars*, NERF Working Paper 8.1, London: National Education Research Forum (NERF; www.nerf-uk.org, accessed January 2006).

Novak, J.D. (1998) *Learning, creating, and using knowledge: Concept mapsTM as facilitative tools for schools and corporations*, Mahwah, NJ: Lawrence Erlbaum Associates.

Nutley, S.M. and Davies, H.T.O. (1999) 'The fall and rise of evidence in criminal justice', *Public Money and Management*, vol 19, no 1, pp 47-54.

Nutley, S.M. and Davies, H.T.O. (2000) 'Making a reality of evidence-based practice: some lessons from the diffusion of innovations', *Public Money and Management*, vol 20, no 4, pp 35-43.

Nutley, S.M. and Davies, H.T.O. (2001) 'Developing organizational learning in the NHS', *Medical Education*, vol 35, pp 35-42.

Nutley, S.M. and Homel, P. (2006) 'Delivering evidence-based policy and practice: lessons from the implementation of the Crime Reduction Programme', *Evidence & Policy*, vol 2, no 1, pp 5-26.

Nutley, S.M. and Webb, J. (2000) 'Evidence and the policy process', in H.T.O. Davies, S.M. Nutley and P.C. Smith (eds) *What works? Evidence-based policy and practice in public services*, Bristol: The Policy Press, pp 13-42.

Nutley, S.M., Bland, N. and Walter, I.C. (2002) 'The institutional arrangements for connecting evidence and policy: the case of drug misuse', *Public Policy and Administration*, vol 17, no 3, pp 76-94.

Nutley, S.M., Percy-Smith, J. and Solesbury, W. (2003a), *Models of research impact: a cross-sector review of literature and practice*, London: Learning and Skills Research Centre.

Nutley, S.M., Walter, I.C. and Davies, H.T.O. (2003b) 'From knowing to doing: a framework for understanding the evidence-into-practice agenda', *Evaluation*, vol 9, no 2, pp 125-48.

O'Brien, T.M.A., Oxman, A., Davis, D., Haynes, B.R., Freemantle, N. and Harvey, E.L. (2002a) 'Educational outreach visits: effects on professional practice and health care outcomes', *The Cochrane Library*, no 2, Oxford: Update Software.

O'Brien, T.M.A., Oxman, A., Davis, D., Haynes, B.R., Freemantle, N. and Harvey, E.L. (2002b) 'Audit and feedback versus alternative strategies: effects on professional practice and health care outcomes', *The Cochrane Library*, no 2, Oxford: Update Software.

O'Brien, T.M.A., Oxman, A., Davis, D., Haynes, B.R., Freemantle, N. and Harvey, E.L. (2002c) 'Audit and feedback: effects on professional practice and health care outcomes', *The Cochrane Library*, no 2, Oxford: Update Software.

Oh, C. (1996) *Linking social science information to policy-making*, Greenwich, CT: JAI Press Inc.

Oh, C. (1997) 'Explaining the impact of policy information on policy-making', *Knowledge and Policy*, vol 10, no 3, pp 25-55.

O'Neill, H.M., Pouder, R.W. and Buchholtz, A.K. (1998) 'Patterns in the diffusion of strategies across organisations: insights from the innovation diffusion literature', *Academy of Management Review*, vol 23, pp 98-114.

Øvretveit, J. (2002) 'How to run an effective improvement collaborative', *International Journal of Health Care Quality Assurance*, vol 15, pp 33-44.

Oxman, A.D., Thomson, M.A., Davis, D.A. and Haynes, B.R. (1995) 'No magic bullets: a systematic review of 102 trials of interventions to improve professional practice', *Journal of the Canadian Medical Association*, vol 153, no 10, pp 1423-31.

Palmer, C. and Fenner, J. (1999) *Getting the message across: Review of research and theory about disseminating information within the NHS*, London: Royal College of Psychiatrists.

Parker, G. (1990) 'Informal care, social research and social policy: real influence or wishful thinking?', *Social Policy Research Unit Working Paper* CP 750 11/90, York: University of York.

Parsons, W. (1995) *Public policy*, Cheltenham: Edward Elgar.

Parsons, W. (2002) 'From muddling through to muddling up: evidence-based policy making and the modernisation of British government', *Public Policy and Administration*, vol 17, no 3, pp 43-60.

Parsons, W. (2004) 'Not just steering but weaving: relevant knowledge and the craft of building policy capacity and coherence', *Australian Journal of Public Administration*, vol 63, no 1, pp 43-57.

Patton, M.Q. (1997) *Utilization-focused evaluation*, Thousand Oaks, CA: Sage Publications.（マイケル・クイン・パットン（著）、大森弥（監修）、山本泰、長尾眞文（編）『実用重視の事業評価入門』2001年、清水弘文堂書房）

Patton, M.Q. (1998) 'Discovering process use', *Evaluation*, vol 4, no 2, pp 225-33.

Pawson, R. (2002) 'Evidence-based policy: the promise of realist synthesis', *Evaluation*, vol 8, no 3, pp 340-58.

Pawson, R. and Tilley, N. (1997) *Realistic evaluation*, London: Sage Publications.

Pawson, R., Greenhalgh, T., Harvey, G. and Walshe, K. (2005) 'Realist review: a new method of systematic review designed for complex policy interventions', *Journal of Health Services Research and Policy*, vol 10, supp 1, pp 21-34.

Pawson, R., Boaz, A., Grayson, L., Long, A. and Barnes, C. (2003) *Types and quality of knowledge in social care*, Bristol/London: The Policy Press/Social Care Institute for Excellence.

Pedlar, M. and Aspinwall, K. (1998) *A concise guide to the learning organisation*, London: Lemos & Crane.

Pedlar, M.J., Burgoyne, J.G. and Boydell, T.H. (1997) *The learning company: A strategy for sustainable development*, Maidenhead: McGraw-Hill.

Percy-Smith, J., Speller, V. and Nutley, S.M. (2006) *Evidence-informed policy and practice: A review of approaches used in health improvement in Scotland*, Edinburgh: NHS Health Scotland.

Percy-Smith, J., Burden, T., Darlow, A., Dowson, L., Hawtin, M. and Ladi, S. (2002) *Promoting change through research: The impact of research in local government*, York: Joseph Rowntree Foundation.

Petersen, L.A., Woodard, L.D., Urech, T., Daw, C. and Sookanan, S. (2006). 'Does Pay-for-Performance Improve the Quality of Health Care?', *Annals of Internal Medicine*, vol 145, no 4, pp 265-72.

Pfeffer, J. and Sutton, R.I. (2000) *The knowing-doing gap: How smart companies turn knowledge into action*, Boston, MA: Harvard Business School Press.（ジェフリ

ー・フェファー、ロバート・I・サットン（著）、長谷川喜一郎（監訳）、菅田絢子（訳）『実行力不全：なぜ知識を行動に活かせないのか』2005年、ランダムハウス講談社）

Pfeffer, J. and Sutton, R.I. (2006) *Hard facts, dangerous half-truths and total nonsense: Profiting from evidence-based management*, Boston, MA: Harvard Business School Press. （ジェフリー・フェファー、ロバート・I・サットン（著）、清水勝彦（訳）『事実に基づいた経営：なぜ「当たり前」ができないのか?』2009年、東洋経済新報社）

Philip, K.L., Backett-Milburn, K., Cunningham-Burley, S. and Davis, J.B. (2003) 'Practising what we preach? A practical approach to bringing research, policy and practice together in relation to children and health inequalities', *Health Education Research*, vol 18, no 5, pp 568-79.

Phillips Report (2000) *The BSE Inquiry Report*, www.bseinquiry.gov.uk/index.htm (accessed 20 December 2006)

Polanyi, M. (1967) *The tacit dimension*, New York: Doubleday. （マイケル・ポラニー（著）、佐藤敬三（訳）『暗黙知の次元』1980年、紀伊國屋書店／マイケル・ポランニー（著）、高橋勇夫（訳）『暗黙知の次元』2003年、ちくま学芸文庫）

Price, L., Ravenscroft, J. and Nutley, S. (2006) 'Fostering voices and fostering messages: an evaluation of new strategies to promote research utilisation', *Adoption and Fostering*, vol 30, no 1, pp 6-17.

Prime Minister's Strategy Unit (2006) *The UK government's approach to public service reform: A discussion paper*, London: Cabinet Office.

Quinn, M. (2002) 'Evidence-based or people-based policy making? A view from Wales', *Public Policy and Administration*, vol 17, no 3, pp 29-42.

Qureshi, H. and Nicholas, E. (2001) 'A new conception of social care outcomes and its practical use in assessment with older people', *Research Policy and Planning*, vol 19, no 2, pp 11-26.

Ramey, C., Campbell, F., Burchinal, M., Skinner, M., Gardner, D. and Ramey, F. (2000) 'Persistent effects of early childhood education on high risk children and their mothers', *Applied Developmental Science*, vol 4, no 1, pp 2-14.

Reber, A.S. (1993) *Implicit learning and tacit knowledge: An essay on the cognitive unconscious*, New York: Oxford University Press.

Reid, F. (2003) *Evidence-based policy: Where is the evidence for it?*, Bristol: School for Policy Studies, University of Bristol (www.bristol.ac.uk/sps, accessed January 2005).

Rein, L. (1976) *Social science and public policy*, Harmondsworth: Penguin Education.

Rich, A. (2004) *Think tanks, public policy and the politics of expertise*, Cambridge, MA: Cambridge University Press.

Rickinson, M. (2005) *Practitioners' use of research*, NERF Working Paper 7.5, London: National Education Research Forum (NERF; www.nerf-uk.org, accessed January 2005).

Robinson, G. (2001) 'Power, knowledge and "what works" in probation', *The Howard Journal*, vol 40, no 3, pp 235-54.

Rodger, J. and Cowen, G. (2005) *National evaluation of the Connexions Card: Final Report*, York: York Consulting Ltd.

Rogers, E.M. (1995) *Diffusion of innovations*, New York: Free Press.

Rogers, E.M. (2003) *Diffusion of innovations* (5th edition), New York: Free Press.（エベレット・ロジャーズ（著）、三藤利雄（訳）『イノベーションの普及』2007年、翔泳社）

Ross, S., Lavis, J., Rodriguez, C., Woodside, J. and Denis, J.-L. (2003) 'Partnership experiences: involving decision makers in the research process', *Journal of Health Services Research and Policy*, vol 8, supp 2, pp 26-34.

Rushmer, R.K. and Davies, H.T.O. (2004) 'Unlearning in health care', *Quality and Safety in Health Care*, vol 13, supp II, pp 10-15.

Sabatier, P. (1998) 'The advocacy coalition framework: revisions and relevance for Europe', *Journal of European Public Policy*, vol 5, no 1, pp 98-130.

Sabatier, P. and Jenkins-Smith, H.C. (1993) *Policy change and learning: An advocacy coalitions approach*, Boulder, CO: Westview Press.

Sabatier, P. and Pelkey, N. (1987) 'Incorporating multiple actors and guidance instruments into models of regulatory policymaking: an advocacy coalition framework', *Administration and Society*, vol 19, no 2, pp 236-63.

Sackett, D.L., Rosenberg, W.M.C., Gray, J.A.M., Haynes, R.B. and Richardson, W.S. (1996) 'Evidence based medicine: what it is and what it isn't', *British Medical Journal*, vol 312, no 7023, pp 71-2.

Sanderson, I. (2002) 'Evaluation, policy learning and evidence-based policy making', *Public Administration*, vol 80, no 1, pp 1-22.

Sanderson, I. (2006) 'Complexity, "practical rationality" and evidence-based policy making' *Policy and Politics*, vol 34, no 1, pp 115-32

Scarborough, H., Swan, J. and Preston, J. (1999) *Knowledge management: A literature review*, London: Institute of Personnel and Development.

Schein, E. (1996) 'Organisational learning as cognitive re-definition: corrective persuasion revisited', available at www.sol-ne.org/res/wp/index.html, last accessed 9 October 2006.

Schon, D.A. (1967) *Technology and change: The new Heraclitus*, New York: Delacorte Press.（ドナルド・A・ショーン（著）、松井好、牧山武一、寺崎実（訳）『技術と変化：テクノロジーの波及効果』1970年、産業能率短期大学出版部）

Schon, D.A. (1971) *Beyond the stable state*, London: Norton & Company.

Schweinhart, L. and Weikart, D. (1993) *A summary of significant benefits: The high/scope Perry pre-school study through age 27*, London: Hodder Stoughton.

Scottish Executive (2003) *The Lifelong Learning Strategy for Scotland*, Edinburgh: Scottish Executive (www.scotland.gov.uk/publications/2003/02/16308/17776 - accessed 20 December 2006).

Selby Smith, C. and Selby Smith, J. (2002) 'Reflections on the impact of research on policy development: a case study of user choice', *Australian and New Zealand Journal of Vocational Education Research*, vol 10, no 1, pp 69-93.

Seligman, M., Steen, T., Park, N. and Peterson, C. (2005) 'Positive psychology progress: empirical validation of interventions', *American Psychologist*, vol 60, no 5, pp 410-21.

Senge, P.M. (1990) *The fifth discipline: The art and practice of the learning organization*, New York: Doubleday Currency.（ピーター・M・センゲ（著）、守部信之ほか（訳）『最強組織の法則：新時代のチームワークとは何か』1995年、徳間書店）

SEU (Social Exclusion Unit) (1998) *Bringing Britain together: A national strategy for neighbourhood renewal*, Cm 4045, London: SEU.

SEU (Social Exclusion Unit) (2001) *A new commitment to neighbourhood renewal: national strategy action plan*, London: Cabinet Office

SEU and CMPS (Social Exclusion Unit and Centre for Management and Policy Studies) (2002) *The Social Exclusion Unit's policy action team approach to policy development: The views of participants*, London: SEU.

Shanley, C., Lodge, M. and Mattick, R.P. (1996) 'Dissemination of research findings to alcohol and other drug practitioners', *Drug and Alcohol Review*, vol 15, no 1, pp 89-94.

Shannon, S.I. and Norman, G.R. (1995) 'A critical appraisal of critical appraisal skills teaching interventions', in A. Rothman (ed) *The 6th Ottawa conference on medical education*, Toronto: University of Toronto.

SHEFC/US (Scottish Higher Education Funding Council/Universities Scotland) (2005) *Knowledge transfer from Scotland's higher education institutions: Progress and prospects. Report of the joint SHEFC/Universities Scotland task force on knowledge transfer*, Edinburgh: Scottish Funding Council(RKTC/05/08/Annex 1).

Sheldon, B. (1998) 'Evidence-based social services', *Research, Policy and Planning*, vol 16, no 2, pp 16-18.

Sheldon, B. and Chilvers, R. (2000) *Evidence-based social care: A study of prospects and problems*, Lyme Regis, UK: Russell House.

Sheldon, B. and Chilvers, R. (2002) 'An empirical study of the obstacles to evidence-based practice', *Social Work and Social Sciences Review*, vol 10, no 1, pp 6-26.

Sheldon, T. (2005) 'Making evidence synthesis more useful for management and policy-making', *Journal of Health Services Research and Policy*, vol 10, supp 1, pp 1-5.

Shove, E. and Rip, A. (2000) 'Users and unicorns: a discussion of mythical beasts in interactive science', *Science and Public Policy*, vol 27, pp 175-82.

Shulha, L.M. and Cousins, J.B. (1997) 'Evaluation use: theory, research and practice since 1986', *Evaluation Practice*, vol 18, no 3, pp 195-208.

Simon, H.A. (1957) *Models of man*, New York: John Wiley and Sons. (H・A・サイモン（著）、宮沢光一（監訳）『人間行動のモデル：特別増補／新論文6編』1970年、同文舘出版)

Simons, H., Kushner, S., Jones, K. and James, D. (2003) 'From evidence-based practice to practice-based evidence: the idea of situated generalisation', *Research Papers in Education*, vol 18, no 4, pp 347-64.

Sinclair, R. and Jacobs, C. (1994) *Research in personal social services: The experiences of three local authorities*, London: National Children's Bureau.

Sloper, P., Mukherjee, S., Beresford, B., Lightfoot, J. and Norris, P. (1999) *Real change not rhetoric: Putting research into practice in multi-agency services*, Bristol/York: The Policy Press/Joseph Rowntree Foundation.

Smith, P. (1995) 'On the unintended consequences of publishing performance data in the public sector', *International Journal of Public Administration*, vol 18, pp 277-310.

Smith, W.R. (2000) 'Evidence for the effectiveness of techniques to change physician behavior', *Chest*, vol 118, no 2, pp 8-17.

Sobell, L. (1996) 'Bridging the gap between scientists and practitioners: the challenge before us', *Behaviour Therapy*, vol 27, no 3, pp 297-320.

Spencer, L., Ritchie, J., Lewis, J. and Dillon, L. (2003) *Quality in qualitative evaluation: A framework for assessing research evidence*, London: Cabinet Office.

SPICE (Scottish Parliament Information Centre) (1999) *Approaches to tackling poverty and social exclusion*, Research note RN42, Edinburgh: SPICE.

Spittlehouse, C., Acton, M. and Enock, K. (2000) 'Introducing critical appraisal skills training in UK social services: another link between health and social care?', *Journal of Interprofessional Care*, vol 14, no 4, pp 397-404.

Sprague, J., Walker, H., Golly, A., White, K., Myers, D.R. and Shannon, T. (2001) 'Translating research into effective practice: the effects of a universal staff and student intervention on indicators of discipline and school safety', *Education and Treatment of Children*, vol 24, no 4, pp 495-511.

Stein, D. (1998) *Situated learning in adult education*, Syracuse, NY: Eric Clearinghouse on Information Resources (ERIC Digest Reproduction Service No. ED 418 250).

Steuer, M. (2003) *The scientific study of society*, London: Kluwer Academic Publishers.

Stocking, B. (1985) *Initiative and inertia: Case studies in the NHS*, London: Nuffield Provincial Hospitals Trust.

Stoker, G. (1999) *Notes on keynote address*, ARCISS conference, London, 27 January (www.arciss.ac.uk/pages/publications.html – accessed 20 December 2006).

Stone, D. (2001) *Bridging research and policy*, Warwick: Warwick University.

Stroot, S., Keil, V., Stedman, P., Lohr, L., Faust, R., Schincariol-Randall, L., Sullivan, A., Czerniak, G., Kuchcinski, J., Orel, N. and Richter, M. (1998) *Peer assistance and review guidebook*, Columbus, OH: Ohio Department of Education.

Sunesson, S. and Nilsson, K. (1988) 'Explaining research utilization: beyond "functions"', *Knowledge: Creation, Diffusion, Utilization*, vol 10, no 2, pp 145-55.

Swan, J. and Scarborough, H. (2001) 'Knowledge management: concepts and controversies', *Journal of Management Studies*, vol 38, no 7, pp 913-21.

Tang, P. and Sinclair, T. (2001) 'Exploitation practice in social science research', *Science and Public Policy*, vol 28, no 2, pp 131-7.

The British Academy (2004) *'That full complement of riches': The contributions of the arts, humanities and social sciences to the nation's wealth*, London: The British Academy.

The Economist (2005) 'Child care a faltering start', 10 December, pp 34-5.

The Economist (2006a) 'Teaching reading: fast, first – effective', 25 March, pp 36 and 41.

The Economist (2006b) 'Lexington/the battle of ideas', 25 March, p 64.

Thomas, L., McColl, E., Cullum, N., Rousseau, N. and Soutter, J. (1999) 'Clinical guidelines in nursing, midwifery and the therapies: a systematic review', *Journal of Advanced Nursing*, vol 30, no 1, pp 40-50.

Thomas, L., Cullum, N., McColl, E., Rousseau, N., Soutter, J. and Steen, N. (2002) 'Guidelines in professions allied to medicine', *The Cochrane Library*, no 2, Oxford: Update Software.

Thomas, L., McColl, E., Cullum, N., Rousseau, N., Soutter, J. and Steen, N. (1998) 'Effect of clinical guidelines in nursing, midwifery, and the therapies: a systematic review of evaluations', *Quality in Health Care*, vol 7, pp 183-91.

Tilley, N. (1993) *After Kirkholt: Theory, method and results of replication evaluations*, London: Home Office Police Department, Police Research Group.

Tilley, N. (2004) 'Applying theory driven evaluation to the British Crime Reduction Programme: the theories of the programme and its evaluation', *Criminal Justice*, vol 4, no 3, pp 255-76.

Toynbee, P. (2005) 'We must hold our nerve and support deprived children', *The Guardian*, 13 September.

Tozer, C. and Ray, S. (1999) '20 questions: the research needs of children and family social workers', *Research, Policy and Planning*, vol 17, no 1, pp 7-15.

Tranfield, D.R., Denyer, D. and Smart, P. (2003) 'Towards a methodology for developing evidence-informed management knowledge by means of systematic review', *British Journal of Management, vol 14, pp 207-22.*

Trinder, L. and Reynolds, S. (2000) *Evidence-based practice: A critical appraisal*, Oxford: Blackwell Science.

Tsoukas, H. (2005) 'Do we really understand tacit knowledge?', in S. Little and T. Ray (eds) *Managing knowledge*, London: Sage Publications, pp 107-26.

Tsoukas, H. and Vladimirou, E. (2001) 'What is organization knowledge?', *Journal of Management Studies*, vol 38, no 7, pp 973-93.

Tyden, T. (1993) *Knowledge interplay: User oriented research dissemination through synthesis pedagogics*, Uppsala Studies in Education 50, Uppsala: Uppsala University.

Tyden, T. (1994) 'Trained research consumers– a key to better knowledge utilization?', Paper presented to the conference 'When Science Becomes Culture',

Montreal, 10-13 April.

Tyden, T. (1996) 'The contribution of longitudinal studies for understanding science communication and research utilization', *Science Communication*, vol 18, no 1, pp 29-48.

Upshur, R.E. (2002) 'If not evidence, then what? Or does medicine really need a base?', *Journal of Evaluation in Clinical Practice*, vol 8, no 2, pp 113-20.

Van de Ven, A.H., Polley, D.E., Garud, R. and Venkataraman, S. (1999) *The innovation journey*, Oxford: Oxford University Press.

Vaughn, S. and Coleman, M. (2004) 'The role of mentoring in promoting use of research-based practices in reading', *Remedial and Special Education*, vol 25, no 1, pp 25-38.

Wakefield, J. and Kirk, S. (1996) 'Unscientific thinking about scientific practice: evaluating the scientist practitioner model', *Social Work Research*, vol 20, no 2, pp 83-95.

Wakefield, A., Murch, S., Anthony, A., Linnell, J., Casson, D., Malik, M., Berelowitz, M., Dhillon, A., Thomson, M., Harvey, P., Valentine, A., Davies, S. and Walker-Smith, J. (1998) 'Ileal-lymphoid-nodular hyperplasia, non-specific colitis, and pervasive developmental disorder in children', *The Lancet*, vol 351, no 9103, pp 637-41.

Walshe, K. and Rundall, T.G. (2001) 'Evidence-based management: from theory to practice in health care', *The Milbank Quarterly*, vol 79, no 3, pp 429-57.

Walker, D. (2000) 'You find the evidence, we'll pick the policy', *The Guardian*, 15 February.

Walter, I., Nutley, S.M. and Davies, H.T.O. (2003a) *Research impact: A cross-sector review*, St Andrews: Research Unit for Research Utilisation, University of St Andrews, available at www.ruru.ac.uk/publications.html, accessed January 2006.

Walter, I.C., Nutley, S.M. and Davies, H.T.O. (2003b) *Developing a taxonomy of interventions used to increase the impact of research*, Discussion Paper 3, St Andrews: Research Unit for Research Utilisation, University of St Andrews, available at www.ruru.ac.uk/home.html, accessed January 2006.

Walter, I., Davies, H.T.O. and Nutley, S.M. (2003c) 'Increasing research impact through partnerships: evidence from outside healthcare', *Journal of Health Services Research and Policy* vol 8, no 2, pp 58-61.

Walter, I.C., Nutley, S.M. and Davies, H.T.O. (2004a) *Assessing research impact. Report of RURU seminar 3, 15-16 January 2004*, St Andrews: Research Unit for Research Utilisation, University of St Andrews, available at www.ruru.

ac.uk/publications.html, accessed January 2006.

Walter, I., Nutley, S., Percy-Smith, J., McNeish, D. and Frost, S. (2004b) *Improving the use of research in social care. Knowledge Review 7*, Bristol/London: The Policy Press/Social Care Institute for Excellence.

Walter, I., Nutley, S.M. and Davies, H.T.O. (2005), 'What works to promote evidence-based practice? A cross-sector review' *Evidence & Policy*, vol 1, no 3, pp 335-64.

Ward, H. (1995) *Looking after children: Research into practice*, London: HMSO.

Ward, L. (2005) 'Doubts over value of £3 billion Sure Start', *The Guardian*, 13 September.

Waterman, H., Tillen, D., Dickson, R. and de Konig, K. (2001) 'Action research: a systematic review and guidance for assessment', *Health Technology Assessment*, vol 5, no 23 (www.hta.nhsweb.nhs.uk).

Watkins, J.M. (1994) 'A postmodern critical theory of research use', *Knowledge and Policy*, vol 7, no 4, pp 55-77.

Webb, S.A. (2001) 'Some considerations on the validity of evidence-based practice in social work', *British Journal of Social Work*, vol 31, pp 57-79.

Webber, D.J. (1986) 'Explaining policymakers' use of policy information', *Knowledge: Creation, Diffusion, Utilization*, vol 7, no 3, pp 249-90.

Webber, D.J. (1991) 'The distribution and use of policy knowledge in the policy process', *Knowledge and Policy: The International Journal of Knowledge Transfer and Utilization*, vol 4, no 4, pp 6-35.

Weiss, C.H. (1979) 'The many meanings of research utilization', *Public Administration Review*, vol 39, no 5, pp 426-31.

Weiss, C.H. (1980) 'Knowledge creep and decision accretion', *Knowledge: Creation, Diffusion, Utilization*, vol 1, no 3, pp 381-404.

Weiss, C.H. (1982) 'Policy research in the context of diffuse decision making', *Journal of Higher Education*, vol 53, no 6, pp 619-39.

Weiss, C.H. (1987) 'The circuitry of enlightenment: diffusion of social science research to policy makers', *Knowledge: Creation, Diffusion, Utilization*, vol 8, no 2, pp 274-81.

Weiss, C.H. (1995) 'The haphazard connection: social science and public policy', *International Journal of Educational Research*, vol 23, no 2, pp 137-50.

Weiss, C.H. (1998) 'Have we learned anything new about the use of evaluation?', *American Journal of Evaluation*, vol 19, no 1, pp 21-33.

Weiss, C.H. (1999) 'The interface between evaluation and public policy', *Evaluation*,

vol 5, no 4, pp 468-86.
Weiss, C.H., Murphy-Graham, E. and Birkeland, S. (2005) 'An alternative route to policy influence: how evaluations affect DARE', *The American Journal of Evaluation*, vol 26, no 1, pp 12-13.
Wenger, E. (1998) *Communities of practice: Learning, meaning and identity*, Cambridge, MA: Cambridge University Press.
Wenger, E., McDermott, R. and Snyder, W. (2002) *Cultivating communities of practice*, Boston, MA: Harvard Business School Press.(エティエンヌ・ウェンガー、リチャード・マクダーモット、ウィリアム・M・スナイダー(著)、野村恭彦(監修)、野中郁次郎(解説)、櫻井祐子(訳)『コミュニティ・オブ・プラクティス:ナレッジ社会の新たな知識形態の実践』2002年、翔泳社)
Westphal, J.D., Gulati, R. and Shortell, S.M. (1997) 'Customization or conformity? An institutional and network perspective on the content and consequences of TQM adoption', *Administrative Science Quarterly*, vol 42, pp 366-94.
Weyts, A., Morpeth, L. and Bullock, R. (2000) 'Department of Health research overviews – past, present and future: an evaluation of the dissemination of the Blue Book, *Child protection: messages from research*', *Child and Family Social Work*, vol 5, no 3, pp 215-23.
Whitehead, M., Townsend, P. and Davidson, N. (eds) (1992) *Inequalities in Health: The Black Report and the Health Divide*, London: Penguin.
Whiteman, D. (1985) 'Reaffirming the importance of strategic use: a two-dimensional perspective on policy analysis in Congress', *Knowledge*, vol 6, pp 203-24.
Wikeley, F. (1998) 'Dissemination of research as a tool for school improvement?', *School Leadership and Management*, vol 18, no 1, pp 59-73.
Wilensky, H. (1997) 'Social science and the public agenda: reflections on relation of knowledge to policy in the United States and abroad', *Journal of Health Politics, Policy and Law*, vol 22, no 5, pp 1241-65.
Williams, D., McConnell, M. and Wilson, K. (1997) *Is there any knowledge out there? The impact of research information on practitioners*, Boston Spa: British Library Research and Innovation Centre.
Williams, M. (2005) 'The evaluation of Sure Start', *The Evaluator*, Winter, pp 10-12.
Willinsky, J. (2003) 'Policymakers' online use of academic research', *Education Policy and Analysis Archives*, vol 11, no 2, pp 1-17, available at http://epaa.asu.edu/epaa/v11n2/, accessed January 2005.
Wilson, R., Hemsley-Brown, J., Easton, C. and Sharp, C. (2003) *Using research for*

school improvement: The LEA's role, Local Government Association Research Report 42, Slough, Berkshire: National Foundation for Educational Research (NFER).

Wingens, M. (1990) 'Toward a general utilization theory: a systems theory reformulation of the two communities metaphor', *Knowledge: Creation, Diffusion, Utilization*, vol 12, no 1, pp 27-42.

Wolfe, R.A. (1994) 'Organisational innovation: review, critique and suggested research directions', *Journal of Management Studies*, vol 31, no 3, pp 405-31.

Wood, E. (2003) 'The power of pupil perspectives in evidence-based practice: the case of gender and underachievement', *Research Papers in Education*, vol 18, no 4, pp 365-83.

Wood, M., Ferlie, E. and Fitzgerald, L. (1998) 'Achieving clinical behaviour change: a case of becoming indeterminate', *Social Science and Medicine*, vol 47, no 11, pp 1729-38.

Wooding, S., Hanney, S., Buxton, M. and Grant, J. (2004) *The returns from arthritis research. Volume 1: Approach, analysis and recommendations*, Arthritis Research Campaign, RAND Europe (www.rand.org/pubs/monographs/MG251/ - accessed 20 December 2006).

Woolgar, S. (2000) 'Social basis of interactive social science', *Science and Public Policy*, vol 27, no 3, pp 165-73.

Wye, L. and McClenahan, J. (2000) *Getting better with evidence: Experiences of putting evidence into practice*, London: King's Fund, available at www.kingsfund.org.uk, accessed July 2004.

Yano, E.M., Fink, A., Hirsch, S.H., Robbins, A.S. and Rubenstein, L.V. (1995) 'Helping practices reach primary care goals: lessons from the literature', *Archives of Internal Medicine*, vol 155, no 11, pp 1146-56.

Young, K., Ashby, D., Boaz, A. and Grayson, L. (2002) 'Social science and the evidence-based policy movement', *Social Policy and Society*, vol 1, no 3, pp 215-24.

Zeuli, J.S. (1994) 'How do teachers understand research when they read it?', *Teaching and Teacher Education*, vol 10, no 1, pp 39-55.

索 引

——事 項

【あ行】

アクションリサーチ（action research） 33, 62, 255, 348

アルバータ州保健研究基金（Health Research Fund）（カナダ） 346

暗黙知（tacit knowledge） 50, 62, 106, 156, 160, 163, 215, 217, 218, 221-225, 241, 242, 266, 271, 326, 332, 351, 370, 371, 376

イースト・アングリア大学（University of East Anglia） 95

家に帰ろう研究（'going home' research） 269

イッシュー・ネットワーク（issue network） 147, 316

一般活用理論（general utilisation theory） 138

イノベーション（innovation） 50, 54, 83, 87-89, 155, 177, 188, 194, 203, 215, 227-237, 244, 245, 274, 282, 283, 319, 375

イノベーション決定プロセス（innovation-decision process） 227

イノベーション普及（diffusion of innovations） 54, 200, 202, 203, 226-228, 230, 233, 234, 237, 244-246, 248, 378

医療技術評価（Health Technology Assessments, HTAs） 294, 304-306

医療共同研究（healthcare collaboratives） 239, 241, 278

医療の質改善研究所（Institute for Healthcare Improvement）（米国） 239, 322

イングランド（England） 162, 196, 304, 311, 313

イングランド高等教育財政会議（Higher Education Funding Council for England, HEFCE） 31

イングランド全国教員協議会（General Teaching Council for England） 208, 279

インセンティブと強化による戦略（incentive and reinforcement strategies） 193, 196, 198, 199, 269, 305, 383

ウェールズ（Wales） 162, 196, 279, 304

ウォーウィック大学（University of Warwick） 95

牛海綿状脳症（Bovine Spongiform Encephalopathy, BSE） 301

埋め込まれた研究モデル（embedded research model） 55, 230, 248, 257-259, 266-271, 275-280, 282-286, 353, 385, 391

英国教員センター（Centre for British Teachers） 255

英国心理学会（British Psychological

Society) 319
エクセター大学（University of Exeter) 254
『エコノミスト』（*The Economist*) 328
エスノグラフィー（ethnography) 348, 370, 390
エスノメソドロジー（ethnomethodology) 370
『エビデンスと政策』（*Evidence & Policy*) 38
エビデンスに基づく医療（Evidence-Based Medicine, EBM) 41, 261, 263, 278
エビデンスに基づく最先端の医療プロジェクト（Front-Line Evidence-Based Medicine Project) 189
エビデンスに基づく政策と実践（Evidence-Based Policy and Practice, EBPP) 34-38, 43, 45, 48, 52, 57, 61, 82, 119, 154, 168, 314, 339
エビデンスに基づくソーシャルサービスセンター（Centre for Evidence-Based Social Services, CEBSS)（英国) 253-257, 259, 262
エビデンスに基づく保健医療のオックスフォードプログラム（Oxford Programme in Evidence-Based Health Care) 207
エビデンスによる政策と実践のための情報連携センター（Evidence for Policy and Practice Information and Co-ordinating Centre, EPPI-Centre) 31, 43, 297
欧州通貨制度（European Monetary System) 320
応用医療サービス研究事業（applied health services research programmes) 294
応用研究委託戦略（strategies for commissioning applied research) 294
王立経済学会（Royal Economic Society)（英国) 319
オーストラリア（Australia) 120, 121, 328
オーストリア（Austria) 328
オピニオンリーダー（opinion leaders) 169, 187, 188, 198, 227, 236, 237, 251, 386
オランダ（The Netherlands) 328
オランダ王立学士院医科学会議（Council for Medical Sciences, The Netherlands) 346
オンタリオ州保健・介護省メンタルヘルス社会復帰・改革部門（Mental Health Rehabilitation and Reform Branch, MHRRB)（カナダ) 183, 184

【か行】

『ガーディアン』（*The Guardian*) 44
解釈モデル（interpretive models) 197, 377, 394
解釈主義的枠組み（interpretivist framework) 156, 157, 376
ガイドライン（guidelines) 37, 153, 171, 172, 176, 177, 188, 190, 191, 195, 196, 212, 213, 250, 267-270, 278, 280, 282, 287, 298, 343, 346,

348, 350, 353
介入プログラム（intervention programmes）　37, 87, 228, 266, 269, 270
科学者－実践家（scientific practitioner）　33
学習棄却（unlearning）　50, 156, 210, 211, 245, 246, 264
学習・技能開発機構（Learning and Skills Development Agency, LSDA）　56
学習者コミュニティ（community of learners）　206, 210
学習する組織（learning organisations）　203, 210, 211, 214-217, 245
学習に関する学習（learning about learning）　212, 213
学習ネットワーク（learning networks）　237, 238, 240, 242, 243, 245
学習理論（learning theory）　54, 189, 193, 200, 202, 203, 206, 244, 246, 248, 378
学術コミュニティ（research community）　31, 98, 115, 151, 312, 315, 337, 338
家族へのインパクトセミナー（Family Impact Seminars）　179
価値観に富んだプロセス（values-rich process）　70
学校指導者全国カレッジ（National College for School Leadership, NCSL）　240
カナダ（Canada）　78, 181, 193, 294
カナダ保健サービス研究財団（Canadian Health Services Research Foundation, CHSRF）　140, 141, 142, 143, 294, 324, 325
監査（audit）　47, 153, 169, 193, 196, 197, 216, 240, 255, 266, 276, 311, 317, 319, 339
監査委員会（Audit Commission）　319
監視組織（scrutiny bodies）　317, 319
患者の安全のための取り組み（Safer Patients Initiative）　322
関節炎研究キャンペーン（Arthritis Research Campaign）　345
管理・政策研究センター（Centre for Management and Policy Studies, CMPS）（英国）　136, 296
キーワーカー・サービス（key worker service）　191
議会科学技術室（Parliamentary Office of Science and Technology, POST）（英国）　317
議会特別委員会（parliamentary select committees）　317
企業・生涯学習省（Enterprise and Lifelong Learning Department）（スコットランド）　309
記述モデル（descriptive models）　129
北アイルランド（Northern Ireland）　279
北テムズの購入者主導の運用事業プログラム（North Thames Purchaser-Led Implementation Projects Programme）　250
気づかうコミュニティ（Communities that Care, CTC）　87, 88
逆機能的インパクト（dysfunctional impacts）　360

キャンベル共同計画（Campbell Collaboration） 31, 43, 296
教育・学習研究事業（Teaching and Learning Research Programme） 294
教育技能省（Department for Education and Skills）（英国） 303
教員養成研修局（Teacher Training Agency, TTA）（英国） 182, 255
供給サイドの取り組み（supply side initiatives） 307
供給と需要（supply and demand） 291, 293, 297, 306-309, 312, 314, 316, 332, 334, 387
協調学習（collaborative learning） 207, 210, 244
ケアのための効果的実践と組織グループ（Effective Practice and Organisation of Care, EPOC） 169, 171
経験学習（experiential learning） 207, 208
経験知（experiential knowledge） 265, 266, 271, 290, 332
経験的認識（experiential knowing） 50, 56
経済社会研究会議（Economic and Social Research Council, ESRC）（英国） 29, 31, 34, 293, 294, 315, 344, 346, 347
経済政策研究センター（Centre for Economic Policy Research, CEPR） 320
形式知（explicit/codified knowledge） 50, 62, 156, 217, 219, 221-225, 239, 241, 371
系統的レビュー（systematic reviews） 31, 37, 43, 47, 56, 101, 106, 153, 187, 188, 190, 196, 221, 250, 253, 254, 296-298, 342
啓発モデル（enlightenment model） 67-69, 72, 73, 136, 146, 352
研究委託（research commissioning） 102, 171, 274, 293, 298, 299, 310, 316, 320
研究インパクト評価（research impact assessments） 53, 55, 336-343, 345-350, 352-360, 362-364, 369
研究活用促進戦略（facilitative strategies） 124, 189-193, 198, 202, 244, 252, 259, 262, 305, 327, 383, 386, 394
研究活用に関する研究ユニット（Research Unit for Research Utilisation, RURU） 29, 56, 172, 175
研究活用モデル（model of research use） 72, 128, 131, 157, 165, 278, 306, 333, 355, 362, 376
研究資金提供者（research funders） 29, 45, 95, 139, 141-144, 159, 346, 356
研究情報に基づく政策（research-informed policy） 290, 387
研究・政策ユニット（Research and Policy Unit, RPU） 272, 273
（研究知見の）不当な扱い（abuse of research findings） 82
研究・知識プッシュ理論（research/

knowledge-push approach) 221, 244
研究に基づく実践者モデル (research-based practitioner model) 31, 55, 230, 248, 257, 276, 278, 265, 268, 270, 271, 275-279, 283-286, 353, 385, 391, 392
(研究の) 概念的活用 (conceptual research use) 64, 65, 69, 76, 78-81, 88, 89, 144, 151, 182, 186, 197, 199, 243, 248, 253, 261, 271, 276, 278, 307, 319, 340, 363, 369, 372, 373, 377, 380, 381, 386, 393
研究の誤用 (misuse of research) 60, 81, 82, 89, 360, 373, 391
「研究の重要性を高める」事業 (Making Research Count) (英国) 31, 95
(研究の) 手段的活用 (instrumental research use) 61, 63-65, 68, 76, 78-81, 84, 88, 89, 136, 144, 151, 180, 182, 186, 197, 243-245, 248, 253, 256, 258, 259, 261, 266, 271, 276, 291, 316, 319, 325, 350, 363, 365, 369, 370, 372, 377, 380, 381, 386, 393
研究のための学校コンソーシアム (School-Based Research Consortia) (英国) 182, 254-257, 259, 272
研究評価事業 (Research Assessment Exercise, RAE) (英国) 114, 115
研究利用者コミュニティ (research user communities) 55, 98, 338, 341, 342, 347, 356, 357, 377
原始スープ (primeval soup) 134

権力関係 (power relations) 89, 161, 162, 186
合意的アプローチ (consensual approach) 36, 37, 291
効果的実践のための取り組み (Effective Practice Initiative, EPI) 162
公共サービス改革 (public service reform) 27, 280-284
構成主義的学習理論 (constructionist accounts/theories of learning) 138, 150, 156, 158, 181, 204, 208, 376, 382
公的監視センター (Centre for Public Scrutiny) (英国) 318
行動理論 (behavioural theory) 204
公務員研修所 (Civil Service College) (英国) 301
公務大学校 (National School of Government) (英国) 136, 301
合理的・線形モデル (rational-linear model) 54, 131, 133, 136, 150-154, 156, 160, 164, 180, 227, 304, 313
交流モデル (exchange model) 351
国民保健サービス (National Health Service, NHS) (英国) 31, 95, 189, 305
コクラン共同計画 (Cochrane Collaboration) 31, 42, 43, 169, 296
国立医療技術評価機構 (National Institute for Health and Clinical Excellence, NICE) (英国) 31, 42, 43, 45, 267, 279, 282, 305, 306, 312

国立学術カウンシル（National Research Council）（スイス）　193
国立教育研究フォーラム（National Education Research Forum, NERF）（英国）　180
国立障害研究普及センター（National Center for the Dissemination of Disability Research, NCDDR）（米国）　177, 178
国立薬物乱用治療局（National Treatment Agency, NTA）（英国）　312, 313
個人の学習（individual learning）　203, 206, 209, 210, 216, 223, 226, 224-246
コネクションズカード（connexions card）　303
誤評価（misevaluation）　81, 82
個別化戦略（personalisation approach）　221
ゴミ箱モデル（garbage can model）　134-136
コミュニティ志向型ポリスサービス室（Community Oriented Policing Services, COPS）（英国）　31

【さ行】
サービス提供・組織（Service Delivery and Organisation, SDO）事業（英国）　95, 294
再現（replication）　54, 60, 63, 83, 85-89, 158, 233, 296, 370, 375, 382
再発明（reinvention）　88, 230, 233, 234
財務省（Treasury）（英国）　26, 301

産出者・プッシュモデル（producer-push model）　152, 176, 218, 291, 300, 351
持続的相互作用（sustained interactivity）　157, 158, 160, 352
実証的認識（empirical knowing）　50, 56, 371
実践ツール（practice tools）　31, 162, 171, 172, 190-192, 199, 265-270, 276, 280, 379, 385
実践コミュニティ（communities of practice）　79, 92, 93, 95, 97, 98, 107, 124, 151, 154, 159, 160, 163, 175, 181, 198, 208, 224, 241-243, 245, 340, 348, 354, 373, 379
『実践された政策試行』（*Trying it out*）　295, 302, 303
実践者による評価（practitioner evaluation）　33
「実践における研究」事業（英国）（Research in Practice）　95
実践における研究活用（research use in practice contexts/settings）　53, 55, 62, 72, 99, 107, 153, 162, 165, 254, 260, 290
『質的研究の評価に関するガイドライン』（*guidelines on assessing qualitative research*）　295
児童保護（child protection）　178, 267, 312
『児童養護の声』（*Fostering Voices*）　179
社会科学委員会（Commission on the Social Sciences）（英国）　298, 315, 321, 331

社会科学研究会議（Social Science Research Council, SSRC）（英国） 34
社会科学人文研究協議会（Social Sciences and Humanities Research Council, SSHRC）（カナダ） 193
社会研究（social research） 34, 35, 45-48, 51, 52, 54, 55, 57, 133, 136, 175, 293, 295, 303, 308-310, 324, 338-340, 363, 364, 368, 371, 372, 380, 381, 387, 393, 394
社会的影響（social influence） 160, 175, 176, 186, 206, 233, 244, 249, 252, 274, 290, 293, 378, 381
社会的影響戦略（social influence strategies） 186-189, 196, 198, 386
社会的影響理論（social influence theory） 186, 187, 199, 207
社会的学習（social learning） 96, 108, 378
社会的学習理論（social learning theory/framework） 186, 251
社会的ネットワーク（social networks） 233
社会的排除防止局（Social Exclusion Unit）（イングランド） 311
社会認知理論（social-cognitive theory） 204, 209
社会の知的活動の一部としての研究モデル（research as part of the intellectual enterprise of society） 67, 68, 72
シュアスタート（Sure Start） 26, 35, 40, 44, 58, 283

修正モダニスト的視点（revised modernist perspectives） 157, 161
『10の落とし穴』（Ten Pitfalls） 267
主任社会研究官（Chief Social Researcher）（英国） 57, 308
需要サイドの取り組み（demand side initiatives） 307
生涯学習戦略（Lifelong Learning Strategy）（スコットランド） 309
状況に埋め込まれた学習（situated learning） 208, 242
状況に埋め込まれた学習理論（situated learning theory） 206
状況に埋め込まれた知識（situated knowledge） 164, 256, 257, 285, 354
省察的実践（reflective practice） 207, 208
省庁別特別委員会（departmental select committees）（英国） 317
唱道連携（advocacy coalitions） 145, 146, 316, 319, 326, 329
唱道連携の枠組み（Advocacy Coalition Framework, ACF） 145, 146
少年司法・非行防止局（Office of Juvenile Justice and Delinquency Prevention, OJJDP）（米国） 85
情報自由法（Freedom of Information Act）（英国） 301
職業教育訓練（Vocational Education and Training, VET） 120, 122, 258

食品基準庁（Food Standards Agency, FSA）（英国） 301, 302
ジョセフ・ローントリー財団（Joseph Rowntree Foundation, JRF）（英国） 262, 299
シンクタンク（think tanks） 34, 110, 139, 142, 144, 148, 312, 320, 321, 329, 330
シングルループ（適応的）学習（single-loop learning） 211-213
新経済学財団（New Economics Foundation）（英国） 37
スイス（Switzerland） 181, 193
スウェーデン（Sweden） 72, 328
スキーマ理論（schema theory） 204
スコットランド（Scotland） 242, 279, 293, 309, 330
スコットランド議会（Scottish Parliament） 311
スコットランド刑事司法研究センター（Scottish Centre for Criminal Justice Research） 293
スコットランド刑事司法ソーシャルワーク開発センター（Criminal Justice Social Work Development Centre for Scotland） 43
スコットランド高等教育助成会議（Scottish Higher Education Funding Council） 293
スコットランド助成会議（Scottish Funding Council） 293
スコットランド政府（Scottish Exective） 242, 293, 295, 309
政策起業家（policy entrepreneurs） 135, 148, 150, 189, 321, 328

政策行動チーム（Policy Action Teams, PATs） 310, 311, 313, 323
政策コミュニティ（policy communities） 92, 93, 95, 97, 98, 121, 124, 144, 145, 163, 181, 292, 300, 312, 323, 333, 340, 373, 387
政策サイクルモデル（policy cycle model） 129-131
政策唱道ネットワーク（policy advocacy networks） 323
政策における研究活用（research use in policy contexts/settings） 40, 53, 55, 62, 110, 112, 165, 290, 305, 313, 316, 334
政策ネットワーク（policy networks） 55, 96, 110, 147-150, 189, 235, 292, 316, 319, 320, 323, 327, 332, 387, 391
政策ネットワーク理論（policy network approaches） 144, 145, 148
政策の流れ（policy stream） 134, 135, 235
政策の流れモデル（policy streams model） 134-136
政策の窓（policy windows） 135
政策評価委員会（overview and scrutiny committee）（英国） 317, 318
政治的活用（political uses） 133, 146, 331, 391
政治的モデル（political model） 67, 68, 72, 73, 352
政治の流れ（political stream） 135
『青書』（*Blue Book*） 178

索 引

成人学習（adult learning） 205, 206, 209, 210
「成人向け実践における研究」(research in practice for adults)（英国） 254
政府の現代化（modernising government） 292
全英出産育児協会（National Childbirth Trust, NCT） 188
先行的事業（pathfinder project） 303, 304
全国教育研究財団（National Foundation for Educational Research）（英国） 31
全国サービス枠組み（National Service Frameworks）（英国） 31, 278, 279, 282
戦術的活用（tactical uses） 81, 133, 146, 325, 331, 363, 373, 381, 391
戦術的モデル（tactical model） 67, 68, 72, 352
漸進モデル（incremental model） 132, 133, 136
選択的プロセス（selective process） 70
選択モデル（choice model） 155
全米工学アカデミー（National Academy of Engineering） 345
戦略的活用（strategic uses） 65, 79-81, 112, 373, 381, 391
相互作用戦略（interactive strategies） 181, 182, 185, 186, 198, 199, 382, 386
相互作用プロセス（interactive process） 268, 294, 334

相互作用モデル（interactive models） 54, 67, 68, 72, 157, 159-162, 164, 169, 181, 200, 209, 253, 274, 352, 354, 377, 378
ソーシャルケア研究所（Social Care Institute for Excellence, SCIE）（英国） 31, 43, 45, 56, 267, 279, 312
ソーシャルケア・オンラインデータベース（Social Care Online）（英国） 262, 296
ソーシャルマーケティング（social marketing） 391
組織間の学習ネットワーク（interorganisational learning networks） 208, 224, 227, 233, 237, 242
組織による学習（organisational learning） 203, 210, 211, 213-217, 244, 246, 271, 273
組織レベルの政策（organisational policy level） 111

【た行】
ダーティントン社会研究ユニット（Social Research Unit at Dartington） 269
体系化戦略（codification strategy） 219, 221, 296
卓越した組織モデル（organisational excellence model） 55, 230, 248, 257-259, 270-274, 276-278, 280, 282-286, 353, 385, 391
ダブルループ（生成的）学習（double-loop learning） 211-213
単一欧州市場（Single European

439

Market) 320
段階モデル（stage models） 76, 78-80, 251, 350
『知見』（Findings） 262
知識移転（knowledge transfer） 51, 355
知識コミュニティ（epistemic communities） 146, 147
知識主導モデル（knowledge-driven model） 66, 68, 131, 352
知識仲介者（knowledge brokers） 94, 95, 107, 116, 123, 138, 172, 312, 348, 391
知識調達のインフラストラクチャ（knowledge purveying infrastructure） 292, 322, 329
知識提供者（knowledge purveyors） 139, 142-144, 319
知識転換（knowledge conversion） 223
知識の共同生産（joint production of knowledge） 33, 159, 182, 355, 361
知識プッシュ（手法）（knowledge-push approach） 217-222, 244, 300
知識プル（手法）（knowledge-pull approach） 217-222, 244
地方自治法（Local Government Act）（英国） 317
地方当局（local authorities） 277, 317, 318
中央電子リポジトリ（central electronic repository） 296
忠実性（fidelity） 83-85, 234, 255, 270, 375, 376, 382

追跡調査（forward tracking approach） 60, 341-344, 346, 347, 356, 357, 360, 362, 363
ティンカリング（tinkering） 87, 88, 156, 261, 385
伝統モデル（traditional models） 129, 130, 136, 151, 152, 154
統合因果モデル（integrated causal models） 117
統合教授法（synthesis pedagogics） 159
当事者意識（ownership） 84, 103, 108, 191, 234, 251, 268, 385
トライアンギュレーション（triangulation） 344
トロント大学医療制度研究・コンサルティング部（Health Systems Research and Consulting Unit, HSRCU）（カナダ） 183

【な行】

内閣府（Cabinet Office）（英国） 136, 295, 296, 301
内閣府戦略ユニット（Prime Minister's Strategy Unit）（英国） 281
内務省（Home Office）（英国） 31, 194, 267, 268, 286, 310, 313
ナラティヴ統合（narrative synthesis） 390
ナレッジマネジメント（knowledge management） 54, 200, 202, 203, 217-226, 244-246, 248, 268, 296, 378, 382
日本（Japan） 220, 223, 327, 328
『ニューズ・オブ・ザ・ワールド』

（*News of the World*） 348
認知理論（cognitive theory） 204-206, 209
ネットワーク化された学習コミュニティプログラム（Networked Learning Communities Programme） 240
ネットワークとフローモデル（networks and flows model） 344, 346
能動的プロセス（active process） 70
能力構築（capacity building） 293, 298, 337, 343
ノルウェー（Norway） 328

【は行】

ハーセプチン（Herceptin） 305
パートナーシップ（partnerships） 181-186, 193, 194, 198, 199, 254, 259, 271-275, 280, 330, 378, 386
パイプライン・モデル（Pipeline Model） 77, 78
パス解析モデル（path model） 117
発展するプロセス（developing process） 70
パラダイム挑戦的アプローチ（paradigm-challenging approach） 36, 291, 292, 340
犯罪減少プログラム（Crime Reduction Programme, CRP） 35, 43, 44, 57, 194, 195, 283, 306
犯罪者管理システム（offender management system） 253
犯罪者更生プログラム（offender program） 253
犯罪抑制ツールキット（crime reduction toolkits） 267, 268
ビーコン・スキーム（先進自治体計画）（beacon schemes） 237, 240, 241
批判的検証評価（critical appraisal） 33, 171, 189, 190, 261, 262, 264, 265
批判理論（critical theory） 161
評価の誤用（evaluation misuse） 81, 82
フィードバック（feedback） 87, 122, 130, 134, 151, 153, 169, 176, 187, 192, 193, 196, 197, 211, 212, 216, 232, 235, 273
フィードバック・ループ（feedback loops） 211, 212
普及活動モデル（dissemination effort model） 157, 158
普及戦略（dissemination strategies） 176, 180, 198, 299
普及モデル（spread model） 152, 176, 181
二つのコミュニティ論（two communities thesis） 137-139, 150, 152, 181
『ブラック報告』（*The Black Report*） 364
振り返り調査（payback approach） 341-345, 356, 357, 360
プリシード・プロシードモデル（PRECEDE-PROCEED Model） 252
ブリティッシュ・アカデミー（British Academy）（英国） 345
フロー・インターフェイスモデル（flows and interfaces model） 347

プログラム活動グループ（Programme Action Groups, PAGs） 272, 273
プロセス学習（process learning） 66
プロセス活用（process use） 65, 66, 68, 186, 261, 266, 380, 391
文脈・エビデンス・相互関係モデル（context, evidence and links model） 149, 159, 160
文脈焦点化モデル（context-focused models） 154
米国（United States） 27, 40, 74, 85, 95, 101, 112, 118, 177, 179, 219, 220, 239, 302, 303, 307, 308, 312, 322, 328, 330, 348
ベストバリュー（Best Value） 318
ベストプラクティス研究奨学金（Best Practice Research Scholarships） 182
ベルギー（Belgium） 328
変革管理論（change management theories） 189
包括的歳出見直し（Comprehensive Spending Review） 301
包括的モデル（comprehensive model） 118
暴力防止のためのブループリント・イニシアチブ（Blueprints for Violence Prevention Initiative） 85
保健財団（Health Foundation）（英国） 322
保健省（Department of Health）（英国） 178, 195, 254, 267, 310, 313
保護観察サービス（Probation Service） 254-256, 272
保護観察サービスにおける効果的実践のための取り組み（Effective Practice Initiative in the Probation Service） 253-257, 259, 269, 272, 280
ポジティブ心理学（positive psychology） 36
ポストモダン的解釈（postmodern accounts） 129, 161, 163, 164, 218, 246, 383

【ま行】
マクロレベルの政策（macro-level policy） 111, 128
『マゼンタブック』（The Magenta Book） 295
ミッド・グラモーガン保護観察サービス（Mid Glamorgan Probation Service） 272, 273
報われるプロセス（rewarding process） 70
メーガン法（Megan's Law）（米国） 348
メゾレベルの政策（meso-level policy） 108, 111, 112, 128, 312
メタアナリシス（meta-analysis） 37
メタエスノグラフィー（meta-ethnography） 390
メタ学習（meta-learning） 212, 213
目的への適合性（fitness for purpose） 38
問題解決モデル（problem-solving model） 67, 68, 131, 352
問題志向型警察活動（problem-oriented policing） 285-287

問題の流れ（problem stream） 134
問答的教授法（dialectic pedagogics） 159

【や行】
薬物・アルコール研究部門（Drugs and Alcohol Research Unit, DARU） 310
薬物政策（drugs policy） 72
薬物治療プログラム（drug treatment programme） 251, 313
薬物乱用抵抗教育（Drug Abuse Resistance Education, DARE） 27
有害な利用（mischievous use） 82
要保護の子供たち（looked-after children） 269
『より良い政策立案』（Better policy making） 302

【ら行】
ランダム化比較試験（Randomised Control Trials, RCTs） 31, 282
リアリスト統合（realist synthesis） 390
『理解に向けて』（Adding it up） 295
リマインダー（注意喚起）（reminders） 169, 193, 196-198, 386
利用者・プルモデル（user-pull models） 155, 156, 189, 218, 244, 291, 351, 352
量的因果モデル（causal models） 118
理論的認識（theoretical knowing） 50, 56
臨床ガイドライン（clinical guidelines） 31
臨床管理ネットワーク（managed clinical networks） 238, 239, 241
臨床的有効性に関する活動促進プログラム（Promoting Action on Clinical Effectiveness, PACE） 188, 231, 251
連携・交換モデル（linkage and exchange model） 139, 159, 183
労働党政権（labour government）（英国） 34, 35, 267
論争的アプローチ（contentious approach） 36, 291
ロンドン大学教育研究所（London Institute of Education） 43

── 人 名

【あ行】
アージリス，C.（Argyris, C.） 212
アールベック，E.（Albaek, E.） 133, 324
アディコット，R.（Addicott, R.） 238
アンティル，T.（Antil, T.） 181
インバール，S.（Innvaer, S.） 64
ウィルダフスキー，A.（Wildavsky, A.） 76-78, 350
ウィレンスキー，H.（Wilensky, H.） 315, 328, 330, 331
ウインジェンズ，M.（Wingens, M.） 138
ウェイクフィールド，A.（Wakefield, A.） 364
ウェイス，C.H.（Weiss, C.H.） 37, 66, 68, 69, 71-73, 75, 81, 104, 108, 109,

443

119, 129, 131, 133, 136, 146, 163, 164, 306, 325, 351
ウェイツ, A.（Weyts, A.） 178
ウェバー, D.J.（Webber, D.J.） 60
ウォルター, I.（Walter, I.） 171, 353
ウッディング, S.（Wooding, S.） 344, 345
ウッド, M.（Wood, M.） 164
エクブロム, P.（Ekblom, P.） 49, 86, 88
オ, C.（Oh, C.） 75, 117, 118

【か行】

カズンズ, J.B.（Cousins, J.B.） 69, 82, 187
カプラン, N.（Caplan, N.） 137
カリニチ, D.（Kalinich, D.） 112
キットソン, A.（Kitson, A.） 152, 153, 155
ギブソン, B.（Gibson, B.） 138, 161
ギャベイ, J.（Gabbay, J.） 111, 122, 265, 348
キングドン, J.W.（Kingdon, J.W.） 134, 135, 145, 148
クート, A.（Coote, A.） 194
グラシュー, P.（Glasziou, P.） 77, 78
グリーン, L.W.（Green, L.W.） 252
グリーンバーグ, D.H.（Greenberg, D.H.） 74
グリーンハル, T.（Greenhalgh, T.） 229, 230, 232, 236
グリムショー, J.M.（Grimshaw, J.M.） 177, 200, 249
クルー, E.（Crewe, E.） 149
クルージ, J.（Kluge, J.） 220, 221
クルーター, M.W.（Kreuter, M.W.） 252
グレイザー, J.（Glaser, J.） 219, 220
クレイン, S.S.（Klein, S.S.） 159
クロウ, I.（Crow, I.） 87, 88
グワルトニー, M.K.（Gwaltney, M.K.） 159
ゲーリング, P.（Goering, P.） 183, 184
コート, J.（Court, J.） 62, 102, 107, 109, 110
ゴム, R.（Gomm, R.） 86
コレバッチ, H.K.（Colebatch, H.K.） 131

【さ行】

サイモン, H.A.（Simon, H.A.） 131, 132
サイモンズ, H.（Simons, H.） 100
サケット, D.L.（Sackett, D.L.） 263
サットン, R.I.（Sutton, R.I.） 224-226
サバティア, P.（Sabatier, P.） 145
シェルドン, B.（Sheldon, B.） 119
ジェンキンズ＝スミス, H.C.（Jenkins-Smith, H.C.） 145
シュルハ, L.M.（Shulha, L.M.） 82
ショヴ, E.（Shove, E.） 356
ショーン, D.A.（Schon, D.A.） 212, 228
シルバース, R.（Chilvers, R.） 119
シンクレア, T.（Sinclair, T.） 115
ストーン, D.（Stone, D.） 130, 131, 147, 148
スネソン, S.（Sunesson, S.） 72, 73
スノウ, C.P.（Snow, C.P.） 137
スペンサー, L.（Spencer, L.） 179

スミス, D.（Smith, D.） 206
スローパー, P.（Sloper, P.） 191, 192
ゼウリ, J.S.（Zeuli, J.S.） 102, 106
セルビー・スミス, C.（Selby Smith, C.） 102, 120-122
セルビー・スミス, J.（Selby Smith, J.） 102, 120-122
ソーントン, S.（Thornton, S.） 322

【た行】
タイディン, T.（Tyden, T.） 82, 159
竹内弘高（Takeuchi, H.） 222, 223
ダベンポート, T.H.（Davenport, T.H.） 219, 220
タン, P.（Tang, P.） 115
デイヴィス, H.T.O.（Davies, H.T.O.） 213, 215
デイヴィス, P.（Davies, P.） 207
デイリー, B.J.（Daley, B.J.） 208, 209
デニス, J.-L.（Denis, J.-L.） 185
デフォージュ, C.（Desforges, C.） 154, 156
デューク, K.（Duke, K.） 72
デュフィ, T.M.（Duffy, T.M.） 241
ドプソン, S.（Dopson, S.） 238
ドロア, Y.（Dror, Y.） 133

【な行】
ニールソン, K.（Nilsson, K.） 72, 73
ニコラス, E.（Nicholas, E.） 277
ノーマン, L.（Norman, L.） 180
ノット, J.（Knott, J.） 76-78, 350
野中郁次郎（Nonaka, I.） 222, 223

【は行】
バーカー, K.（Barker, K.） 66
ハーグリーヴズ, D.H.（Hargreaves, D.H.） 86, 156, 260
パーシー＝スミス, J.（Percy-Smith, J.） 94, 101, 107, 111, 243
ハース, P.M.（Haas, P.M.） 146, 147
ハゲル, A.（Hagell, A.） 179
パットン, M.Q.（Patton, M.Q.） 81, 82
ハットン, N.（Hatton, N.） 206
ハネー, S.R.（Hanney, S.R.） 346, 347
ハラデイ, M.（Halladay, M.） 97
バラブ, S.A.（Barab, S.A.） 241
ハンセン, M.T.（Hansen, M.T.） 221
ヒューバーマン, M.（Huberman, M.） 151-153, 157, 158
ヒレッジ, J.（Hillage, J.） 294
ファーリー, E.（Ferlie, E.） 238
ファレル, G.（Farrell, G.） 195
ファンク, S.G.（Funk, S.G.） 113
フィッツジェラルド, L.（Fitzgerald, L.） 238
フーコー, M.（Foucault, M.） 162
フェファー, J.（Pfeffer, J.） 224-226
フェルドマン, P.H.（Feldman, P.H.） 95, 312
プライス, L.（Price, L.） 179
ブラック, サー・ダグラス（Black, Sir Douglas） 364
ブレア, T.（Blair, T.） 34
ブロック, H.（Bullock, H.） 269, 285-287, 301
ヘインズ, B.（Haynes, B.） 77, 78
ヘクロウ, H.（Heclo, H.） 147
ベッサン, J.（Bessant, J.） 237, 238

ベル, S.（Bell, S.）　323
ベロ, L.（Bero, L.）　97
ボーゲンシュナイダー, K.
　　（Bogenschneider, K.）　179
ホープ, T.（Hope, T.）　314
ホームズ, D.（Holmes, D.）　368
ボラム, R.（Bolam, R.）　178, 196
ホリン, C.R.（Hollin, C.R.）　84
ホワイトマン, D.（Whiteman, D.）　74

【ま行】

マッキンレー, A.（McKinlay, A.）　225
マルホール, A.（Mulhall, A.）　75
マンデル, M.M.（Mandell, M.M.）　74
ミハリック, S.（Mihalic, S.）　83-85
ムーカジ, S.（Mukherjee, S.）　191, 192

【や行】

ヤノ, E.M.（Yano, E.M.）　187
ヤング, J.（Young, J.）　62, 102, 107,
　　109, 110, 149
ユング, T.（Jung, T.）　347

【ら行】

ラヴィス, J.（Lavis, J.）　351, 352
ランドリー, R.（Landry, R.）　78, 79,
　　118, 156, 159, 350
リースウッド, K.A.（Leithwood, K.A.）
　　69, 187
リッキンソン, M.（Rickinson, M.）　62,
　　63, 70, 71
リッチ, A.（Rich, A.）　330
リップ, A.（Rip, A.）　356
リドル, H.A.（Liddle, H.A.）　251
リンドブロム, C.E.（Lindblom, C.E.）
　　132
ルイス, K.S.（Louis, K.S.）　154, 163
ルメイ, A.（le May, A.）　75
レイコック, G.（Laycock, G.）　195
レヴィット, R.（Levitt, R.）　122
ローマス, J.（Lomas, J.）　139, 185, 295
ロコック, L.（Locock, L.）　188
ロジャーズ, E.M.（Rogers, E.M.）　227-
　　231, 234
ロス, S.（Ross, S.）　182, 183
ロビンソン, G.（Robinson, G.）　162
ロベル, R.（Lovell, R.）　112

◎著者紹介

サンドラ・M. ナトリー（Sandra M. Nutley）は、英国スコットランドのセントアンドルーズ大学経営学部公共政策・経営学教授である。研究活用、エビデンス情報に照らした政策と実践、業績評価と管理について数多くの著作があり、研究の活用とインパクト向上のための活動に積極的に関わっている。2011年、公共政策に情報提供する研究への優れた貢献により、キャンベル共同計画ロバート・ボルーチ賞を受賞した。英国地方政府での仕事の後、研究者の道に入り、以降は国立保健医療サービスやスコットランド政府を含む公共部門組織との共同研究を委嘱されている。また、多くの委員会、理事会、政策諮問委員会のメンバーを務めており、公共政策とサービス提供の状況に関する社会科学研究活用の調査を行う研究共同体「研究活用に関する研究ユニット」（RURU）（*www.ruru.ac.uk*）の代表者である。

イザベル・ウォルター（Isabel Walter）は、セントアンドルーズ大学の「研究活用に関する研究ユニット」（RURU）の研究員を務めた後、現在はスコットランドのダンディー大学とセントアンドルーズ大学との間で設立された学際的研究パートナーシップの「保健医療社会研究機関」（Social Dimensions of Health Institute）の上席研究員であり、どちらにも共同研究者として引き続き協力している。主な著作は、研究活用とエビデンス情報に照らした政策と実践に関するものである。セントアンドルーズ大学の前は、英国内務省の社会研究に従事する職にあった。

ヒュー・T.O. デイヴィス（Huw T.O. Davies）は、セントアンドルーズ大学の保健医療政策・経営学の教授であり、ダンディー大学とセントアンドルーズ大学との学際的研究パートナーシップ「保健医療社会研究機関」（Social Dimensions of Health Institute）の共同代表者である。研究関心の中心は、エビデンス情報に照らした政策と実践、業績評価と管理、組織の説明責任、ガバナンスと信頼などに関する公共サービスの提供である。これらの各分野で『保健医療における業績文化』（Open University Press, 2005）、『保健医療における品質改善モデルの系統的ナラティブレビュー』（QIS, 2009）、そして本書を含む多数の著書がある。研究者としてのキャリアを築く一方、英国政府より、保健医療分野での研究委託と知識動員についての開発を依頼されている。2008年、国立保健医療サービスからの資金援助を行う共同研究プロジェクトの選考委員会のメンバーを務め、2013年には同委員会の第2次委員長を務めた。以上の取り組みから、国立保健医療サービスにおいては、総額約4億ポンドの資金が研究と実施に向けられることになった。

◎訳者紹介

惣脇 宏（そうわき・ひろし）SOWAKI Hiroshi ——第1章・第9章
1957年生まれ。1980年東京大学法学部卒業。同年文部省入省。文部科学省学校健康教育課長、香川県教育委員会教育長、国立教育政策研究所次長、文部科学省生涯学習総括官、大学入試センター理事などを経て、現在は、京都大学大学院総合生存学館教授。主な著書・論文等に、『教育研究とエビデンス：国際的動向と日本の現状と課題』（国立教育政策研究所編、共著、明石書店、2012年）、「全国学力調査のあり方」（『指導と評価』2月号、2013年）、「カリフォルニア州の児童保護事件：ホームスクーリングと未成年裁判所の就学命令」（『国立教育政策研究所紀要』第138集、2009年）、「『習得・活用・探求』を生かしたカリキュラムづくり」（『悠＋（はるか・プラス）』4月号、2008年）、「学ぶ意欲を高める学習指導の改善」（『初等教育資料』813号、2006年）などがある。

豊 浩子（ゆたか・こうこ）YUTAKA Koko ——第2章・第6章
1967年生まれ。東京大学教育学部卒業、米国カリフォルニア大学バークレー校教育大学院Ph.D.候補。東海大学講師等を経て、現在、国立教育政策研究所フェロー、明治学院大学講師、有限会社イデスト取締役。主な著書・論文・訳書に、『教育研究とエビデンス：国際的動向と日本の現状と課題』（国立教育政策研究所編、共著、明石書店、2012年）、*Learning to Monitor Lifelong Learning*（共著、National Center for Research in Vocational Education、1997）、「親とのコミュニケーションがキャリア発達に与える影響」（国立教育政策研究所編『キャリア教育への招待』東洋館出版社、2007年）、『教育とエビデンス：政策と研究の協同に向けて』（OECD教育研究革新センター編著、共訳、明石書店、2009年）などがある。

籾井 圭子（もみい・けいこ）MOMII Keiko ——第3章・第7章
1972年生まれ。1995年慶應義塾大学法学部卒業。マギル大学教育行政学修士。1995年文部省入省後、OECD教育研究革新センター（CERI）アナリスト、文部科学省高等教育局国際企画室専門官、国立教育政策研究所総括研究官等を経て、現在は、文部科学省国際統括官付国際戦略企画官。主な著書・訳書に、『教育研究とエビデンス：国際的動向と日本の現状と課題』（国立教育政策研究所編、共著、明石書店、2012年）、「大学生の読書の状況と読解力について」（国立教育政策研究所編『読書教育への招待：確かな学力と豊かな心を育てるために』東洋館出版社、2010年）、『グローバル人材育成のための大学評価指標：大学はグローバル展開企業の要請に応えられるか』（共著、協同出版、2011年）、『教育と健康・社会的関与：学習の社会的成果を検証する』（OECD教育研究革新センター編著、共訳、明石書店、2011年）などがある。

訳者紹介

岩崎 久美子（いわさき・くみこ）IWASAKI Kumiko ——第4章・第5章

1962年生まれ。筑波大学大学院図書館情報メディア研究科修了。博士（学術）。国立教育政策研究所総括研究官。主な著書・訳書に、『フランスの図書館上級司書：選抜・養成における文化的再生産メカニズム』（単著、明石書店、2014年）、『教育研究とエビデンス：国際的動向と日本の現状と課題』（国立教育政策研究所編、共著、明石書店、2012年）、『在外日本人のナショナル・アイデンティティ』（編著、明石書店、2007年）、『国際バカロレア：世界が認める卓越した教育プログラム』（編著、明石書店、2007年）、『教育とエビデンス：政策と研究の協同に向けて』（OECD教育研究革新センター編著、共訳、明石書店、2009年）、『知識の創造・普及・活用：学習社会のナレッジ・マネジメント』（OECD教育研究革新センター編著、共訳、明石書店、2012年）などがある。

大槻 達也（おおつき・たつや）OTSUKI Tatsuya ——第8章・第10章

1958年生まれ。1981年早稲田大学政治経済学部政治学科卒業。同年文部省入省。文部科学省教科書課長、教育課程課長、私学行政課長、政策課長、国立教育政策研究所教育課程研究センター長、次長、日本私立学校振興・共済事業団理事、文部科学省大臣官房政策評価審議官、総括審議官を経て、現在は、国立教育政策研究所所長。主な著書に、『教育研究とエビデンス：国際的動向と日本の現状と課題』（国立教育政策研究所編、共著、明石書店、2012年）、『学校を変える「組織マネジメント力」（シリーズ学校力1）』（共著、ぎょうせい、2005年）、『実践的学力向上論：「確かな学力」を育成する47人の教師』（共著、学事出版、2004年）、『かけがえなきこの教室に集う：大村はま白寿記念文集』（共著、小学館、2004年）などがある。

研究活用の政策学
社会研究とエビデンス

2015年1月15日　初版第1刷発行	著　者　サンドラ・M. ナトリー
	イザベル・ウォルター
	ヒュー・T.O. デイヴィス
	訳　者　惣脇　宏
	豊　浩子
	籾井　圭子
	岩崎　久美子
	大槻　達也
	発行者　石井　昭男
	発行所　株式会社 明石書店
	〒101-0021
	東京都千代田区外神田6-9-5
	TEL　03-5818-1171
	FAX　03-5818-1174
	http://www.akashi.co.jp
	振替 00100-7-24505

組版　株式会社ハマプロ
印刷・製本　モリモト印刷株式会社

（定価はカバーに表示してあります。）　　　　ISBN978-4-7503-4121-7

書名	編著者	価格
教育研究とエビデンス　国際的動向と日本の現状と課題	国立教育政策研究所編　大槻達也、惣脇宏ほか著	3800円
教育とエビデンス　研究と政策の協同に向けて	OECD教育研究革新センター編著　岩崎久美子、菊澤佐江子、藤江陽子、豊浩子訳	3800円
教員環境の国際比較　OECD国際教員指導環境調査（TALIS）2013年調査結果報告書	国立教育政策研究所編	3500円
成人スキルの国際比較　OECD国際成人力調査（PIAAC）報告書	国立教育政策研究所編	3800円
生きるための知識と技能5　OECD生徒の学習到達度調査（PISA）2012年調査国際結果報告書	国立教育政策研究所編	4600円
TIMSS2011 算数・数学教育の国際比較　国際数学・理科教育動向調査の2011年調査報告書	国立教育政策研究所編	3800円
TIMSS2011 理科教育の国際比較　国際数学・理科教育動向調査の2011年調査報告書	国立教育政策研究所編	3800円
諸外国の教育動向　2013年度版	文部科学省編著	3600円
図表でみる教育　OECDインディケータ（2014年版）	経済協力開発機構（OECD）編著	8600円
図表でみる世界の保健医療　OECDインディケータ（2013年版）	OECD編著　鐘ヶ江葉子訳	5500円
図表でみる世界の行政改革　OECDインディケータ（2013年版）	OECD編著　平井文ج訳	5500円
地図でみる世界の地域格差　OECD地域指標（2013年版）オールカラー版　都市集中と地域発展の国際比較	OECD編著　中澤高志、神谷浩夫監訳	5500円
学習の本質　研究の活用から実践へ	OECD教育研究革新センター編著　立田慶裕、平沢安政監訳　佐藤智子ほか訳	4600円
知識の創造・普及・活用　学習社会のナレッジマネジメント	OECD編著　立田慶裕監訳	5600円
教育と健康・社会的関与　学習の社会的成果を検証する	OECD教育研究革新センター編著　矢野裕俊監訳　山形伸二、佐藤智子、荻野亮吾、立田慶裕、籾井圭子訳	3800円
フランスの図書館上級司書　選抜・養成における文化的再生産メカニズム	岩崎久美子	6800円

〈価格は本体価格です〉